中国老教材封面图录

第四卷

ZHONGGUO
LAO JIAOCAI
FENGMIAN
TULU

李保田　主编

GUANGXI NORMAL UNIVERSITY PRESS
广西师范大学出版社
·桂林·

图书在版编目（CIP）数据

中国老教材封面图录：全五卷 / 李保田主编 . —桂林：广西
师范大学出版社，2019.9
ISBN 978-7-5598-1436-4

Ⅰ．①中… Ⅱ．①李… Ⅲ．①教材－封面－中国－清代－图录
②教材－封面－中国－民国－图录 Ⅳ．①G423.3-092

中国版本图书馆 CIP 数据核字（2018）第 282580 号

广西师范大学出版社出版发行

（广西桂林市五里店路 9 号　邮政编码：541004）

网址：http://www.bbtpress.com

出版人：张艺兵

全国新华书店经销

广西广大印务有限责任公司印刷

（桂林市临桂区秧塘工业园西城大道北侧广西师范大学出版社
集团有限公司创意产业园内　邮政编码：541199）

开本：787 mm × 1 092 mm　1/16

印张：157.5　　　　　字数：1100 千字

2019 年 9 月第 1 版　　2019 年 9 月第 1 次印刷

定价：1980.00 元（全五卷）

目　录

⑮ 地理类教材

书名：初等小学中国地理教科书

著者：上海会文堂书局 / 编校

出版印行：上海会文堂书局

出版时间：民国纪元前八年（1904）出版　民国十一年（1922）30版

册数：三

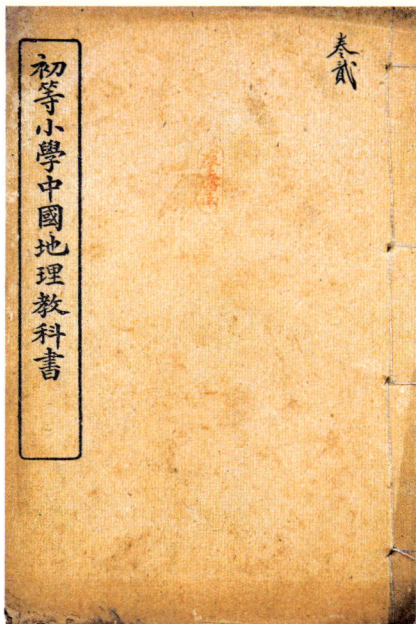

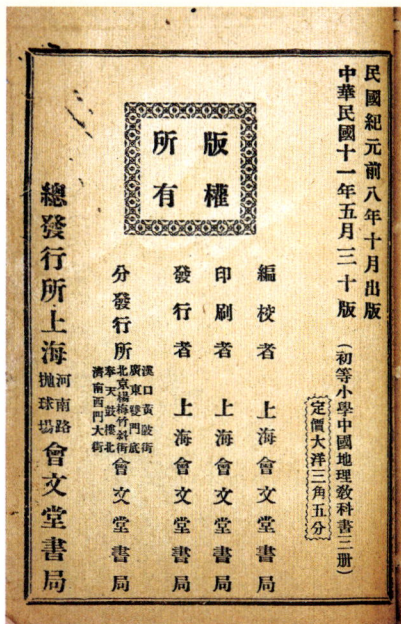

民國紀元前八年十月出版

中華民國十一年五月三十版

（初等小學中國地理教科書三冊）

定價大洋三角五分

版權所有

編校者　上海會文堂書局

印刷者　上海會文堂書局

發行者　上海會文堂書局

分發行所

漢口袁駿街

北京廣東門

奉天鐵梅竹斜街

濟南西門大街

河南開封北

總發行所上海河南路拋球場　會文堂書局

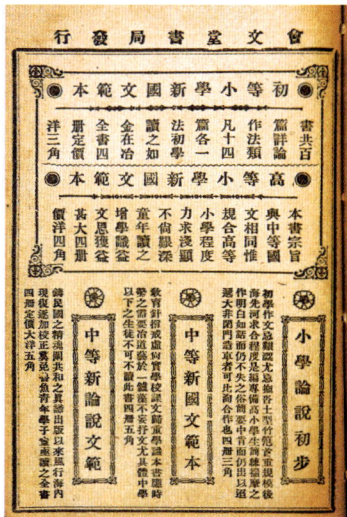

會文堂書局發行

初等小學新國文範本

篇共百

篇詳論

作法類

凡十四

法初學

讀之如

金在冶

全書四

冊定價

洋三角

高等小學新國文範本

與中等國

小學程度

力求淺顯

不倍艱深

提合高等

文思獨盒

增訂中等

童年讀之

共四大冊

價洋四角

小學論說初步

中等新國文範本

中等新論說文範

1632　书名：订正最新地理教科书（高等小学用）
著者：谢洪赍 / 编纂
出版印行：商务印书馆
出版时间：乙巳年（1905）初版　民国元年（1912）27版
册数：四

订正最新地理教科书 第一册

中华民国高等小学用

上海商务印书馆出版

商務印書館出版

共和國民新讀本

二册　定價三角

民國新立政體共和然欲實行共和政治必先使人民人人知欲共和之本旨欲治必先使人民人人知欲共和之本旨欲人民知共和之本旨必以共和國之制度學理使國民略知大概本館前編立憲國民讀本頗爲學界歡迎流甚廣茲更取法美各共和國制度歐美政法大家學說就吾國現勢人情寫是編凡吾國民苟因是完成共和國民之責格益進而研究政法諸學則是編不啻爲革新時代之引針也

附寄即索函報彙書圖館本
中報彙載程章有另錢代票郵用可書購地内

CHINESE COMMON SCHOOL
Advanced Geographical Readers
(Revised Edition)
COMMERCIAL PRESS, LTD.

翻印必究

（訂高等小學校新地理教科書四册）
（每）一册定價大洋壹角
乙巳年正月初版
中華民國元年八月廿七版

編纂者　紹興謝洪賚
發行者　商務印書館
印刷所　上海北河南路北寶山路　商務印書館
總發行所　上海棋盤街中市　商務印書館
分售處　商務印書分館　京師　奉天　鎮江　天津　漢口　安慶　長沙　潮汕　漢口　南昌　開封　太原　成都　重慶　襄州　杭州　濟南　潮州

八八〇

书名：订正简明中国地理教科书（初等小学用）

著者：谢观 / 编纂　张元济、庄俞 / 校订

出版印行：商务印书馆

出版时间：戊申年（1908）初版　民国四年（1915）16版

册数：二

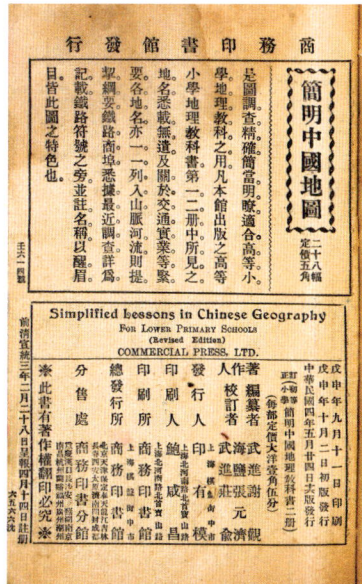

1634 | 书名：共和国教科书新地理（高等小学校春季始业学生用）
著者：庄俞 / 编纂
出版印行：商务印书馆
出版时间：民国元年（1912）初版
册数：六

书名：小学地理教科书

著者：开智编译社 / 编辑

出版印行：中华书局

出版时间：民国元年（1912）初版　民国三年（1914）4版

册数：二

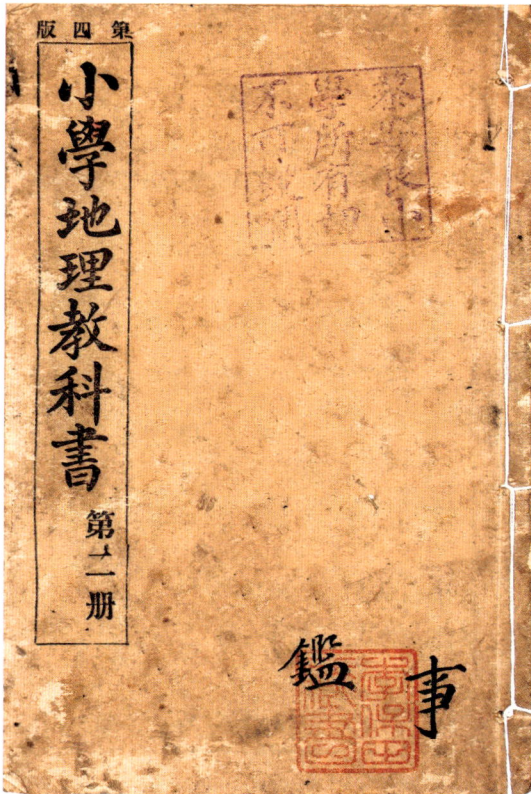

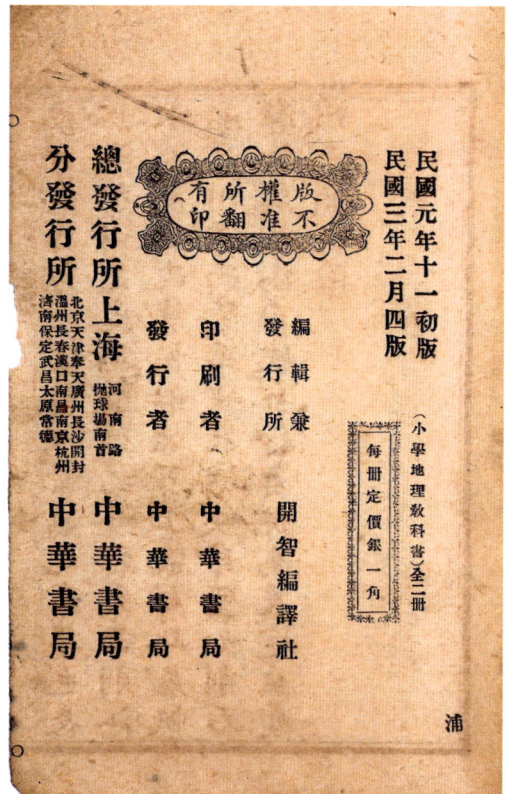

版權所有不准翻印

民國元年十一初版
民國三年二月四版

（小學地理教科書）全二冊

每冊定價銀一角

編輯兼　　開智編譯社

發行所

印刷者　　中華書局

發行者　　中華書局

總發行所上海　　中華書局

分發行所

北京天津奉天廣州長沙開封溫州長春漢口南昌南京杭州濟南保定武昌太原常錫州

河南路拋球場南首

浦

1636

书名：新制中华地理教科书（高等小学校用）

著者：史礼绶 / 编　戴克敦、沈颐、陆费逵 / 阅

出版印行：中华书局

出版时间：民国二年（1913）初版　民国二年（1913）3版

册数：九

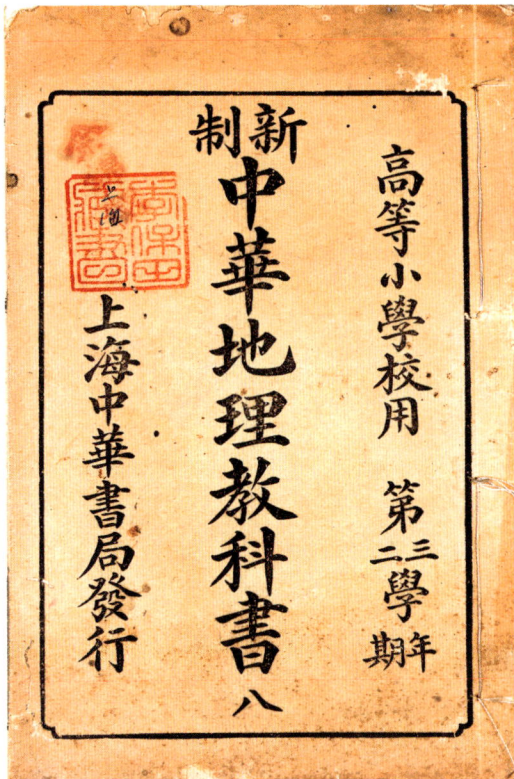

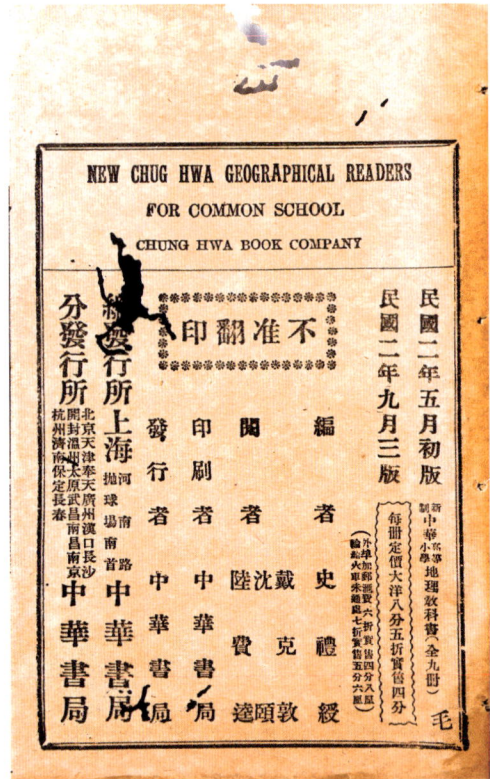

书名：高等小学新地理教科书（秋季始业学生用书） 1637
著者：姚明辉／编辑　谭廉／修订　小学地理教科研究会／校订
出版印行：中国图书公司和记
出版时间：民国二年（1913）初版　民国七年（1918）6版
册数：六

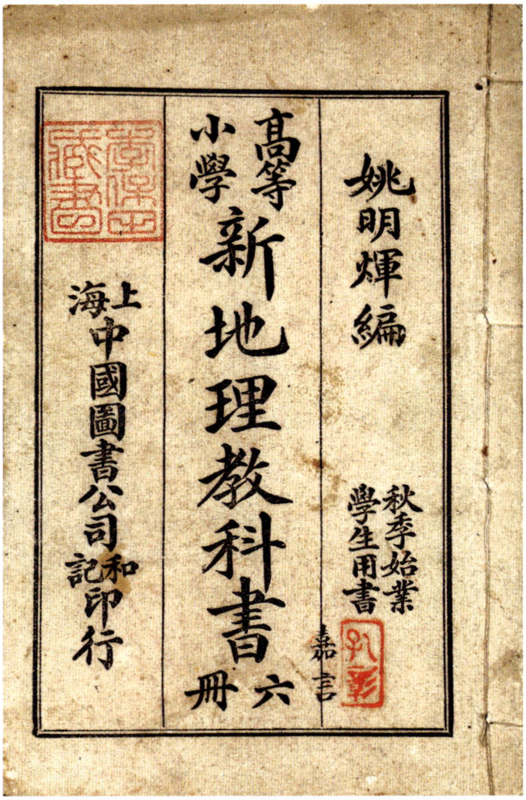

姚明煇編

高等小學新地理教科書六冊

秋季始業學生用書

嘉言

上海中國圖書公司和記印行

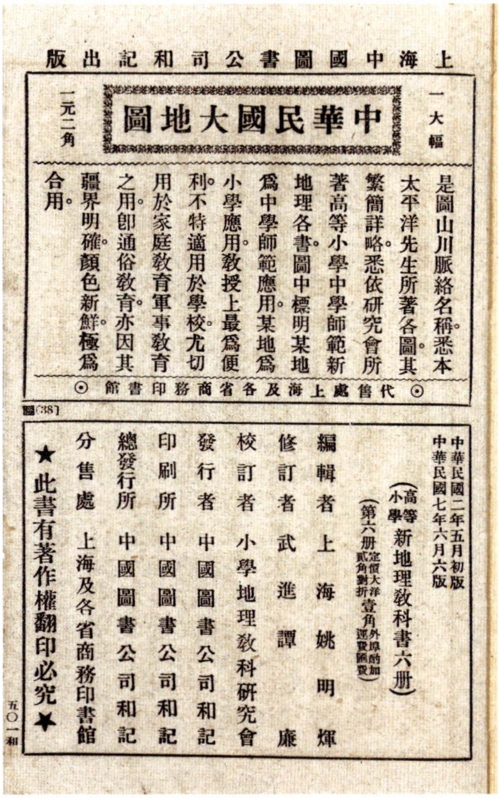

上海中國圖書公司和記出版

中華民國大地圖

一大幅　二元二角

是圖山川脈絡名稱悉本
太平洋先生所著各圖其
繁簡詳略悉依研究會所
著高等小學中學師範新
地理各書圖中標明某地
爲中學師範應用某地爲
小學應用教授上最爲便
利不特適用於學校尤切
用於家庭教育軍事教育
之用卽通俗教育亦因其
疆界明確顏色新鮮極爲
合用

代售處上海及各省商務印書館

圖(38)

（高等
新地理教科書六冊）

（第六冊定價大洋外埠酌加
貳角零折壹角逆覽陸費）

中華民國二年五月初版
中華民國七年六月六版

編輯者　上海姚明煇

修訂者　武進譚廉

校訂者　小學地理教科研究會

發行者　中國圖書公司和記

印刷所　中國圖書公司和記

總發行所　中國圖書公司和記

分售處　上海及各省商務印書館

★此書有著作權翻印必究★

五〇一和

1638

书名：中华高等小学地理教科书（改订三年毕业用）
著者：曹同竞、吴文 / 编
出版印行：中华书局
出版时间：民国二年（1913）改订初版　民国二年（1913）改订2版
册数：三

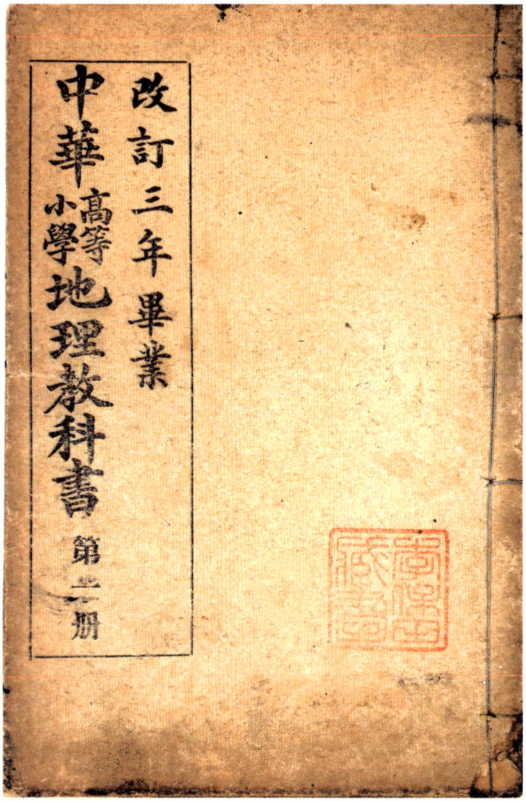

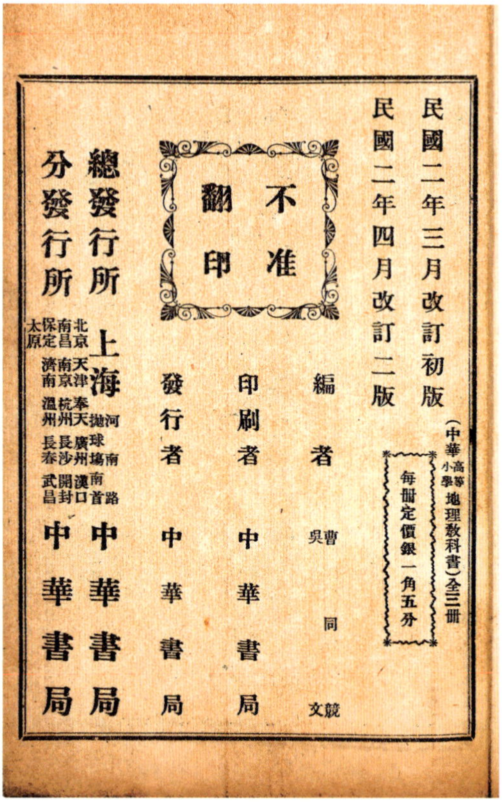

改訂三年畢業
中華高等小學地理教科書
第二册

不准翻印

總發行所
分發行所

太原
保定
北京
南昌
濟南
南京
天津
溫州
杭州
奉天
拋球場
河南
長沙
長泰
廣州
南首路
武昌
開封
漢口

上海

中華書局
中華書局

民國二年三月改訂初版
民國二年四月改訂二版

編者　曹同竞　吳文

印刷者　中華書局

發行者　中華書局

（中華高等小學地理教科書）全三册

每册定價銀一角五分

书名：新编中华地理教科书（春季始业高等小学校用）

著者：史礼绶、徐增 / 编　范源廉、沈颐 / 阅

出版印行：中华书局

出版时间：民国三年（1914）初版　民国四年（1915）6 版

册数：六

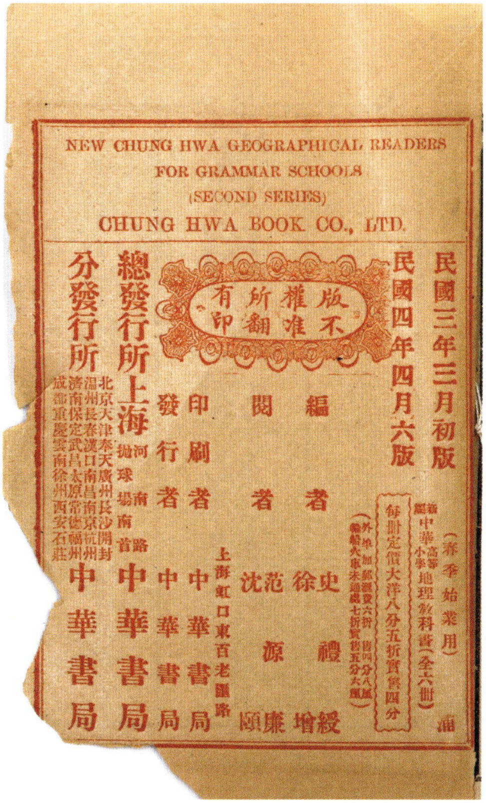

1639

1640

书名：实用地理教科书（高等小学校学生用）

著者：北京教育图书社 / 编纂　陈宝泉、谭廉 / 校订

出版印行：商务印书馆

出版时间：民国五年（1916）初版

册数：六

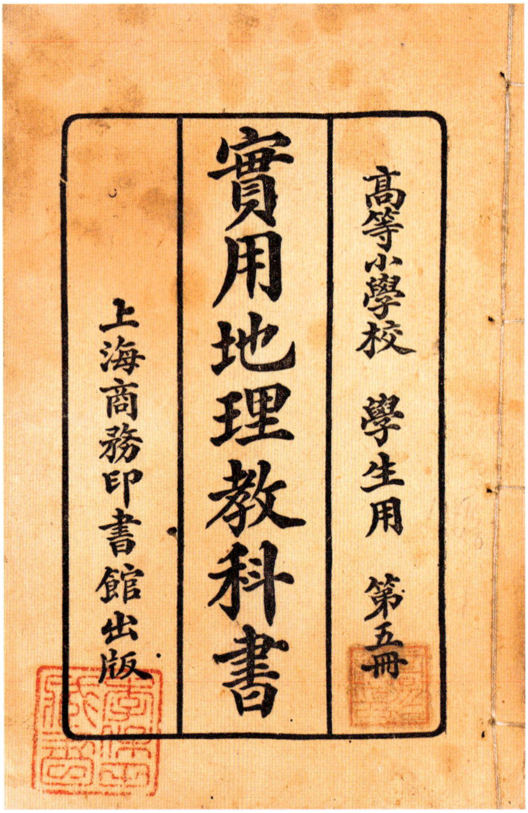

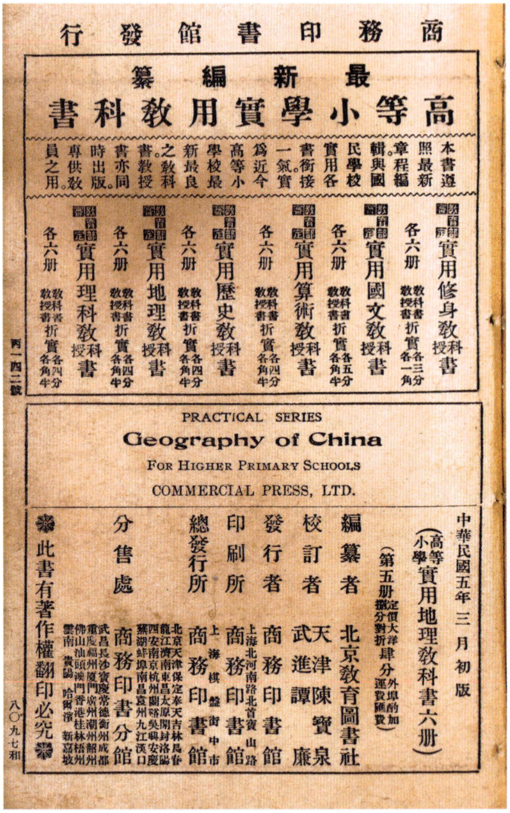

书名：新式地理教科书（高等小学校用）

著者：吕思勉 / 编辑　张灏、范源廉、沈颐、陶履恭 / 阅订

出版印行：中华书局

出版时间：民国五年（1916）发行　民国九年（1920）27版

册数：六

教育部審定

新式

地理教科書

高等小學校用

第四冊

上海中華書局印行

CHUNG HWA GEOGRAPHY
FOR HIGHER PRIMARY SCHOOLS
(NEW EDITION)
CHUNG HWA BOOK COMPANY

新式高等小學地理教科書（全六冊）

每冊定價銀八分五折實售四分

（外埠酌加郵匯費）

民國五年六月印刷
民國五年六月發行
民國九年七月廿七版

有著作權 不准翻印

編輯者 武進呂思勉

閱訂者 歙縣張灝 湘陰范源廉 武進沈頤 天津陶履恭

發行者 中華書局

印刷者 中華書局

印刷所 上海靜安寺路一九二號 中華書局

總發行所 上海棋盤街中華書局

分發行所 中華書局

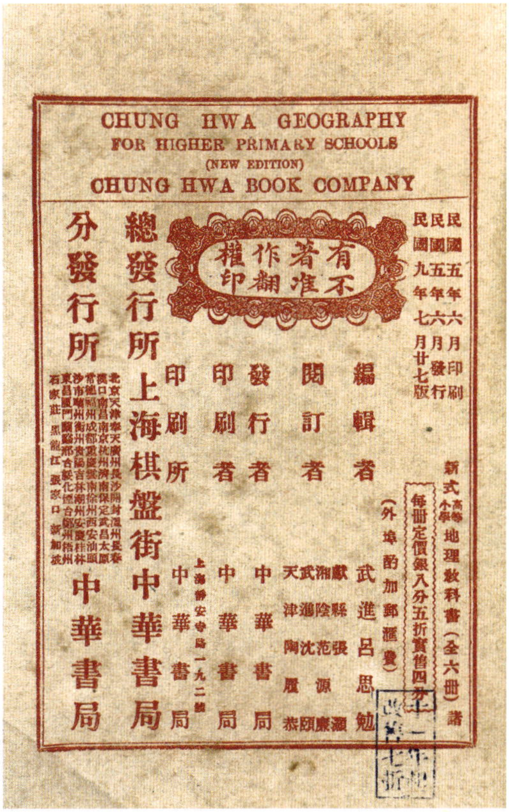

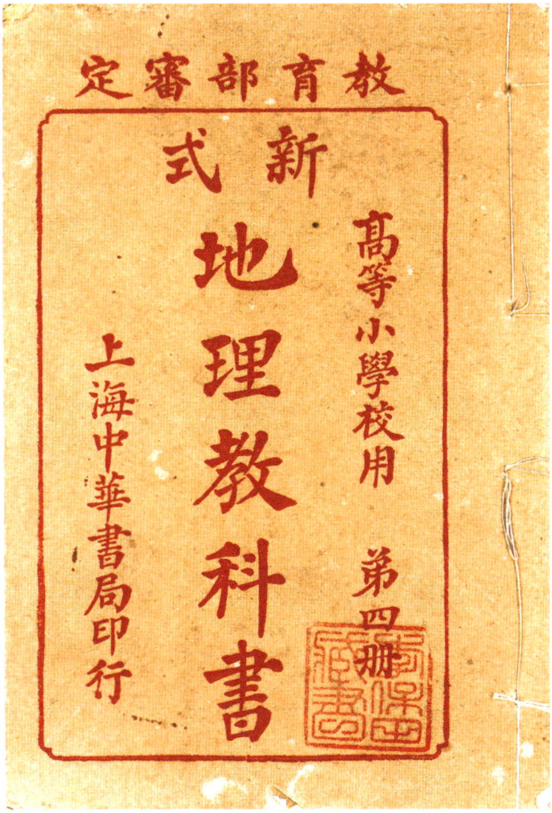

1642

书名：新法地理教科书（高等小学学生用）

著者：谭廉 / 编纂　庄俞 / 校订

出版印行：商务印书馆

出版时间：民国九年（1920）

册数：六

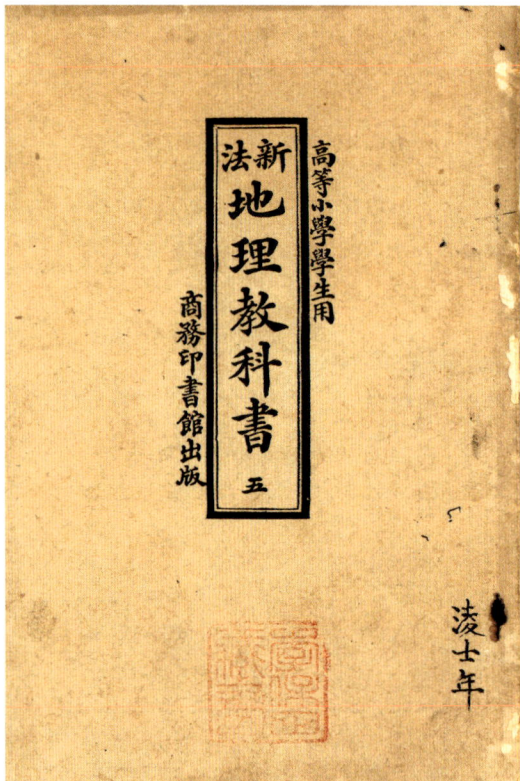

书名：新教育教科书地理（高等小学校用）

著者：汪宗敏、陆费逵、朱文叔、李直、李延翰、张相 / 编辑及校阅

出版印行：中华书局

出版时间：民国十年（1921）初版　民国十年（1921）再版

册数：六

新教育教科書

地理

高等小學校用

一

漢三

袁人傑

中華書局印行

附書有另教科業備教員用

NEW EDUCATIONAL GEOGRAPHY

FOR HIGHER PRIMARY SCHOOLS

CHUNG HWA BOOK COMPANY LTD.

有著作翻印不准權

分發行所

總發行所

分發行所

北京天津奉天漢口南昌南京廣州長沙開封

福州蘭州成都重慶安慶貴陽杭州濟南保定

衡州桂林太原西安汕頭武昌常德

石家莊厦門吉林常州徐州定海

東昌市紹化新加坡

嘉興江門梧州

編輯及校閱者

汪宗敏　陸費逵

朱文叔　李直

李延翰　張相

發行者

中華書局

印刷所

中華書局

（上海靜安寺路一九二號）

總發行所

上海棋盤街中華書局

中華書局

民國十一年二月再版發行

民國十一年一月印刷

民國十年十一月印刷

（高等小學校用）

新教育教科書地理（全六册）

每册定價銀八分五折實售四分

（外埠酌加郵匯費）

1644

书名：新法地理教科书（新学制小学后期用）

著者：傅运森／编纂

出版印行：商务印书馆

出版时间：民国十一年（1922）初版　民国十二年（1923）11版

册数：四

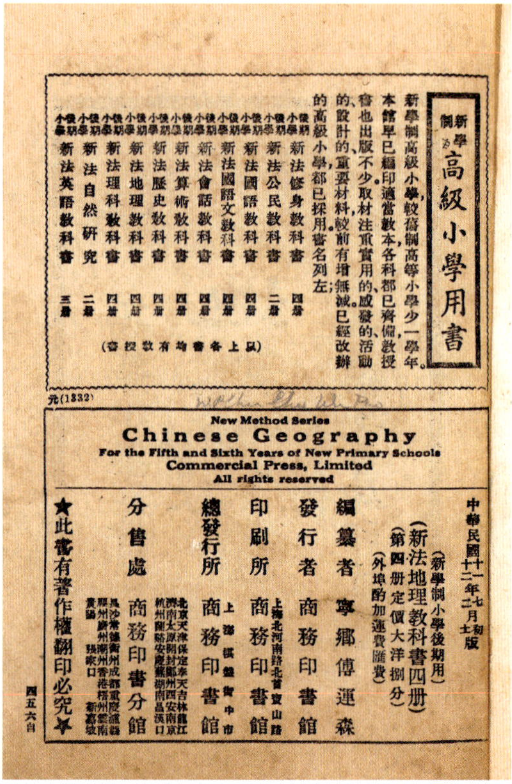

书名：新小学教科书地理课本（新学制适用）　　　　　　　　　　1645
著者：朱文叔、郑昶／编　陆费逵、金兆梓、戴克敦、张相／校
出版印行：中华书局
出版时间：民国十二年（1923）发行　民国十二年（1923）6版
册数：四

教育部審定

新學制適用

新小學教科書

地理課本

高級第三冊

中華書局出版

各種地圖

你們研究地理，必須購買地圖。中華書局新出各種地圖，精密印刷，美術彩色鮮明，檢查便利種類很多，請你去選購能！

高級小學中華民國分省地圖　全一冊　六角

小學世界分國地圖　全一冊　六角

新中華民國分國地圖　全一冊　一元六角

甲 世界改造分國地圖　附說明書一冊　二元

乙 世界改造分國地圖　附說明書一冊　一元六角

丙 地圖一冊三十二輯　鄂英德一地名表一冊

丁 中華民國大地圖　一大幅　一元二角　裱工架俱八角

戊 世界改造大地圖　一大幅　一元六角　裱工架俱八角

兒牛(16)

NEW EDUCATIONAL SYSTEM
GEOGRAPHICAL READERS
FOR HIGHER PRIMARY SCHOOLS
CHUNG HWA BOOK COMPANY LTD.

編者　朱文叔　鄭昶

校者　陸費逵　金兆梓　戴克敦　張相

發行者　中華書局

印刷所　中華書局

總發行所　中華書局

分發行所　中華書局

民國十二年六月發行
民國十二年十一月六版

新小學教科地理課本　第四冊定價銀八分外埠酌加郵費　全四冊

※有著作權不准翻印※

1646　书名：新撰地理教科书（新学制小学校高级用）

　　　著者：谭廉 / 编纂

　　　出版印行：商务印书馆

　　　出版时间：民国十三年（1924）初版　民国十六年（1927）60版

　　　册数：四

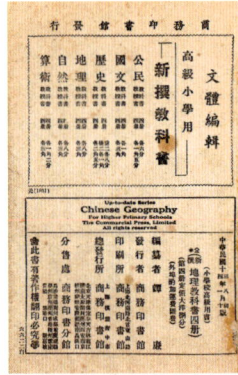

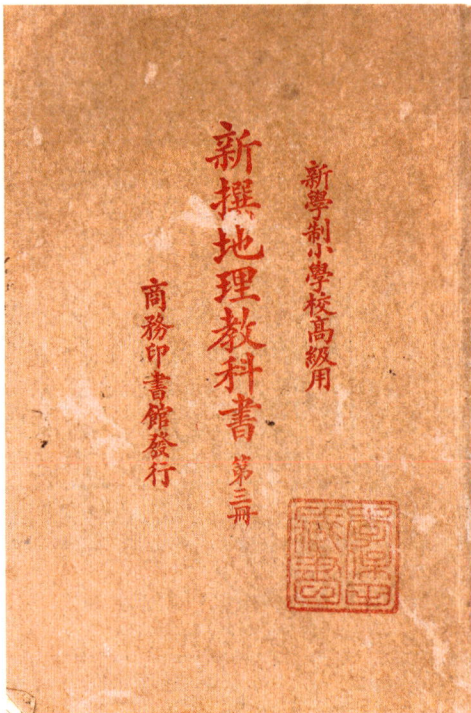

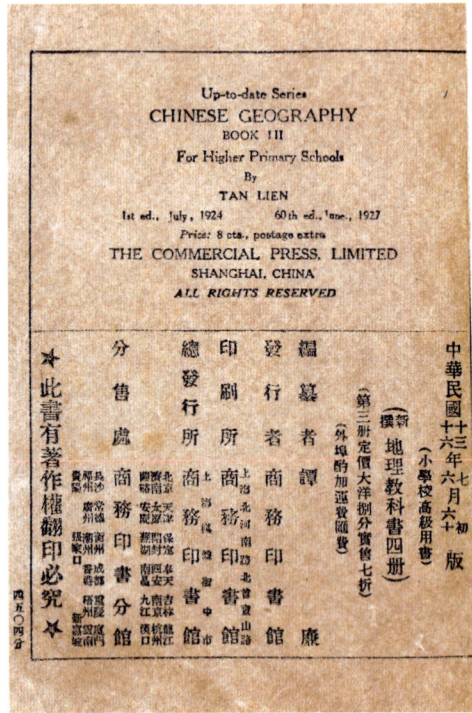

书名：小学高级文体地理教科书（新学制适用）

著者：张鸿英／编

出版印行：中华书局

出版时间：民国十三年（1924）初版　民国十五年（1926）4版

册数：四

新學制適用

小學高級

文體地理教科書

第四冊

張鴻英　編

中華書局印行

※有著作權不准翻印※

三六九〇

世界地圖

高級小學世界分國地圖

小朋友，你們要研究世界地理，必備查正確的

印刷精美，彩色鮮明，調定價低廉

一冊　定價六角

中華書局發行

牟（2038）

NEW EDUCATIONAL SYSTEM
GEOGRAPHICAL READERS
FOR HIGHER PRIMARY SCHOOLS
CHUNG HWA BOOK COMPANY LTD.

編者　張鴻英

發行者　中華書局

印刷者　中華書局　上海靜安寺路二七號

印刷所　中華書局　上海

總發行所　中華書局　上海

分發行所　中華書局

北京　天津　保定　石家莊　太原　濟南　西安　開封　漢口　武昌　長沙　南昌　九江　杭州　南京　安慶　蕪湖　蘇州　常州　廣州　潮州　汕頭　桂林　梧州　雲南　重慶　成都　貴陽　衡陽　新加坡　廈門　吉林　哈爾濱

小學高級文體地理教科書（全四冊）
第四冊定價銀八分（外埠酌加郵費）

民國十三年十二月發行
民國十五年一月四版

1648　书名：新学制地理教科书（教育部审定；小学校高级用）
　　　著者：陈铎 / 编纂　王岫庐、朱经农 / 校订
　　　出版印行：商务印书馆
　　　出版时间：民国十三年（1924）初版　民国十五年（1926）55 版
　　　册数：四

书名：新时代地理教科书（大学院审定；小学校高级用）
著者：陈振 / 著
出版印行：商务印书馆
出版时间：民国十六年（1927）初版
册数：四

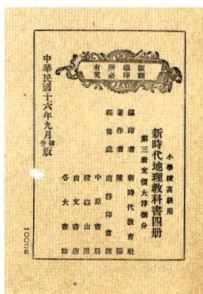

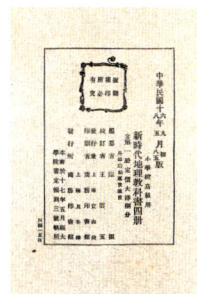

1650

书名：初学简明地理指南（学校适用）

著者：陆保璿

出版印行：广益书局

出版时间：1927年第4版

册数：四

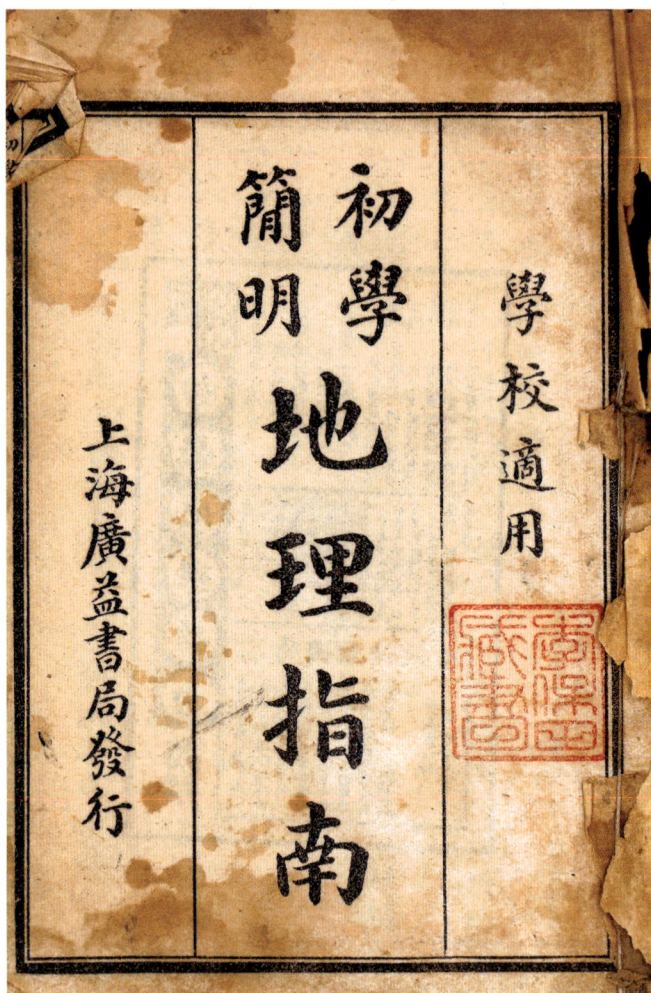

书名：新式初等地理读本（小学适用）

著者：沈维钧 / 编辑　秦同培 / 校订

出版印行：世界书局

出版时间：民国十七年（1928）8 版

册数：二

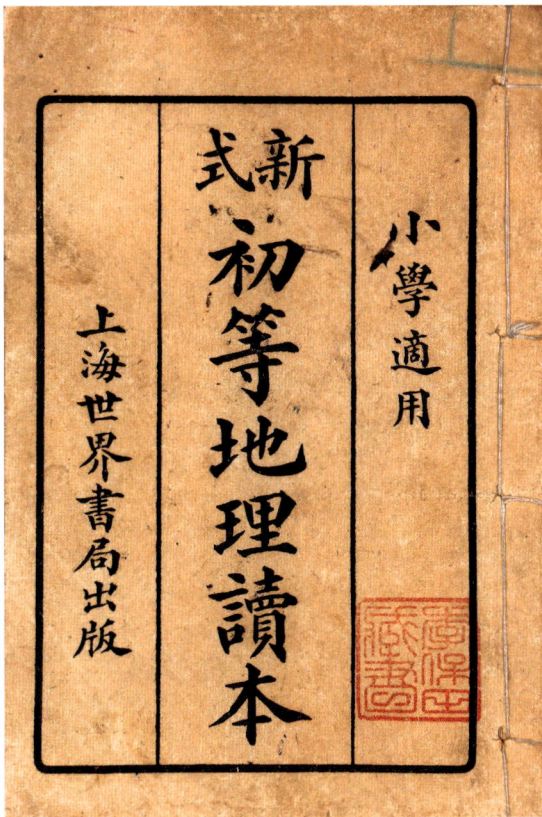

新式初等地理讀本

小學適用

上海世界書局出版

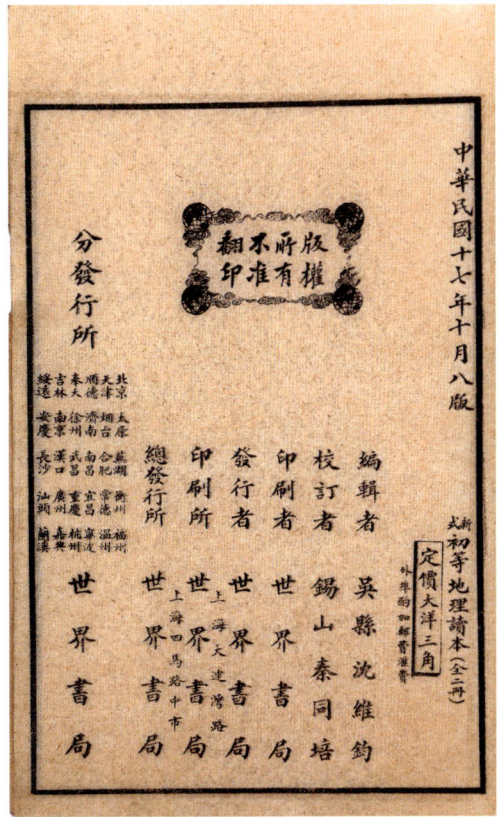

中華民國十七年十月八版

新式初等地理讀本（全二冊）

定價大洋三角

外埠酌加郵費滙費

編輯者　吳縣　沈維鈞

校訂者　錫山　秦同培

印刷者　世界書局

發行者　世界書局

印刷所

總發行所　上海四馬路中市　世界書局

發行所　上海天津路　世界書局

版權所有　不准翻印

分發行所　世界書局

北京　太原
天津　細台
順德　濟南
奉天　合肥
經遠　蕪湖
　　　朔州
安慶　常德
武昌　溫州
南昌　福州
吉林　宜昌
漢口　寧波
長沙　重慶
廣州　杭州
汕頭　嘉興
潮州　蘇溪

1652　书名：新中华教科书地理课本（小学校高级用）
　　　　著者：郑昶／编　张相／校
　　　　出版印行：中华书局
　　　　出版时间：民国十七年（1928）10版
　　　　册数：四

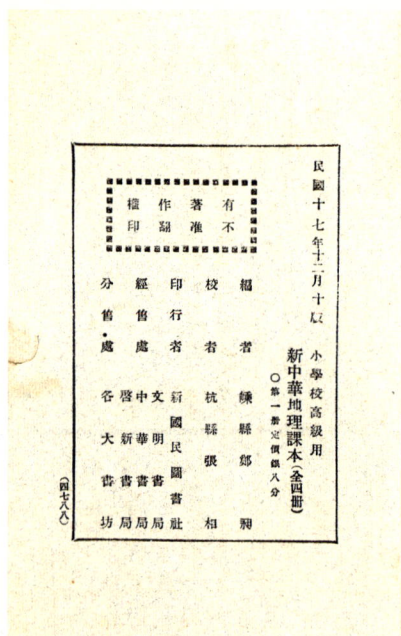

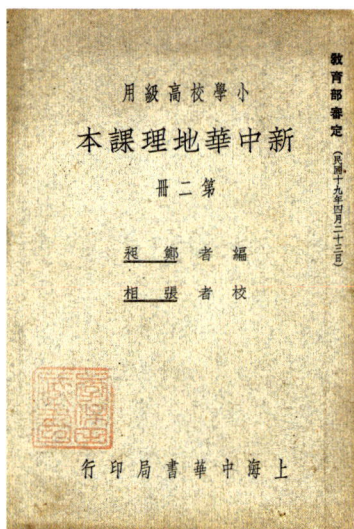

书名：新学制小学教科书高级地理课本

著者：徐敬修、李乃培／编辑　董文、范祥善／校订

出版印行：世界书局

出版时间：民国十七年（1928）审定　民国十七年（1928）5版

册数：四

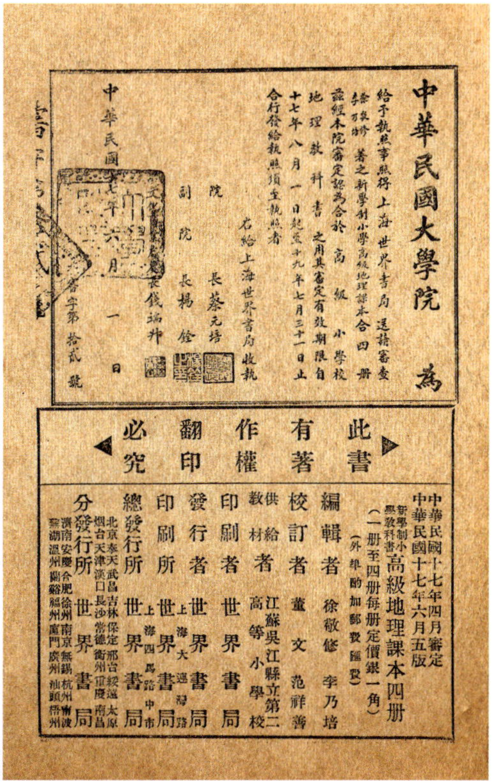

1654 书名：新主义教科书地理课本（小学高级学生用）
著者：董文 / 编辑　魏冰心、范祥善 / 校订
出版印行：世界书局
出版时间：民国十九年（1930）审定　民国二十年（1931）16版
册数：四

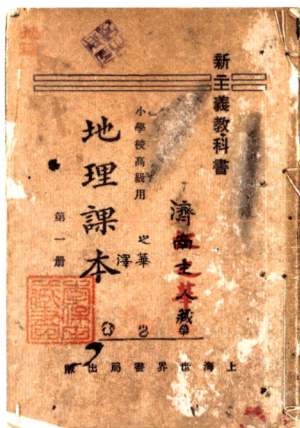

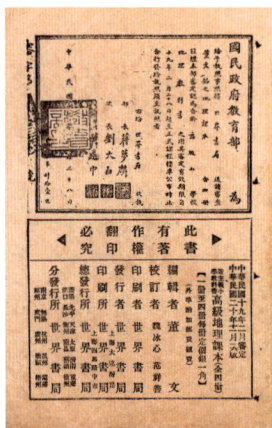

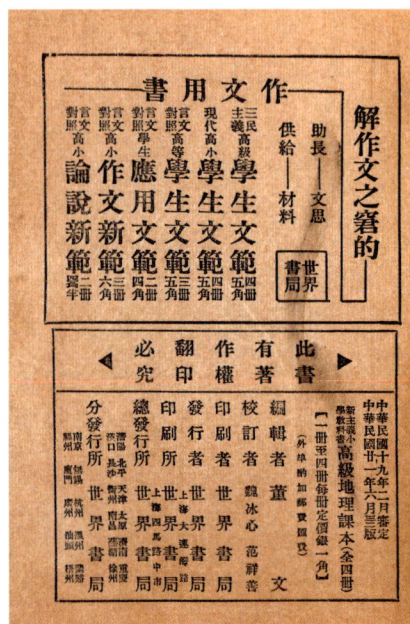

书名：新小学地理读本

著者：陆保璿、张兆瑢 / 著　许慕羲 / 校订

出版印行：广益书局

出版时间：民国二十二年（1933）5版

册数：二

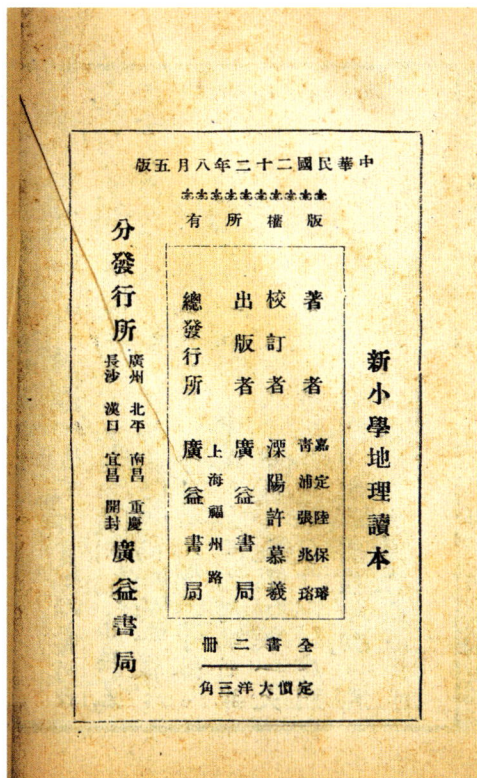

1656　书名：复兴地理教科书（新课程标准适用）

著者：冯达夫 / 编著　王云五、傅纬平 / 校订

出版印行：商务印书馆

出版时间：民国二十二年（1933）初版　民国二十二年（1933）85版

册数：四

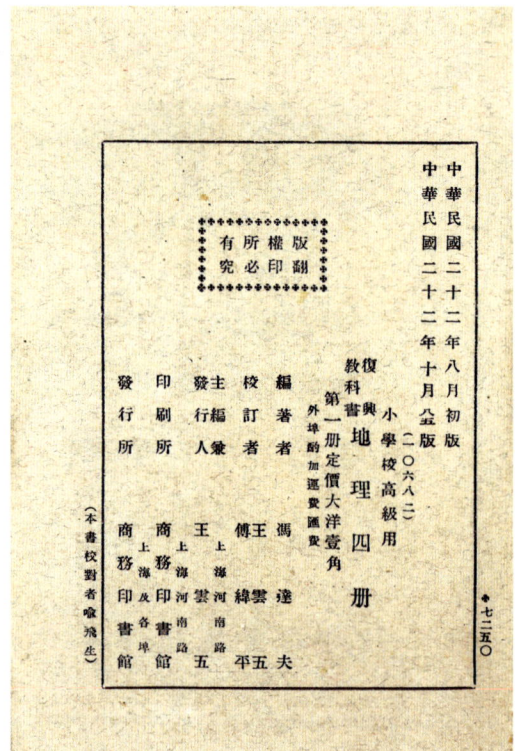

书名：小学地理课本（新课程标准适用）　　　　　　　　　　　　　　　　　1657

著者：喻璞／编　葛绥成／校

出版印行：中华书局

出版时间：民国二十二年（1933）发行　民国二十五年（1936）79版

册数：四

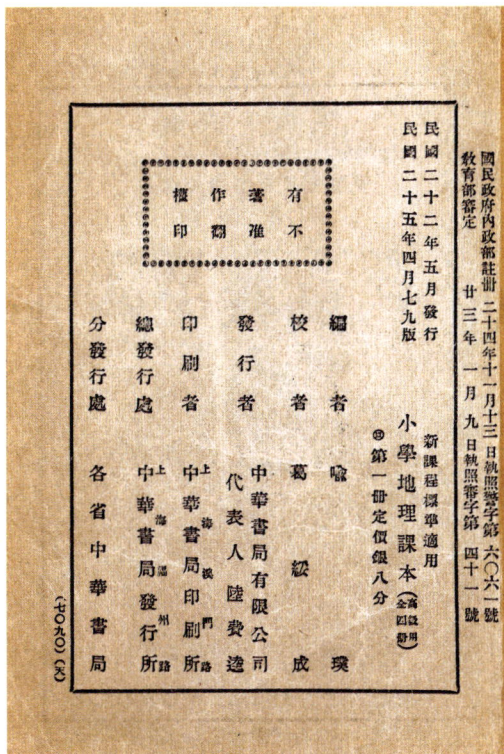

书名：高小新地理（新课程标准高级小学学生用）

著者：朱翊新 / 编辑　董文 / 校订

出版印行：世界书局

出版时间：民国二十六年（1937）初版　民国二十六年（1937）新5版

册数：四

完全依照教育部最近頒布修正課程標準新編或改編

注音符號讀本 魏冰心編 一冊
初小國語讀本（第一種） 朱翊新等 八冊
初小國語新讀本 吳研因編 八冊
初小新常識 董文編 八冊
初小新算術 駱師曾等 八冊
初小新國語（春季始業） 魏冰心編 八冊
初小新常識（春季始業） 朱翊新編 八冊
初小新算術（春季始業） 張匡編 八冊
高小國語讀本（第一種） 朱翊新編 四冊
高小新國語（春季始業） 魏冰心編 四冊
高小新算術 駱師曾編 四冊
高小新社會 董文編 四冊
新公民（高小社會） 錢選青等 四冊
新歷史（高小社會） 朱翊新編 四冊
新地理（高小社會） 朱翊新編 四冊
下列二種在教育部審定有效期內
高小國語新讀本 吳研因編 四冊
高小自然課本 王劍星編 四冊
內容最新 售價最廉 均有教學法
世界書局出版

中華民國二十六年六月初版
中華民國二十六年十二月新五版
新課程標準高級小學學生用
高小新地理（全四冊）
每冊實價國幣五分
（外埠酌加運費匯費）

本書有著作權不准翻印

編輯者 朱翊新
核訂者 董文
發行人 陸高誼
印刷者 世界書局
印刷所 上海大連灣路 世界書局
發行所 上海及各省 世界書局

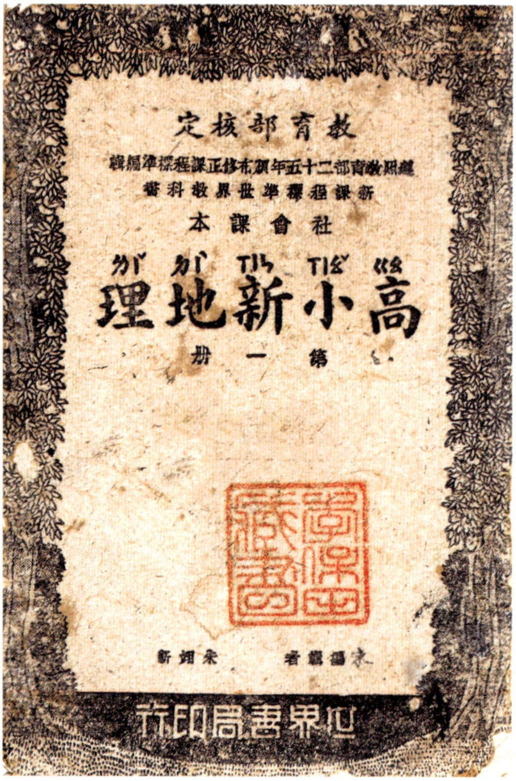

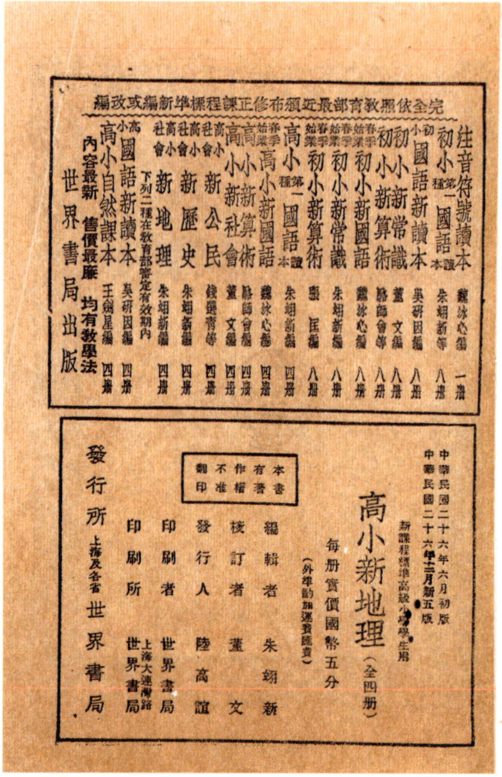

书名：高小地理课本（修正课程标准适用）
著者：喻守真 / 编　葛绥成 / 校
出版印行：中华书局
出版时间：民国二十九年（1940）107版
册数：四

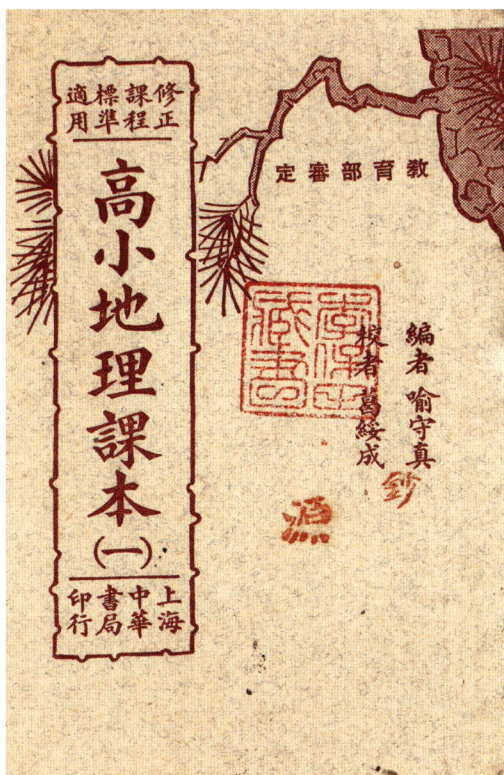

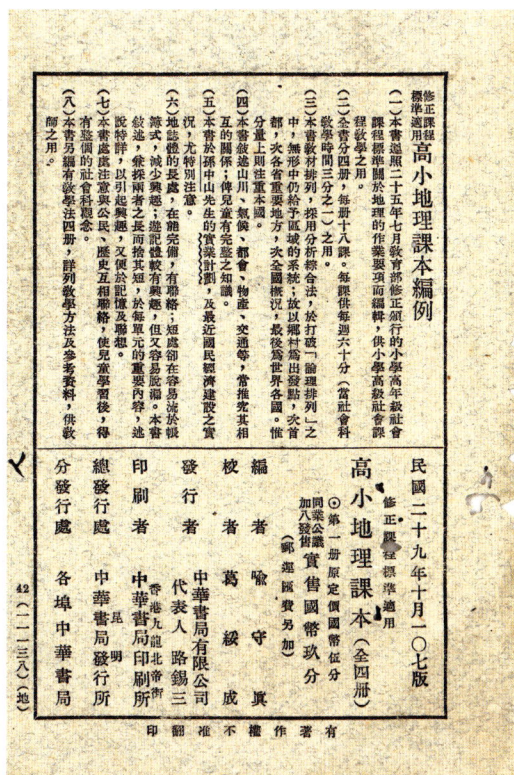

修正課程標準適用

教育部審定

高小地理課本（一）

編者 喻守真
校者 葛綏成

上海中華書局印行

修正課程標準
高小地理課本編例

（一）本書遵照二十五年七月教育部修正頒行的小學高年級社會課程標準關於地理的作業要項而編輯，供小學高級社會課程教學之用。

（二）全書分四冊，每冊十八課。每課供每週六十分（當社會科教學時間三分之一）之用。

（三）本書教材排列，採用分析綜合法，於打破「論理排列」之中，無形中仍給予區域的系統；放以鄉村爲出發點，次及本省都，次各省重要地方，次全國概況，最後爲世界各國。惟分量上則注重本國。

（四）本書敘述山川、氣候、都會、物產、交通等，常推究其相互的關係，俾兒童有完整之知識。

（五）本書於孫中山先生的實業計劃，及最近國民經濟建設之實況，尤特別注意。

（六）本地誌體的長處，在能完備，有條不紊；短處卻在容易流於枯燥乏味。本書編纂式，減少興趣；邀記體較有興趣，但又容易忽略。本書敘述，兼採兩者之長而捨其短，於每單元的重要內容，逃說特詳，以引起興趣，又便於記憶及想象。

（七）本書處處注意與公民、歷史互相聯絡，俾兒童學習後，得有整個的社會科觀念。

（八）本書另編有教學法四冊，詳列數學方法及參考資料，俾敎師之用。

民國二十九年十月一〇七版

修正課程標準適用

高小地理課本（全四冊）

⊙第一册原定價國幣玖分
同業公議實售國幣位分
加八發售

編著者　喻守真
校者　葛綏成
發行者　中華書局有限公司
代表人 路錫三
印刷者　中華書局印刷所
昆明
總發行所　中華書局發行所
分發行處　各埠中華書局
香港九龍北帝街

42（二三八）（地）

书名：开明地理课本（小学高级学生用）

著者：冯达夫／编纂

出版印行：成都兴华印刷所

出版时间：民国三十一年（1942）国难后第4版

册数：四

备注：理论上出版发行单位应该为开明书店，封面设计也为开明书店风格，书名也冠以"开明"，但并未署"开明书店"名称，原因待考。

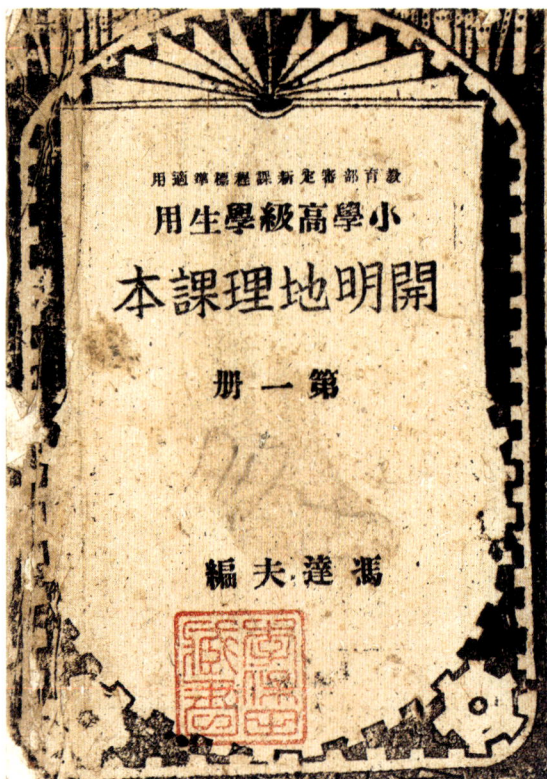

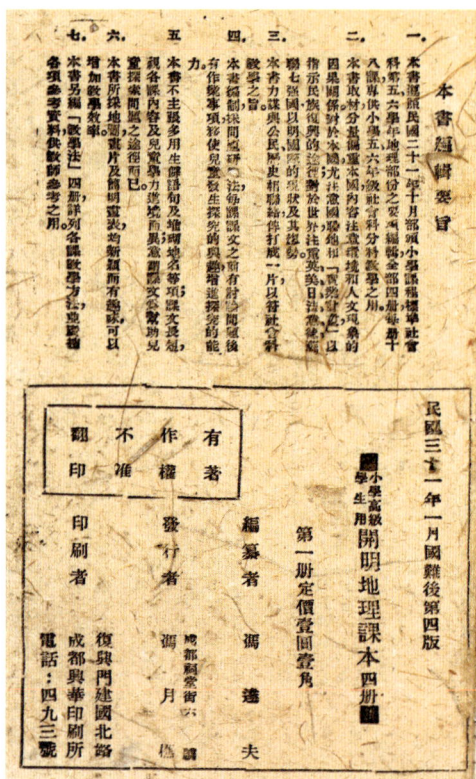

书名：地理课本（高级小学校用）

著者：不详

出版印行：不详

出版时间：民国三十二年（1943）

册数：不详

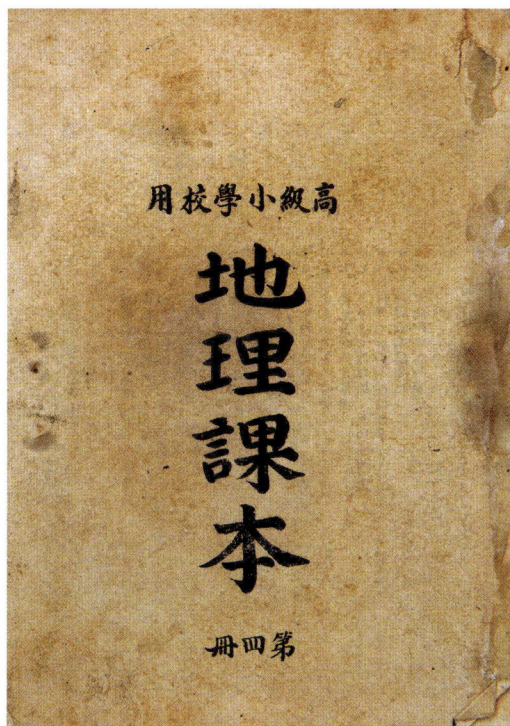

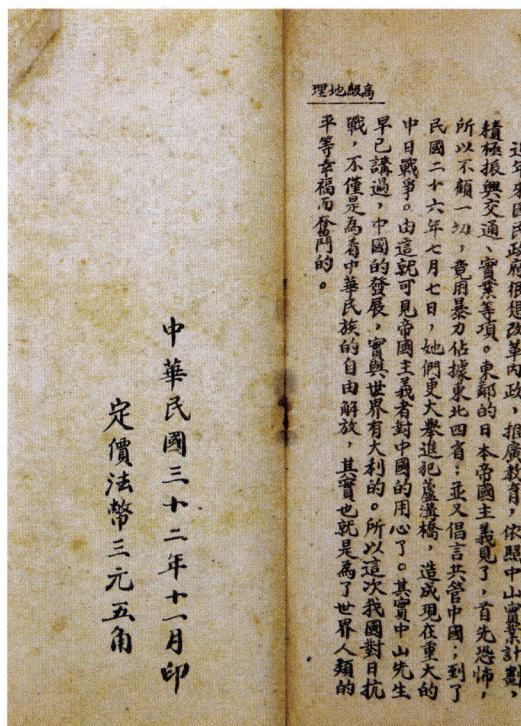

1662

书名：高级小学地理课本

著者：王毓梅、程金生、赵廷鉴／编辑　沈麓元、计维新、唐冠芳／绘图　国立编译馆／校订

出版印行：国定中小学教科书七家联合供应处

出版时间：民国三十四年（1945）上海白报纸本第1版　　民国三十五年（1946）上海白报纸本第130版

册数：四

备注：印刷者为正中书局、商务印书馆、中华书局、世界书局、大东书局、开明书店、交通书局。

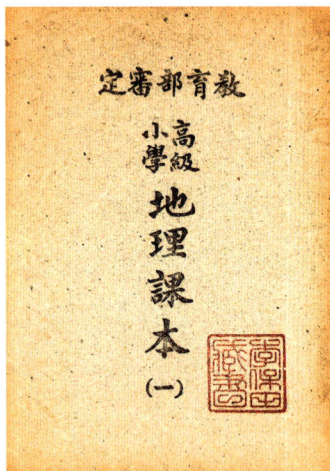

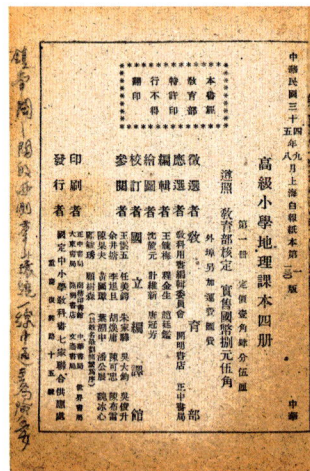

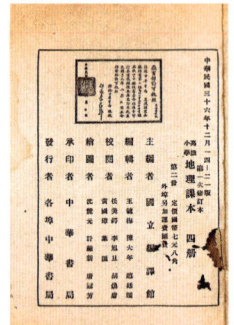

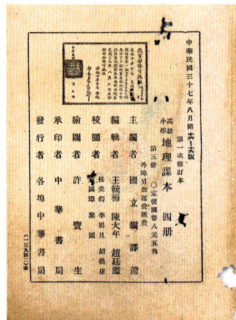

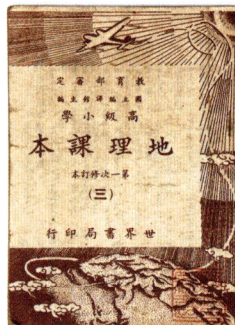

书名：高级小学地理

著者：国立编译馆 / 主编　王毓梅、陈大年、赵廷鉴 / 编辑　任美锷、李旭旦、胡焕庸、黄国璋、
　　　叶汇 / 校阅　沈麓元、计维新、唐冠芳 / 绘图

出版印行：大东书局

出版时间：民国三十六年（1947）第1次修订本

册数：四

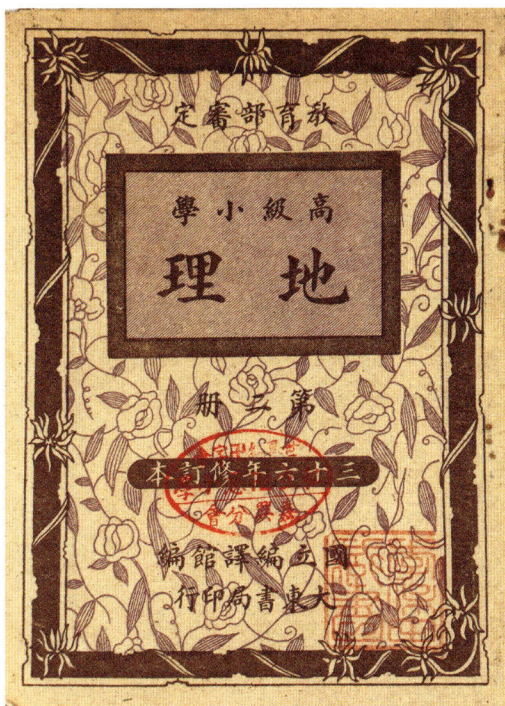
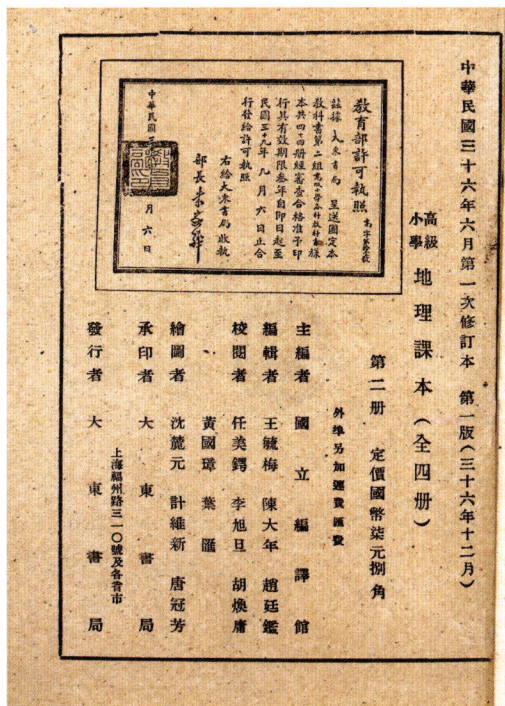

1664　书名：高级小学地理（修订本）

　　　　著者：国立编译馆 / 主编　吴鼎、俞焕斗、陈伯吹、张超、潘仁 / 编辑　金兆梓、陈子展、罗根泽 / 修订

　　　　出版印行：国定中小学教科书联合供应处

　　　　出版时间：民国三十七年（1948）修订本粤白报纸本第3版

　　　　册数：四

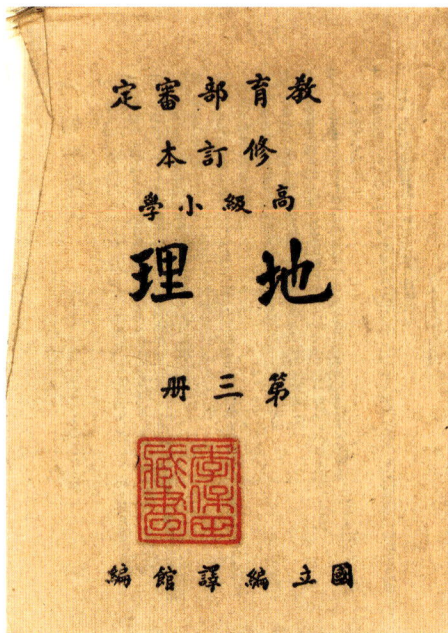

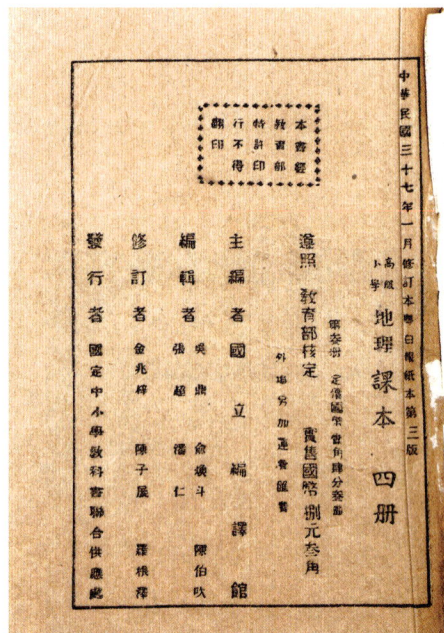

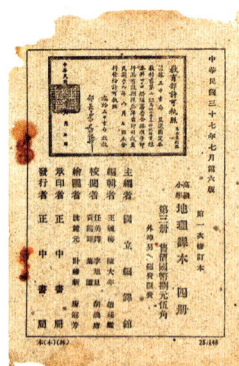

书名：地理课本（高小学生用）

著者：姚明辉 / 编

出版印行：中国图书公司

出版时间：不详

册数：不详

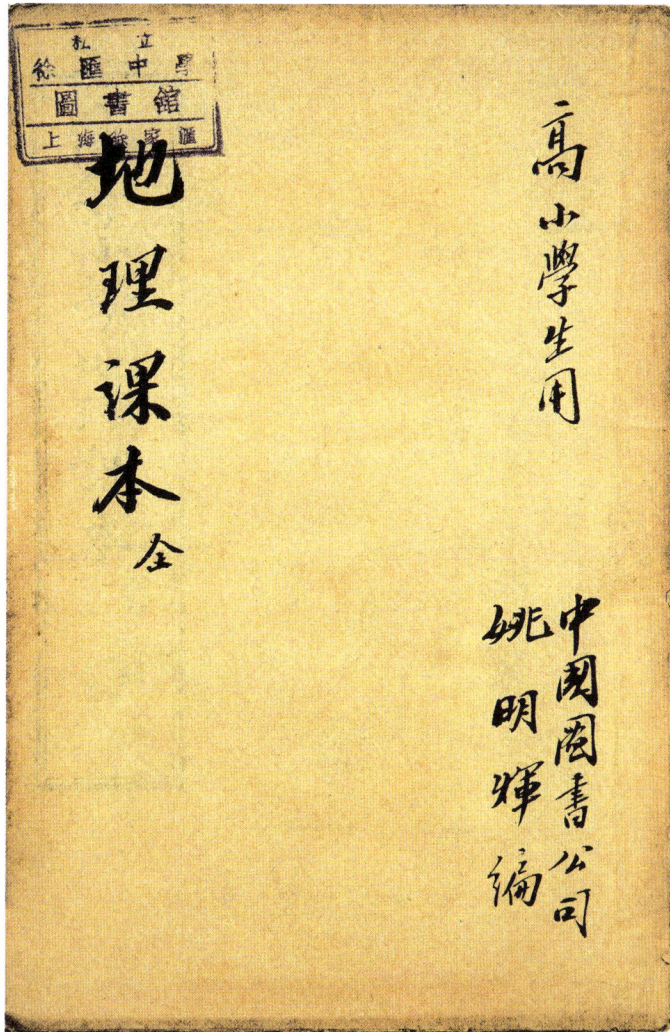

1666

书名：新主义教科书地理课本（小学校高级用）

著者：不详

出版印行：世界书局

出版时间：不详

册数：不详

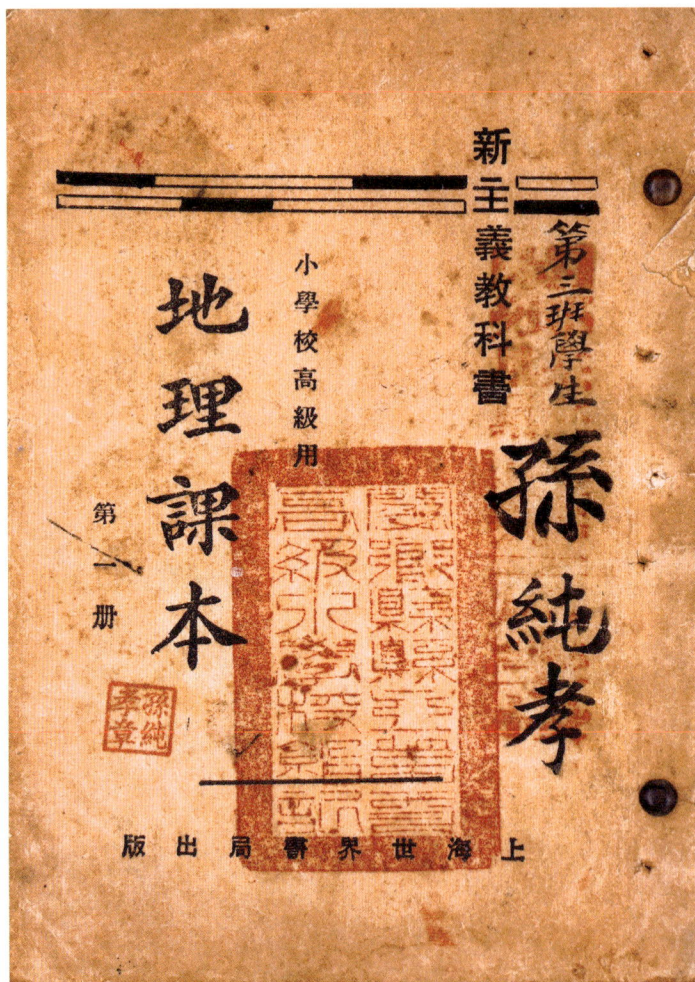

书名：共和国教科书本国地理（中学校用）

著者：谢观／编纂　蒋维齐、庄俞、谭廉／校订

出版印行：商务印书馆

出版时间：民国二年（1913）初版　民国八年（1919）18版

册数：二

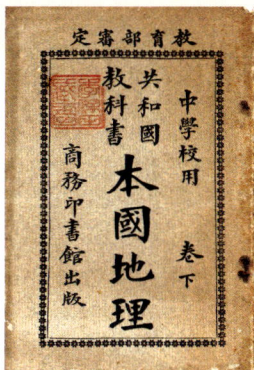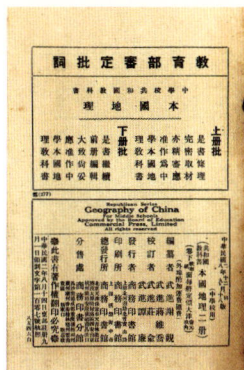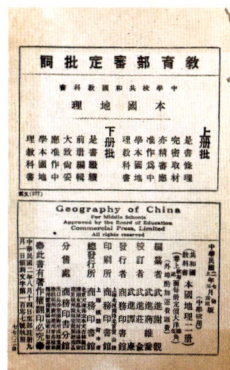

书名：共和国教科书外国地理（中学校用）

著者：谢观／编纂　蒋维乔、傅运森／校订　谭廉／重订

出版印行：商务印书馆

出版时间：民国三年（1914）初版　民国十一年（1922）重订21版

册数：二

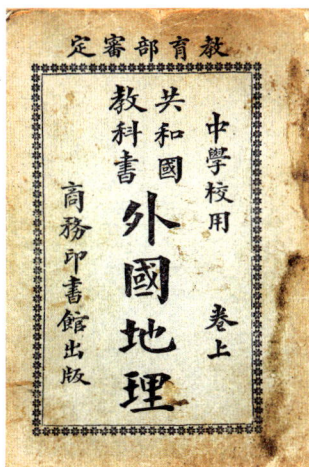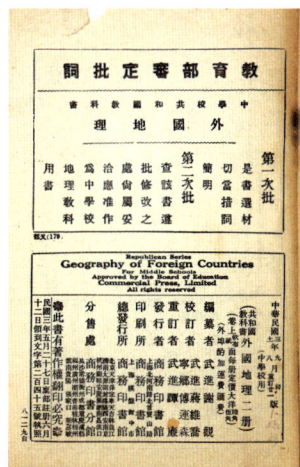

1668　书名：中华中学地理教科书
　　　　著者：李廷翰／编辑　史礼绥／参订　戴克敦、姚汉章、陆费逵／阅
　　　　出版印行：中华书局
　　　　出版时间：民国二年（1913）发行　民国七年（1918）11版
　　　　册数：四

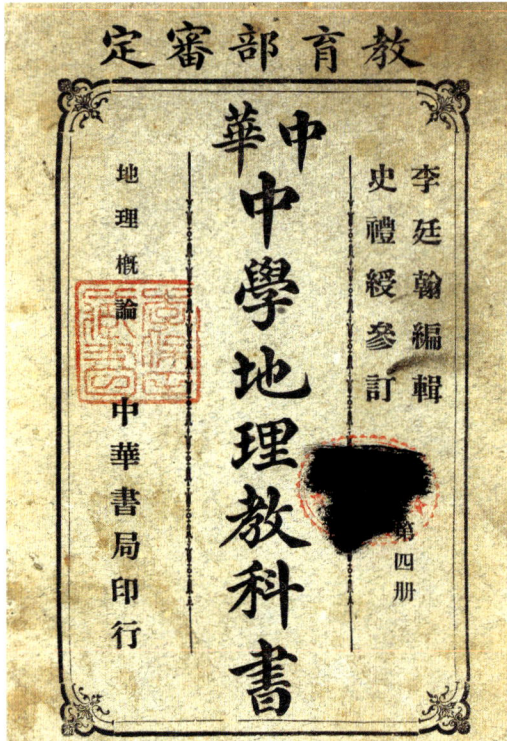

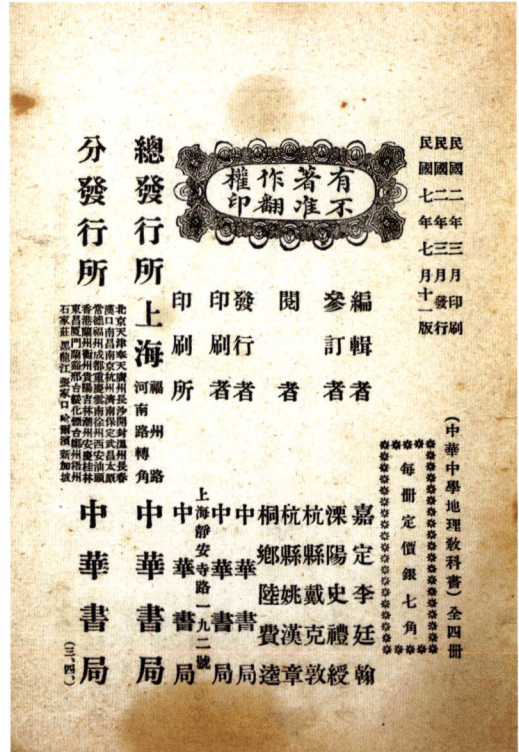

书名：新制本国地理教本（中学校适用）
著者：李廷翰／编　袁希涛／阅　丁訔盦／增订
出版印行：中华书局
出版时间：民国四年（1915）发行
　　　　　民国十三年（1924）23版
册数：二

书名：新制外国地理教本（欧战后增订，中学校适用）　1669
著者：杨文洵／编　丁訔盦／增订
出版印行：中华书局
出版时间：民国四年（1915）发行
　　　　　民国十年（1921）14版
册数：三

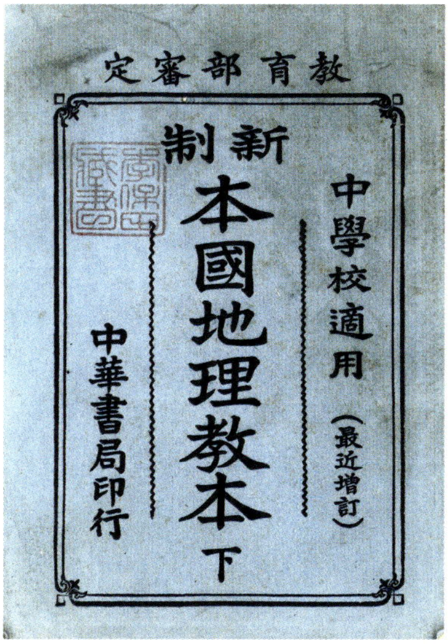

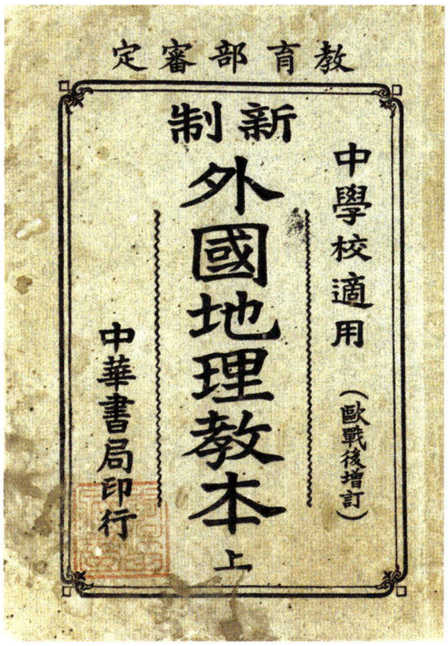

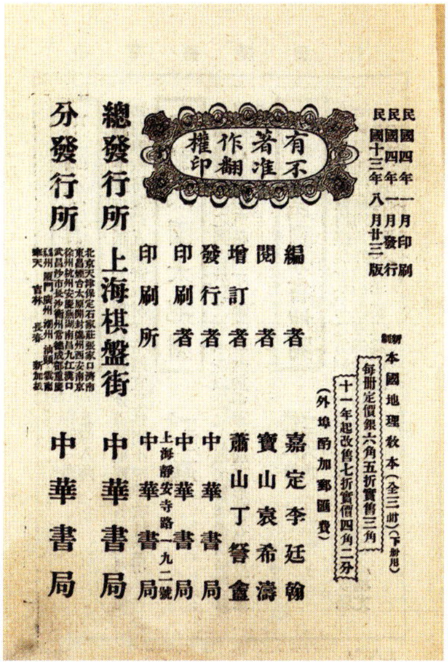

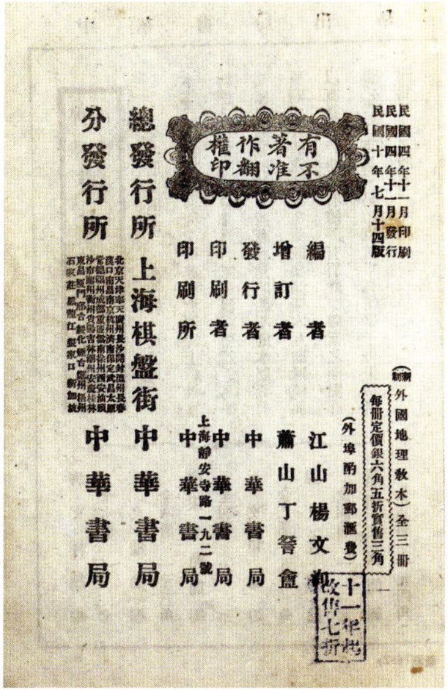

1670

书名：新中学教科书初级本国地理
著者：丁謇盦／编
　　　李廷翰、沈颐、陆费逵、谢彬／校
出版印行：中华书局
出版时间：民国十二年（1923）发行
　　　　　民国十七年（1928）23版
册数：二

书名：新中学教科书初级世界地理
著者：丁謇盦／编　谢彬、陆费逵／校
出版印行：中华书局
出版时间：民国十三年（1924）发行
　　　　　民国十七年（1928）11版
册数：一

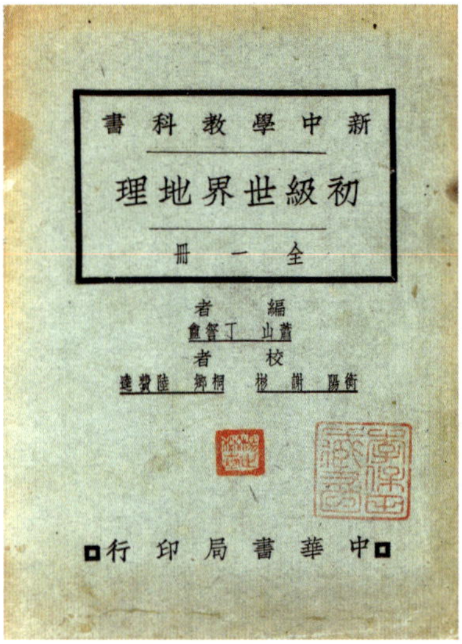

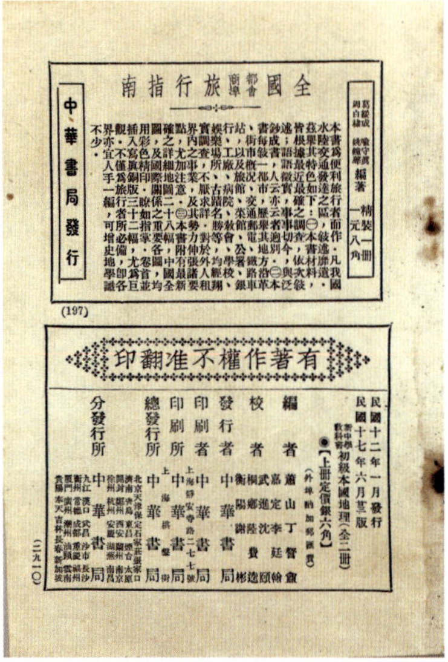

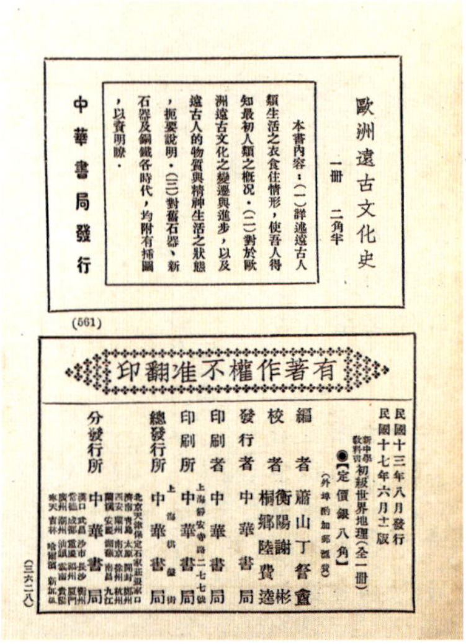

书名：现代初中教科书本国地理

著者：王钟麒 / 编辑　王岫庐、朱经农 / 校订

出版印行：商务印书馆

出版时间：民国十二年（1923）初版　民国十三年（1924）5版

册数：二

现代初中教科書
本國地理
上册
編輯者 王鍾麒
校訂者 王岫廬 朱經農
上海商務印書館出版

商務印書館發行
新學制 初級中學用書
新學制初級中學的精神，在各科混合教授，這「新學制初級中學教科書」一套，即係完全依照新學制課程綱要，採用混合法編輯的，實爲初中最適用的教本，書名列下：
(教育部審定)
新學制初中 國語教科書 六册
新學制初中 公民教科書 三册
新學制初中 歷史教科書 二册
新學制初中 地理教科書 二册
新學制初中 自然科學教科書 四册
新學制初中 實用自然科學教科書 四册
新學制初中 混合算學教科書 六册
新學制初中 英語讀本文法合編 四册
此外尚有音樂 樂理 鋼琴 圖畫 手工等教科書不及備載另印樣本及書目承索即寄
元又(1540)

Modern Textbook Series
Geography of China
For Junior Middle Schools
The Commercial Press, Limited
All rights reserved

中華民國十二年七月初版 十三年八月五版
(現代初中教科書本國地理二册)
(上册定價大洋陸角)
(外埠酌加運費匯費)
編輯者 王鍾麒
校訂者 王岫廬 朱經農
發行者 商務印書館
印刷所 上海北河南路北首寶山路 商務印書館
總發行所 上海棋盤街中市 商務印書館
分售處 北京 天津 保定 奉天 吉林 龍江 濟南 太原 開封 鄭州 西安 南京 杭州 蘭谿 安慶 蕪湖 南昌 漢口 長沙 常德 衡州 成都 重慶 瀘縣 福州 廣州 潮州 香港 梧州 雲南 貴陽 張家口 新嘉坡 商務印書分館
此書有著作權翻印必究
六四六七分

现代初中教科書
本國地理
下册
王鍾麒編
王雲五 朱經農校
商務印書館發行

民國二十一年一月二十九日敝公司突遭國難總務處印刷所編譯所書棧房均被炸燬附設之涵芬樓東方圖書館尚公小學亦遭殃及盡付焚如三十五載之經營隳於一旦迭蒙各界慰問督望速圖恢復詞意懇摯銜感何窮敝館雖處境艱困不敢不勉為其難因將學校需用各書先行覆印其他各書亦將次第出版惟是圖版裝製不能盡如原式事勢所限想荷鑒原謹布下忱統祈 垂督
上海商務印書館謹啓

版權所有

中華民國十三年九月初版
民國二十一年五月印行國難後第一版
民國二十一年六月印行國難後第三版
現代初中教科書本國地理二册
下册定價大洋陸角
(外埠酌加運費匯費)
編纂者 王鍾麒
校訂者 王雲五 朱經農
發行兼印刷者 上海商務印書館
發行所 上海及各埠 商務印書館

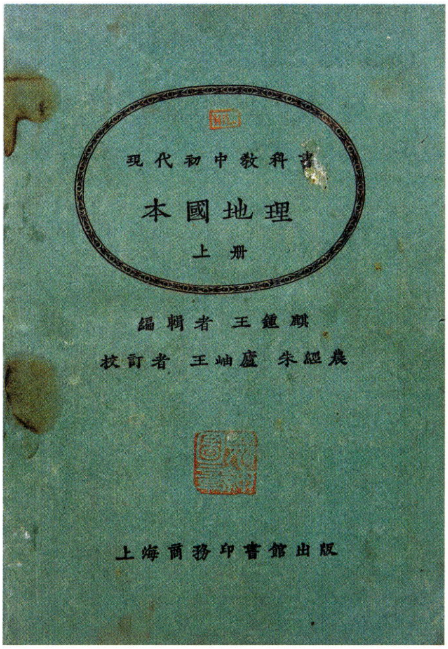

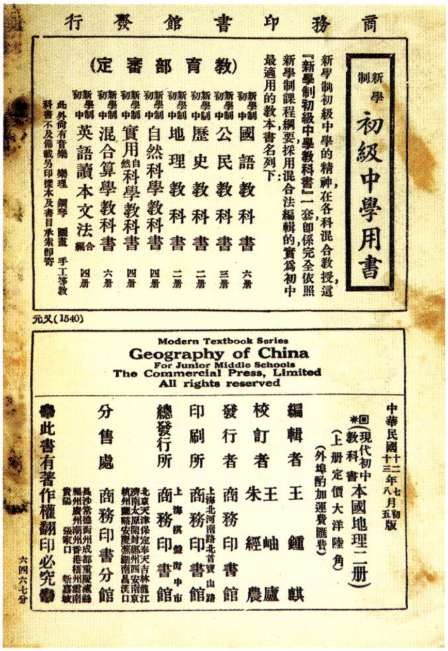

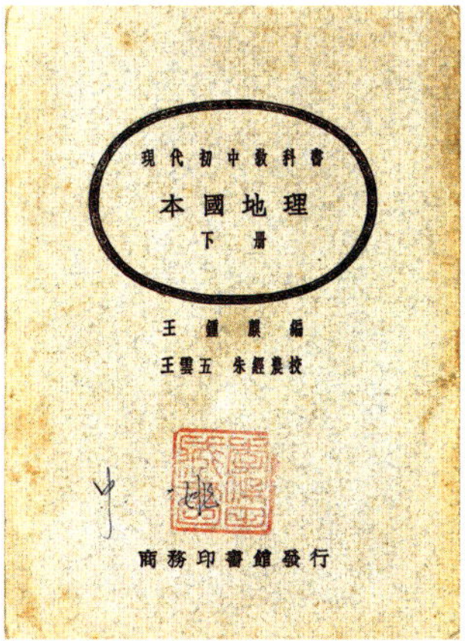

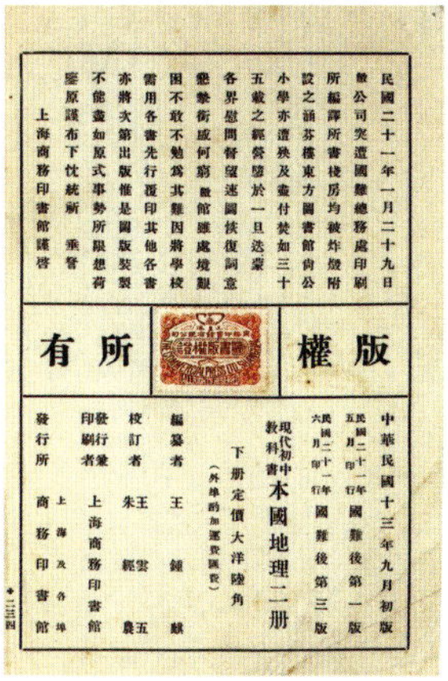

1672　书名：新学制地理教科书（初级中学用）
　　　著者：王钟麒 / 编辑　王岫庐、朱经农 / 校订
　　　出版印行：商务印书馆
　　　出版时间：民国十二年（1923）初版　民国十四年（1925）77版
　　　册数：二

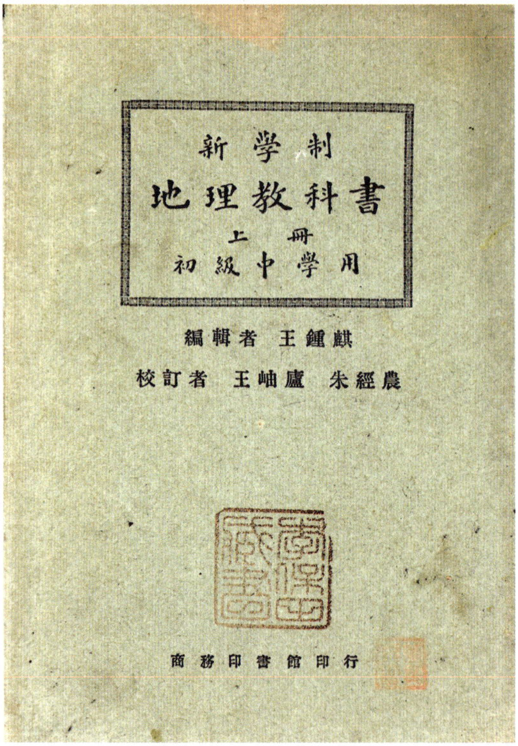

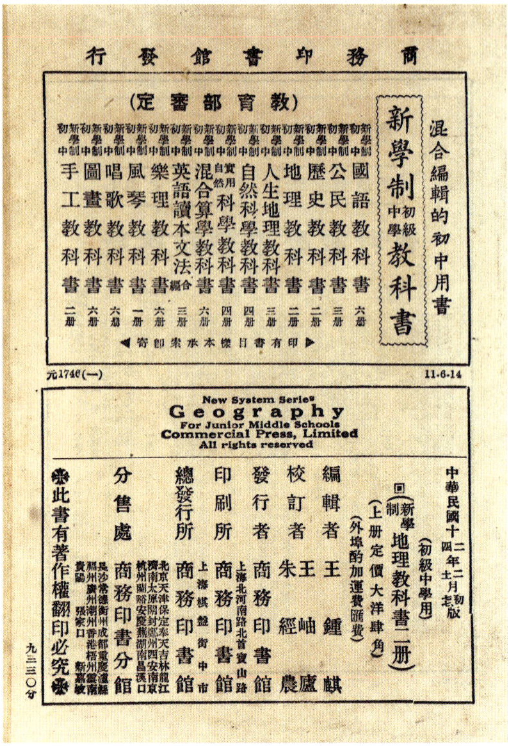

新學制
地理教科書
上　册
初級中學用

編輯者　王鍾麒

校訂者　王岫廬　朱經農

商務印書館印行

书名：新撰初级中学教科书本国地理
著者：缪育南 / 编辑
出版印行：商务印书馆
出版时间：不详
册数：二

书名：新撰初级中学教科书外国地理
著者：陈铎 / 编辑
出版印行：商务印书馆
出版时间：民国十四年（1925）初版
　　　　　民国十五年（1926）15版
册数：二

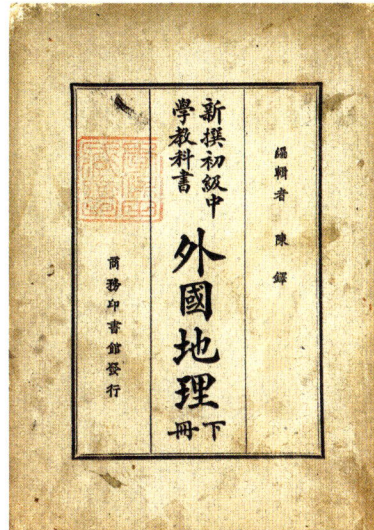

1674　书名：新学制人生地理教科书（初级中学用）

著者：张其昀／编纂　竺可桢、朱经农／校订

出版印行：商务印书馆

出版时间：民国十四年（1925）初版　民国十六年（1927）10版

册数：三

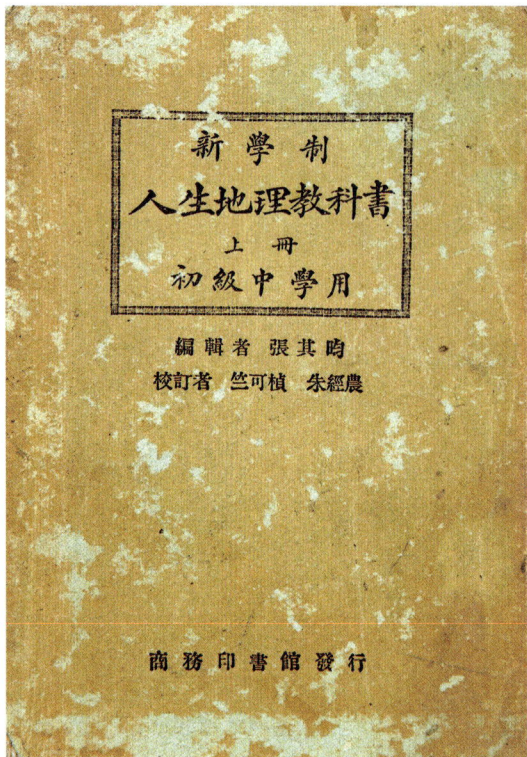

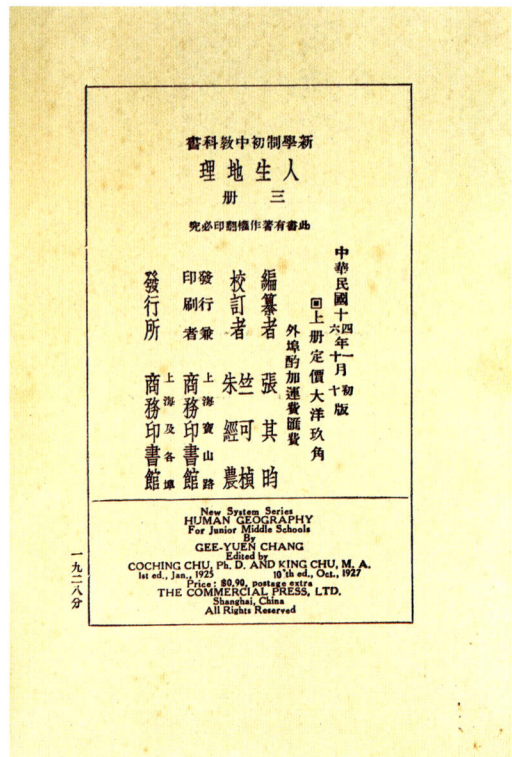

书名：中学教科书世界地理
著者：吕士熊 / 编　何炳松、杨秀峰 / 校
出版印行：北京文化学社
出版时间：民国十五年（1926）初版
册数：一

中　學　教　科　書

世 界 地 理

編　者　吕士熊

校　者

何炳松　楊秀峯

北京文化學社發行

北京文化學社發行書目表

	呂士熊
初中世界地理	大洋四角
初中英文法教科書上下	大洋八角
初中英文法教科書上下合璧	大洋一元二角
大平洋間題之異同與中國	大洋二角
儒墨之異同	大洋二角
中國哲學史大綱	大洋三角
清代學術概論	大洋四角
教育統計學	大洋五角
教育實驗法學	大洋二元
近世地理教本	大洋五角（發行）
民國地理史	大洋六角
西洋史綱要（上下）	大洋一元
世界地理教本下	大洋一元二角
初中動物學	大洋四角
初中植物學	大洋四角
高中高等英文法	大洋八角五分
高中英文實用修辭學	大洋一元五角
小學英文實施教學法	大洋一元二角五分
地理教學法	大洋一角
歐戰與民族變遷	大洋二角五分
平民理財學	大洋一元
南洋遊記	大洋三角
東亞哲學與新潮	大洋八角
新弊於感歌集	大洋八角
世界教育之感想	大洋五角

初級中學　中華民國十五年三月初版
教科書世界地理

定價大洋捌角

（全一冊）

編　者	房山　呂士熊
校　者	何炳松　楊秀峯
發行者	北京文化學社　社北京師範大學南局八四○號
印刷者	北京虎坊橋路北南局一三八號　北京京華印書局
總發行所	北京文化學社　發行部北京香爐營四號五號
分發行所	北京中華書局
寄售　北京	師範大學號房　東安市場佩文齋　青雲閣佩文齋　勸業場廠甸三三書局　天津晉新書社　保定石家庄　大原晉新書社　青島郵文書局　開封晉新書社　琉璃廠涛王商店　中藏書局

此書有著作權翻印必究

1676

书名：新时代本国地理教科书（初级中学用）

著者：刘虎如 / 编纂　王云五、竺可桢 / 校订

出版印行：商务印书馆

出版时间：民国十六年（1927）初版　民国十九年（1930）95版

册数：二

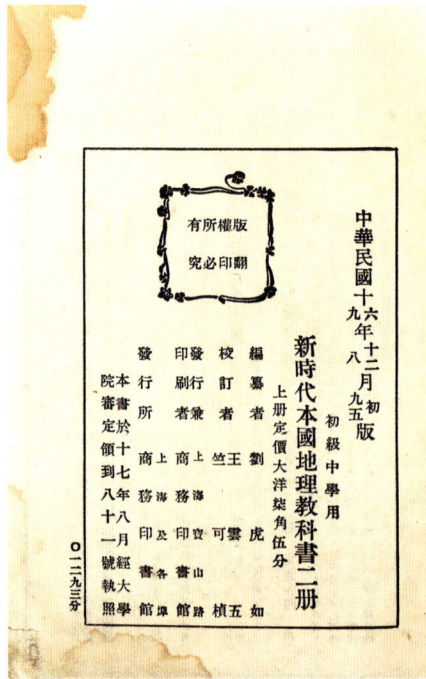

书名：初中本国地理（初级中学学生用）

著者：董文、张国维／编著

范祥善、魏冰心／校订

出版印行：世界书局

出版时间：民国十九年（1930）初版　民国十九年（1930）4版

册数：六

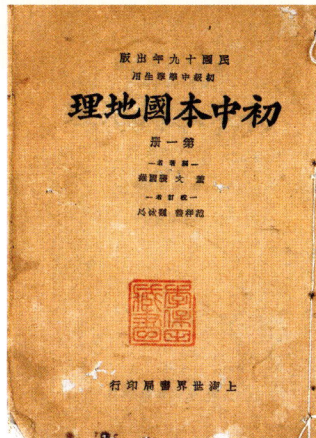 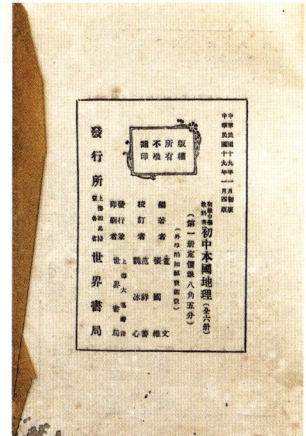

书名：初中外国地理（初级中学学生用）

著者：董文、高松岑／编著

范祥善、魏冰心／校订

出版印行：世界书局

出版时间：民国十九年（1930）初版　民国二十年（1931）订正3版

册数：二

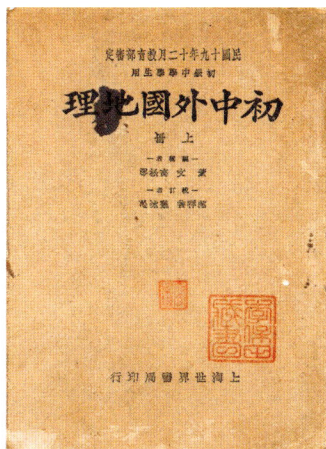 

书名：新中华本国地理（初级中学用）

著者：葛绥成、喻璞 / 编　杨文洵 / 校订

出版印行：中华书局

出版时间：民国二十年（1931）发行　民国二十一年（1932）5版

册数：二

书名：新中华外国地理（初级中学用）

著者：朱文叔 / 编　杨文洵 / 校

出版印行：中华书局

出版时间：民国十九年（1930）发行　民国廿二年（1933）9版

册数：一

书名：北新外国地理（初级中学用）

著者：陆光宇／编辑

出版印行：北新书局

出版时间：民国二十一年（1932）付版　民国二十二年（1933）3版

册数：一

陆光宇编

初级中学

北新国外地理

北新书局印行

初级中学

北新国外地理

翻印必究

全一册实价九角

中华民国二十一年十月付版
中华民国二十二年八月三版

编辑者	陆光宇
发行人	李志云
发行者	北新书局

总发行所　上海四马路一六三号　北新书局

分发行所　北平　广州　开封　汉口　温州　武昌　济南
　　　　　成都　南京　重庆　厦门

电报挂号市中

1680　书名：初中外国地理（依照新课程标准编辑）

　　　　著者：陆光宇 / 编辑

　　　　出版印行：北新书局

　　　　出版时间：民国二十一年（1932）初版　　民国二十二年（1933）改订版

　　　　册数：二

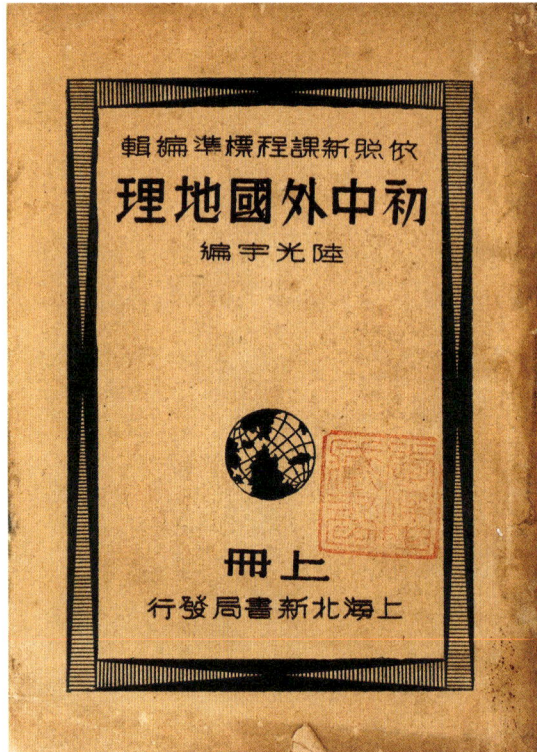

书名：外国地理教科书（新课程标准适用）

著者：王谟

出版印行：北平立达书局

出版时间：民国二十一年（1932）初版　民国二十四年（1935）再版

册数：不详

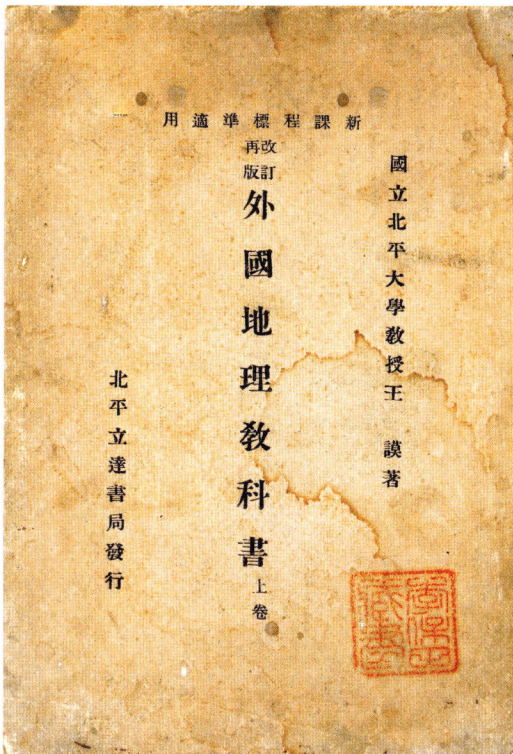

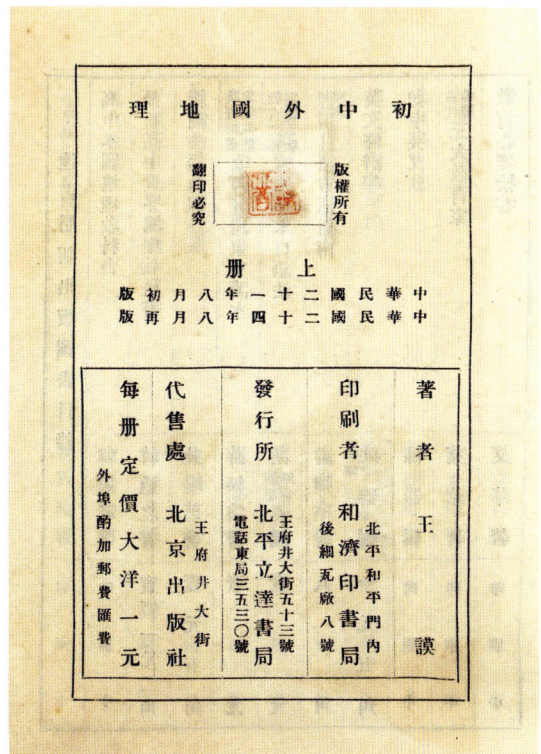

1682　书名：复兴初级中学教科书本国地理

著者：傅角今 / 编著　傅纬平 / 校订　王云五 / 主编兼发行

出版印行：商务印书馆

出版时间：民国二十二年（1933）初版　民国二十二年（1933）20版

册数：四

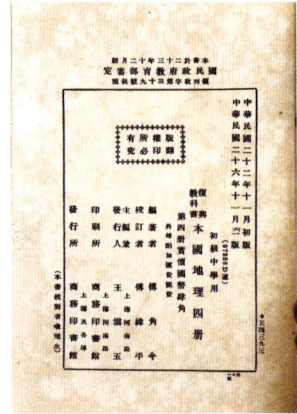

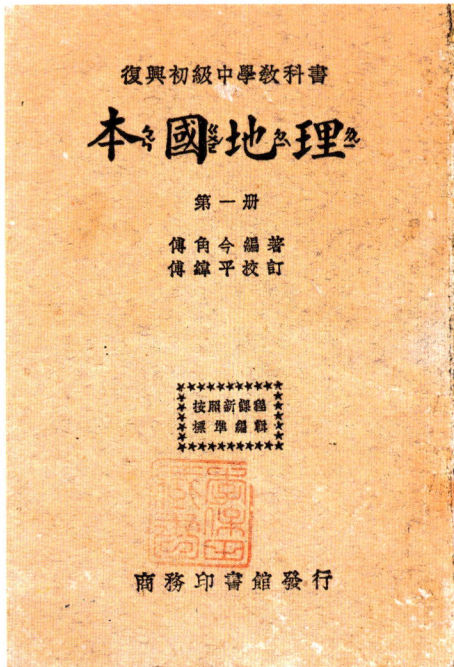

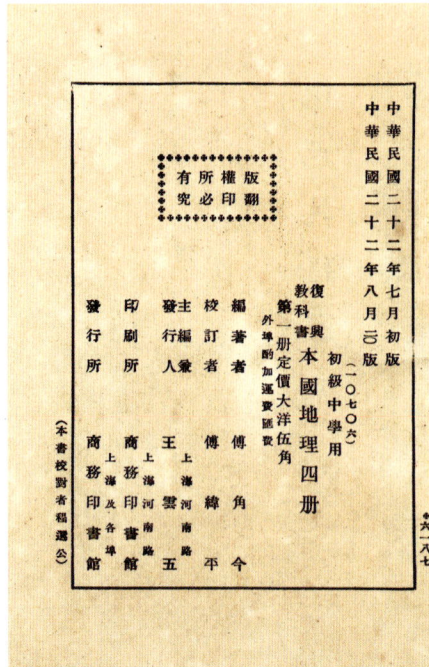

书名：复兴初级中学教科书外国地理

著者：余俊生 / 编著　苏继颀 / 校订　王云五 / 主编兼发行

出版印行：商务印书馆

出版时间：民国二十二年（1933）初版　民国二十二年（1933）30版

册数：二

1683

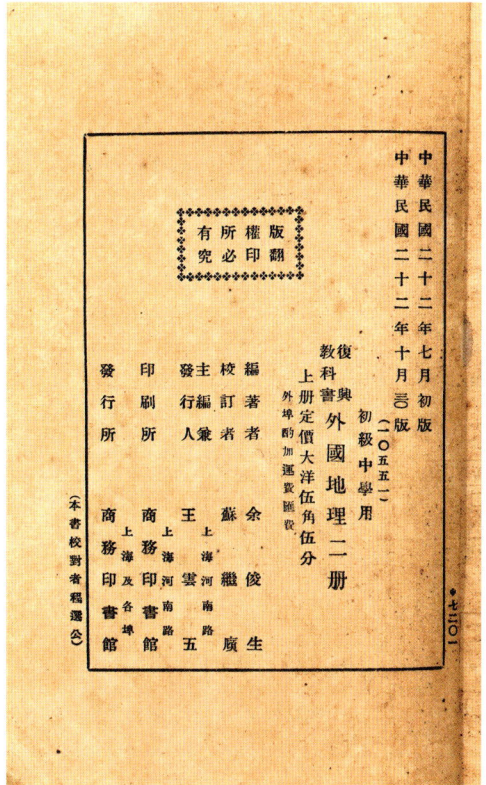

復興初級中學教科書

外國地理

上冊

余俊生　編著
蘇繼廎　校訂

按照新課程標準編輯

商務印書館發行

中華民國二十二年七月初版
中華民國二十二年十月三版
（一〇五一）

初級中學用

復興初級中學教科書
外國地理上冊

上冊定價大洋伍角伍分
外埠酌加運費匯稅

有版
所權
究印
必翻

編著者　余俊生

校訂者　蘇繼廎

主編　上海河南路
發行人兼　王雲五

印刷所　上海河南路
商務印書館

發行所　上海及各埠
商務印書館

（本書校對者稿選公）

一〇一七

1684

书名：初中外国地理教本（新课程标准适用）

著者：金守诚 / 编著　李长傅 / 校订

出版印行：大东书局

出版时间：民国二十二年（1933）修正3版

册数：二

 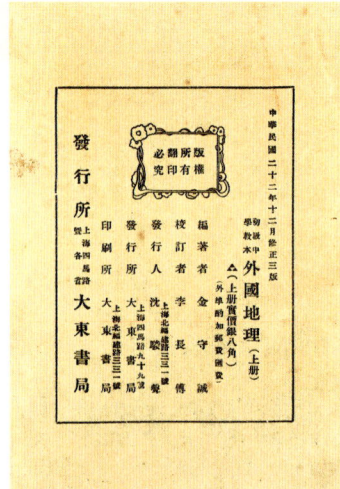

书名：初中本国地理教本

著者：苏甲荣 / 编著　孟寿椿 / 校订

出版印行：大东书局

出版时间：不详

册数：不详

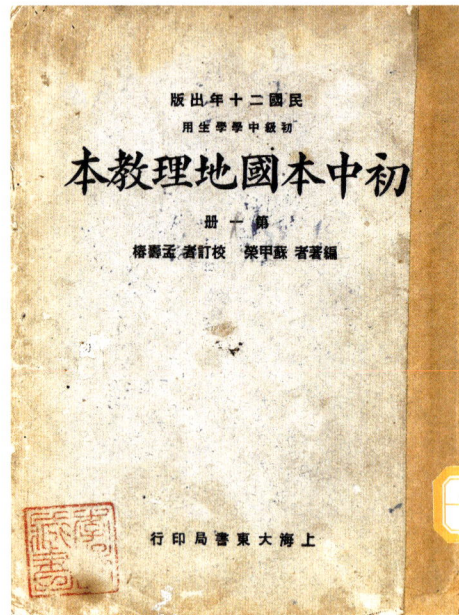

书名：谭氏初中外国地理（初级中学学生用）　　　　　　　　　　1685

著者：谭廉逊 / 编著　董文 / 校订

出版印行：世界书局

出版时间：民国二十三年（1934）初版　　民国二十四年（1935）再版

册数：二

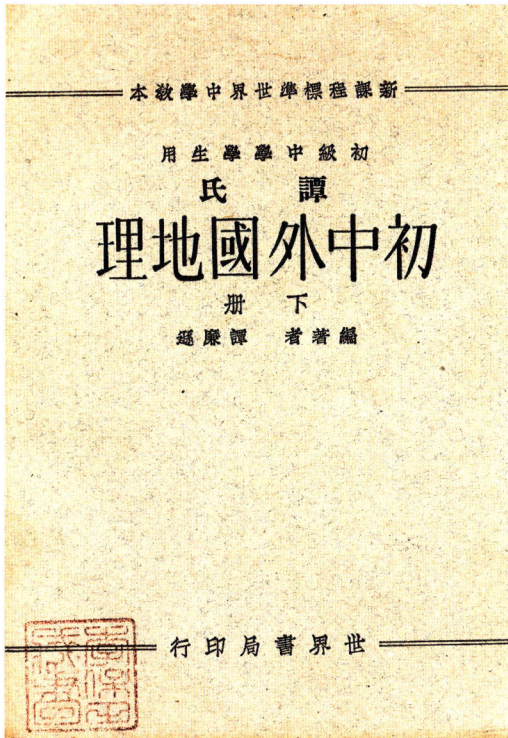

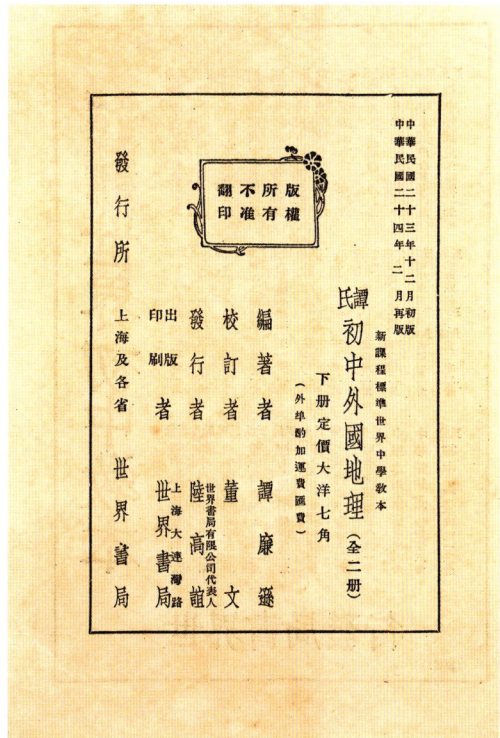

1686　书名：初中外国地理（新课程标准适用）

著者：葛绥成 / 编　张相 / 校

出版印行：中华书局

出版时间：民国二十三年（1934）发行　民国二十五年（1936）23版

册数：二

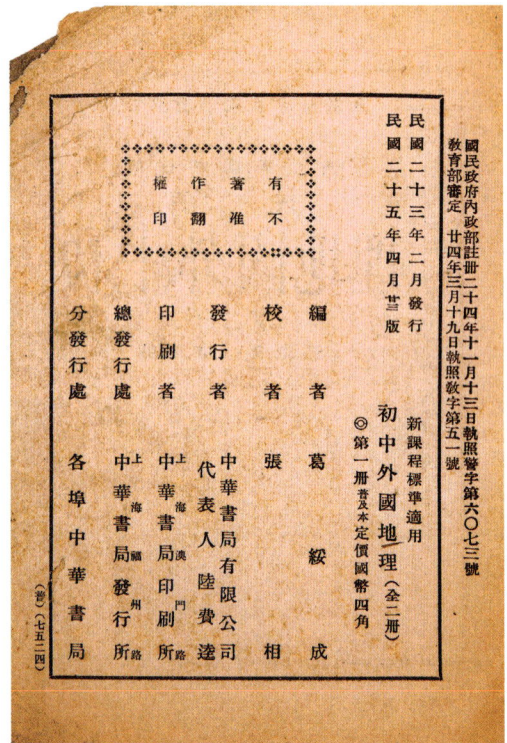

书名：初中本国地理（依照新课程标准编辑）

著者：段耀林、阎敦一／编辑

出版印行：北新书局

出版时间：民国二十四年（1935）初版

册数：四

1687

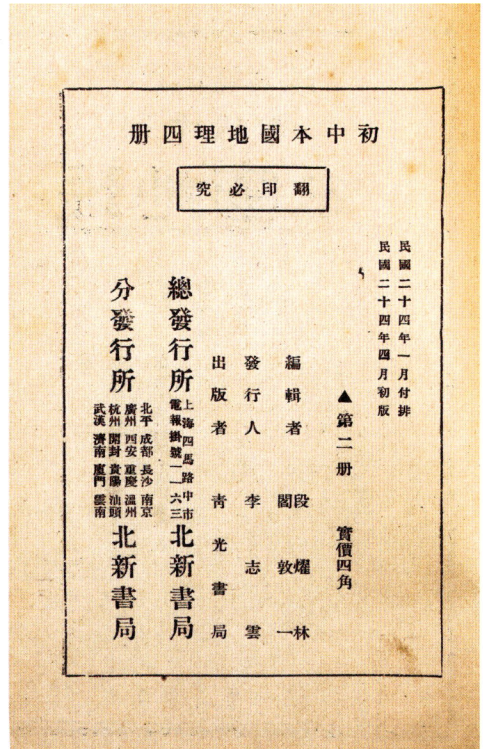

初中本国地理 第四册

翻印必究

民国二十四年一月付排

民国二十四年四月初版

▲第二册　实价四角

编辑者　段耀林　阎敦一

发行人　李志云

出版者　青光书局

总发行所　上海四马路中市一六三北新书局　电报挂号一二六三

分发行所　北平　成都　长沙　南京　广州　西安　重庆　杭州　开封　贵阳　温州　汕头　武汉　济南　厦门　云南　北新书局

1688

书名：本国地理（初级中学）

著者：王益厓、周立三 / 编著

出版印行：正中书局

出版时间：民国二十四年（1935）12版

册数：三

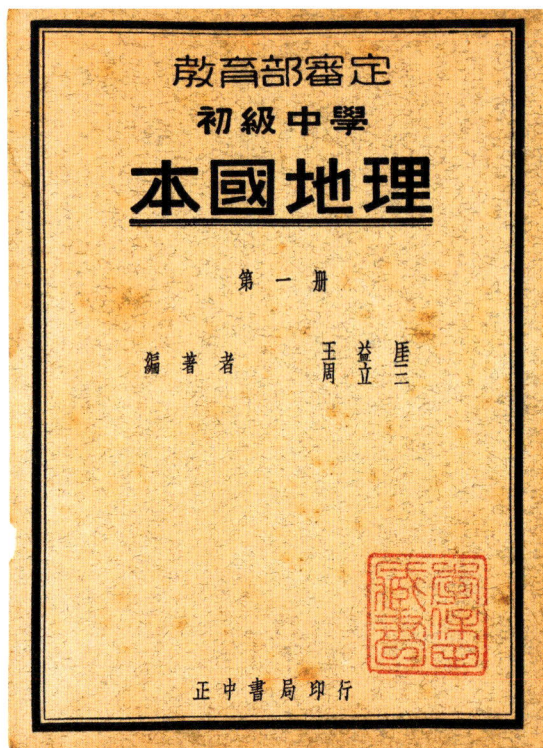

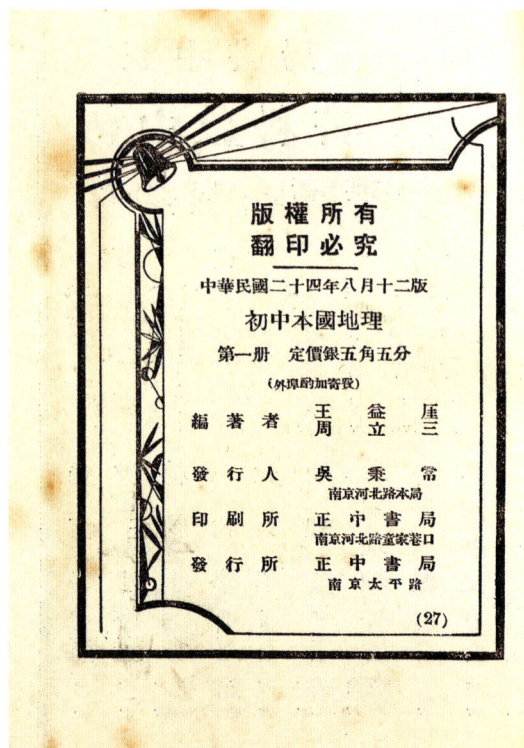

书名：外国地理（初中复习丛书）

著者：郑震 / 编著

出版印行：商务印书馆

出版时间：民国二十四年（1935）初版　民国二十六年（1937）改订6版

册数：一

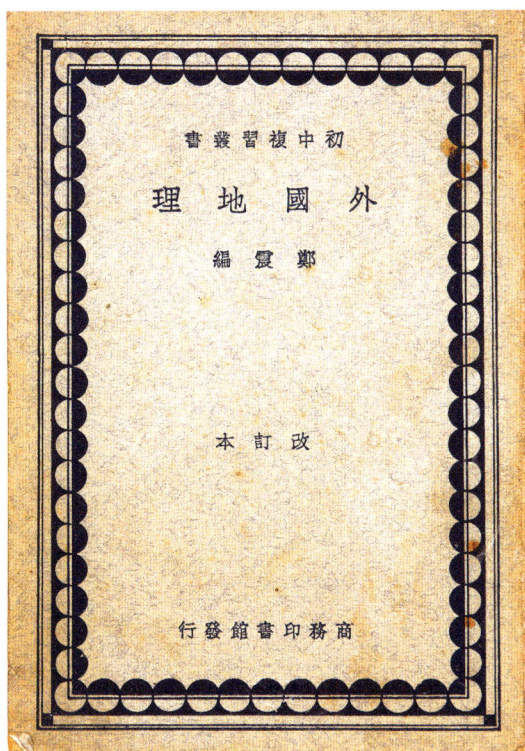

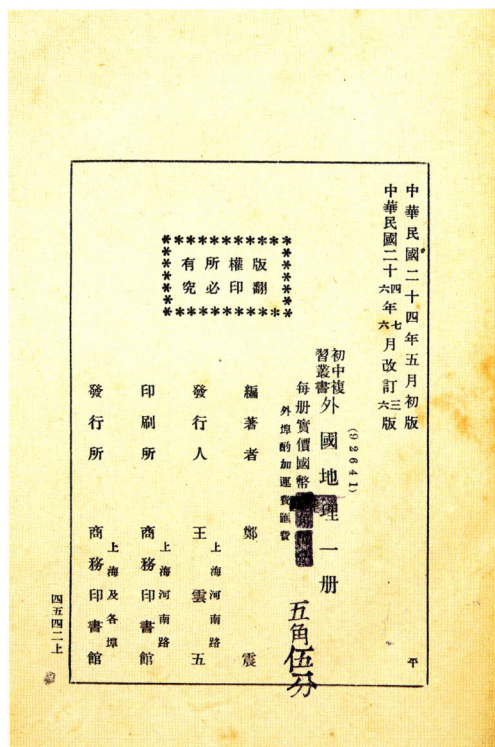

书名：初中外国地理（修正课程标准适用）

著者：葛绥成、丁绍桓 / 编　张相 / 校

出版印行：中华书局

出版时间：民国二十六年（1937）4 版

册数：二

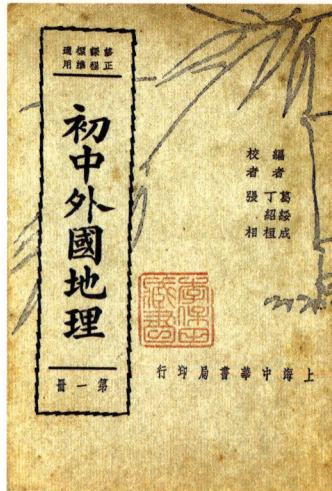

书名：初中本国地理（修正课程标准适用）

著者：葛绥成 / 编　金兆梓 / 校

出版印行：中华书局

出版时间：民国二十九年（1940）84 版

册数：四

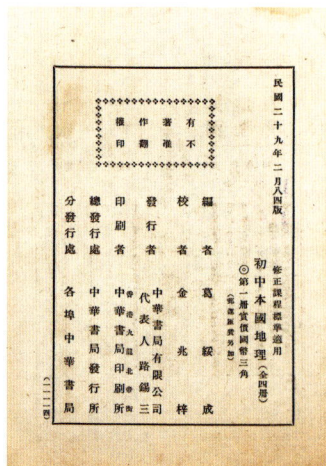

书名：更新初级中学教科书本国地理

著者：王成祖 / 编纂

出版印行：商务印书馆

出版时间：民国二十六年（1937）审定本第1版　民国二十八年（1939）审定本第24版

册数：四

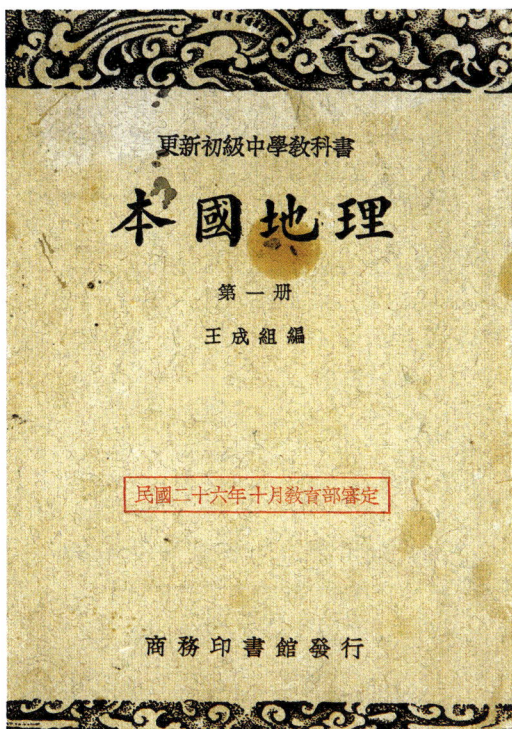

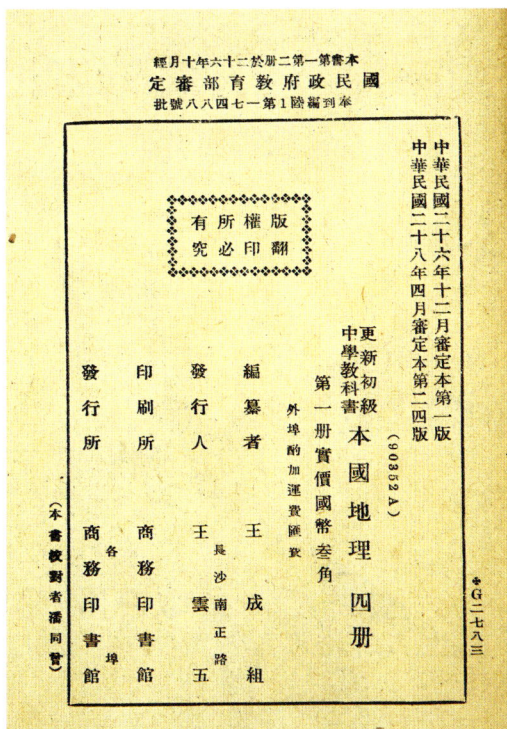

1692　书名：初中外国地理复习指导
著者：汤肇封 / 编
出版印行：现代教育研究社
出版时间：民国二十六年（1937）3版
册数：不详

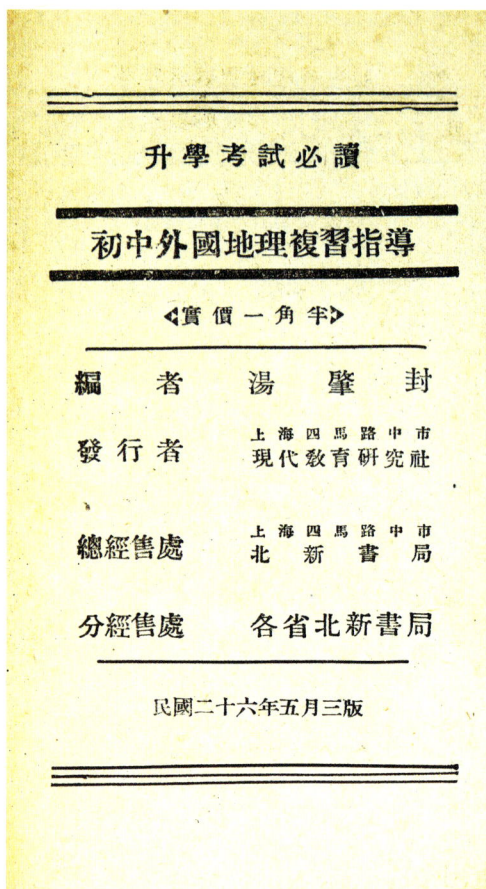

中學生升學必讀
初中外國地理複習指導
湯肇封編
現代
教育研究社
出版

升學考試必讀

初中外國地理複習指導

◁實價一角半▷

編　者　　湯　肇　封
發行者　　上海四馬路中市
　　　　　現代教育研究社

總經售處　　上海四馬路中市
　　　　　　北　新　書　局

分經售處　　各省北新書局

民國二十六年五月三版

书名：初中本国地理教本（修正课程标准适用） 1693

著者：傅彬然／编著

出版印行：开明书店

出版时间：民国廿六年（1937）初版　民国卅一年（1942）湘1版

册数：不详

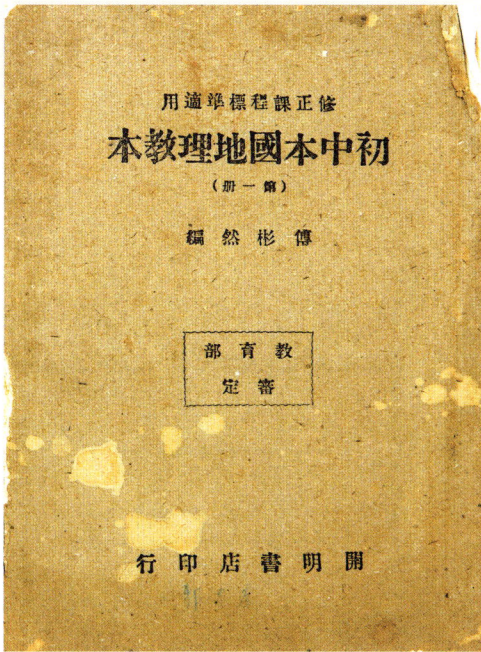

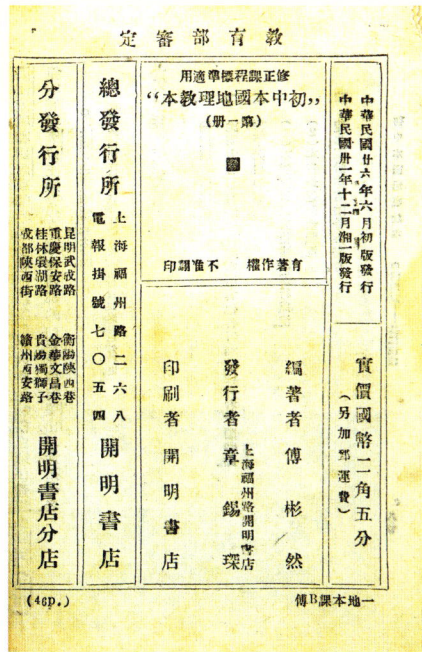

书名：初中外国地理教本（修正课程标准适用）

著者：李长傅／编著

出版印行：开明书店

出版时间：民国廿六年（1937）初版

　　　　　民国三十五年（1946）5版

册数：二

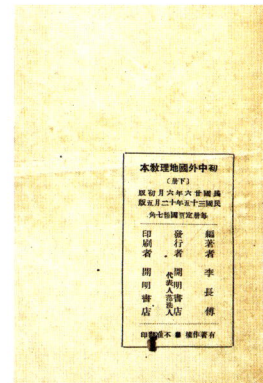

1694　书名：初中本国地理（修正课程标准初级中学学生用）

著者：陈学英 / 编

出版印行：艺文书社

出版时间：民国二十七年（1938）出版　　民国三十一年（1942）9版

册数：不详

书名：地理（简易师范学校及简易乡村师范学校）　　　　　　　　　　　1695

著者：向颉垣/编著

出版印行：正中书局

出版时间：民国二十八年（1939）28版

册数：不详

1696 书名：建国教科书初级中学外国地理
著者：胡焕庸 / 编著
出版印行：正中书局
出版时间：民国三十一年（1942）初版　民国三十二年（1943）20版正中纸本
册数：不详

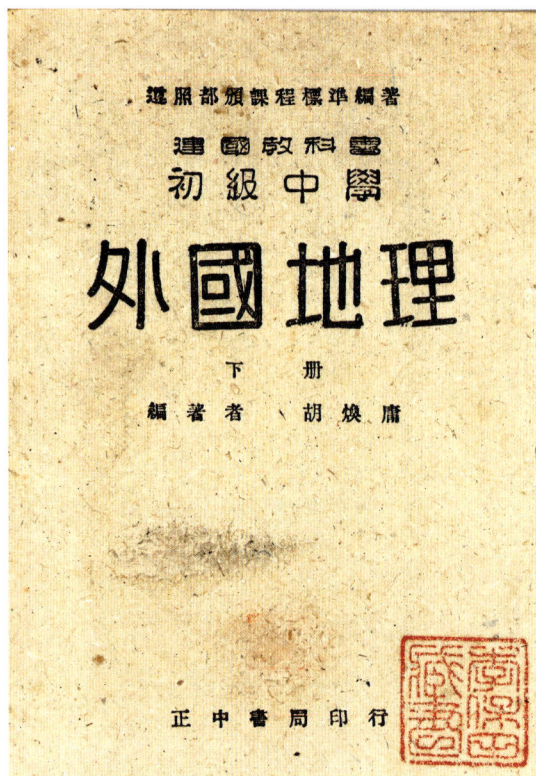

书名：初中适用中华本国地理
著者：葛绥成 / 编
出版印行：中华书局
出版时间：民国三十六年（1947）初版
册数：四

书名：初中适用中华外国地理
著者：葛绥成、丁绍桓 / 编
出版印行：中华书局
出版时间：民国三十六年（1947）初版
册数：二

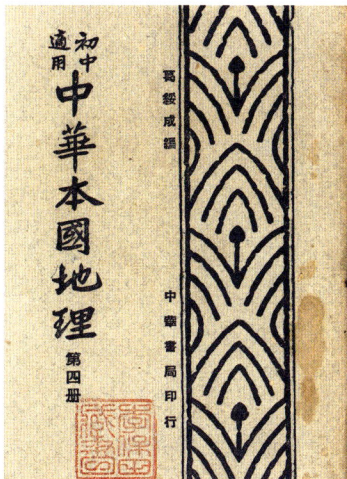

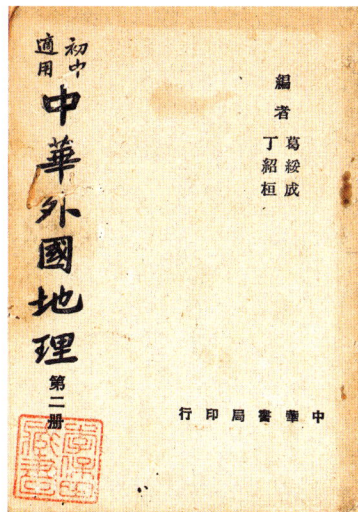

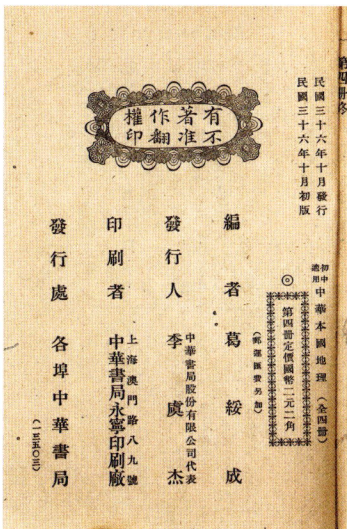

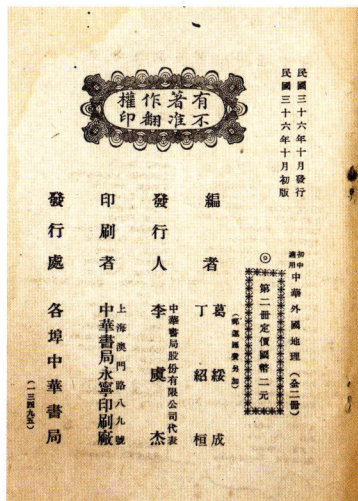

1698　　书名：开明新编初级本国地理

著者：田世英 / 编著

出版印行：开明书店

出版时间：民国三十六年（1947）初版　　民国三十六年（1947）再版

册数：不详

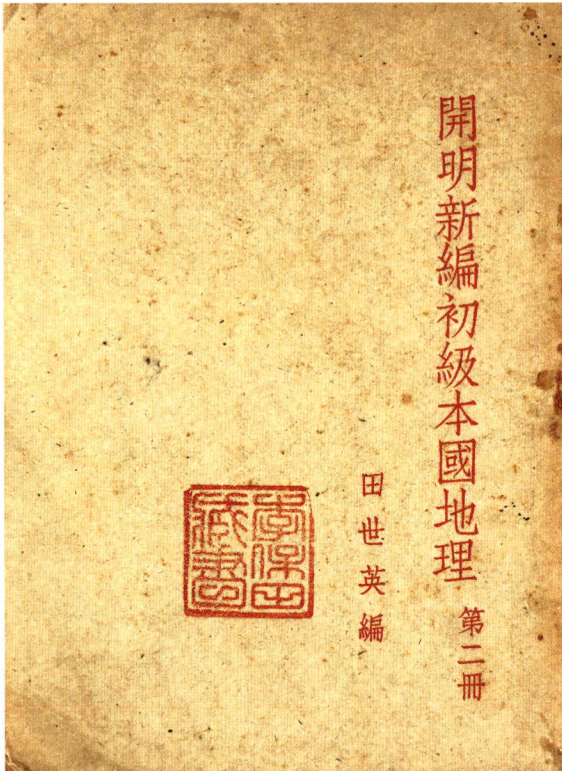

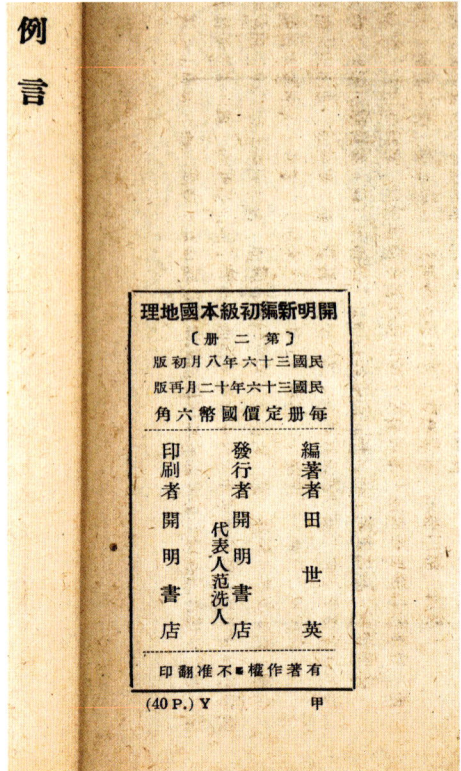

书名：初级中学地理

著者：国立编译馆 / 主编　任美锷、夏开儒 / 编辑　李旭旦、胡焕庸、黄国璋、叶汇 / 校阅

　　　沈麓元、计维新、唐冠芳、章高炜 / 绘图

出版印行：中华书局

出版时间：民国三十七年（1948）6—8版

册数：六

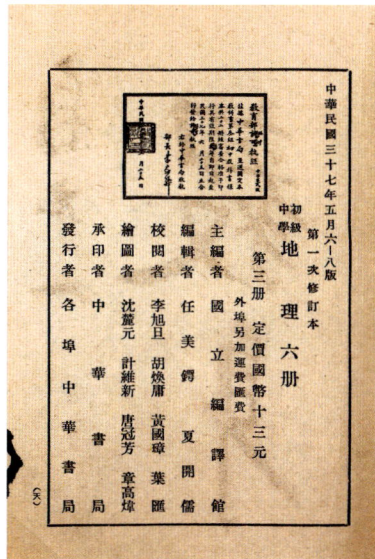

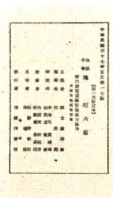

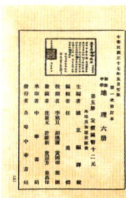

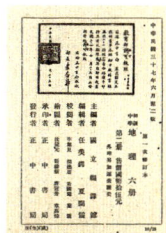

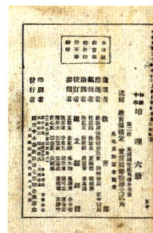

1700

书名：乙种中级世界地理

著者：教育研究室地理组 / 编著

出版印行：华北新华书店

出版时间：1949年

册数：一

乙 · 种

理地界世级中

（全一册）

教育研究室地理组编

一

　本室所编中级地理，包括世界地理、中国地
理两部份。为了照顾当前的情况，

二　乙种的内容，包括地理科学的基本知识和现
际情况，酌量的采用。凡普通中学、幹部学校，均可按常地实
乙、丙三种。乙种为幹部，亦可自由选习。甲种为乙种的引申擷
大，并根据实际需要，作某些专门问题的介绍。丙种
由乙种简缩而成。

三　本册共分十九课，并有插图多幅，教时和学
时，均当注意参照。另附「世界政治现势图」和「各
洲主要都市分佈图」及「

四　欢迎提出修改意见。

华北新华书店印行

乙 · 种

中级世界地理

编　著　者　　教育研究室地理组

出版发行者　　华北新华书店

总分店　　　　邯郸·冀中

分店　　　邯郸·辛集·邢台·长治
　　　　　河间·石家庄·国安·渭泉
　　　　　忻县·榆次·张家口

一九四九年三月出版

书名：新学制高级中学教科书本国地理

著者：张其昀／编辑　竺可桢／校订

出版印行：商务印书馆

出版时间：民国十五年（1926）初版　民国十七年（1928）9版

册数：二

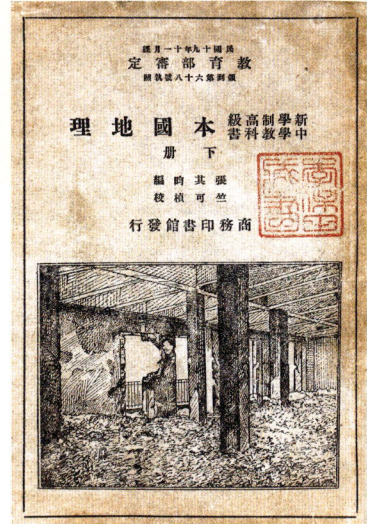

民國十九年十一月再版

教育部審定

新學制高級中學教科書

審字第六十八號

本國地理

下冊

張其昀　編

竺可楨　校

商務印書館發行

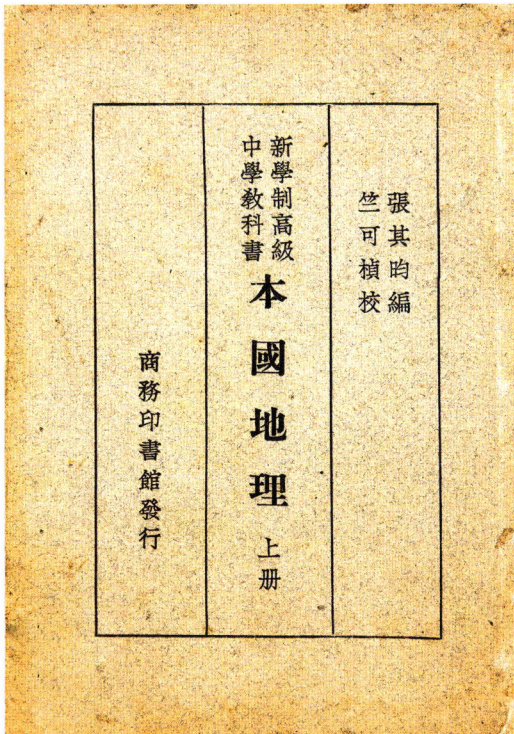

張其昀編　竺可楨校

新學制高級中學教科書

本國地理　上冊

商務印書館發行

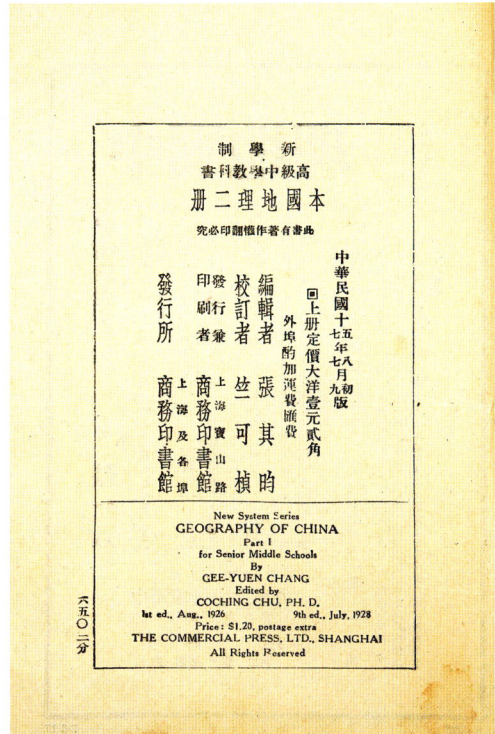

新學制高級中學教科書

本國地理　二冊

書有著作權懲印必究

中華民國十五年八月初版

中華民國十七年七月九版

上冊定價大洋壹元貳角

外埠酌加運費匯費

編輯者　張其昀

校訂者　竺可楨

發行兼印刷者　商務印書館　上海寶山路

發行所　商務印書館　上海及各埠

New System Series

GEOGRAPHY OF CHINA

Part I

for Senior Middle Schools

By

GEE-YUEN CHANG

Edited by

COCHING CHU, PH. D.

1st ed., Aug., 1926　　9th ed., July, 1928

Price: $1.20, postage extra

THE COMMERCIAL PRESS, LTD., SHANGHAI

All Rights Reserved

书名：高中世界地理（高级中学学生用）
著者：王谟 / 编著
出版印行：世界书局
出版时间：民国二十一年（1932）初版　民国二十二年（1933）3版
册数：一

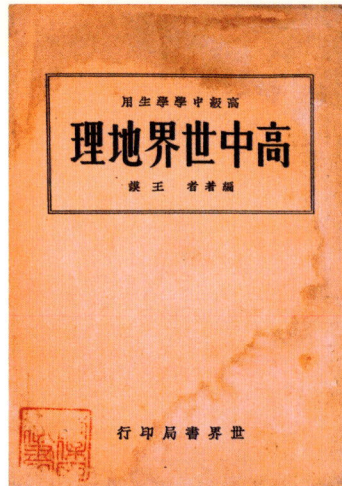
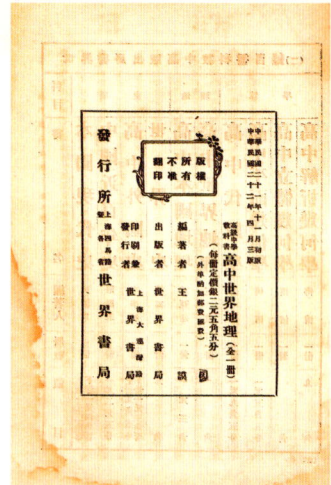

书名：高中本国地理（高级中学学生用）
著者：谌亚达 / 编著
出版印行：世界书局
出版时间：民国二十一年（1932）初版
册数：一

书名：高中新外国地理（修正课程标准适用）
著者：蒋君章 / 编著
出版印行：世界书局
出版时间：民国二十六年（1937）初版
　　　　　民国三十六年（1947）新8版
册数：二

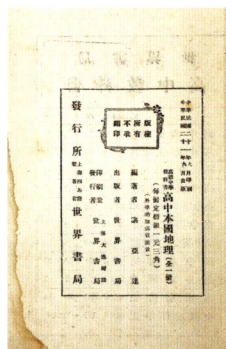

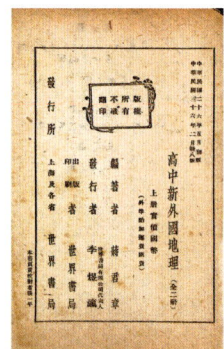

书名：复兴高级中学教科书本国地理（高级中学用）

著者：王成祖 / 编著　王云五 / 主编

出版印行：商务印书馆

出版时间：民国二十三年（1934）初版　民国二十五年（1936）改编本第1版

　　　　　民国二十九年（1940）改编本第3版

册数：三

中華民國二十五年八月改編本第一版
中華民國二十九年六月改編本第三版

版權所有 翻印必究

復興高級中學教科書 本國地理 三冊
高級中學用
(97052·2A)
上冊原定價國幣陸角伍分
同業公議 加五發售 實售國幣玖角捌分
外加運費匯費

編著者 王成組
主編兼發行人 王雲五 長沙南正路
印刷所 商務印書館
發行所 商務印書館 各埠

(本書校對者章德寶)

H三七六五

中華民國二十三年八月初版
中華民國二十五年八月改編本第一版

版權所有 翻印必究

復興高級中學教科書 本國地理 三冊
高級中學用
(97052·2B)
中冊實價國幣肆角
外埠酌加運費匯費

編著者 王成組
主編兼發行人 王雲五 上海河南路
印刷所 商務印書館 上海河南路
發行所 商務印書館 上海及各埠

(本書校對者[illegible])

二六八二上

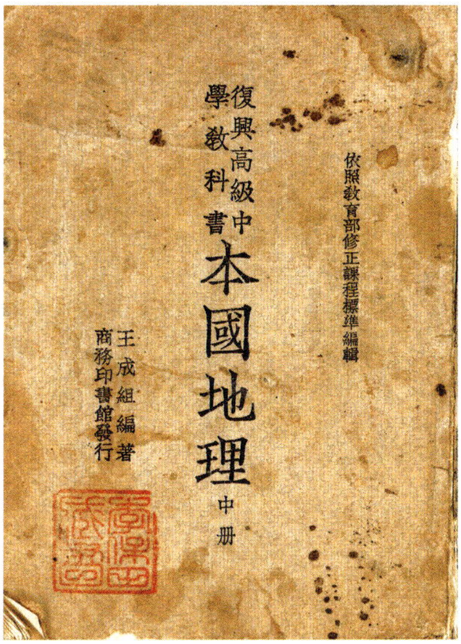

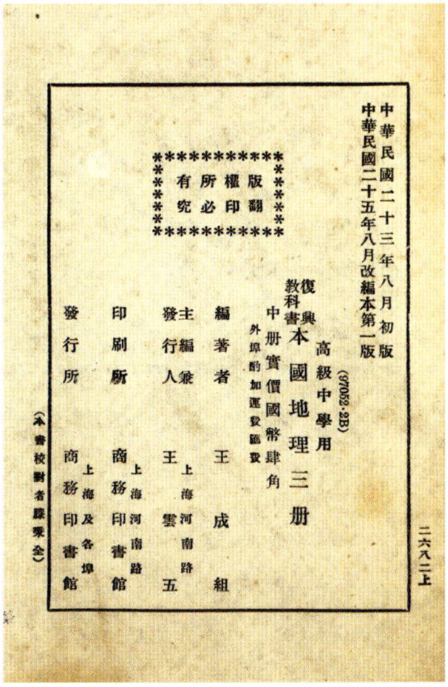

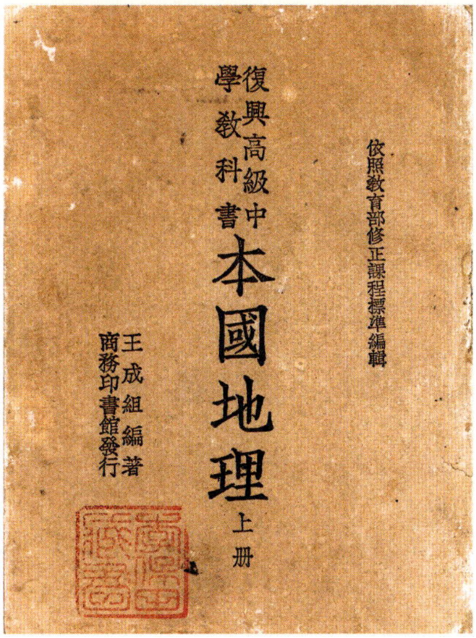

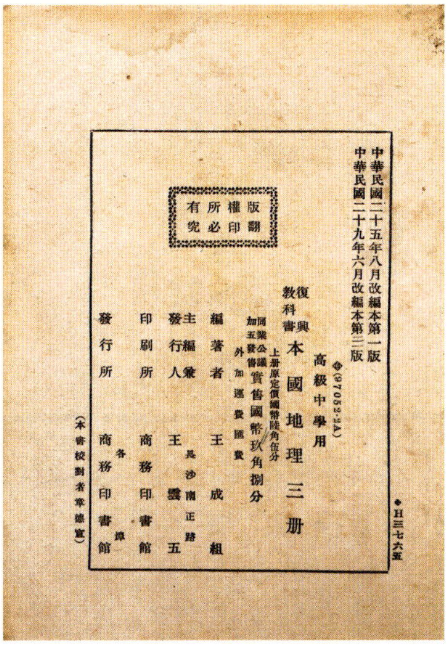

1704　书名：王氏高中本国地理（高级中学学生用）

著者：王益厓／编著

出版印行：世界书局

出版时间：民国二十三年（1934）初版　民国二十五年（1936）9版

册数：一

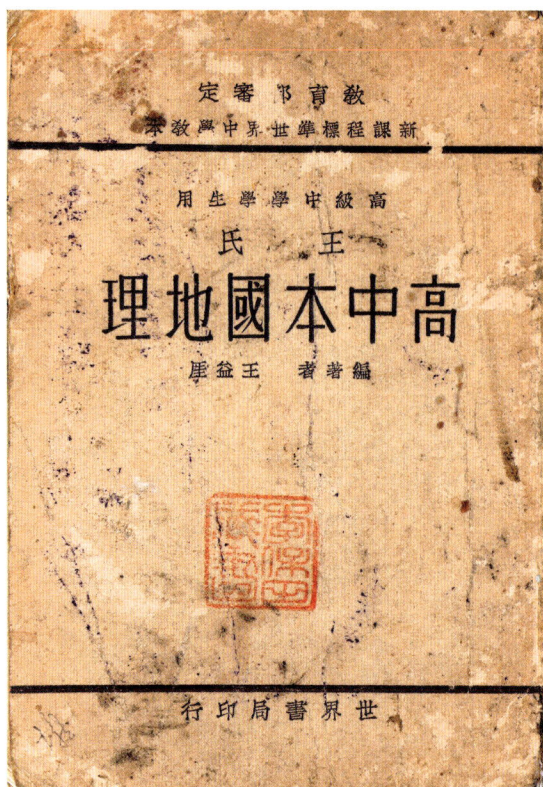

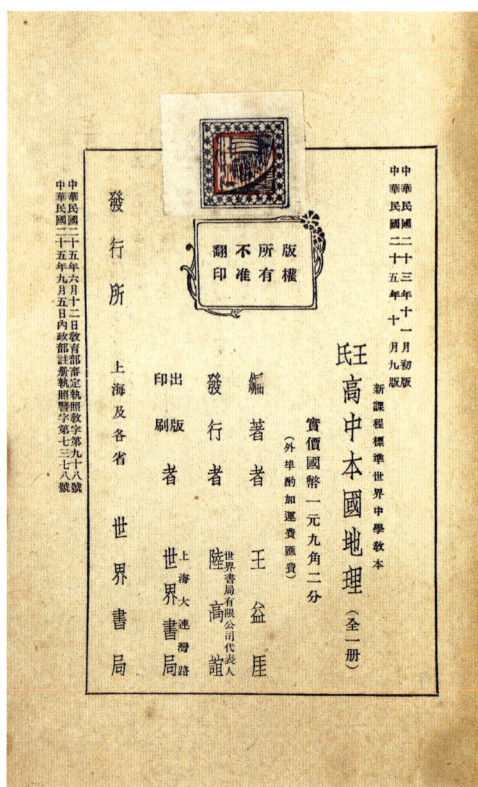

书名：外国地理（高中复习丛书）

著者：曹玉麐 / 编著

出版印行：商务印书馆

出版时间：民国二十四年（1935）初版　民国二十四年（1935）再版

册数：一

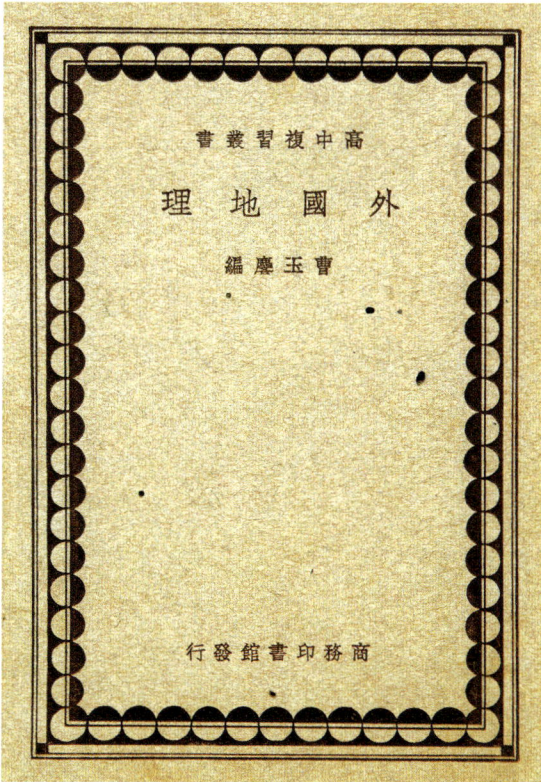

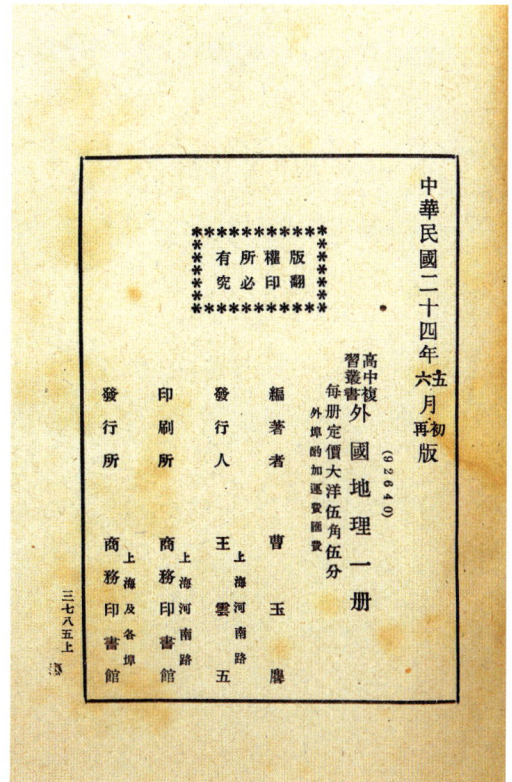

1706

书名：高中本国地理（新课程标准适用）

著者：葛绥成 / 编

出版印行：中华书局

出版时间：民国二十四年（1935）发行　民国二十四年（1935）3版

册数：三

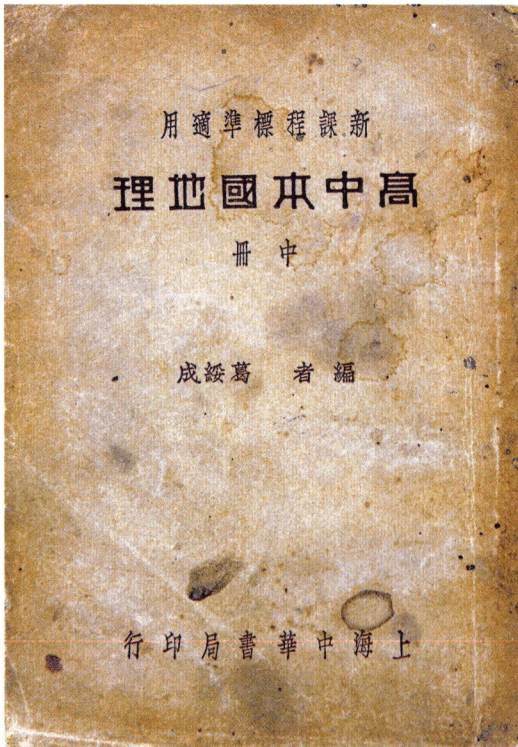

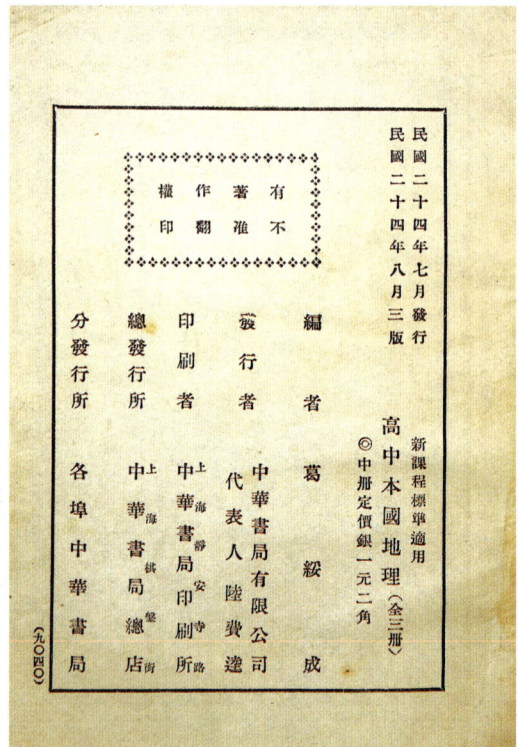

书名：高级中学外国地理（新课程标准适用）

著者：王益厓 / 编著

出版印行：正中书局

出版时间：1945年再版

册数：二

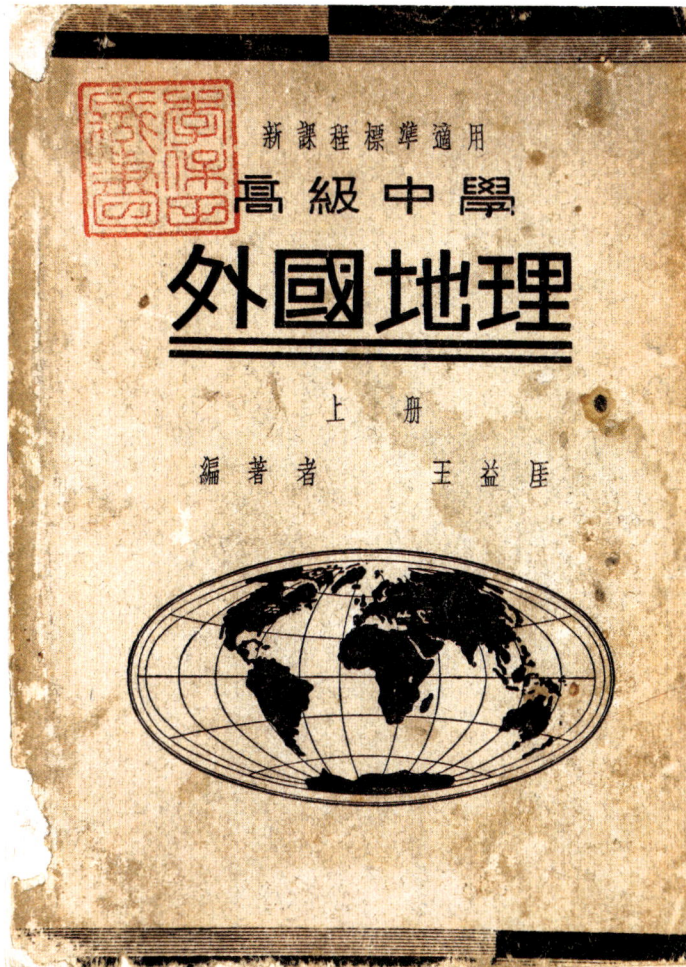

新課程標準適用

高級中學

外國地理

上　冊

編著者　　王益厓

1708　书名：新编高中本国地理（修正课程标准适用）
著者：葛绥成 / 编
出版印行：中华书局
出版时间：民国三十四年（1945）5版
册数：三

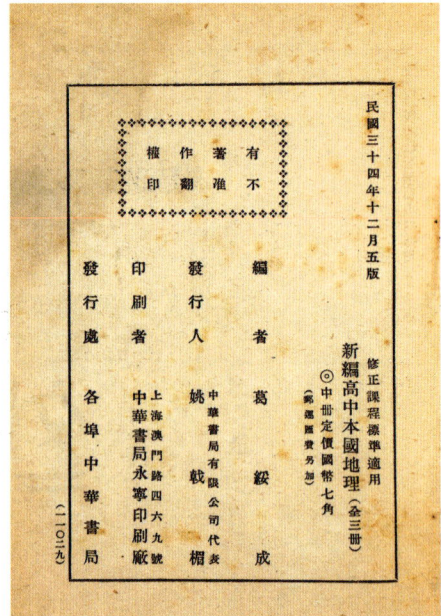

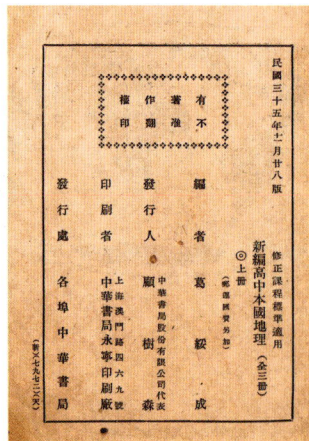

书名：共和国教科书新地理教授法（高等小学校秋季始业教员用）

著者：谭廉、许国英

出版印行：商务印书馆

出版时间：民国二年（1913）

册数：六

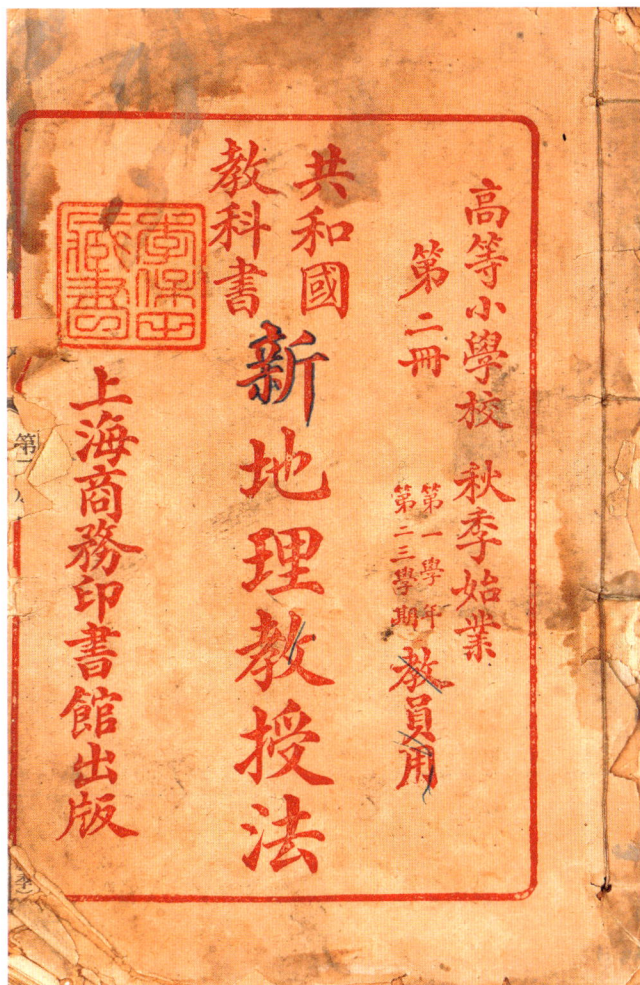

1710

书名：新制中华地理教授书（高等小学校用）

著者：徐增／编　戴克敦、沈颐、陆费逵／阅

出版印行：中华书局

出版时间：民国二年（1913）初版　民国四年（1915）3版

册数：九

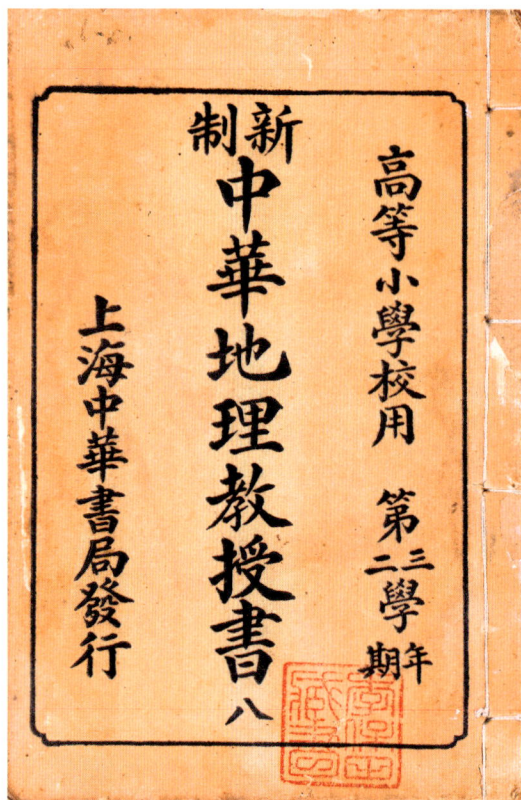

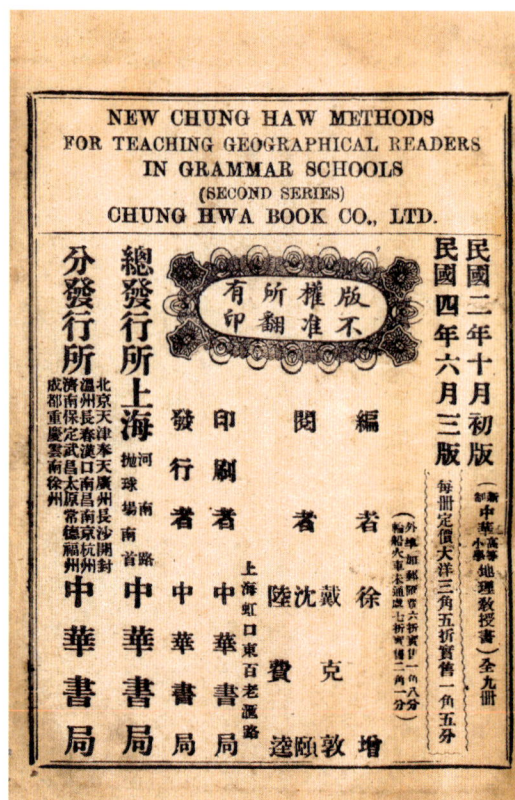

书名：高级小学地理课本教学法（新主义教科书教员用书）

著者：董文／编辑　魏冰心、范祥善／校订

出版印行：世界书局

出版时间：民国十七年（1928）印刷　民国十八年（1929）3版

册数：四

1711

高级
小學
地理課本教學法
第二册

新主義教科書教員用書

世界書局出版

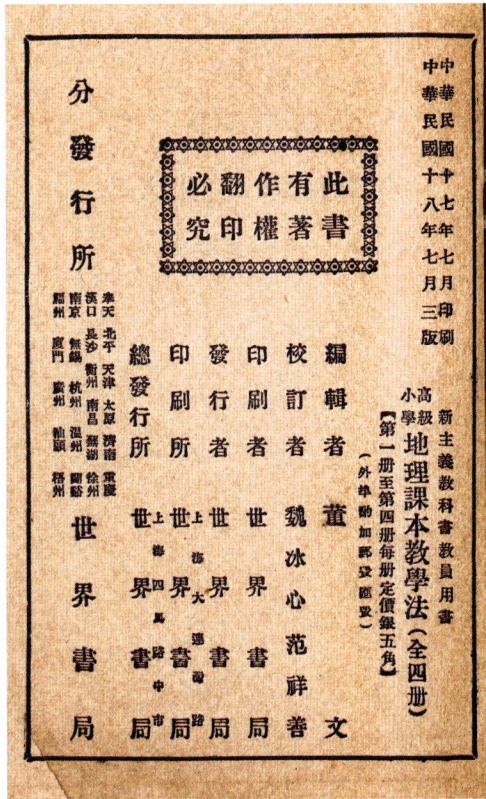

中華民國十七年七月印刷
中華民國十八年七月三版

新主義教科書教員用書

高級
小學
地理課本教學法（全四册）

【第一册至第四册每册定價銀五角】

（外埠酌加郵費匯費）

此書著作權有翻印必究

編輯者　董　文

校訂者　魏冰心　范祥善

印刷者　世界書局　上海大通路中市

發行者　世界書局　上海四馬路

印刷所　世界書局

總發行所　世界書局

分發行所

奉天　北平　天津　太原　濟南　青島　重慶
漢口　長沙　衡州　南昌　蕪湖　徐州
南京　無錫　杭州　溫州　蘇州　鎮江
福州　廈門　寧波　汕頭　梧州

1712

书名：小学地理课本教学法（新课程标准适用）

著者：喻璞、韩非木、楼云林 / 编　葛绥成 / 校

出版印行：中华书局

出版时间：民国二十二年（1933）发行　民国二十三年（1934）4 版

册数：四

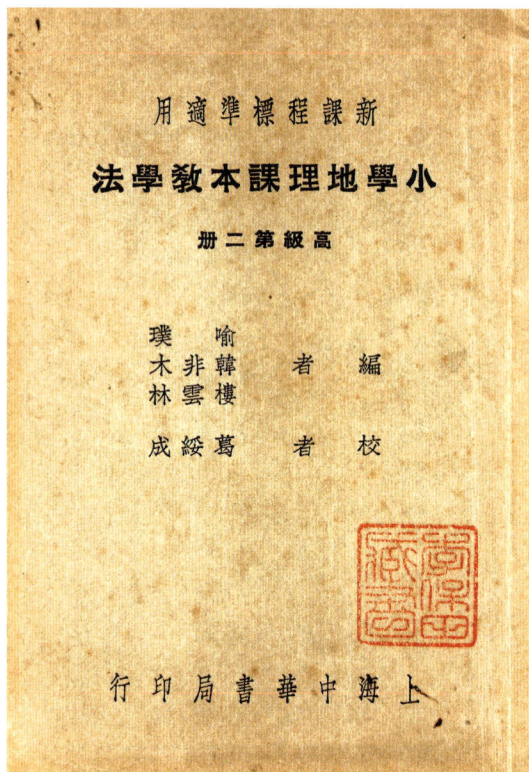

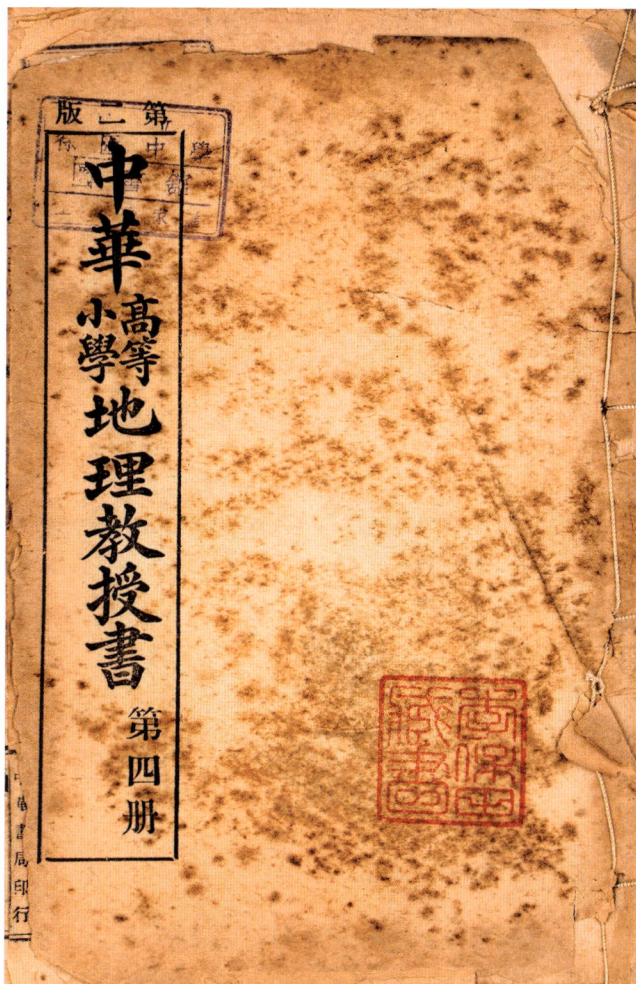

1714　书名：格致地理实物教授（高等小学校用）

著者：不详

出版印行：商务印书馆

出版时间：不详

册数：不详

书名：中华新教科地图

著者：李长傅 / 编　陈宏谋 / 绘

出版印行：东方舆地学社

出版时间：1933年

册数：一

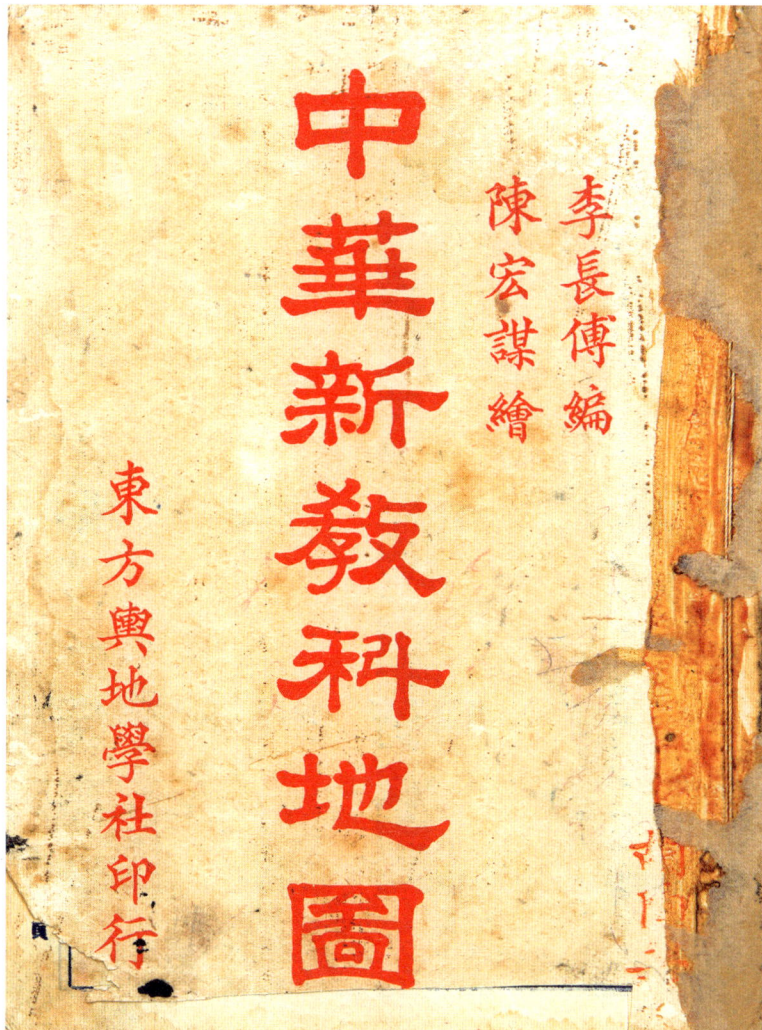

1716
书名：新中华小学本国地图
著者：丁詧盦 / 编著　葛绥成 / 校订
出版印行：中华书局
出版时间：民国廿二年（1933）3 版
册数：一

新中華

本國地圖

中華書局印行

民國廿二年一月三版

新中華小學本國地圖（全一冊）

◎ 定價銀六角

有著作權
不准翻印

編著者　蕭山丁詧盦
校訂者　東陽葛綏成
出版者　新國民圖書肚
印刷者　中華書局
發行者　中華書局
發行所　中華書局

上海
北平天津漢口
濟南青島
成都南京太原石家莊
重慶長沙蚌埠正定
九江安慶開封西安
廈門廣州南昌
哈爾濱貴陽昆明
瀋陽潮州梧州杭州香港新加坡

（五四六〇）

书名：增订本国分省精图

著者：欧阳缨 / 著

出版印行：亚新地学社

出版时间：1938年

册数：一

1718　书名：新中华地图（中等学校适用）

　　　　著者：安乐礼／编著

　　　　出版印行：亚洲舆地学社

　　　　出版时间：民国二十八年（1939）出版　民国三十三年（1944）重制修正12版

　　　　册数：一

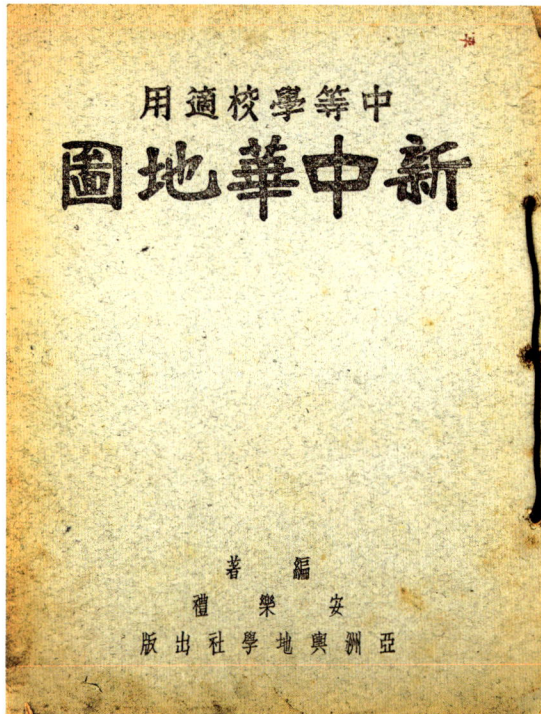

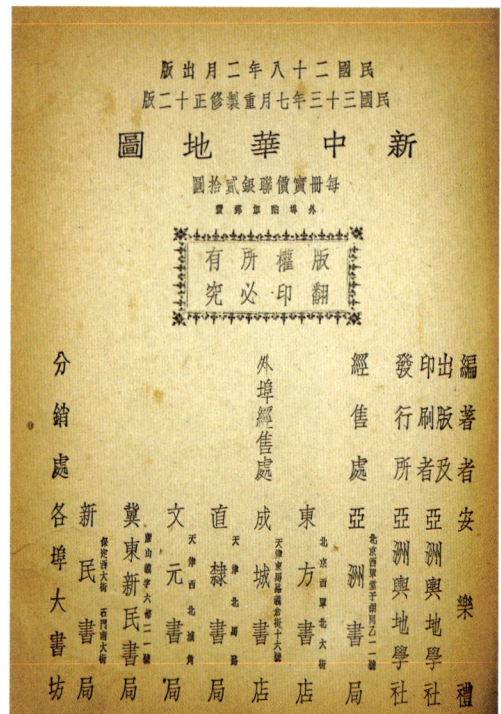

书名：新世界地图（中等学校适用）

著者：安乐礼／编著

出版印行：亚洲舆地学社

出版时间：1940年出版　　1942年修正4版

册数：一

中等學校適用

新世界地圖

編　著

安　樂　禮

北京亞洲輿地學社出版

西曆一九四零年八月出版
西曆一九四二年八月修正四版

新世界地圖

每冊實價叁圓

另郵掛附加費

版權所有

翻印必究

編著者　安　樂　禮

出版及印刷者　北京亞洲輿地學社

發行所　北京亞洲輿地學社
北京西單舊刑部街同記二號

經售處　亞　洲　書　局
北京西單北大街

東　方　書　店
天津英界馬路益義書館每十六號

外埠經售處

成　城　書　店
青島館陶路七九號

新文化書局
唐山廣字六條三一號

冀東新民書局
石門興大衛

新民書局
石門興大衛

分銷處各埠大書坊

1720

书名：本国新地图（小学适用）

著者：王振／编著　屠思聪／校阅

出版印行：世界舆地学社

出版时间：民国三十年（1941）增修版

册数：一

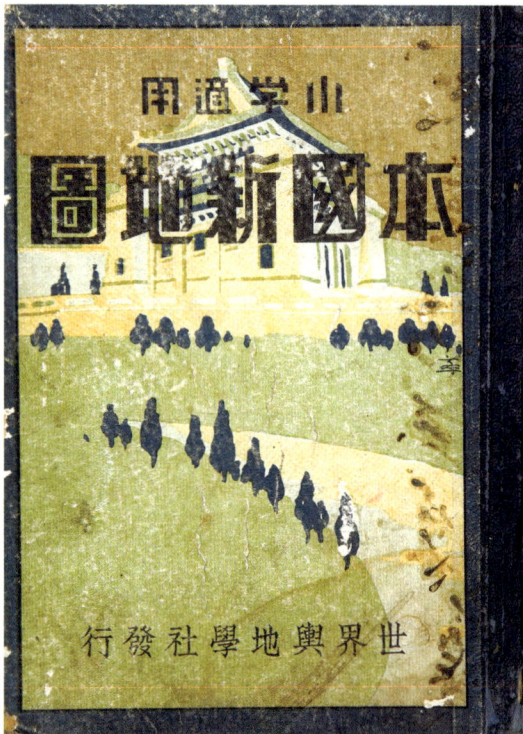

书名：新世界地图集（中等学校教科适用）

著者：邱祖谋、卢村禾 / 编纂

出版印行：新中国出版社

出版时间：民国三十六年（1947）初版

册数：一

1722 书名：中国新地图（小学适用）

著者：中国史地图表编纂社 / 编制　金擎宇 / 校订

出版印行：亚光舆地学社 / 出版　大中国图书局 / 发行

出版时间：民国三十六年（1947）增订4版

册数：一

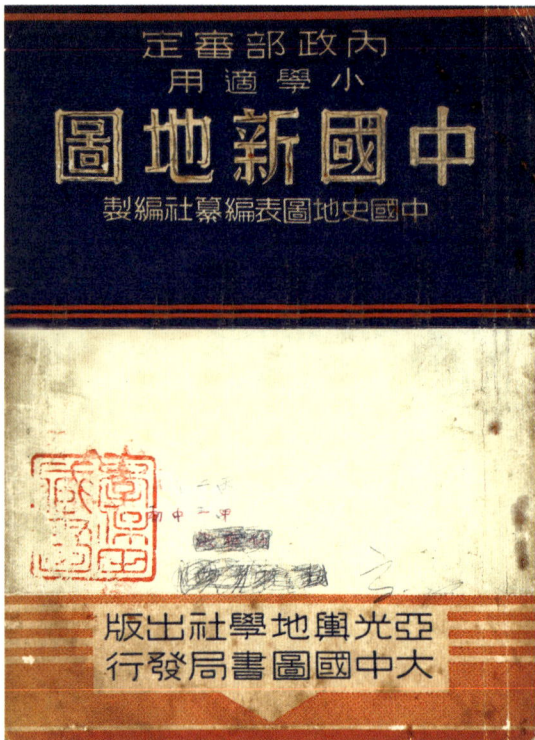

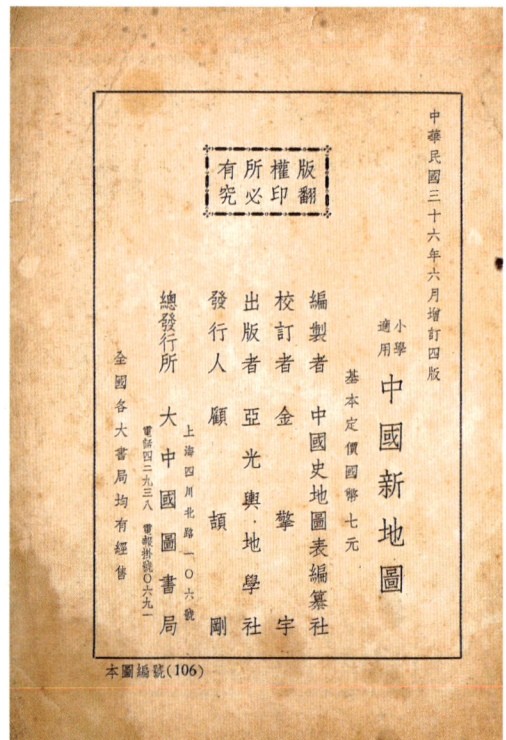

书名：中国地理暗射图（学生实习）

著者：中国史地图表编纂社／编制

出版印行：亚光舆地学社／出版　大中国图书局／发行

出版时间：1948年

册数：一

书名：世界地理暗射图（学生实习）

著者：中国史地图表编纂社、朱少仙／编制　金擎宇／校订

出版印行：亚光舆地学社／出版　大中国图书局／发行

出版时间：民国三十六年（1947）初版

册数：一

书名：世界地理教科图（中学适用）

著者：中国史地图表编纂社、金擎宇 / 编纂　陆先鉴、刘思源、陆震平、马宗尧、陆承荫、

　　　董石声 / 绘制　朱建霞、张家驹 / 撰说　金擎宇、凌大夏 / 增订

出版印行：亚光舆地学社 / 出版　大中国图书局 / 发行

出版时间：民国三十八年（1949）增订 5 版

册数：一

书名：表解说明中华最新形势图

著者：屠思聪 / 著

出版印行：世界舆地学社

出版时间：不详

册数：一

备注：蔡元培题写书名，1929年8月12日核准执照。

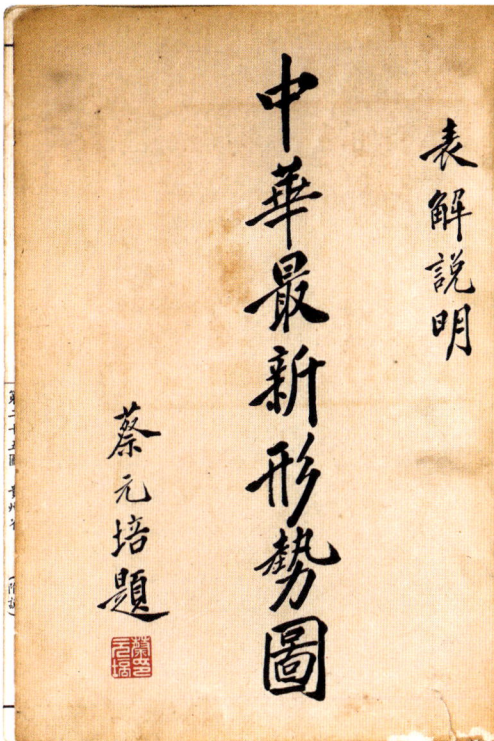

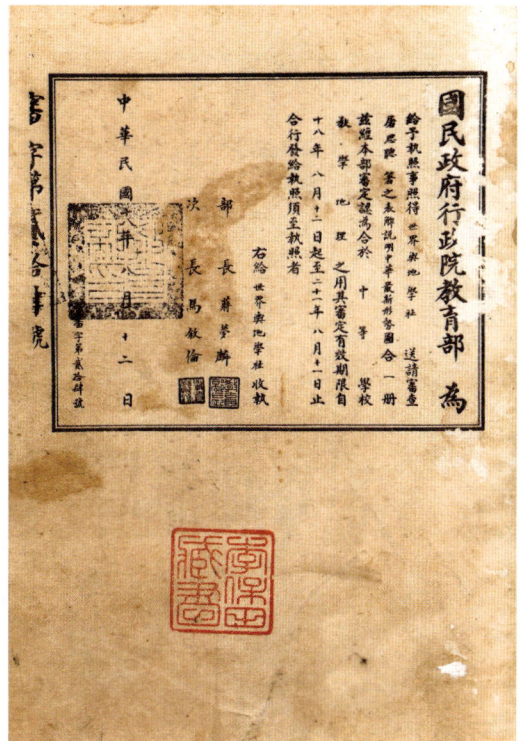

1726

书名：世界地图册（中学适用）
著者：地图出版社／编制
出版印行：地图出版社
出版时间：不详
册数：一

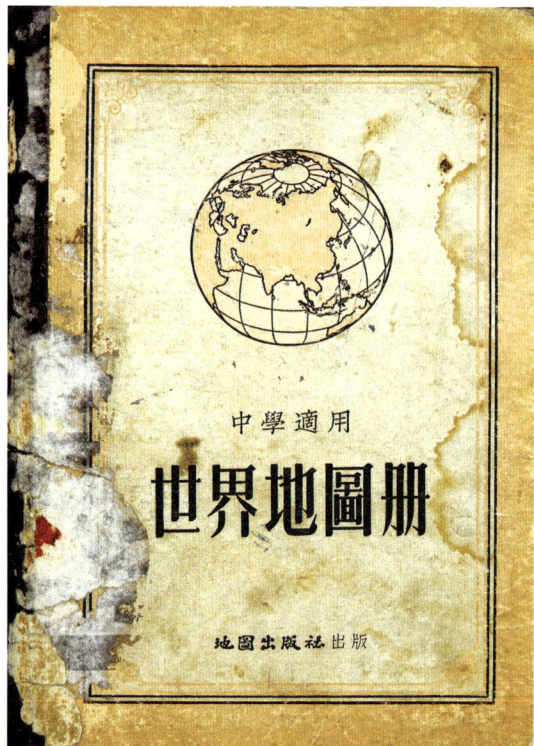

书名：师范学校新教科书地理（本科用）

著者：谢观 / 编纂　蒋维乔 / 校订

出版印行：商务印书馆

出版时间：民国三年（1914）初版　民国四年（1915）3版

册数：四

教育部审定

本科用

师範學校

新教科書

地理　第一册

商務印書館出版

刘元中印

教育部審定批詞

師範學校新教科書

地理

（第二册批）

是書取材精要

敍次瞭明爲師範之教科書稱善本

NORMAL SCHOOL SERIES

GEOGRAPHY

(Higher Course)

Approved by the Board of Education

COMMERCIAL PRESS, LTD.

編纂者　武進謝觀

校訂者　武進蔣維喬

發行者　商務印書館

印刷所　商務印書館

總發行所　上海　商務印書館

分售處　商務印書分館

中華民國三年八月初版
中華民國四年十二月三版

（師範學校新教科書地理　四冊）
（本科用）
（第一册定價大洋陸角）

此書有著作權翻印必究

中華民國三年十二月四日呈報十二月二十二日註册

九二二○

1728

书名：地理概论

著者：不详

出版印行：上海会文堂

出版时间：民国四年（1915）

册数：六

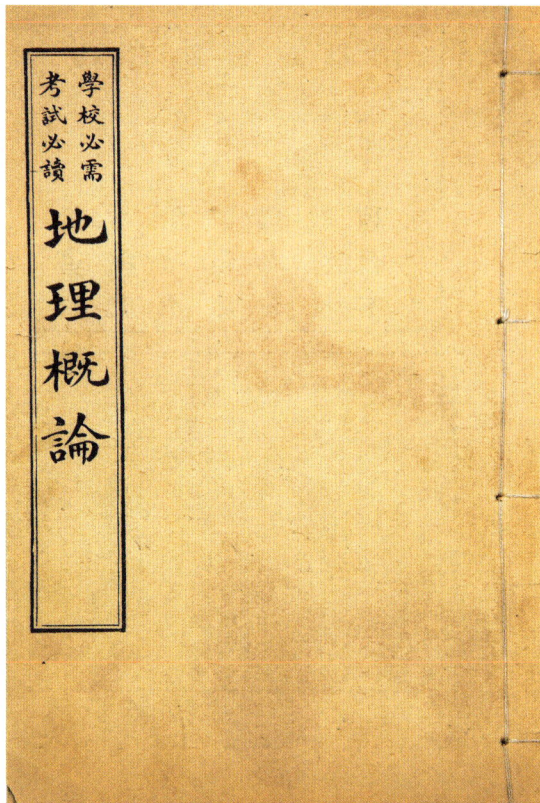

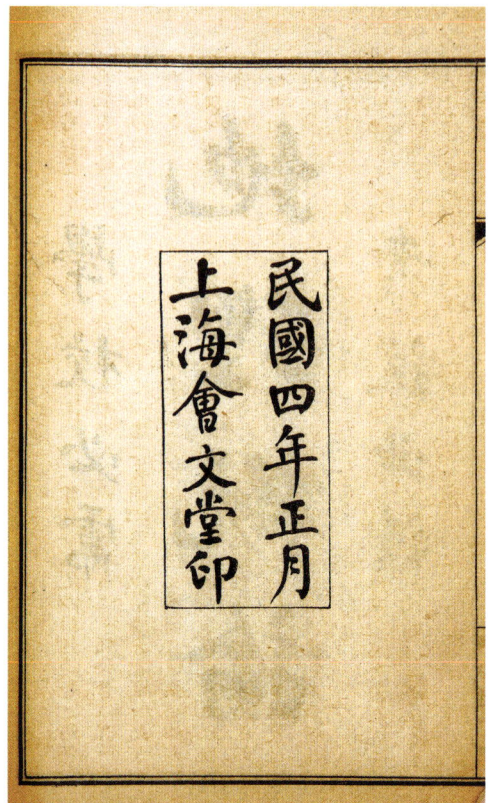

书名：初学简明地理指南

著者：陆保璿

出版印行：广益书局

出版时间：1927年4版

册数：四

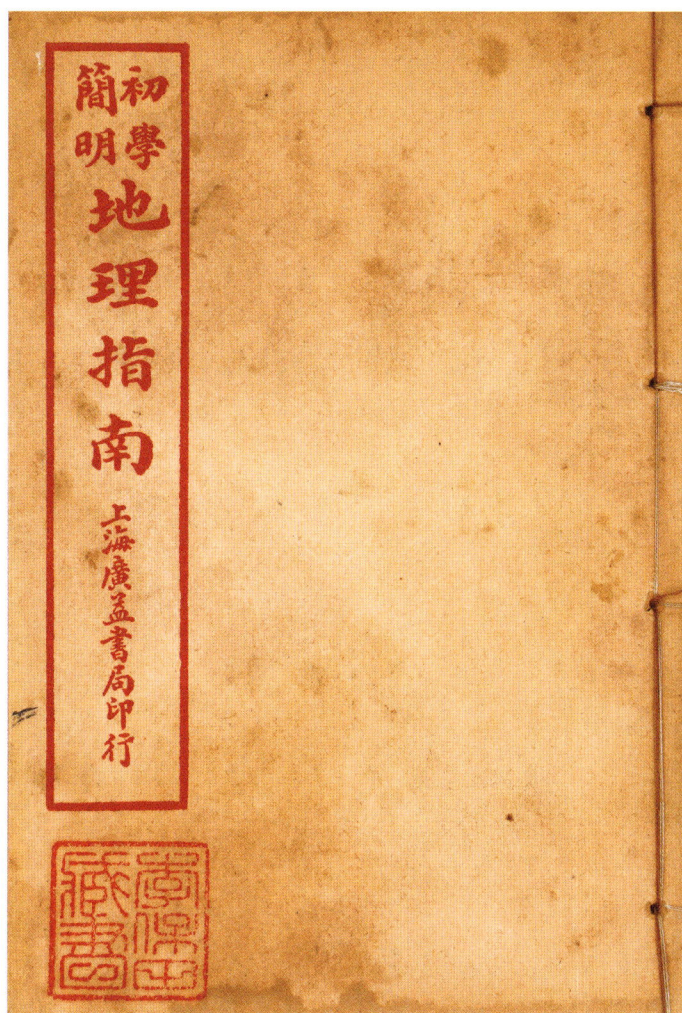

初學
簡明
地理指南

上海廣益書局印行

1730

书名：实用地理学（大学丛书）

著者：司梯文司 / 著　余绍忭 / 译

出版印行：商务印书馆

出版时间：民国十九年（1930）

册数：一

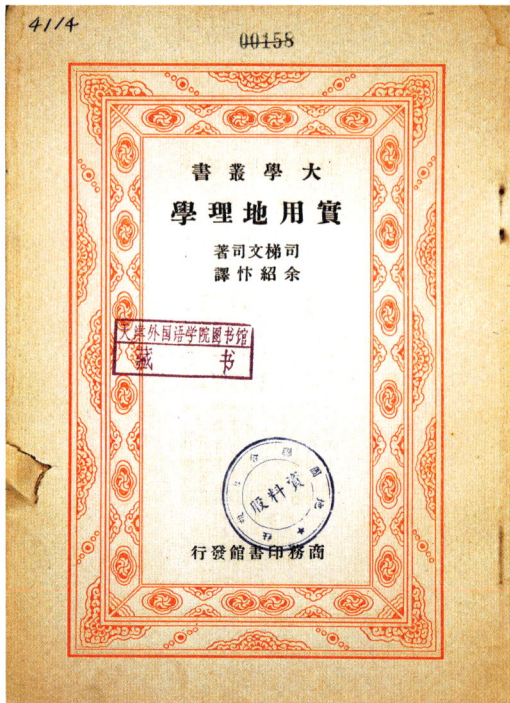

书名：房龙世界地理

著者：房龙 / 著　陈瘦石、胡淀咸 / 译

出版印行：世界出版合作社

出版时间：民国二十二年（1933）初版

册数：一

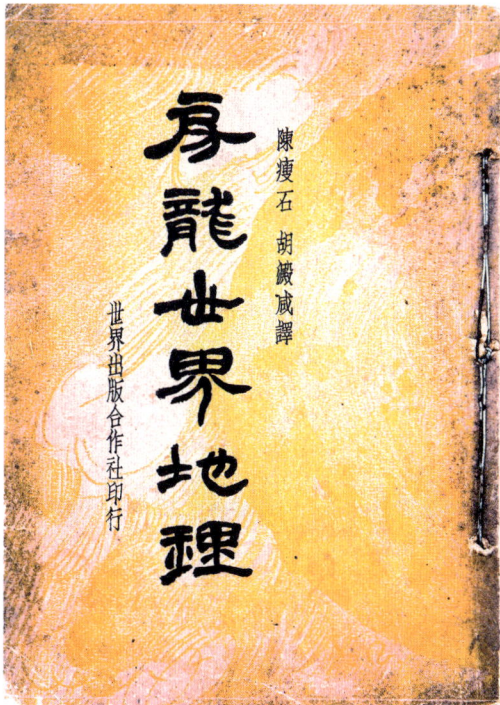

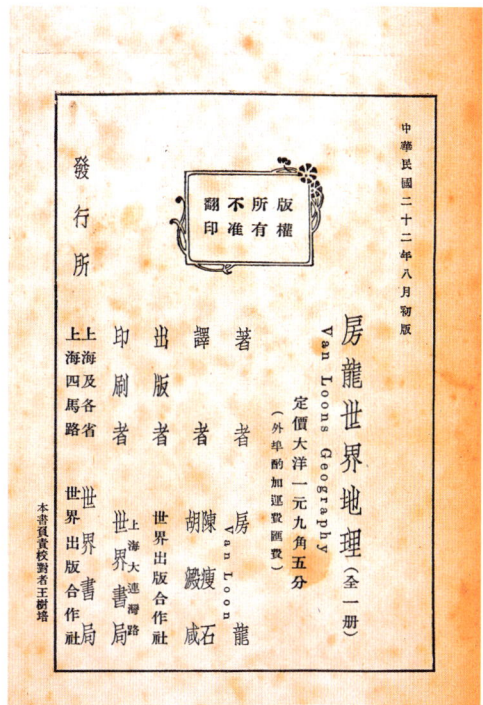

1732　书名：外国地理新编

著者：盛叙功 / 编著

出版印行：开明书店

出版时间：民国廿二年（1933）初版

册数：不详

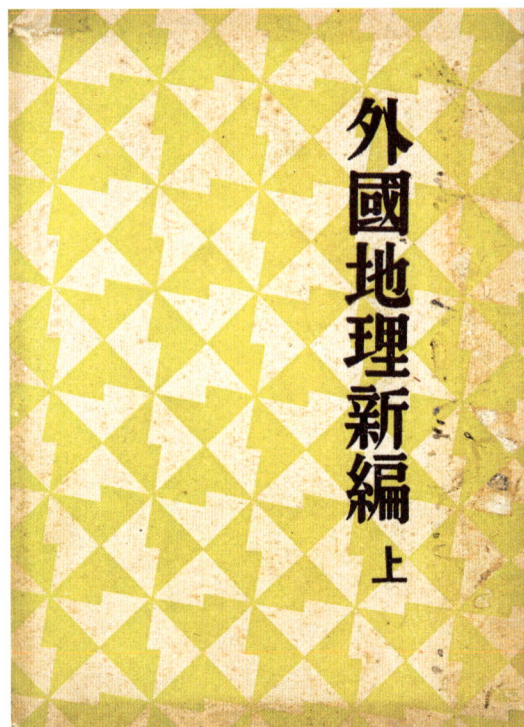

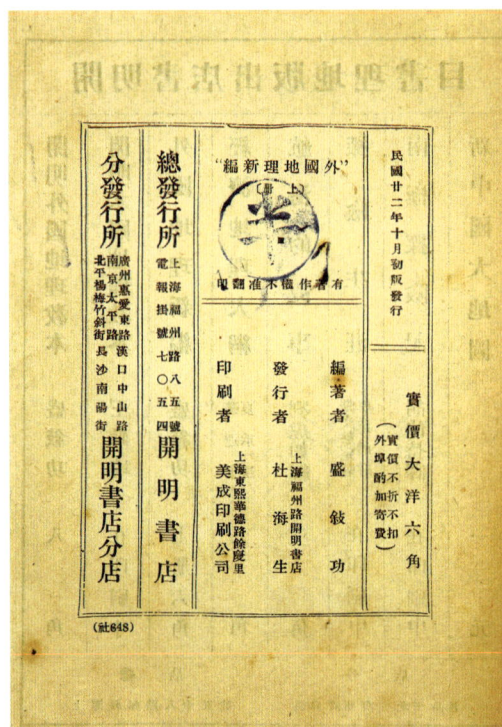

书名：世界经济地理（国立复旦大学丛书）

著者：傅角今 / 著

出版印行：商务印书馆

出版时间：民国三十三年（1944）初版　民国三十六年（1947）增订4版

册数：一

1733

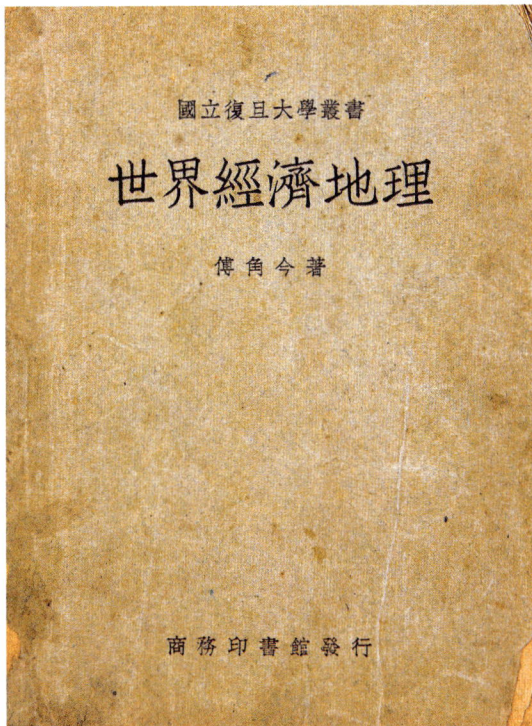

國立復旦大學叢書

世界經濟地理

傅角今著

商務印書館發行

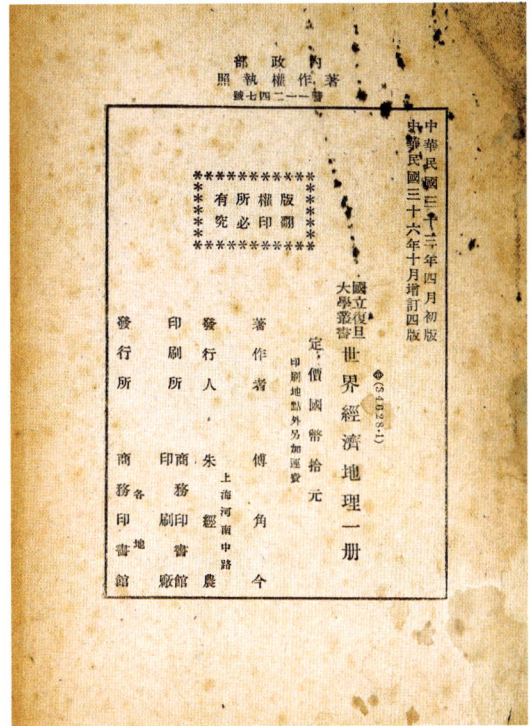

內政部
著作權執照
警字第一一二四七號

＊＊＊＊＊＊＊＊＊＊＊
版權所有
翻印必究
＊＊＊＊＊＊＊＊＊＊＊

中華民國三十三年四月初版
中華民國三十六年十月增訂四版

國立復旦大學叢書
世界經濟地理一冊

定價國幣拾元
印刷地點外另加運費

（34828-1）

著　作　者　　傅角今

發　行　人　　朱經農

印　刷　所　　商務印書館印刷廠
上海河南中路

發　行　所　　商務印書館
各地

(16) 公民类教材

①初小教材
②高小教材
③初中教材
④高中教材
⑤教授法

书名：公民读本（国民学校用）

著者：方浏生／编辑　王宠惠、陆费逵／校阅

出版印行：中华书局

出版时间：民国六年（1917）发行　民国六年（1917）6版

册数：二

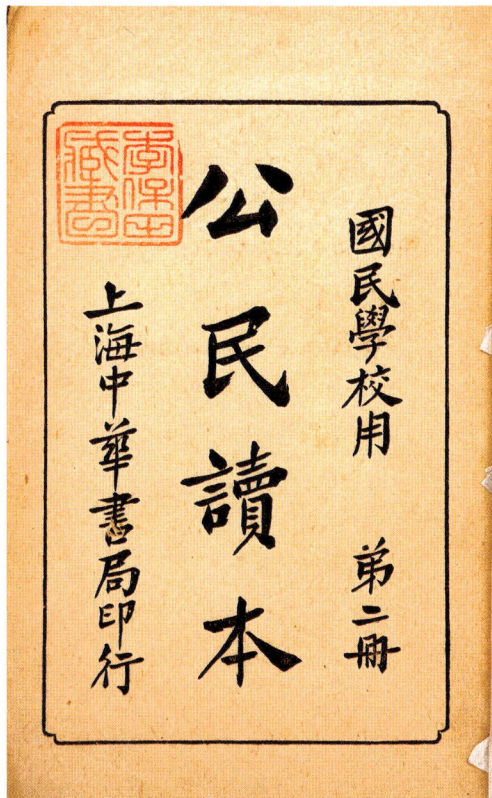

國民學校用　第二冊

公民讀本

上海中華書局印行

民國六年七月六版發行
民國六年一月印刷
民國六年十一月印刷

有著作權不准翻印

（國民學校公民讀本）全二冊

每冊定價銀一角五折實售五分

（外埠酌加郵滙費）

編輯者　吳興　方瀏生

校閱者　東莞　王寵惠　桐鄉　陸費逵

印刷者　中華書局

發行者　中華書局

印刷所　中華書局

總發行所上海福州路河南路轉角　中華書局

上海靜安寺路一九二號中華書局

分發行所

北京　天津　漢口　廣州　長沙　開封　溫州　杭州　南京　蕪湖　蘇州　徐州　保定　武昌　太原
常德　濟南　重慶　貴陽　吉林　西安　南昌　廈門　衡州　潮州　汕頭
香港　福州　寧波　台州　松江　煙台　桂林
東昌　嘉興　紹興
石家莊　黑龍江　哈爾濱　加波
張家口

1738　书名：新中华教科书公民课本（小学校初级用）
　　　著者：陆绍昌、刘传厚 / 编辑
　　　出版印行：新国民图书社
　　　出版时间：民国十七年（1928）3版
　　　册数：八

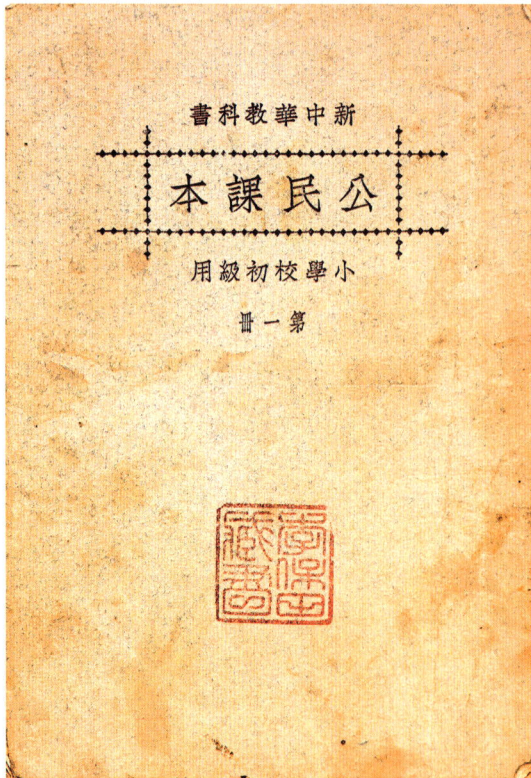

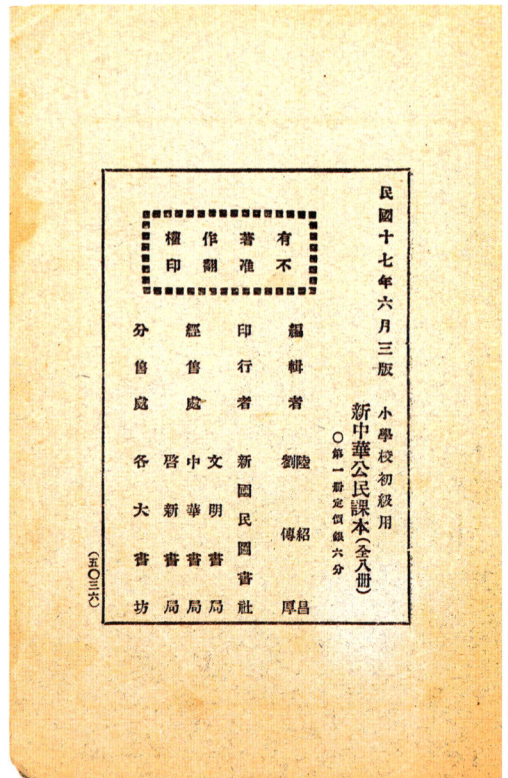

书名：好公民（初级小学学生用）
著者：薛天汉 / 主编　闵东一、万九光、张冠丹、江效唐、张蕙娟 / 助编
出版印行：世界书局
出版时间：民国廿二年（1933）初版　民国廿二年（1933）3版
册数：八

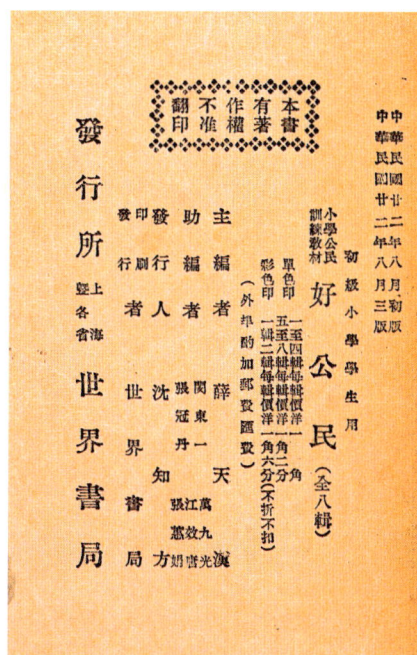

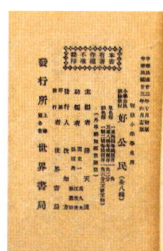

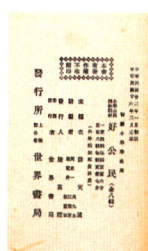

1740

书名：模范公民（初级小学学生用）

著者：陆伯羽 / 编辑　范祥善、董文 / 校订

出版印行：世界书局

出版时间：民国廿二年（1933）初版　民国廿四年（1935）12版

册数：八

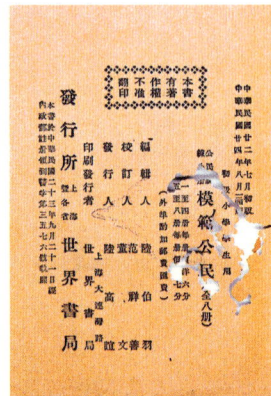

书名：新公民（新课程标准适用）
著者：钱选青、潘江／编　舒新城、朱文叔／校
出版印行：中华书局
出版时间：民国廿三年（1934）初版
册数：八

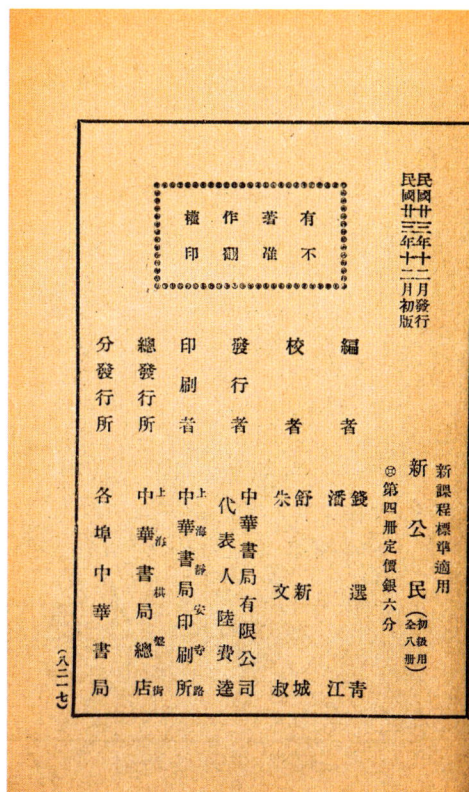

1742

书名：中国公民（小学校初级用）

著者：万九光、张耿西、束樵如 / 编著　王云五、沈子善 / 校订

出版印行：商务印书馆

出版时间：民国二十三年（1934）初版　民国二十三年（1934）80 版

册数：八

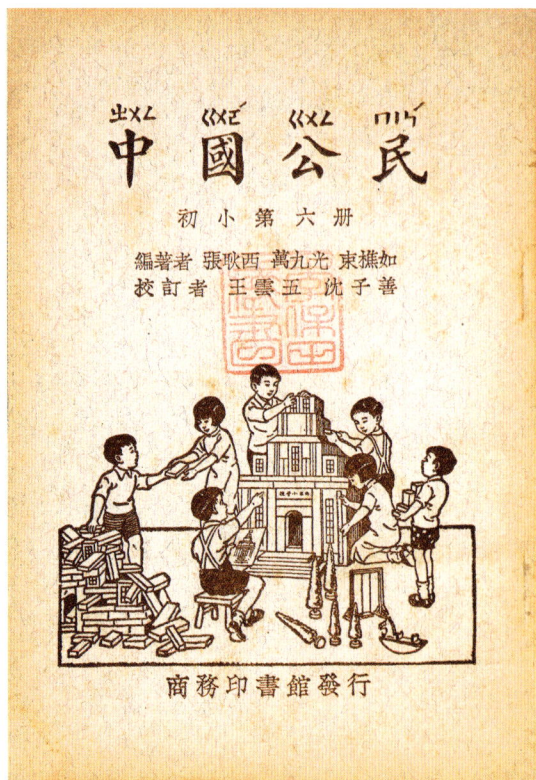

中國公民

初小第六册

編著者　張耿西　萬九光　束樵如

校訂者　王雲五　沈子善

商務印書館發行

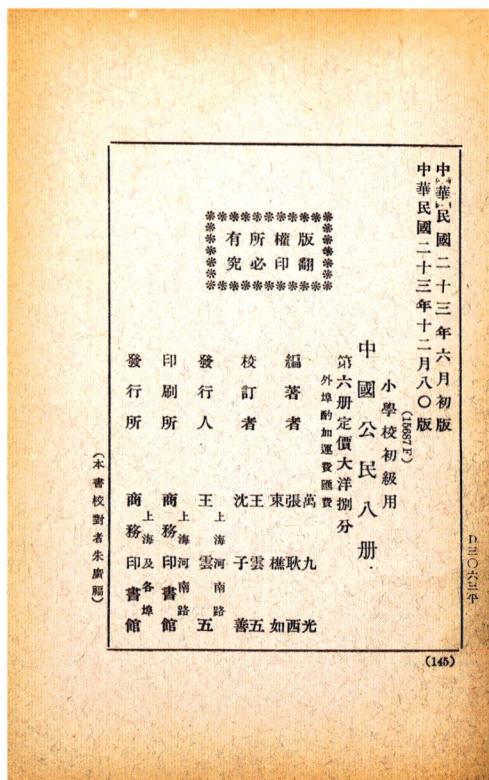

中華民國二十三年十二月八〇版

中華民國二十三年六月初版

（15687 F）

小學校初級用

中國公民八册

第六册定價大洋捌分

外埠酌加運費匯費

編著者　萬九光　張耿西　束樵如

校訂者　王雲五　沈子善

發行人　王雲五

印刷所　商務印書館　上海河南路

發行所　商務印書館　上海河南路及各埠

（本書校對者朱廣題）

有所權版

究必印翻

（145）

书名：新生活教科书公民训练（小学校初级用）

著者：马客谈 / 主编　乔一乾、蒋镜湖、单蕴华、徐尚纲、朱建侯、王问奇、朱玉华、李洁夫、

　　　杨守仁 / 撰述　蒋息岑 / 校阅

出版印行：大东书局

出版时间：民国二十三年（1934）初版

册数：八

新課程標準適用

新生活教科書

小學校初級用

公民訓練

第 六 册

上海大東書局印行

中華民國二十三年七月初版

小學校初級用

新生活公民訓練教材（全八册）

第六册定價大洋二角
（外埠酌加郵費匯費）

主編者　馬客談

撰述者　喬一乾　蒋鏡湖　單蘊華　徐尚綱　朱建侯　李潔夫　楊守仁　王問奇　朱玉華

校閲者　蒋息岑

發行人　沈駿聲

總發行所　大東書局

印刷者　大東書局

分發行所

開封　對京　南京　徐州　長沙　汕頭
安慶　北平　濟南　南昌　廣州
常熟　天津　漢口　南寧　哈爾濱
無錫　潘陽　杭州　梧州
信陽　四安　重慶　嘉興　新加坡

版權所有　翻印必究

（本書校對者朱晉材）

1744　书名：短期小学公民训练标准

著者：教育部 / 颁行

出版印行：商务印书馆、中华书局、世界书局、正中书局

出版时间：民国二十四年（1935）8版

册数：一

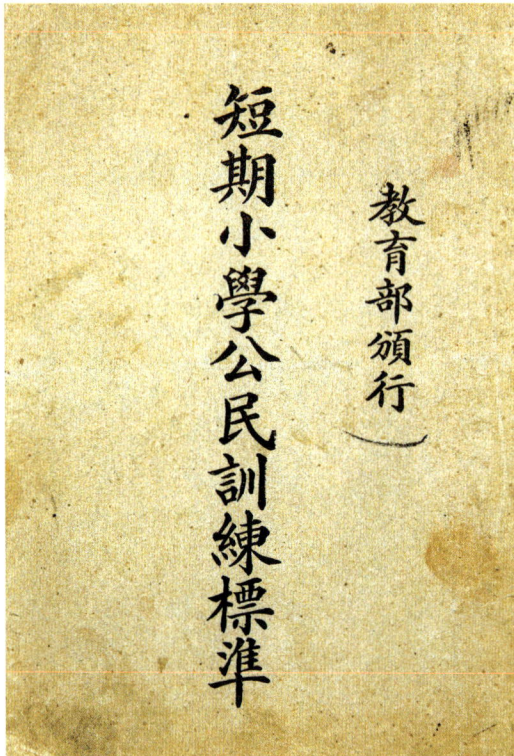

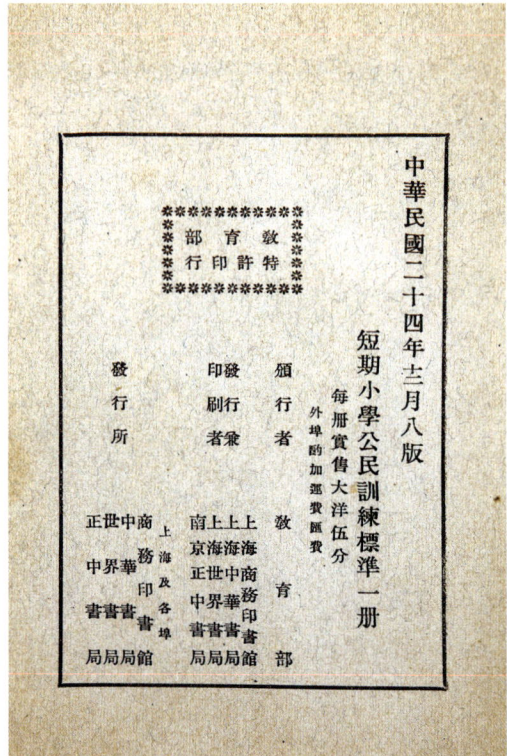

书名：初小公民

著者：不详

出版印行：华中印书局

出版时间：民国三十一年（1942）

册数：不详

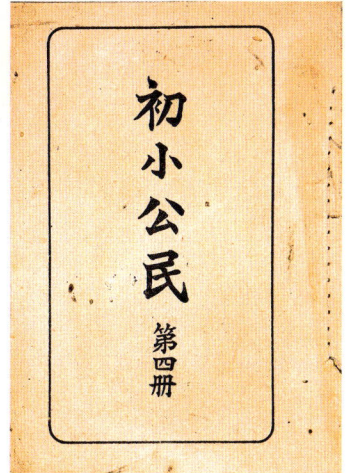

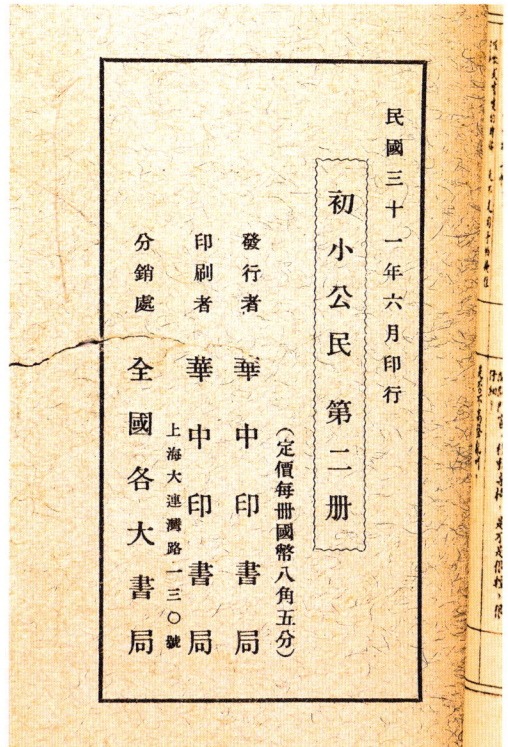

1746　书名：新编初级标准新公民（中小国民学校适用）

著者：彭百华、余清塘、沈晓元 / 编著　黄学民、白勋星、赵寿华 / 校订

出版印行：上海标准书局

出版时间：民国三十七年（1948）修正本

册数：八

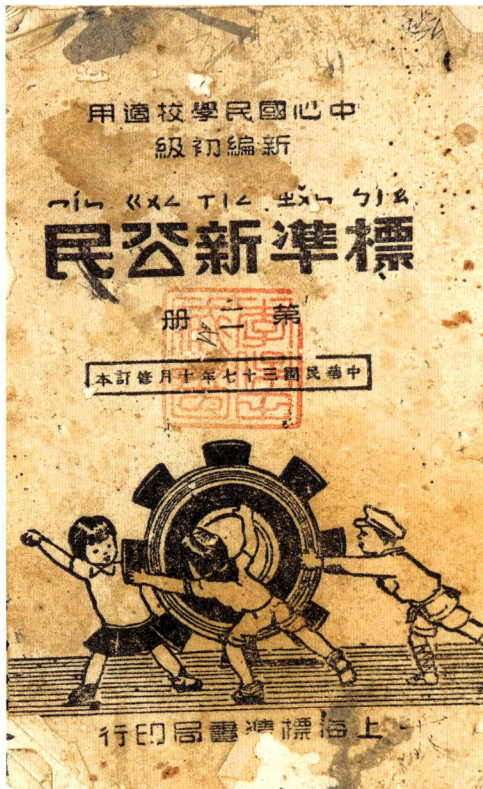

中小国民学校适用

新编初级

标准新公民

第二册

中华民国三十七年十月修正本

上海标准书局印行

中华民国三十七年十月修正本

中小国民学校适用

標準新公民（全八册）

第二册實價金圓券

編著者　彭百華　余清塘　沈曉元

校訂者　黃學民　白勳星　趙壽華

發行人　童惠章

出版者　小學教育研究會

印刷者　上海標準書局
　　　　上海福州路

經售　國內外各大書局
　　　上海四馬路

书名：新中国公民（修正新课程标准）

著者：谭国贤、李镜池／编著　钟旭元、甘亮／校订

出版印行：大东书店

出版时间：民国三十八年（1949）粤9版

册数：八

1747

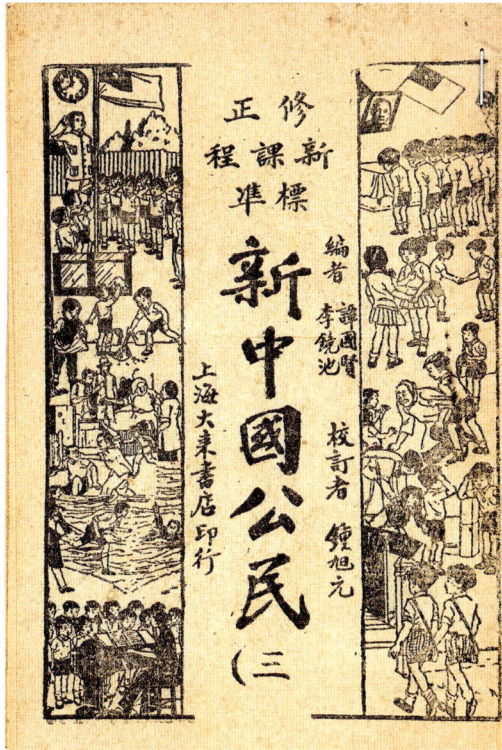

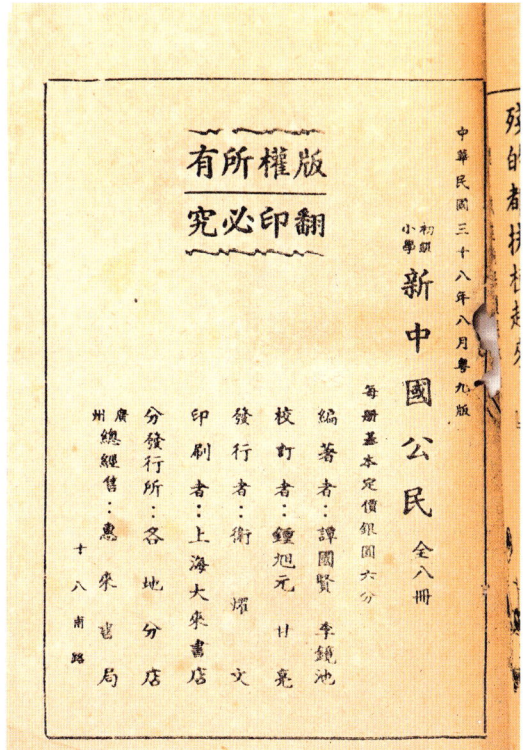

修正新课标程课程 新標

編者 譚國賢 李鏡池

校訂者 鍾旭元

新中國公民（三）

上海大東書店印行

版權所有 翻印必究

初級小學

新中國公民 全八冊

中華民國三十八年八月粤九版

每冊基本定價銀圓六分

編著者：譚國賢 李鏡池

校訂者：鍾旭元 甘亮

發行者：衛煇文

印刷者：上海大東書店

分發行所：各地分店

廣州總經售：惠來書局 十八甫路

1748

书名：新小学教科书公民课本（新学制高级小学适用）

著者：朱文叔／编　陆费逵、金兆梓、戴克敦、张相／校

出版印行：中华书局

出版时间：民国十二年（1923）初版　民国十二年（1923）8版

册数：四

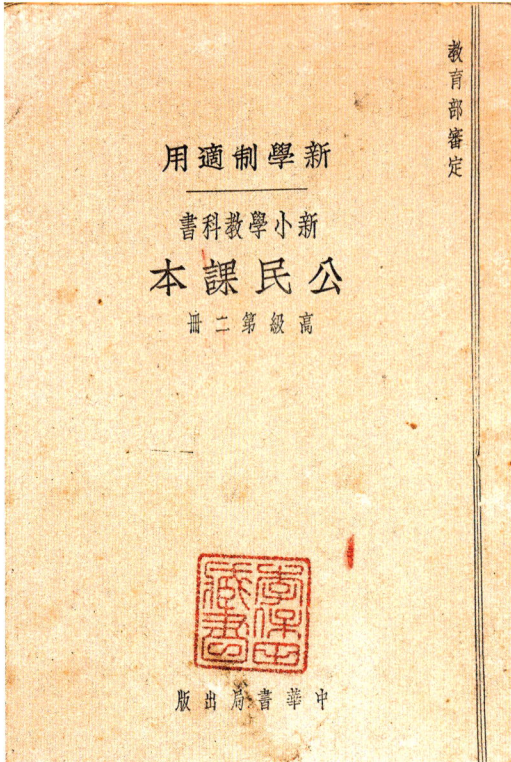

新學制適用

新小學教科書

公民課本

高級第二冊

中華書局出版

教育部審定

中華書局發行

NEW EDUCATIONAL SYSTEM
CITIZEN READERS
FOR HIGHER PRIMARY SCHOOLS
CHUNG HWA BOOK COMPANY LTD.

民國十二年十二月八版發行

新小學教科書高級公民課本（全四冊）

第二冊定價銀六分　外埠酌加

編著者　朱文叔

校者　陸費逵　金兆梓　戴克敦　張相

發行者　中華書局

印刷所　中華書局

總發行所　上海　中華書局

分發行所　中華書局

有著作權不准翻印

（一九六三）

书名：新法公民教科书（新学制小学后期用）

著者：杨贤江／编纂　王岫庐、朱经农／校订

出版印行：商务印书馆

出版时间：民国十二年（1923）初版　民国十三年（1924）45版

册数：二

新學制小學後期用

新法公民教科書

第一冊

商務印書館發行

商務印書館發行

後期小學用書
新學制

下列各書教材程度均與新學制高級小學課程
綱要吻合上接初中下承初小均極適宜各校可
按當地情形酌量採用

後期小學 新法衛生教科書 四冊
後期小學 新法自然研究 二冊
後期小學 新法理科教科書 四冊
後期小學 新法算術教科書 四冊
後期小學 新法地理教科書 四冊
後期小學 新法歷史教科書 二冊
後期小學 新法公民教科書 四冊
後期小學 新法國語文教科書 四冊
後期小學 新法國語教科書 四冊

（以上各書均有教授書）

元(1542)

New Method Series
CIVICS
For the Fifth and Sixth Years of New Primary Schools
Commercial Press, Limited
All rights reserved

中華民國十二年三月初版

後期小學用
公民教科書（一冊）
（第一冊定價大洋捌分
外埠酌加運費匯費）

編纂者　楊賢江
校訂者　王岫廬　朱經農
發行者　商務印書館
印刷所　商務印書館
總發行所　上海河南路商務印書館
分售處　商務印書分館
北京　天津　奉天　保定　濟南　太原　開封　漢口　南京　杭州　成都　重慶　長沙　常德　衡州　潮州　香港　梧州　桂林　貴陽　雲南　昆明　廣州　南昌　吉林　張家口　新嘉坡

三八六〇白

此書有著作權翻印必究

1750 | 书名：新学制公民教科书（小学校高级用）
著者：李泽彰 / 编纂　王岫庐 / 校订
出版印行：商务印书馆
出版时间：民国十三年（1924）初版　民国十九年（1930）126版
册数：四

第一册　小学校高级用

新學制公民教科書

商務印書館出版

New System Series

CIVICS

BOOK I

For Higher Primary Schools

BY

T. C. LI, B. C. S.

Edited by

Y. W. WONG

1st. ed., Jan., 1924　126th. ed., March 1930

Price: 8 cts., Postage extra

THE COMMERCIAL PRESS, LIMITED

SHANGHAI, CHINA

ALL RIGHTS RESERVED

中華民國十三年一月初版
中華民國十九年三月一二六版

（新學制）（小學校高級用）

公民教科書四册

（第一册定價大洋捌分實售七折）

（外埠酌加運費匯費）

編纂者　李澤彰

校訂者　王岫廬

發行者　商務印書館

印刷所　商務印書館上海寶山路

總發行所　商務印書館上海棋盤街中市

分售處　商務印書分館
北平　天津　保定　吉林　龍江
濟南　太原　開封　安慶　南昌　九江
廣州　西安　漢口　南京　杭州
福州　常德　衡州　蕪湖　鎮江
長沙　成都　重慶　梧州　廈門
貴陽　潮州　香港　縣嵊口　新嘉坡

★此書有著作權翻印必究★

书名：新撰公民教科书（新学制小学校高级用）

著者：万良澯、魏屏三／编纂　王岫庐、李泽彰／校订

出版印行：商务印书馆

出版时间：民国十三年（1924）初版　民国十六年（1927）70版

册数：四

1751

1752　书名：小学高级文体公民教科书（新学制适用）

著者：张鸿英 / 编

出版印行：中华书局

出版时间：民国十四年（1925）发行　民国十五年（1926）4 版

册数：四

书名：高级公民课本（新学制小学教科书）

著者：潘文安、戴渭清／编辑　范祥善、吕云彪／校订

出版印行：世界书局

出版时间：民国十七年（1928）审定　民国廿一年（1932）46版

册数：四

1753

中華民國大學院審定

新學制小學教科書

高級公民課本

第一冊

世界書局出版

解作文之鑰的

作文用書

三民主義高級高小　學生文範　四冊　五角
現代高等　學生文範　四冊　五角
言文對照高等　學生文範　三冊　五角
言文對照高等　應用文範　二冊　四角
言文對照高等　作文新範　三冊　六角
言文對照高等　論說新範　二冊　八角

助長——文思

供給——材料

世界書局

◄此書有著作權翻印必究►

中華民國十七年六月審定
中華民國廿一年九月四六版
新學制小學教科書高級公民課本四冊
（一冊至四冊每冊定價銀一角）
（外埠酌加郵費匯兌）

編輯者　潘文安　戴渭清

校訂者　范祥善　呂雲彪

教供給材料者　中華職業學校

印發行者　世界書局

印刷所　世界書局

總發行所　上海大連灣路世界書局

分發行所　北平　天津　長沙　衡州　瀋陽　太原　濟南　南昌　漢口　重慶　軍糧城　廣州　杭州　溫州　汕頭　蕪湖　徐州　梧州　南寧　贛州　廈門　鄭州　世界書局

1754　书名：小学公民课本（新课程标准适用）

著者：赵侣青、黄铁崖、徐迥千、胡怀天 / 编　舒新城、朱文叔 / 校

出版印行：中华书局

出版时间：民国二十二年（1933）发行　民国二十二年（1933）12版

册数：四

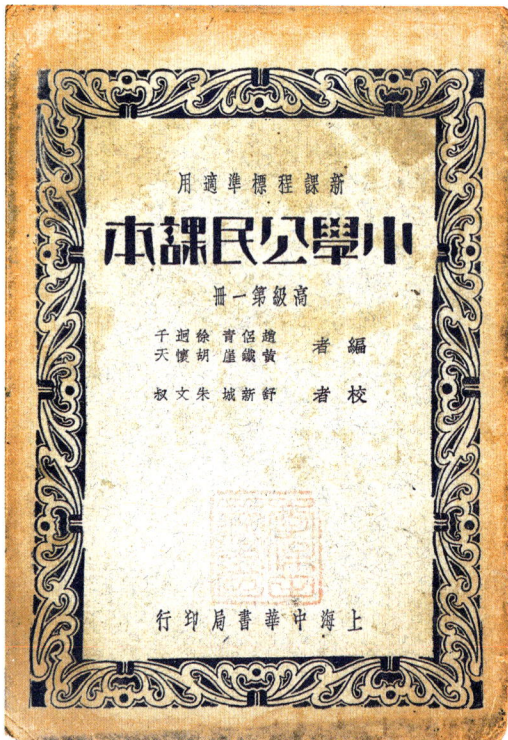

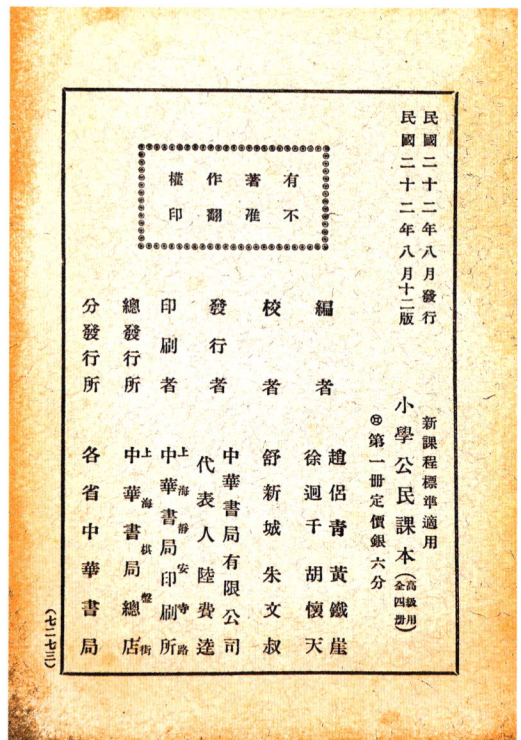

书名：高小模范公民（小学高级学生用）

著者：陆伯羽／编辑　范祥善、董文／校订

出版印行：世界书局

出版时间：民国廿三年（1934）

册数：四

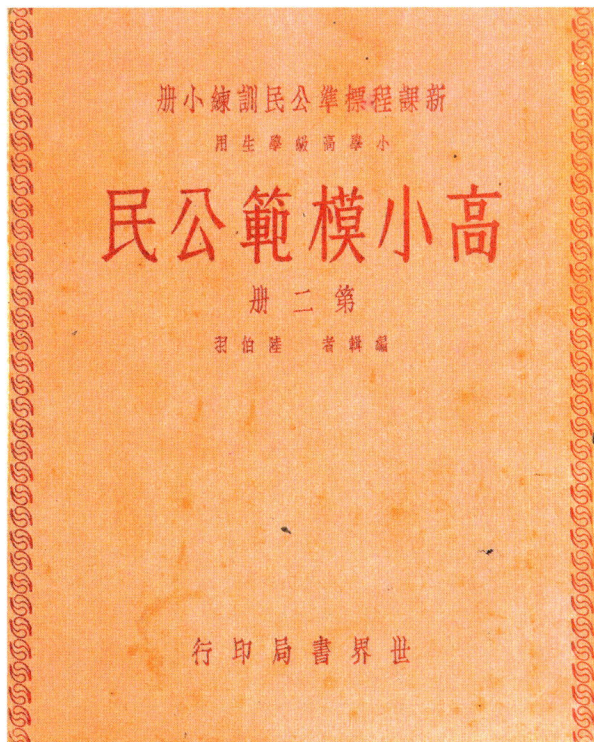

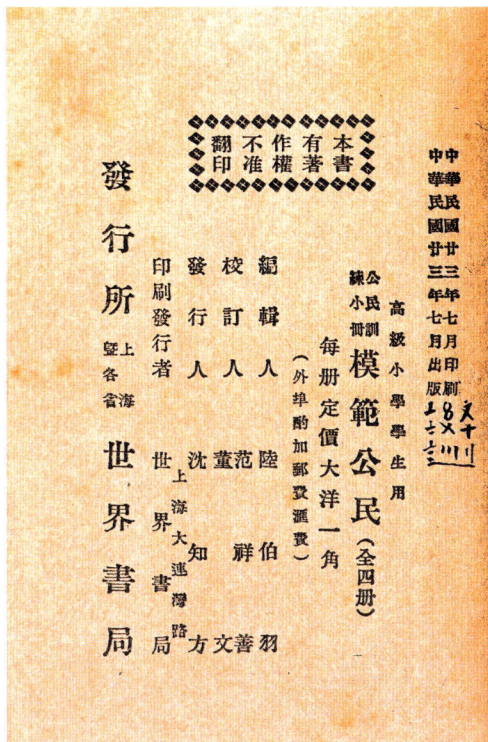

新課程標準公民訓練小冊

小學高級學生用

高小模範公民

第二册

編輯者　陸伯羽

世界書局印行

◆◆◆◆◆◆◆◆◆
本書著作權有
作不准翻印
◆◆◆◆◆◆◆◆◆

中華民國廿三年七月印刷
中華民國廿三年七月出版

發行所
上海
暨各省

世界書局

高級小學學生用

公民訓練小冊
模範公民（全四册）

每册定價大洋一角
（外埠酌加郵費匯費）

編輯人　　陸伯羽

校訂人　　范祥善
　　　　　董文

發行人　　沈知方

印刷發行者　世界書局
上海大連灣路

书名：高小新公民
著者：钱选青、赵侣青、徐迴千 / 编辑
出版印行：世界书局
出版时间：民国二十六年（1937）初版　民国二十六年（1937）3版
册数：四

完全依照教育部最近頒布修正課程標準新編或改編

注音符號讀本　魏冰心編　一冊
初小第一種國語讀本　朱翊新等　八冊
初小國語新讀本　吳研因編　八冊
初小新常識　董文編　八冊
初小新算術　駱師曾等　八冊
春季始業 初小新國語　魏冰心編　八冊
春季始業 初小新常識　朱翊新編　八冊
春季始業 初小新算術　張匡編　八冊
高小第一種國語讀本　朱翊新編　四冊
春季始業 高小新國語　魏冰心編　四冊
高小新算術　駱師曾編　四冊
高小新社會　董文編　四冊
高小社會 新公民　錢選青等　四冊
高小社會 新歷史　朱翊新編　四冊
高小社會 新地理　朱翊新編　四冊
下列二種在教育部審定有效期內
高小國語新讀本　吳研因編　四冊
高小自然課本　王劍星編　四冊
內容最新　售價最廉　均有教學法
世界書局出版

中華民國二十六年六月初版
中華民國二十六年六月三版
新課程標準高級小學學生用
高小新公民（全四冊）
每冊實價國幣四分
（外埠酌加運費匯費）

本書有著作權不准翻印

編輯者　錢選青 趙侶青 徐迴千
發行人　陸高誼
印刷者　世界書局
印刷所　上海大連灣路 世界書局
發行所　上海及各省 世界書局

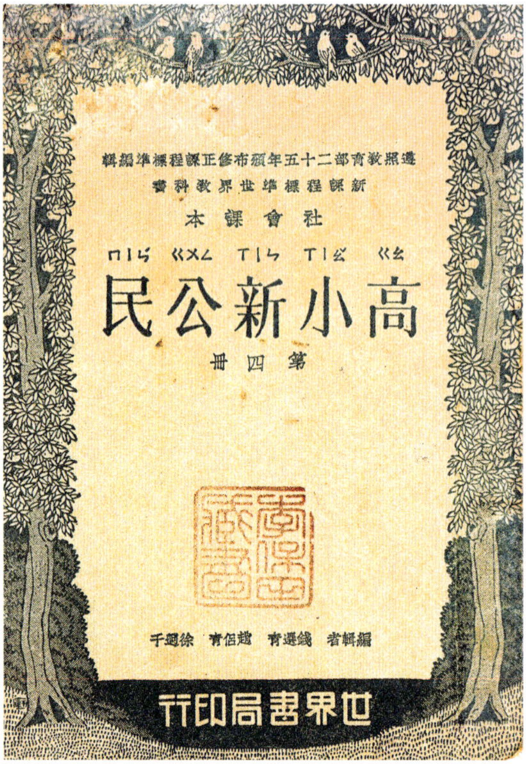

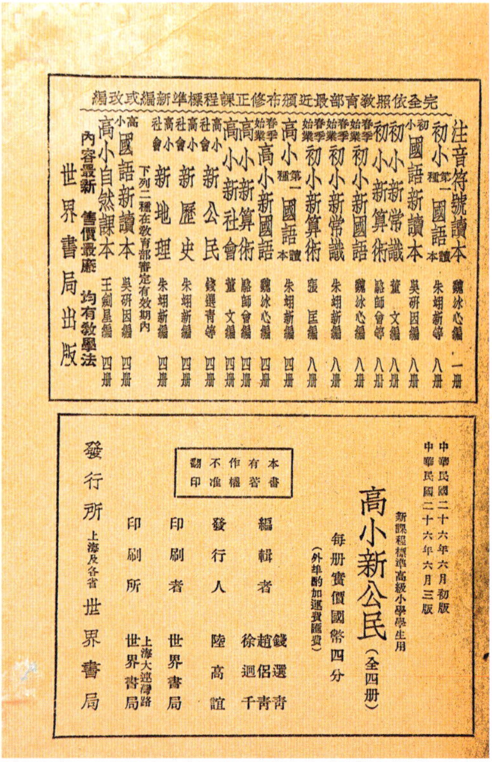

书名：复兴公民教科书（小学校高级用）

著者：宗亮寰、吕金录、赵景源 / 编校　王云五 / 主编兼发行

出版印行：商务印书馆

出版时间：民国二十六年（1937）教育部初审核定本第1版

　　　　　民国二十七年（1938）教育部初审核定本第60版

册数：四

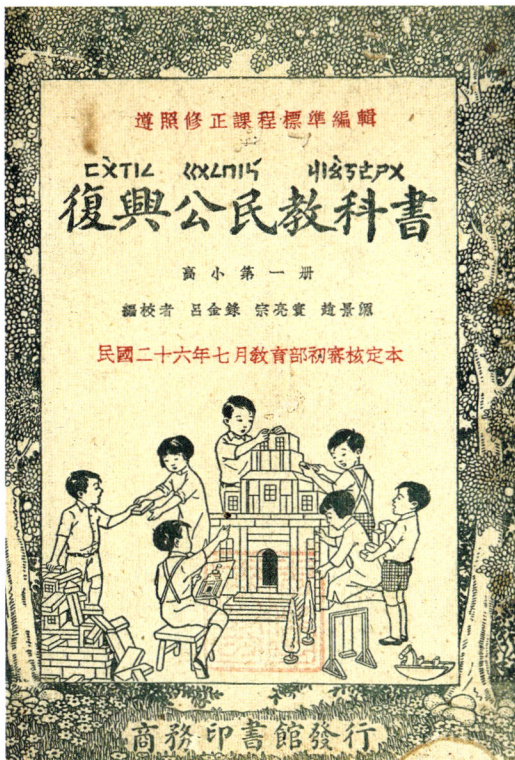

遵照修正課程標準編輯

復興公民教科書

高小第一册

編校者 呂金錄 宗亮寰 趙景源

民國二十六年七月教育部初審核定本

商務印書館發行

小學校
高級用公民教科書編輯大意

（一）本書遵照教育部新頒行的課程標準小學高級社會科關於公民知識的作業項目編輯全書四册專供小學五六年社會科分類教學之用。

（二）本書取材注重指導兒童認識個人和社會所必需的知識，並培養兒童良好的習慣增進參加社會活動所必需的知識和經驗同時鳳意頭到「利用本地社倉環境」和「從本地找教材」的數學要點。

（三）本書各册教材各以一中心問題作骨幹連結成三民主義政治組織以及法律政治院民訴訟勞動職業與刑三民大凰和公共道德公共經濟現象家庭問題地方自治自衛和公共道德公共經濟現象家庭問題。

（四）本書每課課文前有討論的問題可以啟發兒童的思想養成自學的習慣每課課文後有作業的項目可使兒童實地操作。

（五）本書接照每週三十分鐘數學時間支配每隔數學一週以增進知識和經驗適於一週教學方面的應用。

（六）本書另為編數學方法及參考材料等以供教師應用。

中華民國二十六年七月教育部初審核定本第六〇版

（17082·1A）

復興公民教科書

第一册實價國幣肆分

外埠酌加運費匯兌

小學校高級用

主編兼發行人 王云五

編校者 宗亮寰 吕金錄 趙景源

印刷所 商務印書館

發行所 商務印書館

版權所有翻印必究

（中·P三五五二六一一）

1758　书名：新编高小公民课本（修正课程标准适用）
　　　　著者：张匡／编　朱文叔／校
　　　　出版印行：中华书局
　　　　出版时间：民国二十六年（1937）22版
　　　　册数：四

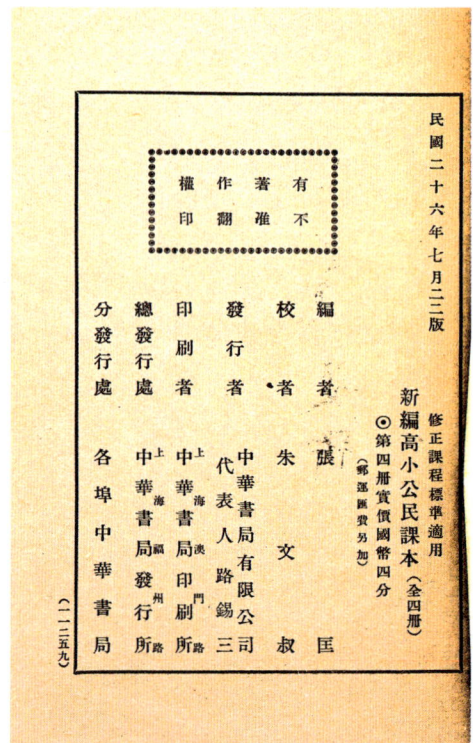

书名：公民课本（小学高级学生用）
著者：山东省编审委员会 / 编辑
出版印行：鲁东文化联合出版社
出版时间：民国二十八年（1939）
册数：不详

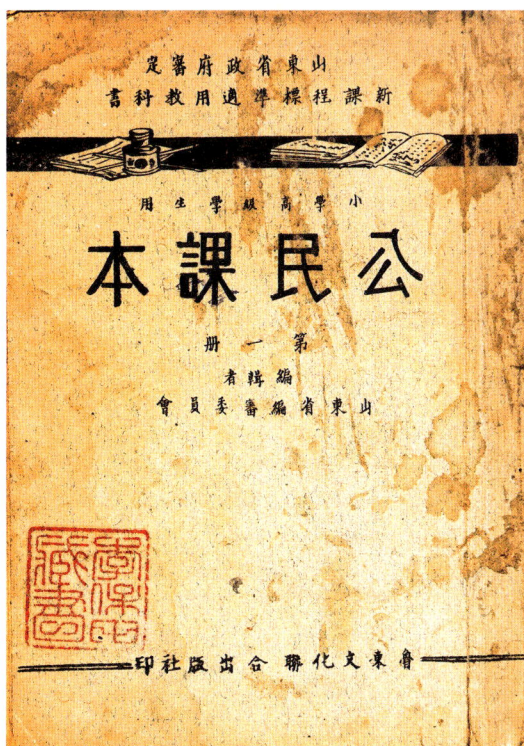

山东省政府审定
新课程标准适用教科书

小学高级学生用

公民课本

第一册

编辑者

山东省编审委员会

鲁东文化联合出版社印

中华民国二十八年八月出版
售价法币第三角五分

1760

书名：高级小学公民课本

著者：王鸿俊、俞焕斗、夏贯中、陈家栋、张超 / 编辑　国立编译馆 / 校订　王云五、朱家骅等 / 参阅

出版印行：国定中小学教科书七家联合供应处

出版时间：民国三十四年（1945）上海白报纸本第1版　民国三十五年（1946）上海白报纸本第30版

册数：四

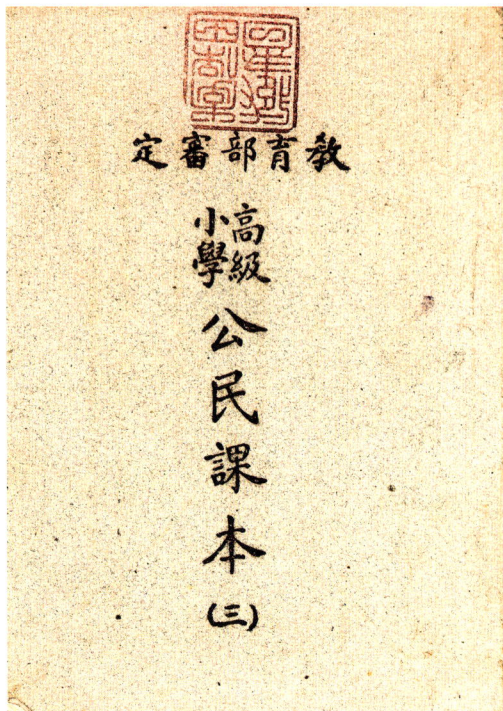

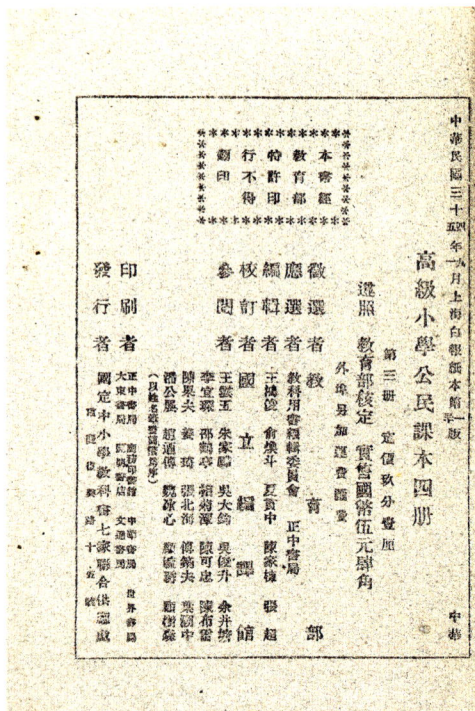

书名：高级小学公民（第二次修订本）

著者：国立编译馆／主编　俞焕斗、张超／编辑　夏贯中、赵乃传／校阅

出版印行：中华书局

出版时间：民国三十五年（1946）初版

册数：四

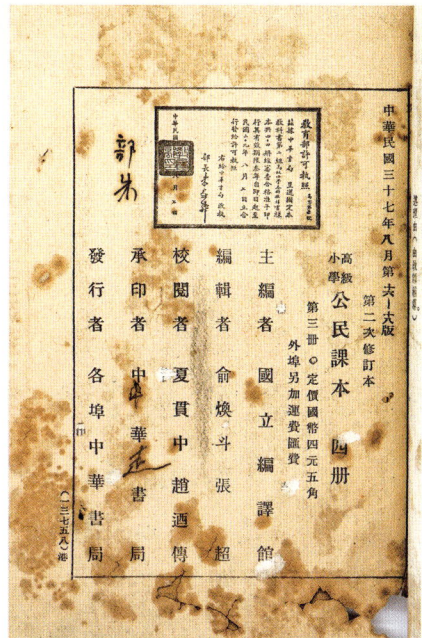

1762　书名：高级小学公民（修订本）

著者：国立编译馆 / 主编　俞焕斗、张超 / 编辑　夏贯中、赵乃传 / 修订

出版印行：国定中小学教科书七家联合供应处

出版时间：民国三十五年（1946）修订本上海白报纸本第1版

册数：四

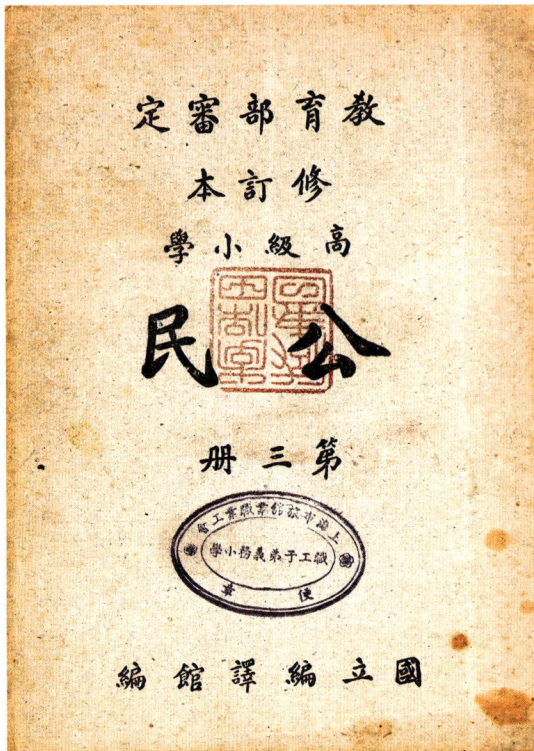

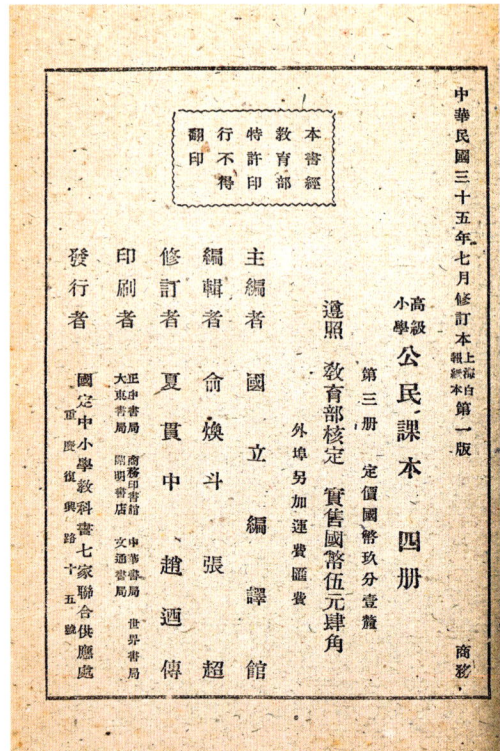

书名：高级小学公民课本

著者：国立编译馆 / 主编　俞焕斗、张超 / 编辑　夏贯中、赵乃传 / 校阅

出版印行：商务印书馆

出版时间：民国三十七年（1948）第27版

册数：四

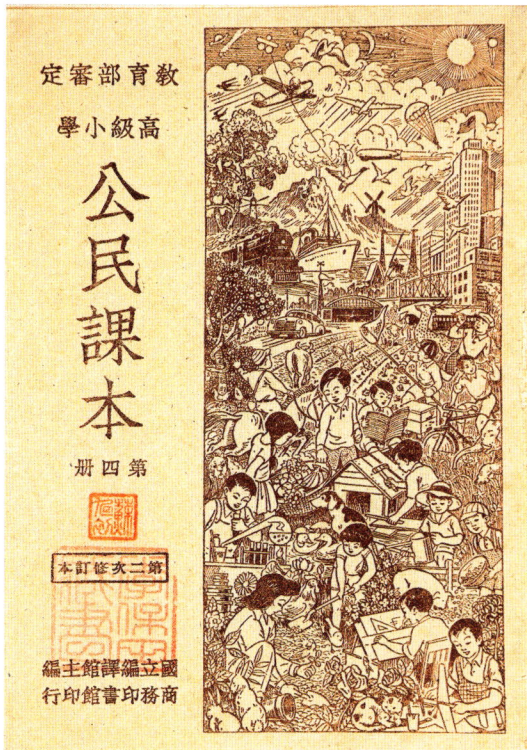

教育部審定

高級小學

公民課本

第四冊

第二次修訂本

國立編譯館主編

商務印書館印行

編輯要旨

一 本書遵照教育部三十一年四月公布之小學社會科課程標準內公民科教材大綱及要目編輯，重於三十六年五月修訂。

二 本書分四冊，前三冊每冊三十二課，第四冊十課，以每學期二十週每週教學時間三十分計算，兩週或一週教學一課，一冊供一學期之用。

三 本書內容採取最新材料，適合兒童程度，與初中公民課本銜接。

四 本書立論根據　國父遺教、總裁訓詞及中央政策。

五 本書編制力求生動活潑，每課文均經縝密設計用心對縣討論演繹，翻每實際活動兒童實踐，與行為配合以引起兒童學習與興趣，以收實際效果。

六 本書每課課文之前列有問題敷則供兒童上課但又前後一貫，一條一項亦，年體運用多方變化。

七 本書每課課文之後有作業項目可使兒童自學習慣，從而發親身經驗眼觀察或製手劃屬納本課內容要點，念公民知識習慣。

八 本書另編有教學指引四冊，詳列各項教材教學方法參考資料，供教師之用。

中華民國三十七年一月第二七版

【第二次修訂本】

小高級

公民課本四冊

第四冊定價國幣肆元柒角

外埠另加運費隨裝

主編者　國立編譯館

編輯者　俞焕斗　張超

校閱者　夏貫中　趙迺傳

承印者　商務印書館印刷廠

發行者　商務印書館　各地

1764

书名：高级小学公民课本

著者：教育部教科用书编辑委员会 / 编

出版印行：国定中小学教科书七家联合供应处

出版时间：不详

册数：不详

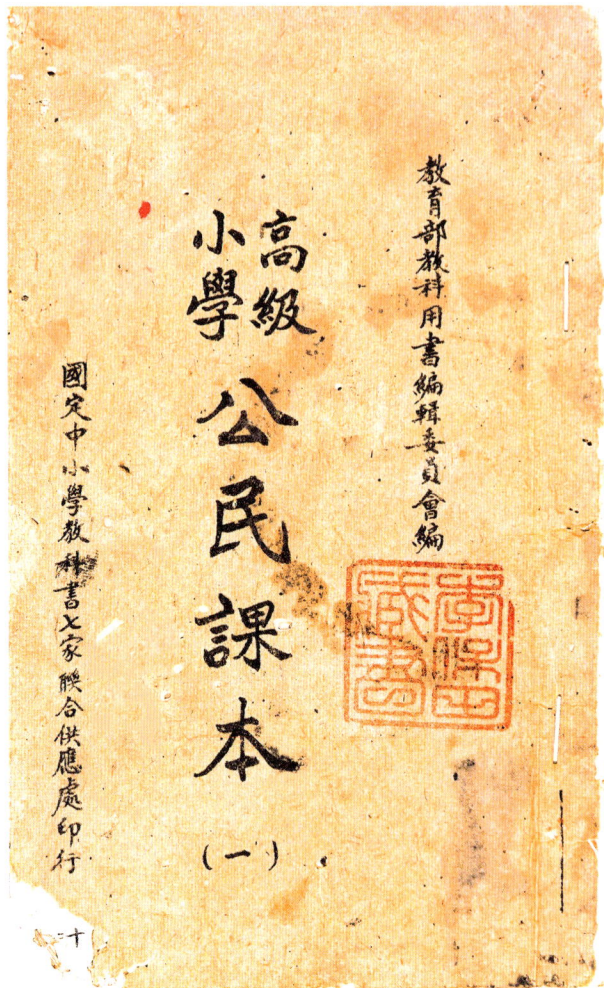

书名：新中学教科书初级公民课本
著者：舒新城 / 编　冯顺伯 / 重编　陆费逵 / 校
出版印行：中华书局
出版时间：民国十二年（1923）发行　民国十八年（1929）12版
册数：三

青年修養雜談

陸費逵著　一冊　定價二角

陸費伯鴻先生近年爲「中華書局月報」及中華書局同人進德會出版之「進德季刊」，所著關於青年立身治事之文字，與青年極有裨益；而尤注意於職業的修養。今選出三十六篇，彙刊爲一小冊，以便閱覽。學生及工商界青年，欲得南針而免墮落者，不可不一讀也。

中華書局發行

(193)

有著作權不准翻印

民國十二年八月發行
民國十八年六月十二版

新中學教科書初級公民課本（全三冊）
◉【第二冊定價銀二角五分】
（外埠酌加郵匯費）

編者 漵浦舒新城
重編者 江寧馮順伯
校者 桐鄉陸費逵
發行者 中華書局
印刷者 中華書局
印刷所 上海靜安寺路二七七號 中華書局
總發行所 上海棋盤街 中華書局
分發行所 中華書局

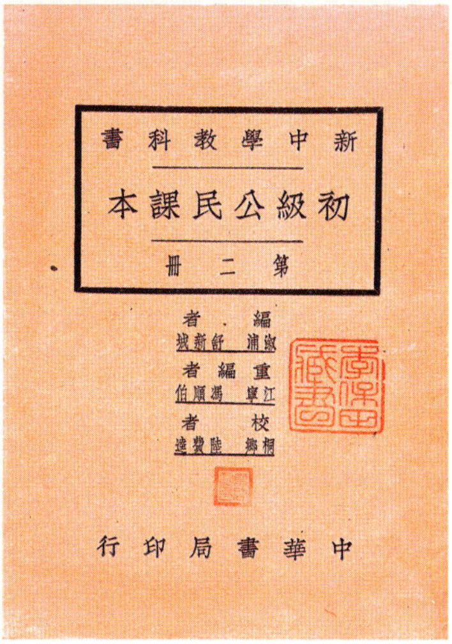

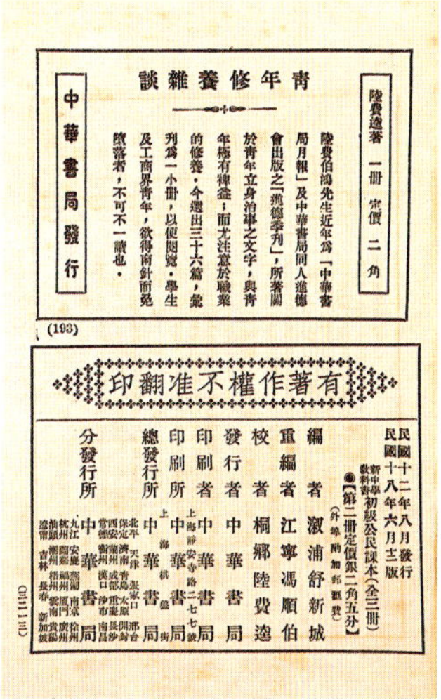

书名：新中学公民课本（初级中学用）
著者：舒新城 / 编　冯顺伯 / 重编　陆费逵 / 校
出版印行：中华书局
出版时间：民国十二年（1923）发行　民国廿一年（1932）26版
册数：三

心理學大意　舒新城　一冊　二角半

是書專介紹關於心理學之常識。內容分兩篇：上篇述心理學的意義、方法及範圍，下篇述心理的生理基礎、本能、情緒、習慣、思想、潛在意識等普通問題；說明及舉例，力求淺顯，使閱者可以無師自通。末附錄近代心理學派別，及中西文參考書多種，俾有志專攻者，可由此門徑而益邁進。

心理學初步　舒新城　一冊　六角

近年出版的心理學書很多，但這本書的程度，是以中學生可以自修作標準的。著者又曾擔任長沙湖南女學、湖南省立第一師範、吳淞中國公學中學部等校心理教授，經驗異常豐富，所以這本書的取材和編輯方法，都適合初級師範和中學校教科書之用。

中華書局發行

(335)

有著作權不准翻印

民國十二年八月發行
民國廿一年六月廿六版

新中學教科書初級公民課本（全三冊）
◎【第一冊定價銀二角五分】
（外埠酌加郵匯費）

編者 漵浦舒新城
重編者 江寧馮順伯
校者 桐鄉陸費逵
發行者 中華書局
印刷者 上海靜安寺路哈同路口 中華書局
印刷所 中華書局
總發行所 上海棋盤街 中華書局
分發行所 中華書局

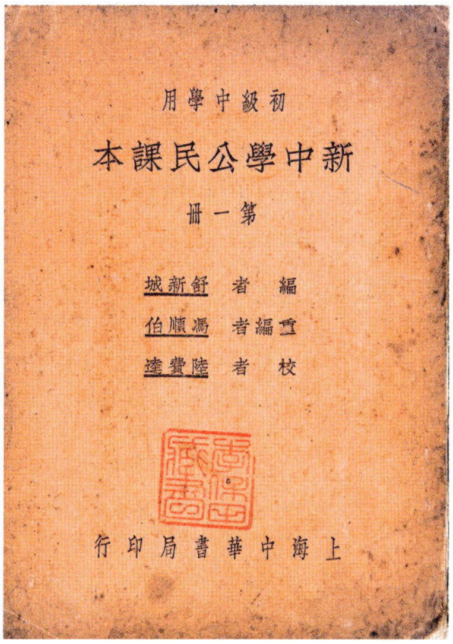

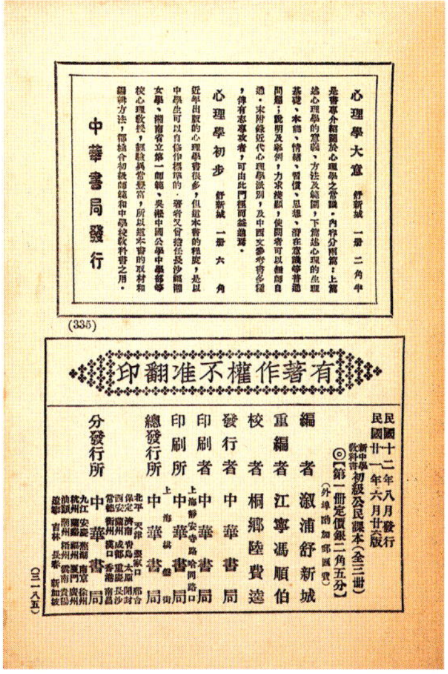

1766　书名：新学制公民教科书（初级中学用）
著者：周鲠生 / 编辑
出版印行：商务印书馆
出版时间：民国十二年（1923）初版　民国十五年（1926）74版
册数：三

新學制
公民教科書
第二冊
初級中學用

編輯者 周鲠生

商務印書館印行

New System Series
CIVICS
BOOK II
For Junior Middle Schools
BY
S. R. CHOW, LL. D.
1st ed., July, 1923　74th ed., July, 1926
Price: $0.30, postage extra
THE COMMERCIAL PRESS, LIMITED
SHANGHAI, CHINA
ALL RIGHTS RESERVED

中華民國十二年七月初版
中華民國十五年七月七四版

回制 新學
公民藝科書三冊
（初級中學用）
（第二冊定價大洋叁角）
（外埠酌加運費匯費）

編輯者　周鲠生

發行者　商務印書館

印刷所　商務印書館
上海棋盤街中市

總發行所　商務印書館
上海河南路

分售處　商務印書分館
北京　天津　保定
濟南　太原　奉天
開封　安慶　西安
歸化城　南昌　南京
長沙　常德　九江　南京林
貴陽　衡州　漢口　龍江
福州　潮州　杭州　雲南門
廣州　香港　重慶　廡南門
梧州　成都　張家口
新嘉坡

※此書有著作權翻印必究※

一九〇六版

书名：现代初中教科书公民
著者：陶汇曾 / 编辑
出版印行：商务印书馆
出版时间：民国十四年（1925）初版　民国十九年（1930）50版
册数：不详

十九年二月訂正

現代初中教科書

公　民

第一册　道德

編輯者　陶彙曾

商務印書館出版

此書有著作權翻印必究

Modern Textbook Series

CIVICS: PART I, ETHICS

For Junior Middle Schools

BY

TAO WEI TSENG, LL. B.

1st ed., Oct., 1925　　50th ed., Mar., 1930

THE COMMERCIAL PRESS, LIMITED

SHANGHAI, CHINA

ALL RIGHTS RESERVED

Price: $.30

中華民國十九年三月五十版

現代初中（教科書公、民道德）第一册

（外埠酌加運費匯費）

（每册定價大洋叁角）

編輯者　陶彙曾

發行者　商務印書館

印刷所　商務印書館　上海寳山路

總發行所　商務印書館　上海棋盤街之中市

分售處　商務印書分館

北平　天津　太原　保定　安慶　濟南　開封　西安　南昌　南京

長沙　常德　衡州　潮州　香港　成都　重慶　廈門　桂林　新嘉坡

貴州　梧州　廣州　汕頭　張家口　九江　南龍江　吉林　漢口　杭州　龍州

1768 　书名：新撰初级中学教科书公民

著者：高阳、陶汇曾 / 编纂　王岫庐 / 校订

出版印行：商务印书馆

出版时间：民国十四年（1925）初版　民国十七年（1928）40版

册数：不详

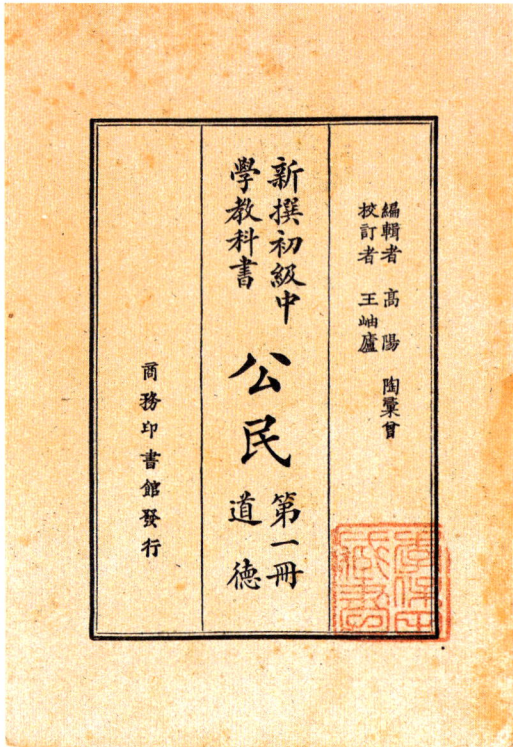

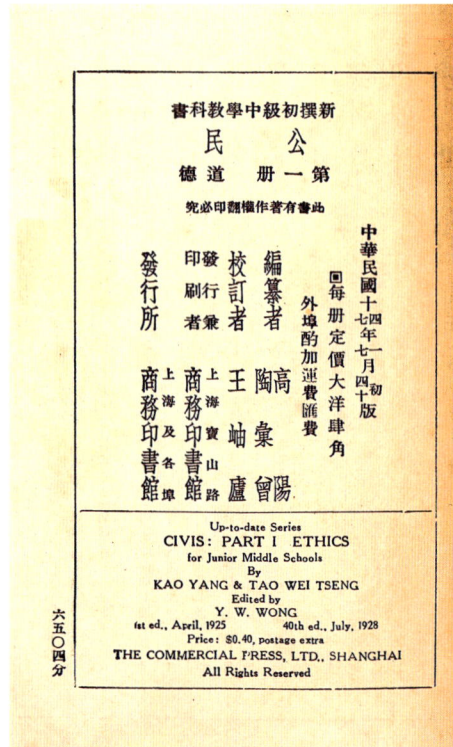

书名：复兴初级中学教科书公民
著者：孙伯騫/编著　王云五/主编兼发行
出版印行：商务印书馆
出版时间：民国二十二年（1933）初版　民国二十二年（1933）35版
册数：三

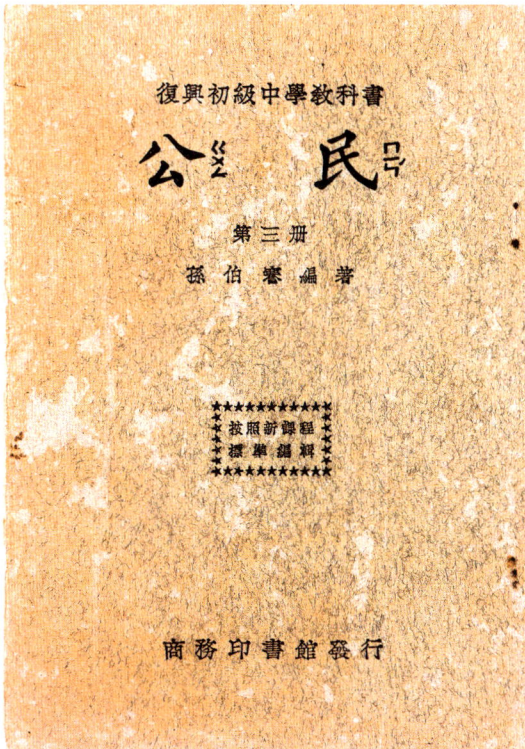

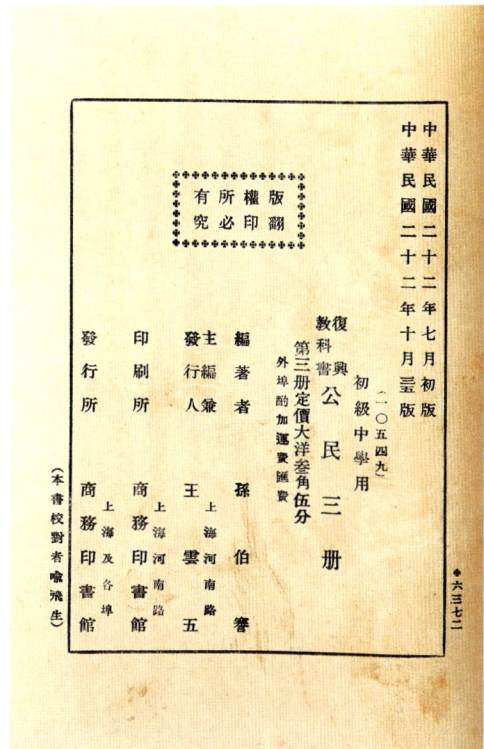

中華民國二十二年七月初版
中華民國二十二年十月壹版
（一〇五四九）

初級中學用

復興教科書 公民 三冊

第三冊定價大洋叁角伍分
外埠酌加運費匯費

有所權版
究必印翻

編著者　　孫伯騫
　　　　　上海河南路

發行人兼主編　王雲五
　　　　　上海河南路

印刷所　　商務印書館
　　　　　上海及各埠

發行所　　商務印書館

（本書校對者喩飛生）

六三七二

1770　书名：初级中学公民课本

著者：陈炎佳、景农、陈泮藻、芹生 / 编著　金曾澄 / 校订

出版印行：美华书店

出版时间：民国二十四年（1935）初版

册数：不详

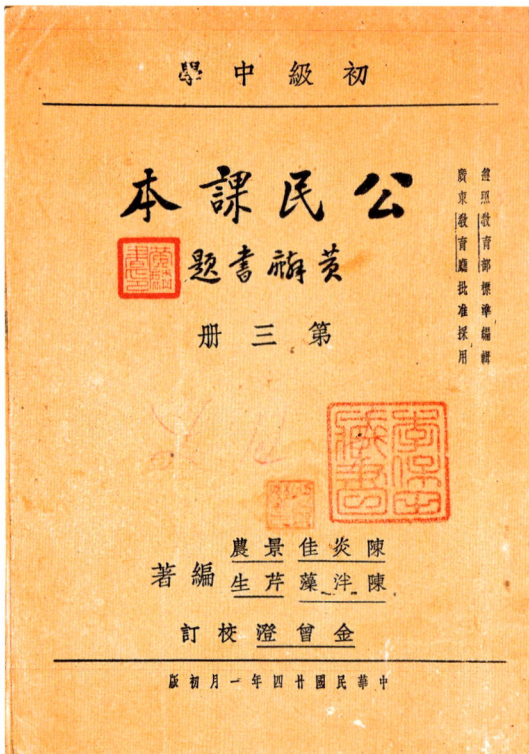

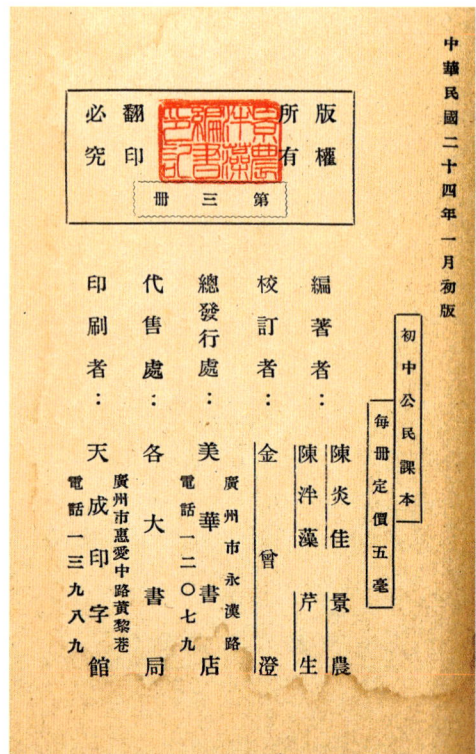

书名：初中公民（新课程标准适用）

著者：杜维涛、章柳泉 / 编　陈立夫 / 校阅

出版印行：中华书局

出版时间：民国二十四年（1935）发行　民国二十四年（1935）3版

册数：三

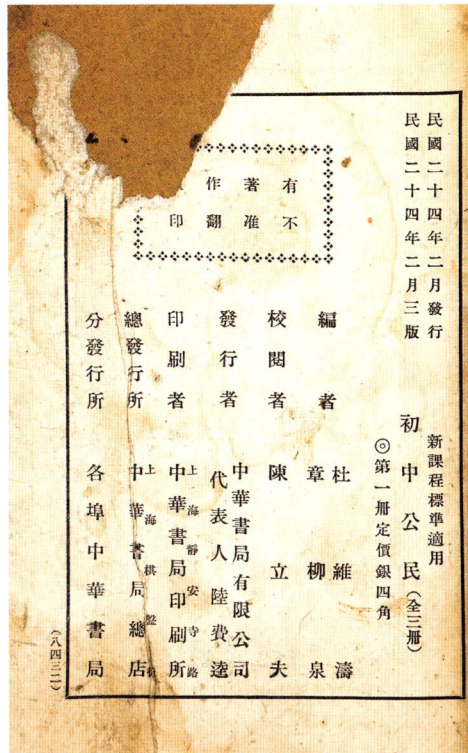

1772 | 书名：建国教科书初级中学公民（遵照修正课程标准编著）
著者：叶楚伦、陈立夫／主编　周佛海／校订　叶溯中、朱元懋／编著
出版印行：正中书局
出版时间：民国二十五年（1936）初版　民国二十六年（1937）35版
册数：不详

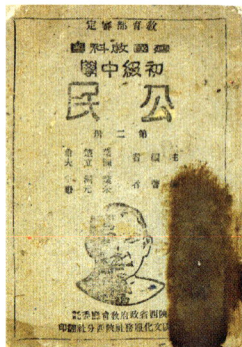
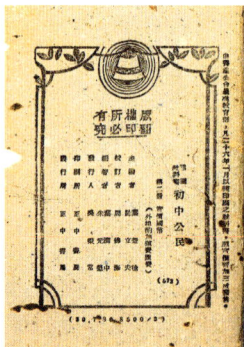
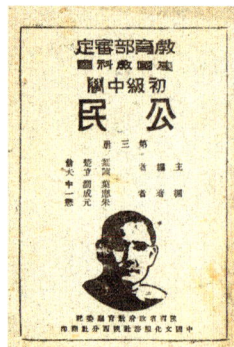
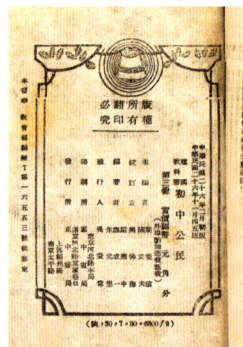

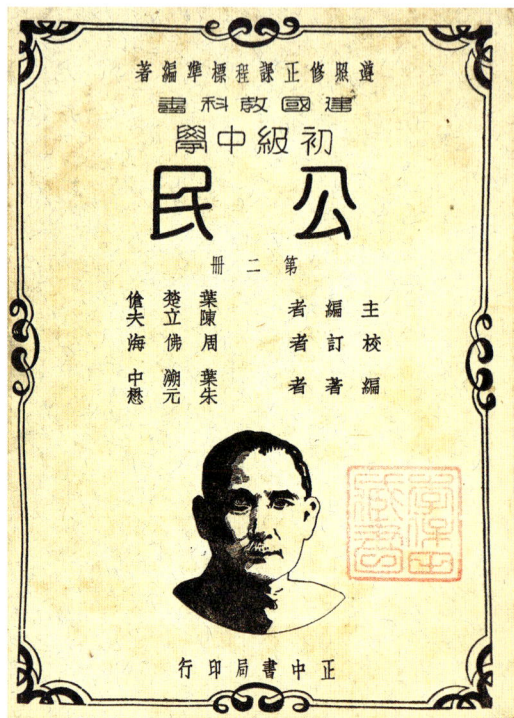
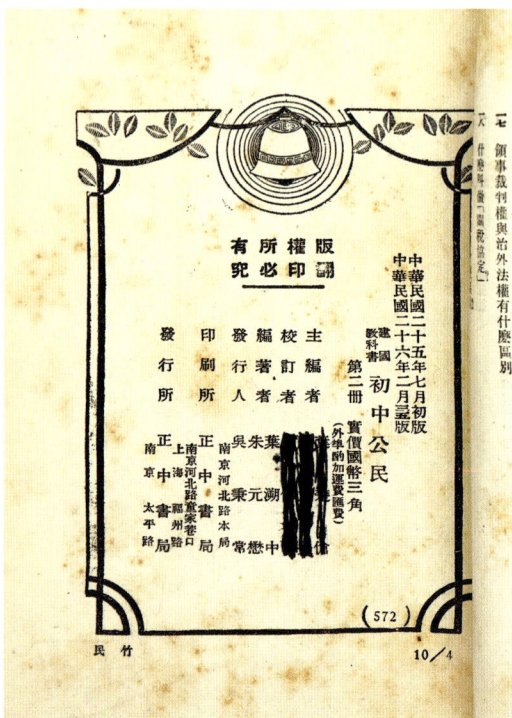

书名：复兴初级中学教科书

著者：李之鷗 / 编著　韦愨 / 校订

出版印行：商务印书馆

出版时间：民国二十六年（1937）审定本初版　民国二十六年（1937）审定本55版

册数：三

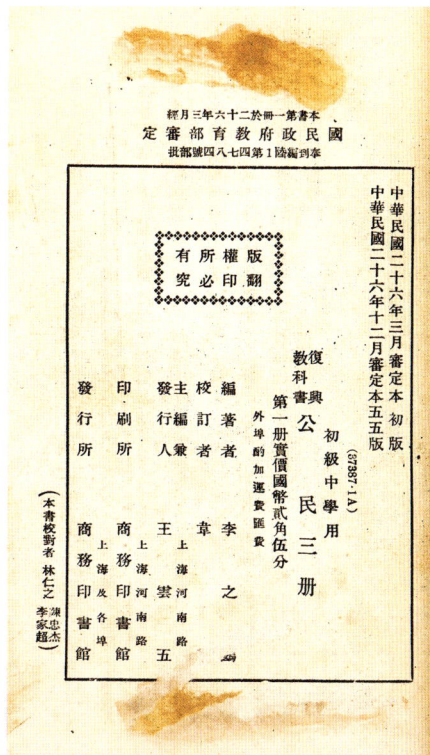

1774　书名：新编初中公民（修正课程标准适用）

著者：卢达／编　金兆梓／校

出版印行：中华书局

出版时间：民国二十六年（1937）6版

册数：三

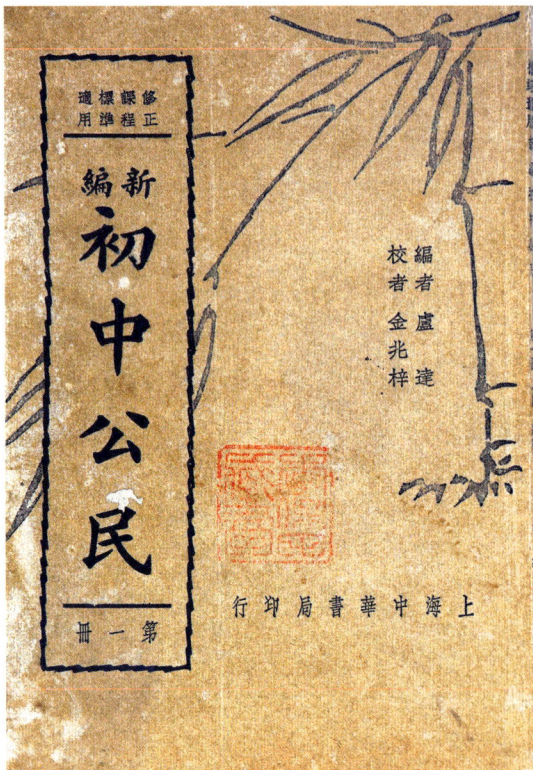

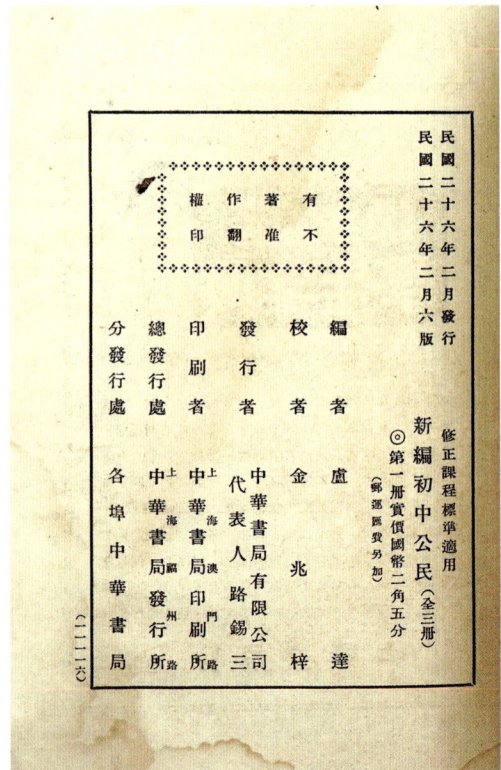

书名：初级中学公民

著者：教育部教科用书编辑委员会 / 编辑

出版印行：国定中小学教科书七家联合供应处

出版时间：民国三十三年（1944）赣县宁都纸本第2版

册数：三

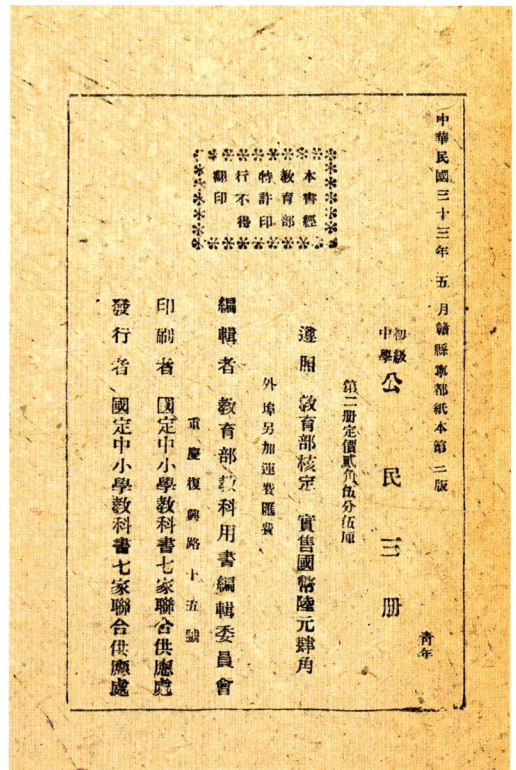

书名：初级中学公民（修订本）

著者：国立编译馆 / 主编　夏贯中 / 编辑　李宜琛、邵鹤亭、姜琦、章益、程仰之、翟垣、赵乃传 / 校订

出版印行：国定中小学教科书七家联合供应处

出版时间：民国三十五年（1946）修订本上海白第1版　民国三十五年（1946）修订本报纸本第165版

册数：三

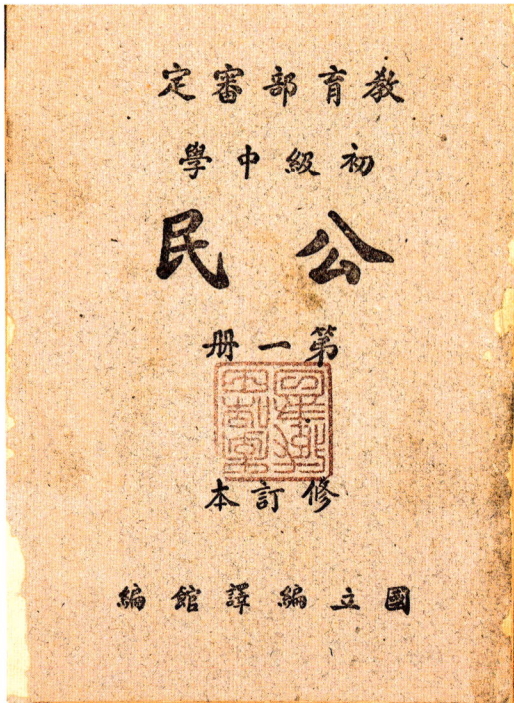

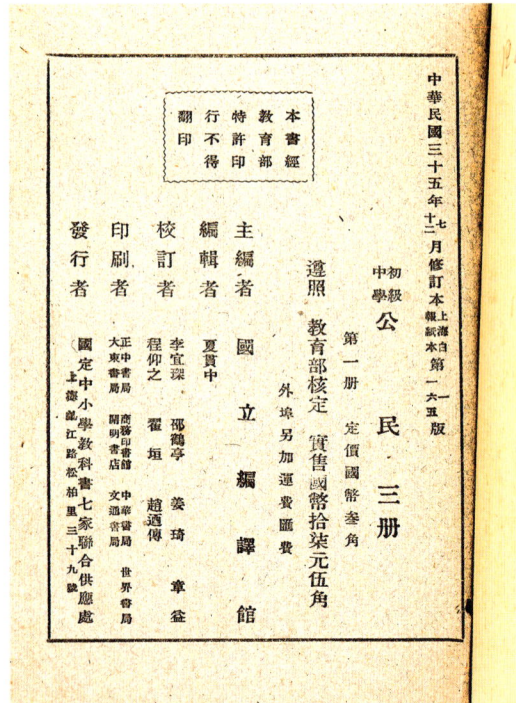

书名：初级中学公民（第二次修订本）
著者：国立编译馆 / 主编　夏贯中 / 编辑　李宜琛、章益、程仰之、翟垣、赵乃传 / 校订
出版印行：中华书局
出版时间：民国三十六年（1947）8版第2次修订本
册数：三

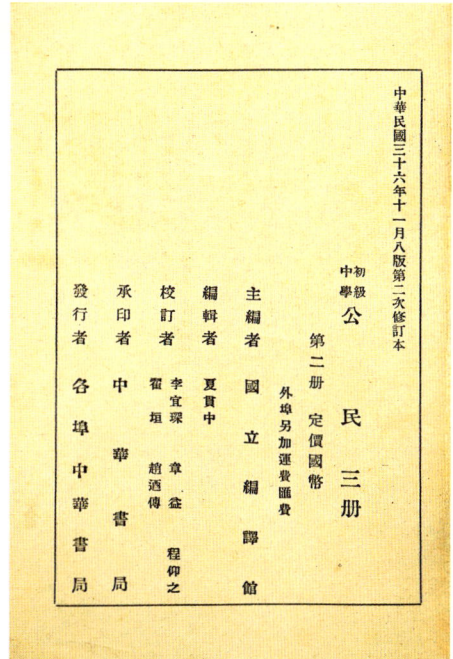

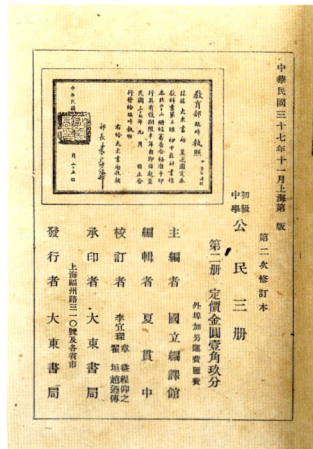

1778　书名：建国新公民（修正新课程标准适用）

著者：王正文、柯碧钧 / 编著　郭达华、赵岳声 / 校订

出版印行：建国书店

出版时间：民国三十七年（1948）15版

册数：八

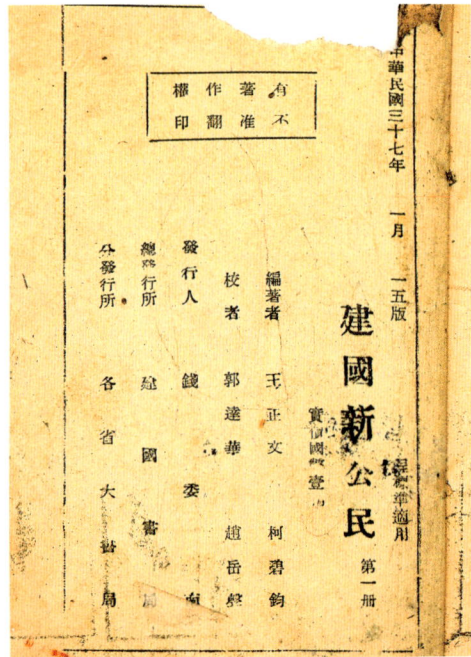

书名：复兴高级中学教科书公民

著者：李震东 / 编著　王云五 / 主编兼发行

出版印行：商务印书馆

出版时间：民国二十三年（1934）初版　民国二十四年（1935）订正25版

册数：六

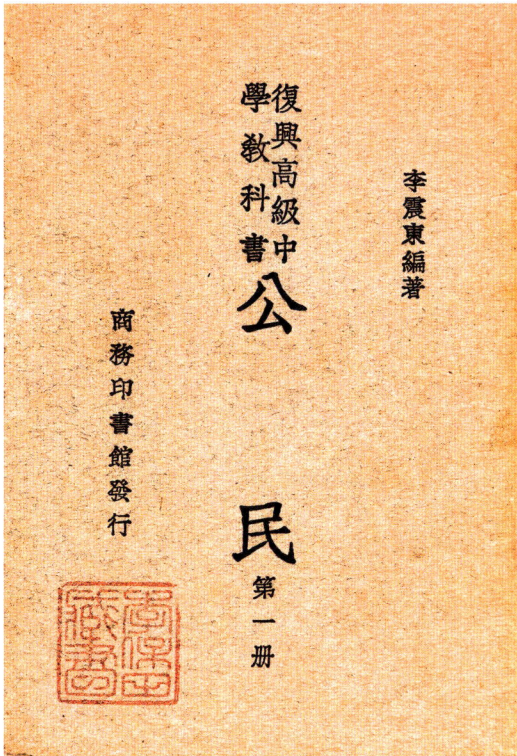

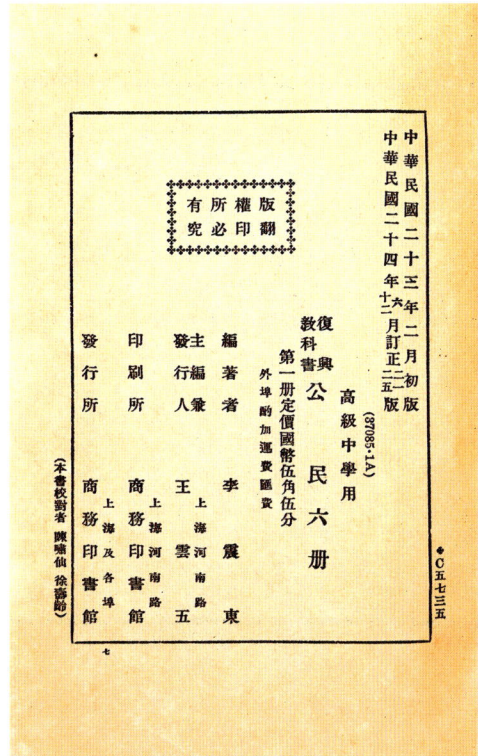

復興高級中學教科書

公民 第一冊

李震東編著

商務印書館發行

中華民國二十三年二月初版
中華民國二十四年十二月訂正二五版

(87085-1A)

復興
教科書

公民 六冊

高級中學用

第一冊定價國幣伍角伍分
外埠酌加運費匯費

編著者　李震東　上海河南路

主編
發行人兼　王雲五　上海河南路

印刷所　商務印書館　上海河南路

發行所　商務印書館　上海及各埠

有所權版
究必印翻

（本書校對者　陳咁仙　徐壽齡）

◆C五七三五

1780　书名：徐氏高中公民（高级中学学生用）

著者：徐逸樵 / 编著

出版印行：世界书局

出版时间：民国二十三年（1934）初版　民国二十三年（1934）再版

册数：三

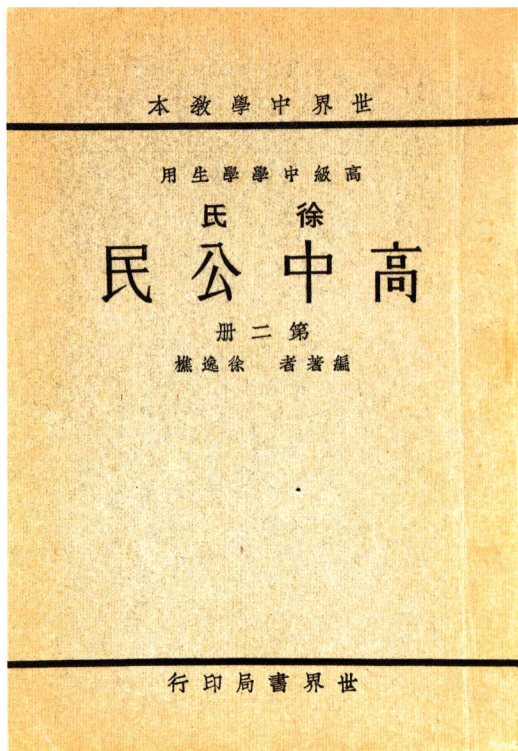

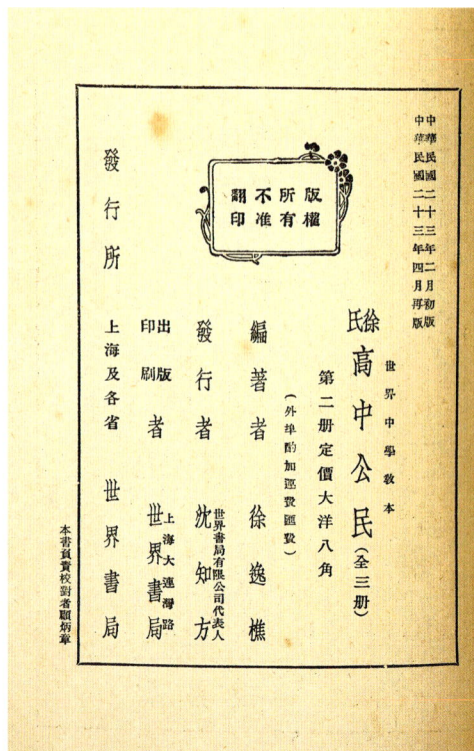

书名：建国教科书高级中学公民
著者：叶楚伧、陈立夫 / 主编　应成一、萨孟武 / 编著
出版印行：正中书局
出版时间：民国二十五年（1936）初版　民国二十五年（1936）15版
册数：不详

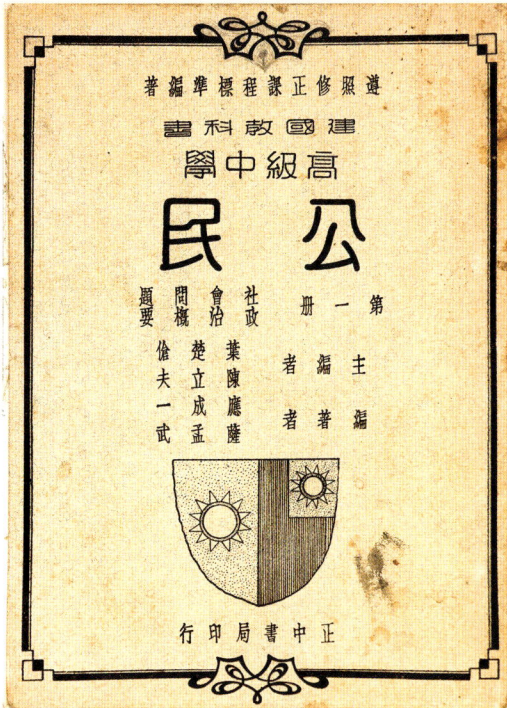

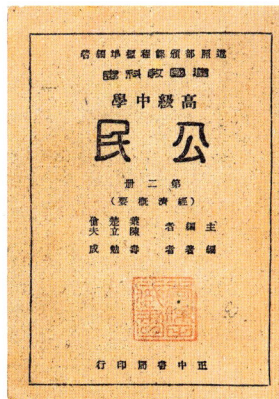

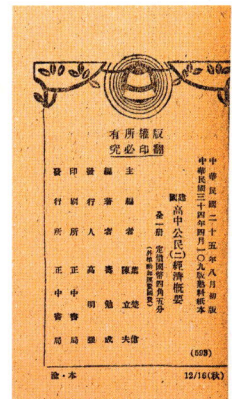

1782

书名：高级小学公民教学指引

著者：国立编译馆 / 主编　夏贯中 / 编辑

出版印行：世界书局

出版时间：民国三十七年（1948）第1版

册数：四

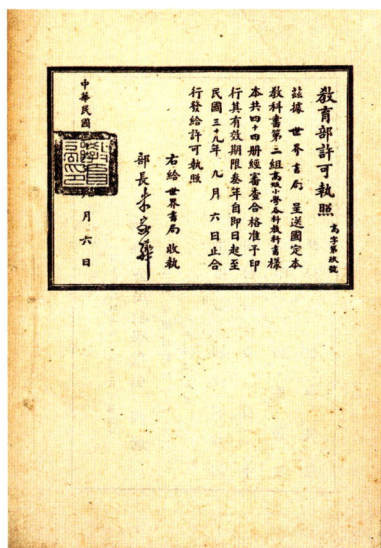

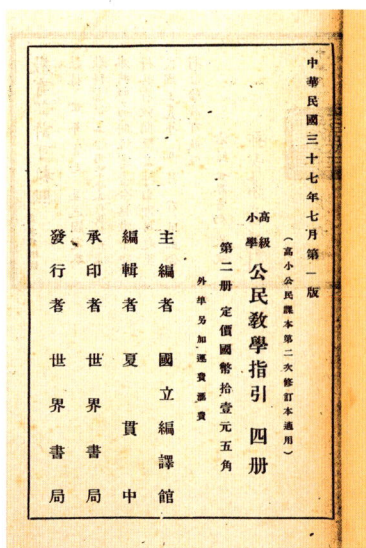

17 商业与经济类教材

书名：共和国教科书经济大要（中学校用）

著者：贺绍章／编纂

出版印行：商务印书馆

出版时间：民国二年（1913）初版　民国十年（1921）19版

册数：一

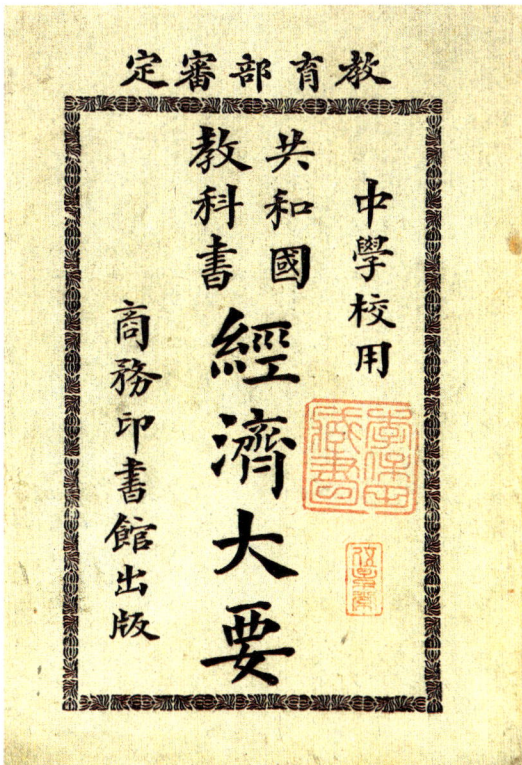

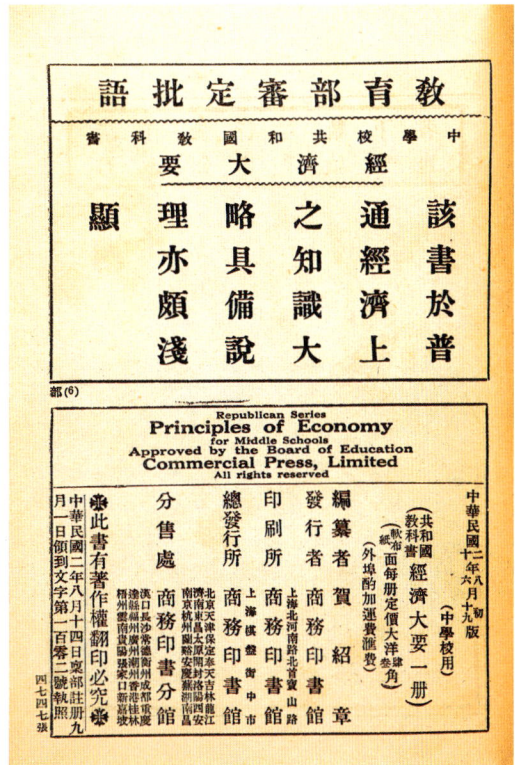

1786

书名：银行学（新学制高级商业学校教科书）

著者：陈其鹿 / 编纂

出版印行：商务印书馆

出版时间：民国十三年（1924）初版　民国廿二年（1933）国难后第2版

册数：一

新學制高級商業學校教科書

銀行學

陳其鹿 編

商務印書館發行

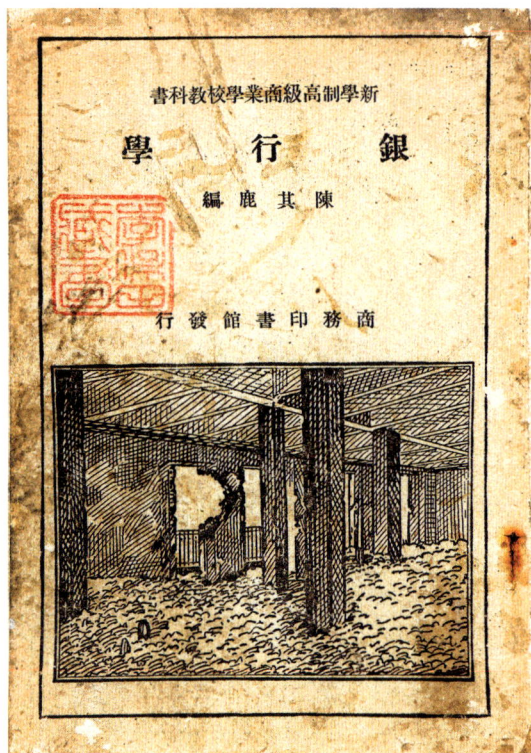

民國二十一年一月二十九日敝公司突遭國難總務處印刷所編譯所書棧房均被炸燬附設之涵芬樓東方圖書館尚公小學亦遭殃及盡付焚如三十五載之經營墮於一旦迭蒙各界慰問督望速圖恢復詞意懇摯衛感何窮敝館雖處境艱困不敢不勉爲其難因將學校需用各書先行覆印其他各書亦將次第出版惟是圖版裝製不能盡如原式事勢所限想荷鑒原謹布下忱統祈垂管

上海商務印書館謹啓

中華民國十三年五月初版
民國廿年六月印行國難後第一版
民國廿二年二月印行國難後第二版

新學制高級商業學校教科書 銀行學一冊

（一六〇）

每冊定價大洋壹元肆角 外埠酌加運費匯費

編纂者　陳其鹿

印刷發行兼　商務印書館

發行所　上海及各埠　商務印書館

上海河南路

（本書校對者潘伯英）

书名：订正新学制商业教科书（小学校高级用）
著者：李泽彰、魏屏三 / 编纂　王云五 / 校订
出版印行：商务印书馆
出版时间：民国十三年（1924）初版　民国二十一年（1932）国难后第3版
册数：四

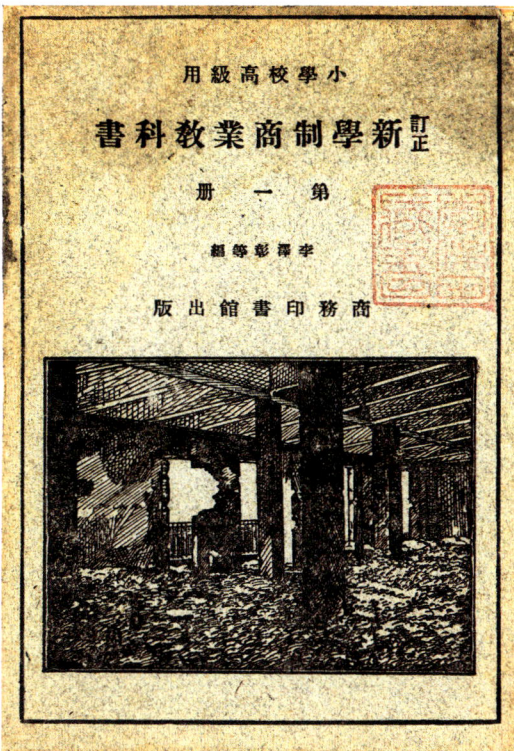

小學校高級用

订正新學制商業教科書

第一册

李澤彰等編

商務印書館出版

民國二十一年一月二十九日

敝公司突遭國難總務處印刷

所編譯所書棧房均被炸燬附

設之涵芬樓東方圖書館尚公

小學亦遭殃及盡付焚如三十

五載之經營懸於一旦迭蒙

各界慰問督望速閱恢復詞意

懇摯衛戚何窮敝處籌觀

因不敢不勉爲其難因將學校

需用各書先行覆印其他各書

亦將次第出版惟是圖版裝製

不能盡如原式事勢所限想

鑒原諒布下忱統新

上海商務印書館謹啓

版權所有 翻印必究

新學制商業教科書

第一册定價大洋捌分

編纂 李澤彰

校訂 王雲五

印發行兼者 上海商務印書館

發行所 上海及各埠 商務印書館

四〇

中華民國十三年一月初版
民國二十一年五月印行國難後第一版
民國二十一年六月印行國難後第三版
小學校高級用

1788　　书名：高级商业簿记

著者：童传中 / 著述　卫光烜、童传古 / 校订

出版印行：中华书局

出版时间：民国十四年（1925）初版　民国廿二年（1933）8版

册数：一

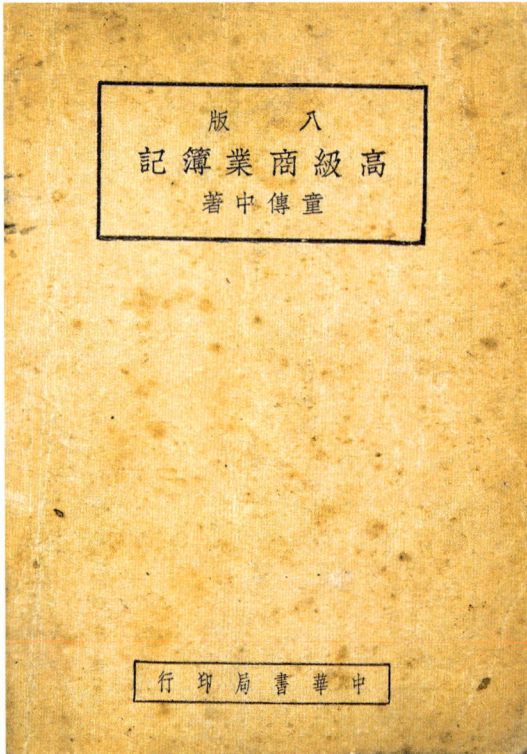

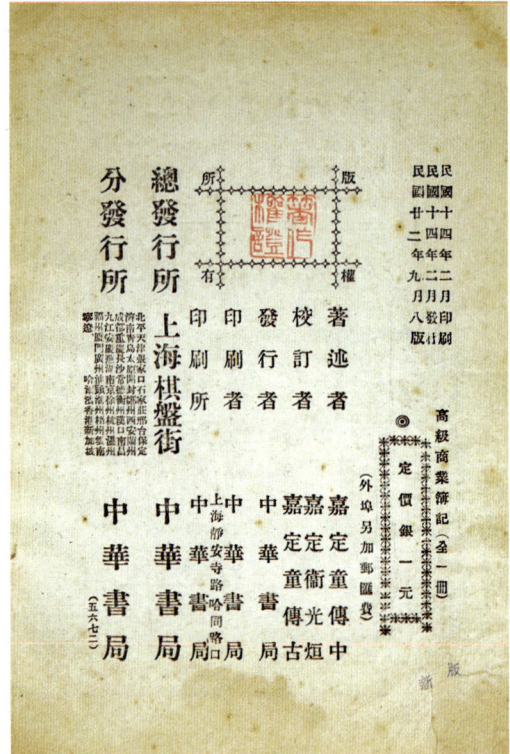

书名：农村经济与合作（乡村师范学校）
著者：寿勉成、李士豪 / 编著
出版印行：正中书局
出版时间：民国二十五年（1936）初版　民国廿八年（1939）15版国纸本
册数：一

教育部審定

鄉村師範學校

農村經濟與合作

編著者

壽勉成　李士豪

正中書局印行

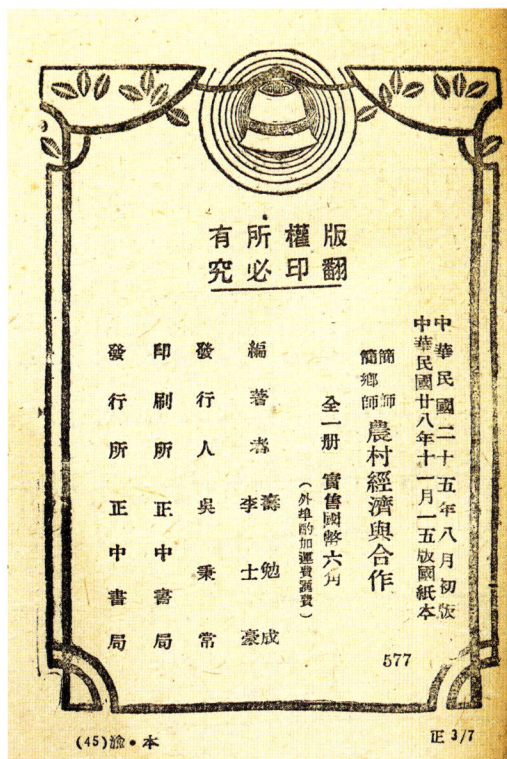

版權所有
翻印必究

中華民國二十五年八月初版
中華民國廿八年十一月二五版國紙本

鄉師簡
農村經濟與合作

全一冊　實售國幣六角
（外埠酌加運費匯費）

編著者　壽勉成　李士豪

發行人　吳秉常

印刷所　正中書局

發行所　正中書局

577

（45）渝·本　　　　　正 3/7

1790 书名：会计学教科书（立信会计丛书 修订本）

著者：潘序伦、王澹如 / 编著

出版印行：立信会计图书用品社

出版时间：民国三十七年（1948）修订后第一版

册数：一

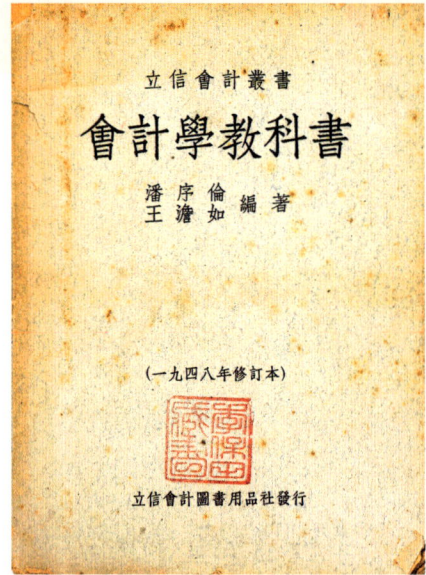

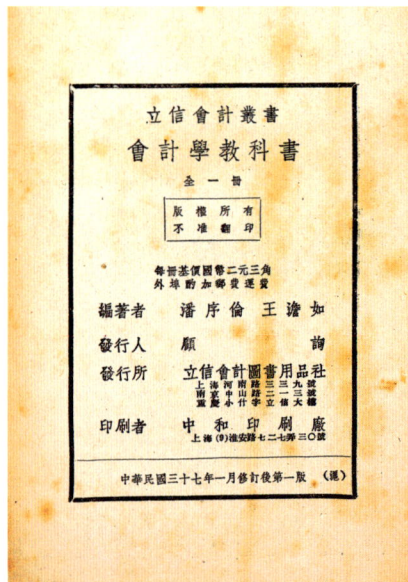

书名：审计学教科书（立信会计丛书）
著者：潘序伦、顾询 / 著
出版印行：商务印书馆
出版时间：不详
册数：一

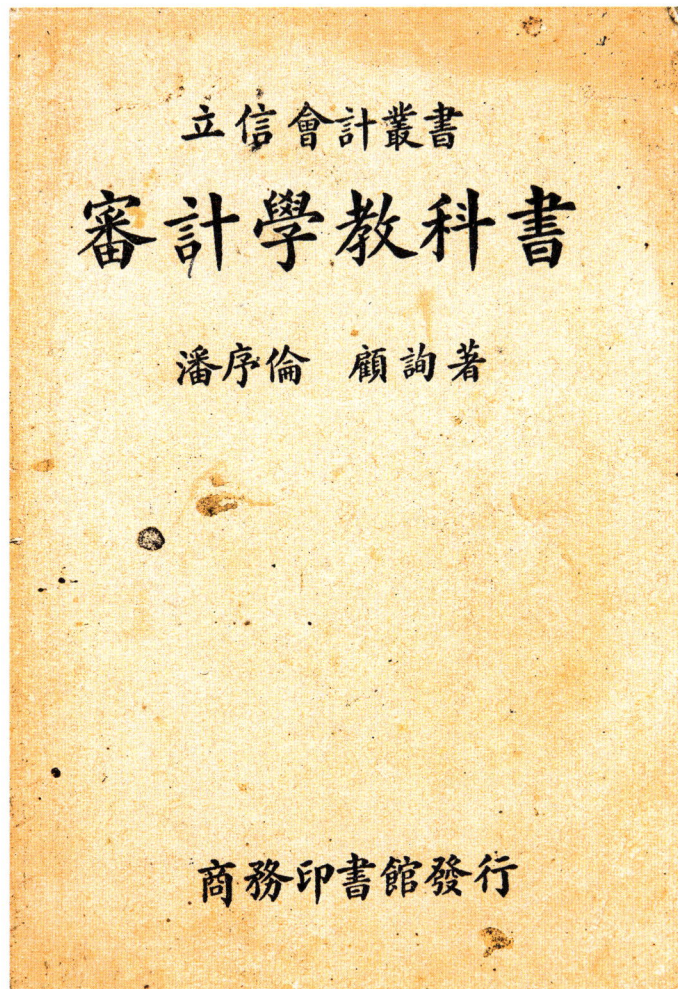

（18） 音乐类教材

书名：国民学校新体唱歌集
著者：俞粲 / 编纂　蒋维乔 / 校订
出版印行：商务印书馆
出版时间：民国三年（1914）初版　民国九年（1920）4版
册数：四

中華民國三年三月初版
九年八月四版

（國民學校新體唱歌集四冊）
（第四冊定價大洋壹角）
（外埠酌加運費匯費）

中華民國三年四月十四日贖部註冊五月三十日領到文字第二百三十六號執照

編纂者　無錫俞粲
校訂者　武進蔣維喬
發行者　商務印書館　上海北河南路北首寶山路
印刷所　商務印書館　上海棋盤街中市
總發行所　商務印書館
分售處　商務印書分館　北京　天津　保定　奉天　吉林　龍江　濟南　太原　開封　洛陽　西安　南京　杭州　蘭谿　安慶　蕪湖　南昌　漢口　長沙　常德　成都　重慶　瀘縣　福州　廣州　潮州　香港　桂林　梧州　雲南　貴陽　張家口　新嘉坡

★此書有著作權翻印必究★

少年用書

小兒語述義	一冊	三角
兒童讀本	八冊	每冊五分
世界讀本	三冊	每部五角
伊索寓言	一冊	三角
訂正自助論	一冊	一元
新社會	五冊	每冊一角二分
新說書	三冊	每冊一角二分
常識談話	已出九冊	每冊八分
少年雜誌	月出一冊	每冊一角
少年叢書	三十二冊	每冊一角

商務印書館出版

九〇五白

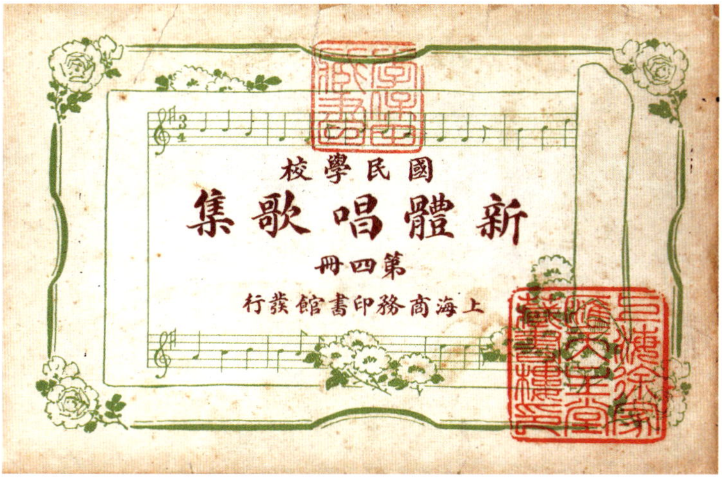

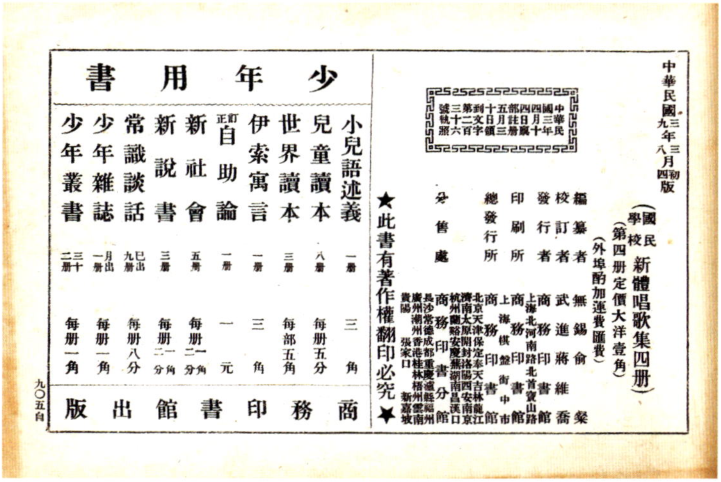

1796

书名：共和国教科书新唱歌（高等小学校用）

著者：胡君复 / 编纂　庄俞 / 校订

出版印行：商务印书馆

出版时间：民国三年（1914）初版　民国六年（1917）4版

册数：三

书名：基本教科书音乐（小学校初级用）
著者：何明斋、沈秉廉 / 编辑
出版印行：商务印书馆
出版时间：民国二十年（1931）初版
册数：四

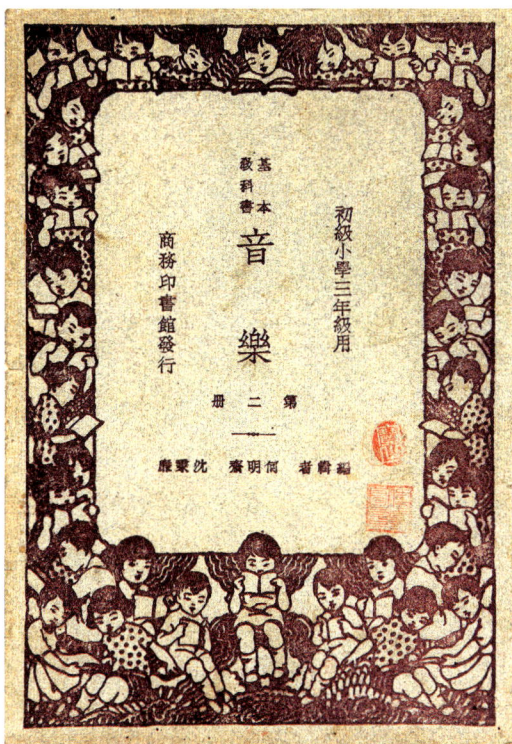

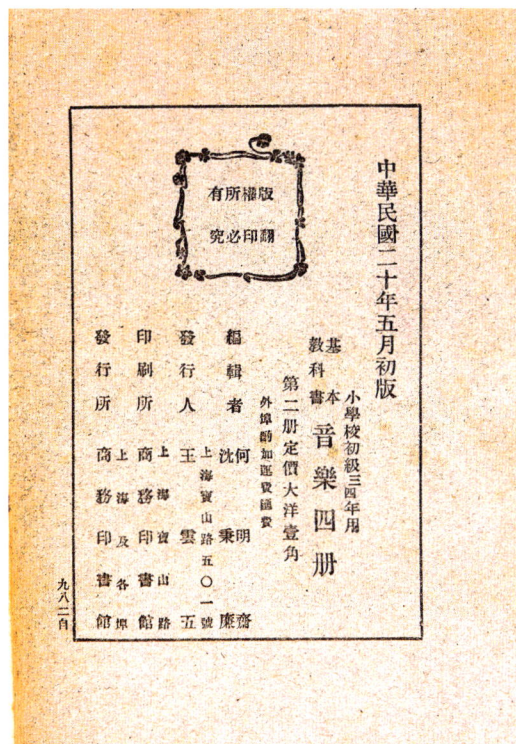

1798　书名：小学生音乐课本

著者：寇若望、赵文俊 / 编

出版印行：合众书局

出版时间：民国三十一年（1942）初版

册数：不详

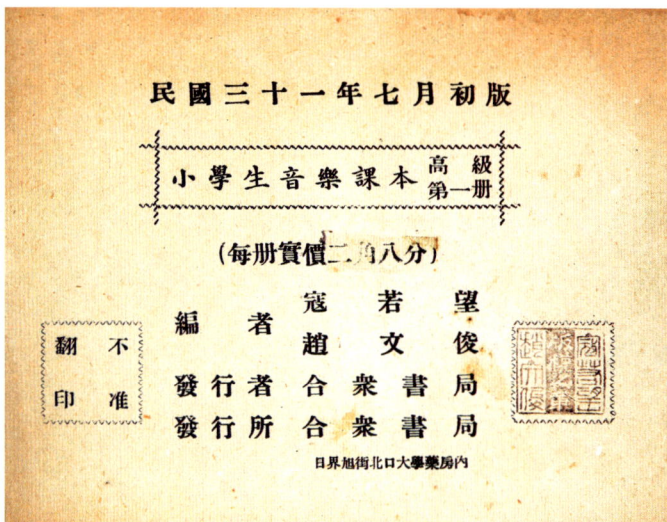

书名：小学生歌曲集（附教学法）
著者：伊祁兰 / 编
出版印行：南光书店
出版时间：民国三十五年（1946）7版
册数：一

1799

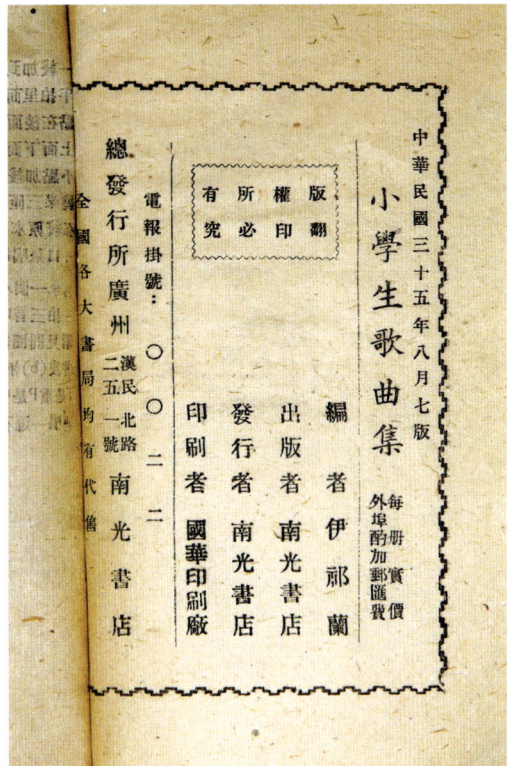

小學生歌曲集

附教學法

南光書店印行

中華民國三十五年八月七版

小學生歌曲集

版權所有
翻印必究

每冊實價
外埠酌加郵匯費

電報掛號：○○二二二

總發行所廣州漢民北路二五一號南光書店

全國各大書局均有代售

編者 伊祁蘭
出版者 南光書店
發行者 南光書店
印刷者 國華印刷廠

1800　书名：课程标准小学音乐课本（初级）

著者：中和书局 / 编辑

出版印行：中和书局

出版时间：民国三十六年（1947）

册数：不详

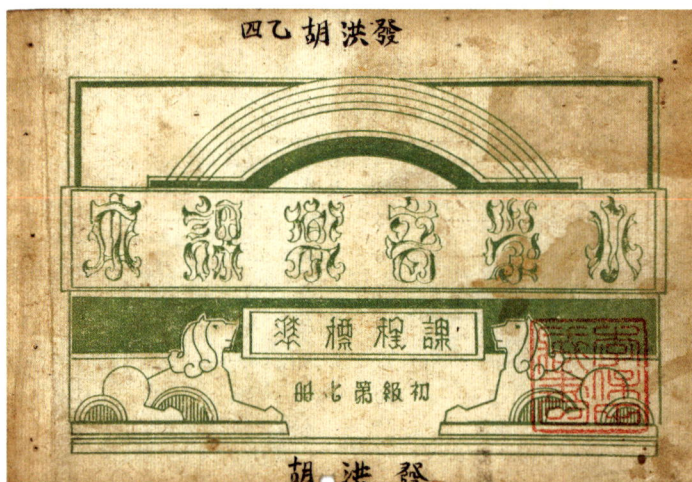

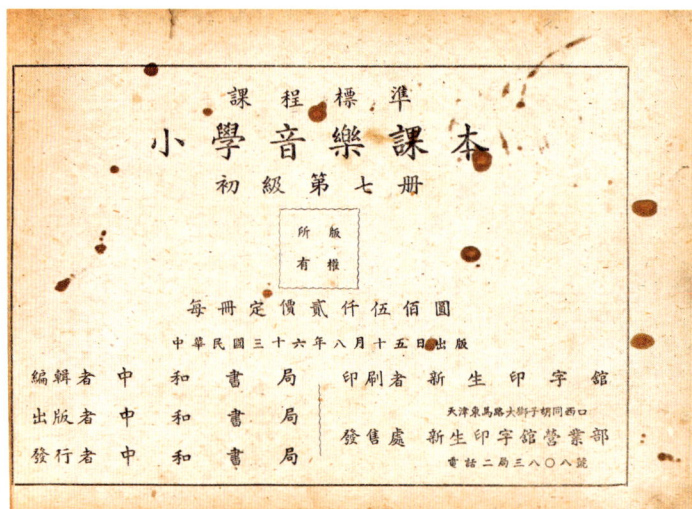

书名：小学唱游教材（低中年级及幼稚园适用）
著者：儿童音乐研究社 / 编辑
出版印行：南光书店
出版时间：民国三十六年（1947）最新本
册数：一

低中年級及幼稚園適用

小學唱遊教材

南光書店印行

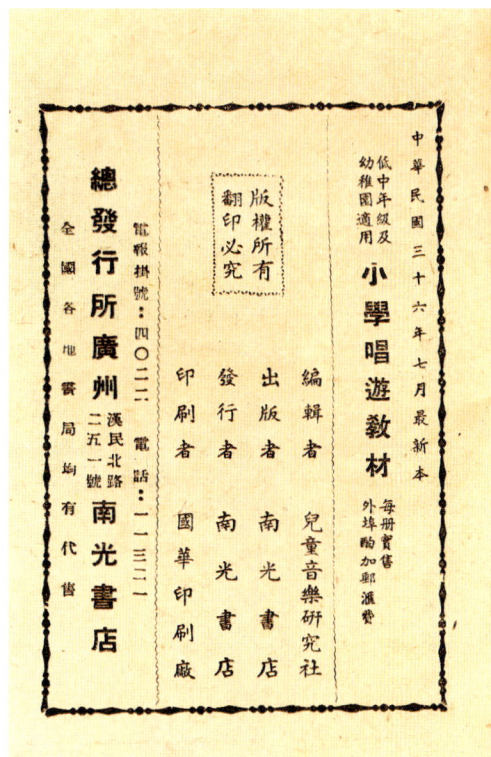

中華民國三十六年七月最新本

低中年級及幼稚園適用 小學唱遊教材

每冊實售 外埠酌加郵滙費

編輯者 兒童音樂研究社

出版者 南光書店

發行者 南光書店

印刷者 國華印刷廠

版權所有 翻印必究

電報掛號：四〇二二

總發行所廣州 漢民北路二五一號 南光書店 電話：一一三二一

全國各地實局均有代售

1802

书名：小学音乐教材（中高级适用）
著者：王问奇、陈云龙、吉尔璋 / 合编
出版印行：中华儿童教育社
出版时间：不详
册数：不详

书名：弥渡县高等小学校唱歌科课本

著者：不详

出版印行：弥渡县高等小学

出版时间：不详

册数：不详

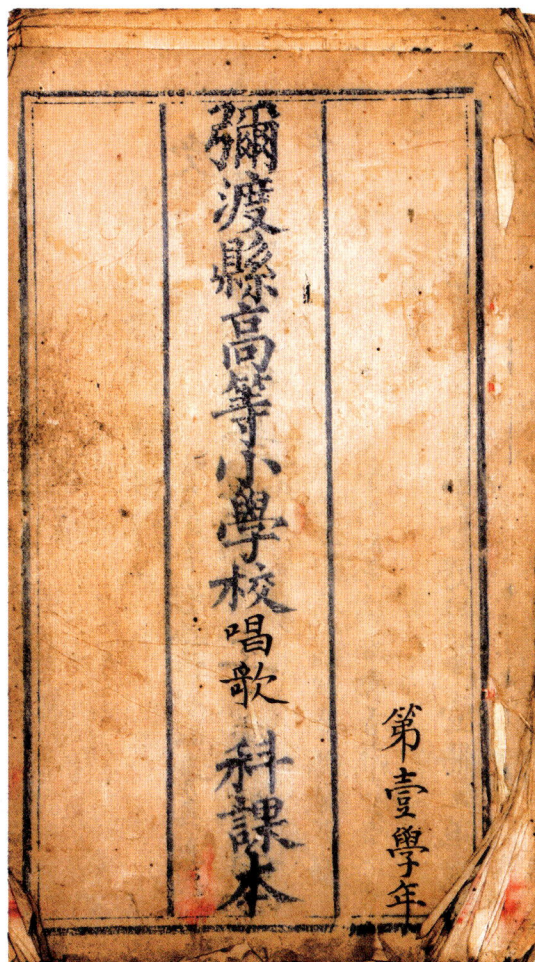

1804

书名：中学乐典教科书

著者：徐傅霖、孙揆 / 编译

出版印行：商务印书馆

出版时间：丁未年（1907）初版　民国三年（1914）9版

册数：一

中學樂典教科書

日本田村虎藏原著

吳縣徐傅霖

武進孫揆同譯

上海商務印書館印行

商務印書館出版

民國唱歌集

洋裝 分訂 四冊

每冊 二角 五分

本館特請沈心工先生編

輯民國唱歌集凡四編一二三四編小學中學師範適用之。女學適用之。游戲軍隊社會均適用之。選譜謹嚴。歌詞亦雅而不俗淺而不俚材料皆以合於今日社會為主洵現今最新最佳之唱歌書也。

MIDDLE SCHOOLS
Foreign Musical Course
(ILLUSTRATED IN CHINESE)
COMMERCIAL PRESS, LTD.

丁未年十二月初版
中華民國三年三月九版
（中學樂典教科書一冊）
（每冊定價大洋叁角）

編譯者　吳縣徐傅霖　武進孫揆

發行者　商務印書館

印刷所　商務印書館

總發行所　商務印書館

分售處　商務印書分館　長沙　桂林　開封　南昌　嘉興　杭州　蘇州　揚州

※此書有著作權翻印必究※

前清宣統三年四月初三日星報五月十四日註冊

书名：中学乐理教科书
著者：仲子通 / 编述
出版印行：上海音乐研究会
出版时间：民国九年（1920）初版　　民国廿一年（1932）4版
册数：一

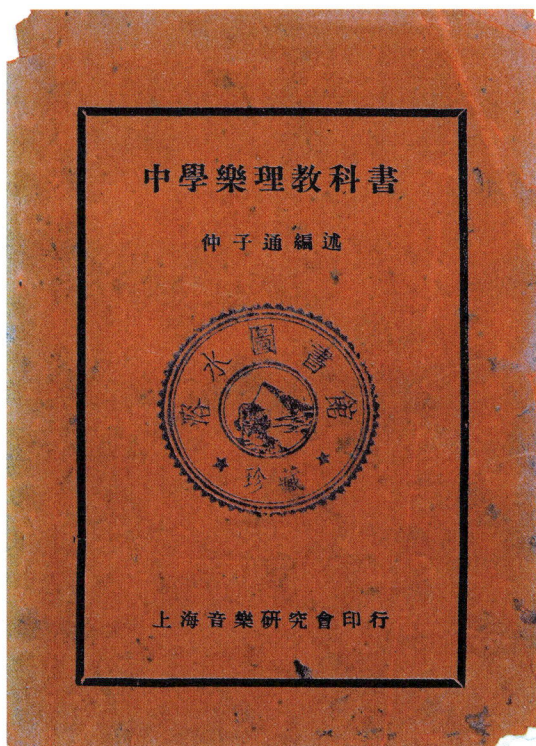

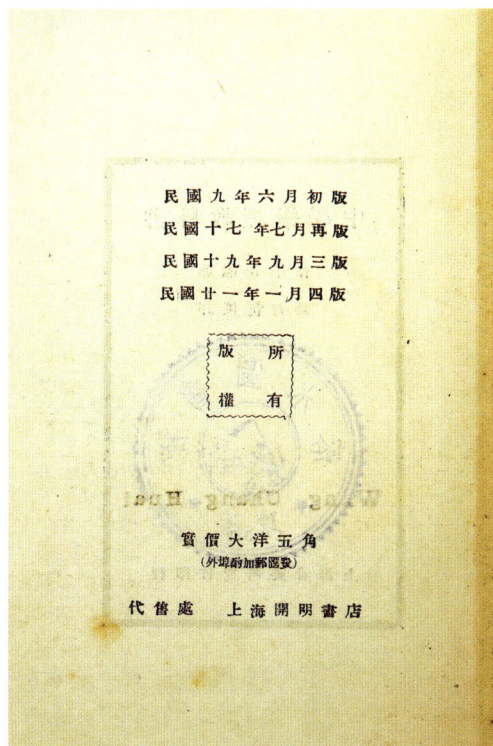

1806　　书名：新学制乐理教科书（初级中学用）

　　　　著者：萧友梅／编辑

　　　　出版印行：商务印书馆

　　　　出版时间：民国十三年（1924）初版

　　　　册数：六

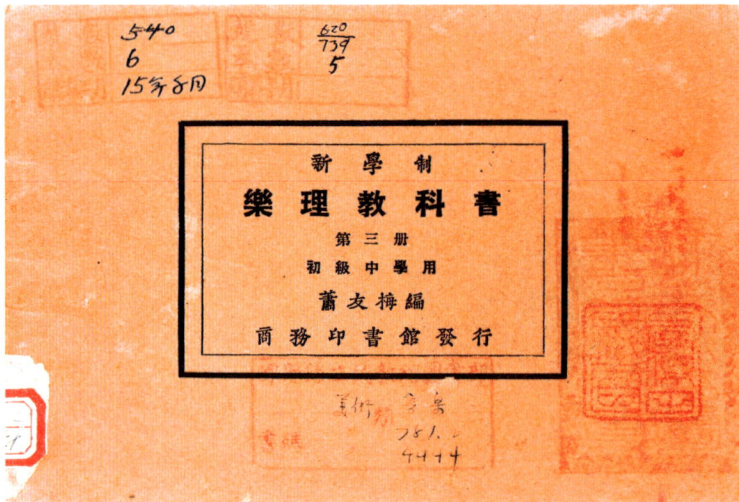

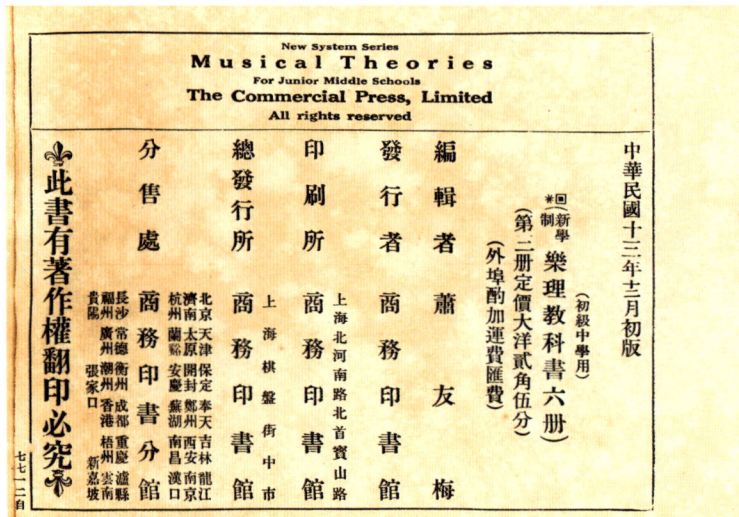

书名：简明乐理教本（中等学校用书）

著者：何道生／编

出版印行：知用教本编纂会

出版时间：民国二十二年（1933）初版　民国二十五年（1936）3版

册数：不详

1807

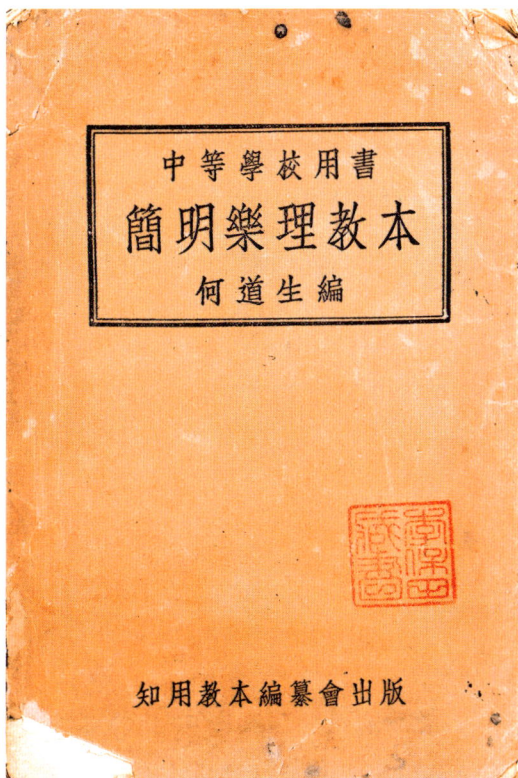

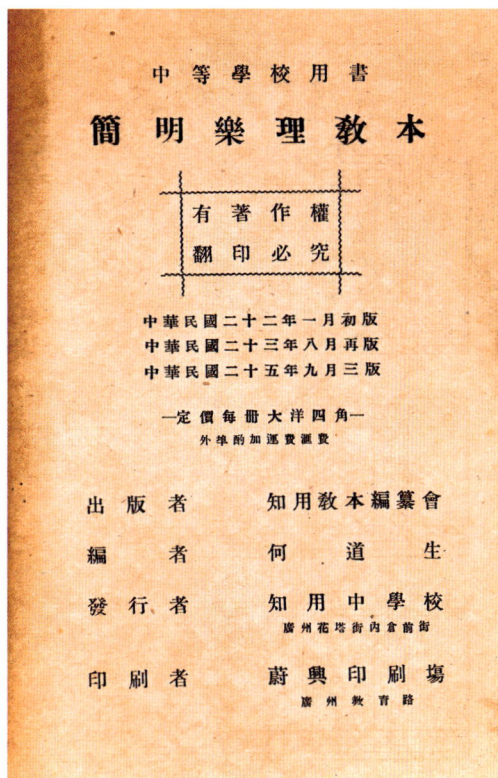

1808　书名：初中模范唱歌教科书

著者：柯政和／编

出版印行：中华乐社

出版时间：民国二十二年（1933）初版　民国二十三年（1934）改订 4 版

册数：不详

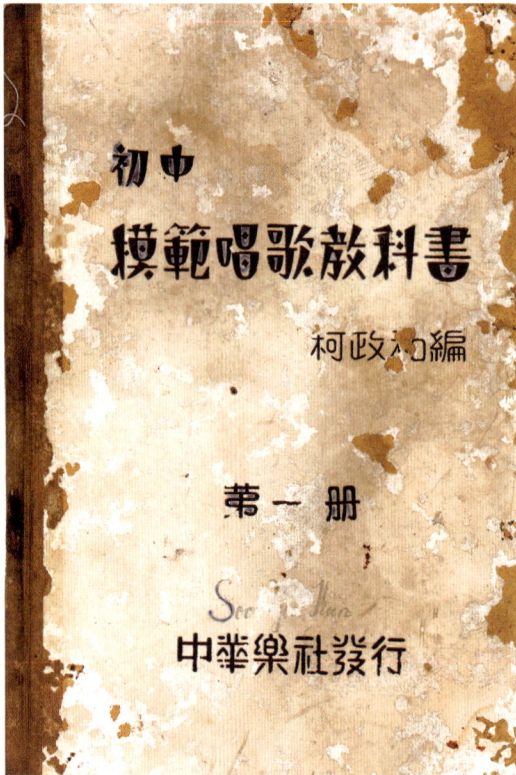

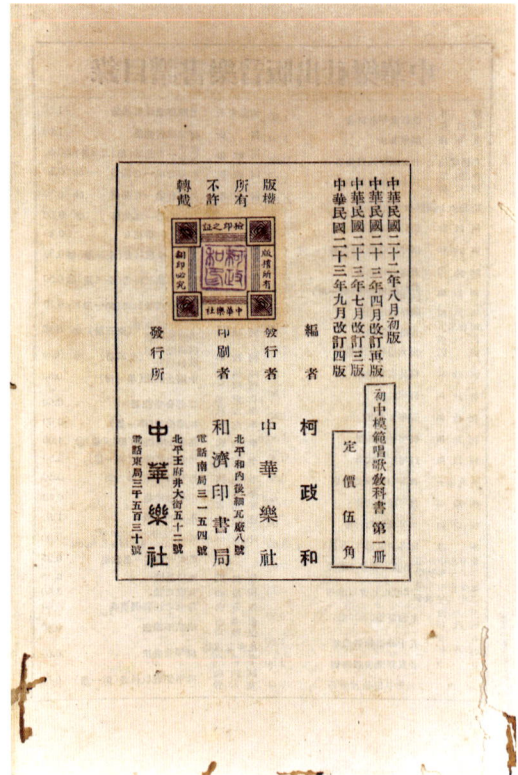

书名：高中模范唱歌教科书

著者：柯政和／编

出版印行：中华乐社

出版时间：民国二十二年（1933）初版

册数：不详

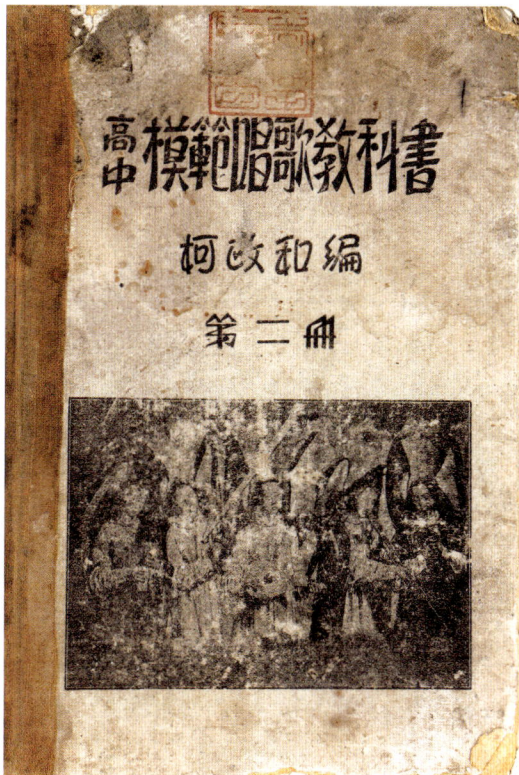

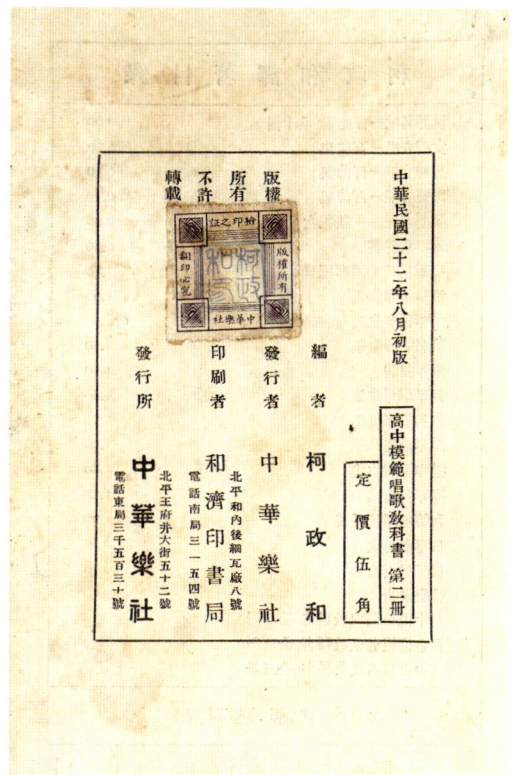

1810 　书名：初中音乐（新课程标准适用）
　　　著者：朱苏典／编　徐小涛／校
　　　出版印行：中华书局
　　　出版时间：民国二十三年（1934）发行　民国二十四年（1935）5版
　　　册数：六

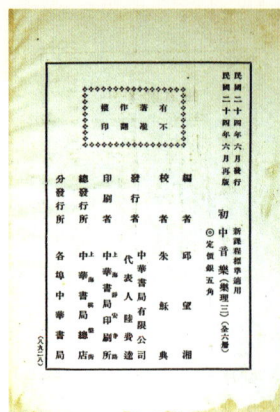
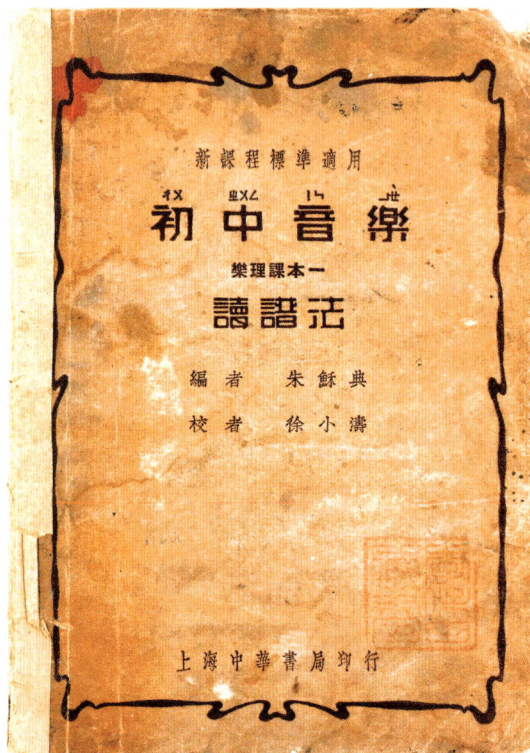
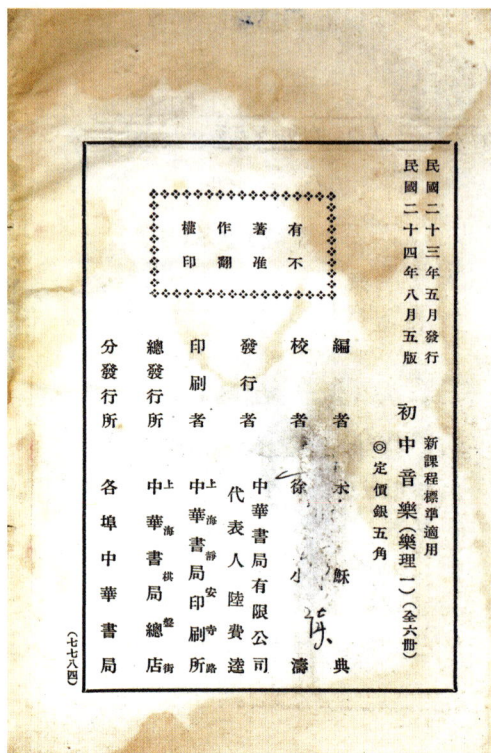

书名：复兴初级中学教科书音乐

著者：黄自、张玉珍、应尚能、韦瀚章 / 编著　王云五 / 主编兼发行

出版印行：商务印书馆

出版时间：民国二十四年（1935）初版

册数：六

復興初級中學教科書

音 ㄣ 樂 ㄩㄝ

第 四 冊

黃　自　張玉珍
應尚能　韋瀚章　編著

按照新課程
標準編輯

商務印書館發行

中華民國二十四年九月初版　　初級中學用

復興初級中學教科書音樂六冊

教科書音樂第四冊定價大洋陸角

外埠酌加運費匯費

有所權版
究必印翻

編著者　黃自　張玉珍　應尚能　韋瀚章

主編發行人　王雲五

印刷所　商務印書館

發行所　上海及各埠商務印書館

（未經校對者王雲圖）

1812　书名：开明音乐教本唱歌编（初级中学学生用）

著者：丰子恺、裘梦痕 / 编

出版印行：开明书店

出版时间：民国廿四年（1935）初版　民国廿六年（1937）3版

册数：不详

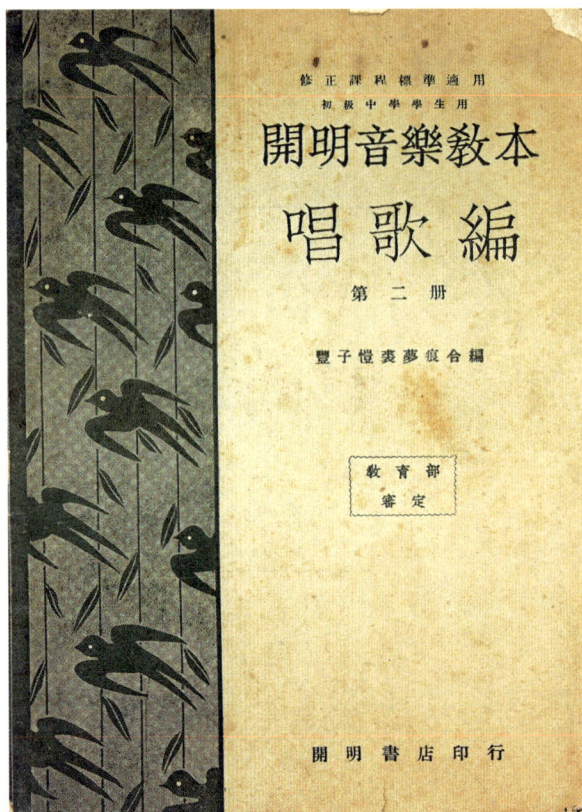

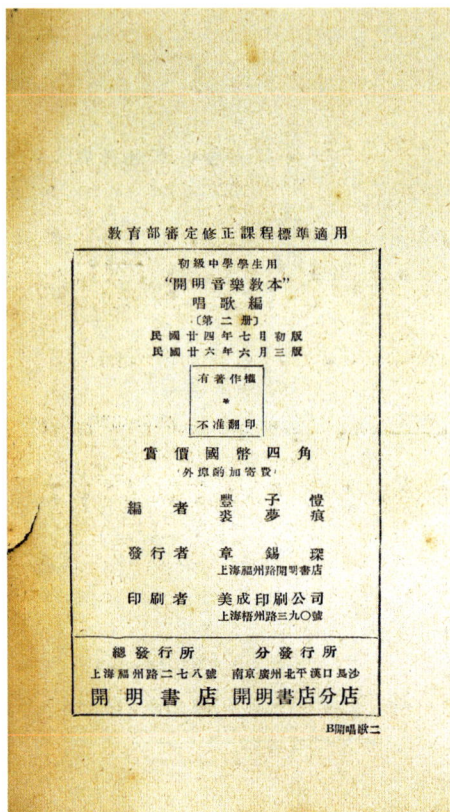

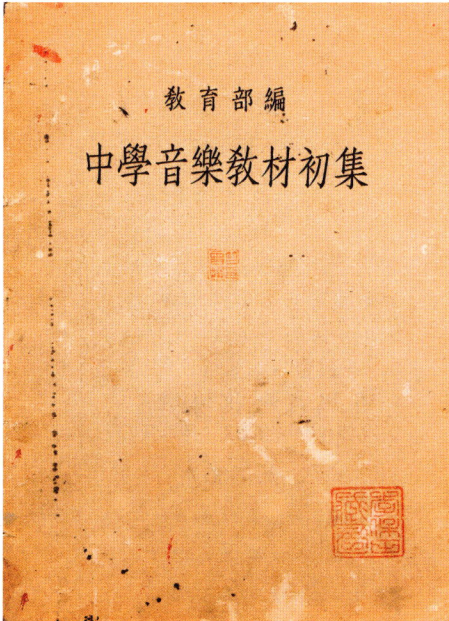

1814

书名：初中乐理教本读谱法

著者：裘梦痕 / 编

出版印行：春风音乐教育社

出版时间：1938年初版　1941年4版

册数：一

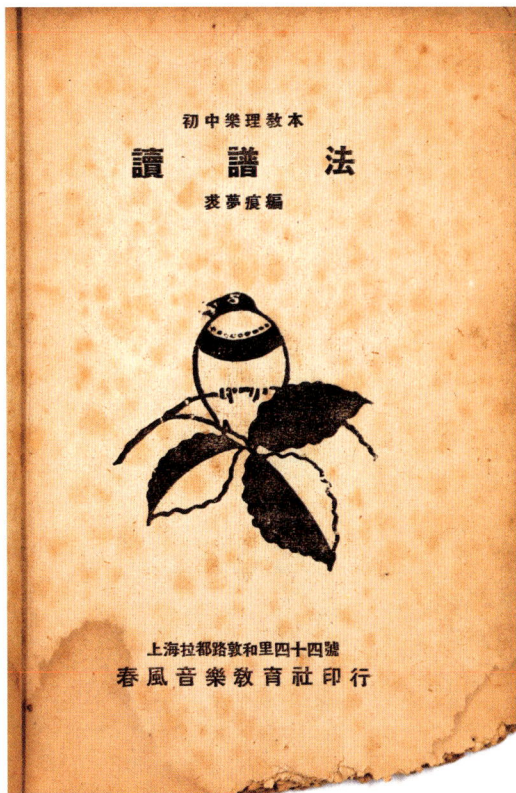

初中樂理教本

讀　譜　法

裘夢痕編

上海拉都路敦和里四十四號
春風音樂教育社印行

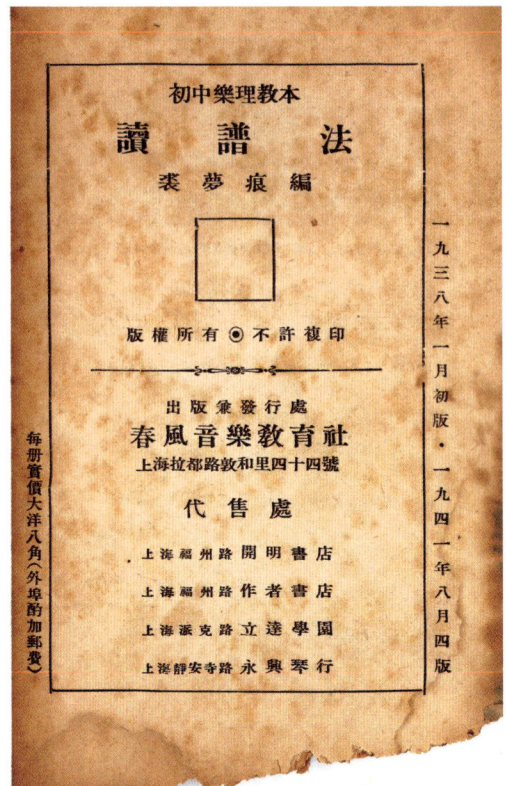

初中樂理教本

讀　譜　法

裘夢痕編

版權所有◉不許複印

出版兼發行處

春風音樂教育社
上海拉都路敦和里四十四號

代售處

上海福州路開明書店

上海福州路作者書店

上海派克路立達學園

上海靜安寺路永興琴行

每冊實價大洋八角（外埠酌加郵費）

一九三八年一月初版・一九四一年八月四版

书名：中学音乐教材（增订实验）

著者：音乐教育协进会／编辑

出版印行：音乐教育协进会

出版时间：民国三十六年（1947）初版　民国三十七年（1948）4版

册数：三

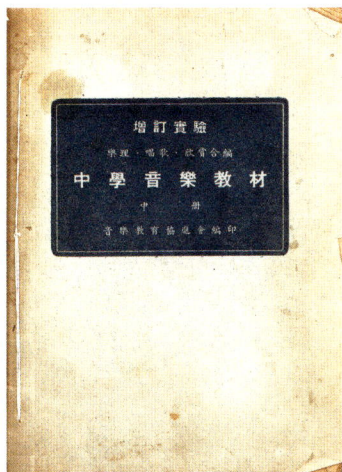 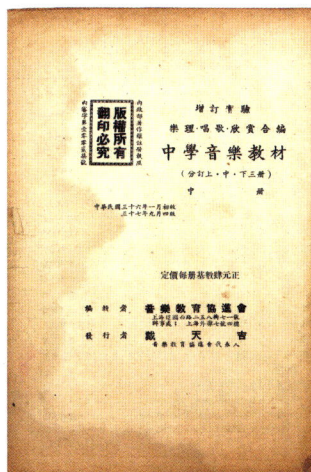 

   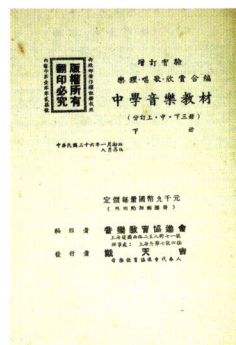

1816　书名：中等学校唱歌教材
著者：李平之、吴作求、许为通 / 编　李树化 / 校阅
出版印行：浙江省音乐协会
出版时间：民国三十七年（1948）初版
册数：一

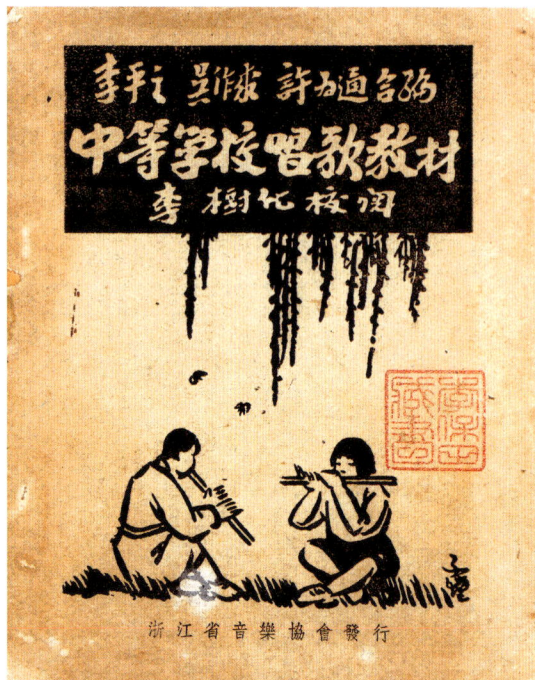

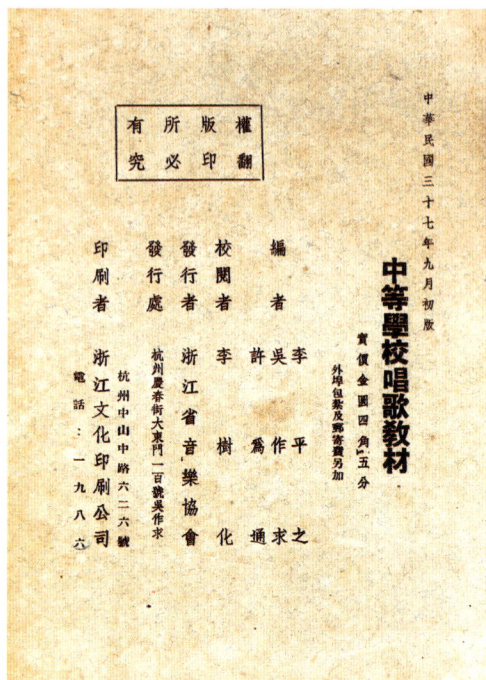

书名：初中音乐读谱法（修正课程标准适用）

著者：朱苏典／编　徐小涛／校

出版印行：中华书局

出版时间：民国三十七年（1948）6版

册数：一

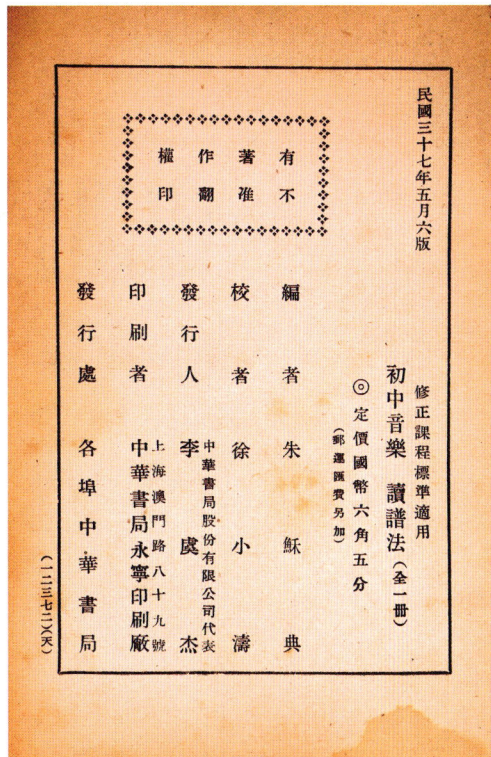

1818　书名：中学唱歌教材

著者：不详

出版印行：上海音乐教育协进会

出版时间：不详

册数：不详

书名：师范学校新教科书乐典（本科用）

著者：徐宝仁／编纂　胡君复／校订

出版印行：商务印书馆

出版时间：民国四年（1915）初版　民国十年（1921）11版

册数：一

教育部審定

本科用

師範學校
新教科書
樂典

廣西省立第
一師範學校
檢給學生用

商務印書館出版

教育部審定批語

師範學校新教科書

樂典

是書大
致尚明
妥准作
爲中學
校師範
學校教
科用書

郵（123）

Normal School Series
Treatise of Music
Higher Course
Approved by the Board of Education
Commercial Press, Ltd.

中華民國四年一月初版
民國十年一月十二版

（師範學校
新教科書）樂
（每册定價大洋肆角伍分
外埠酌加運費匯兌）

編纂者　杭縣徐寶仁
校訂者　武進胡君復
發行者　商務印書館
印刷所　商務印書館
總發行所　上海河南路北首寶山路
　　　　商務印書館
分售處　商務印書館
　　　　上海棋盤街中市

民國四年五月十四日惠部註冊第五月一
十九日領到證文字第三六○七號執照

本科用
樂典（一册）

1820　书名：新中华小学教师应用音乐（高级中学师范科用）
　　　著者：朱苏典／编
　　　出版印行：中华书局
　　　出版时间：民国二十一年（1932）初版
　　　册数：一

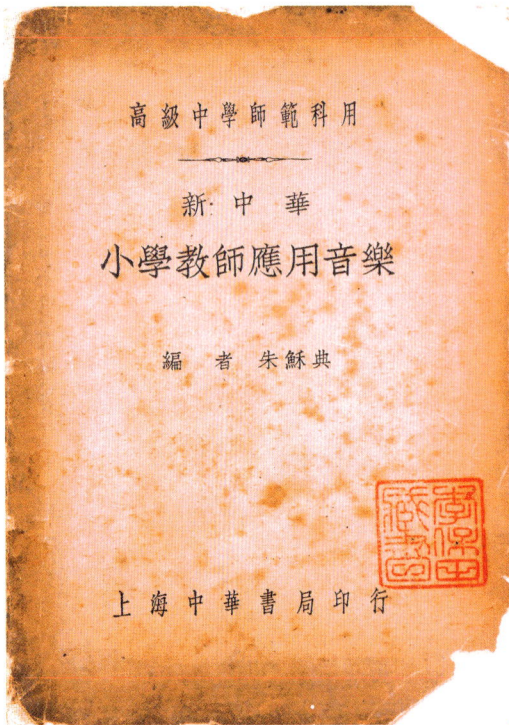

高級中學師範科用

新·中華

小學教師應用音樂

編　者　朱穌典

上海中華書局印行

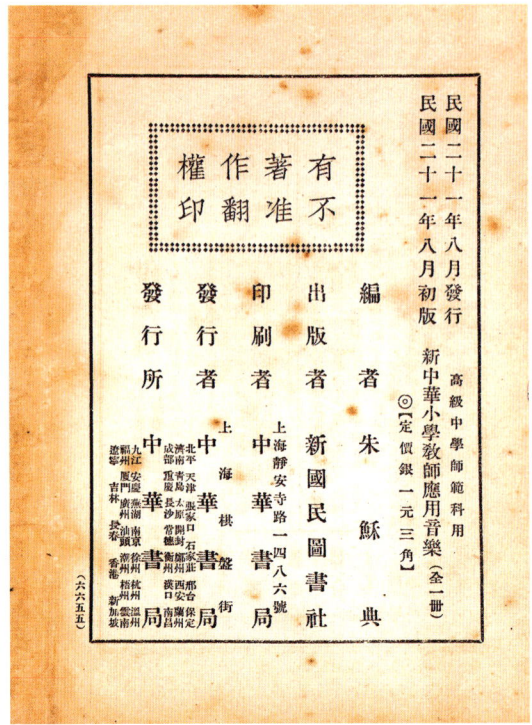

民國二十一年八月發行
民國二十一年八月初版

高級中學師範科用
新中華小學教師應用音樂（全一冊）
⊙［定價銀一元三角］

編　著　者　朱穌典

出　版　者　新國民圖書社
上海靜安寺路一四八六號

印　刷　者　中華書局
上海棋盤街

發　行　者　中華書局

發　行　所　中華書局
九江　北平　上海
遵義　天津　成都
廈門　青島　濟南
吉林　太原　重慶
長沙　南寧　南昌
南京　石家莊　開封
徐州　漢口　衡州
漳州　西安　贛州
梧州　保定　杭州
雲南　昌南　新加坡
溫州　香港

（六六五五）

书名：师范学校风琴练习曲集

著者：周玲荪 / 编纂

出版印行：商务印书馆

出版时间：民国二十四年（1935）初版　民国二十七年（1938）4版

册数：一

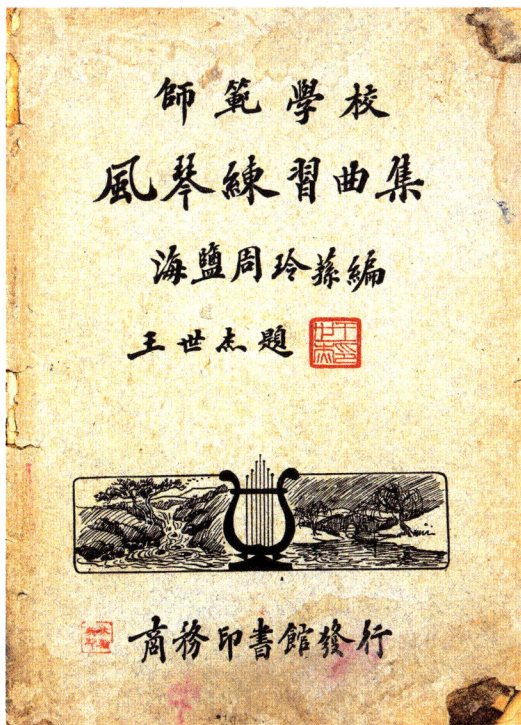

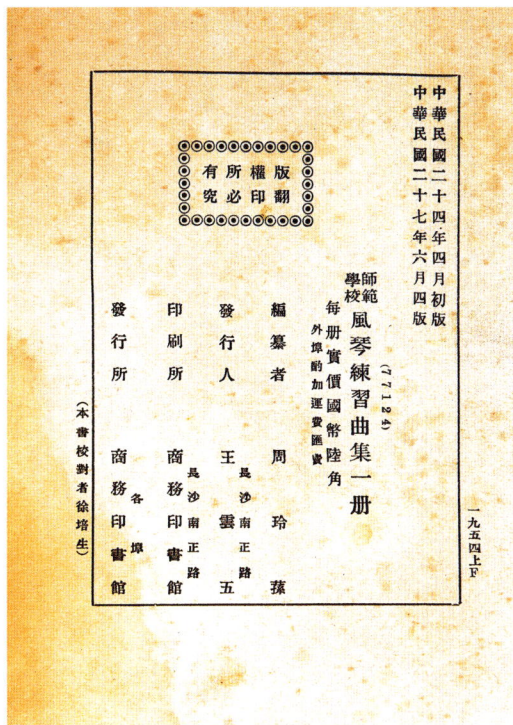

1822　书名：小学音乐科教学法（万有文库）
　　　著者：陈仲子 / 著
　　　出版印行：商务印书馆
　　　出版时间：民国二十二年（1933）初版
　　　册数：不详

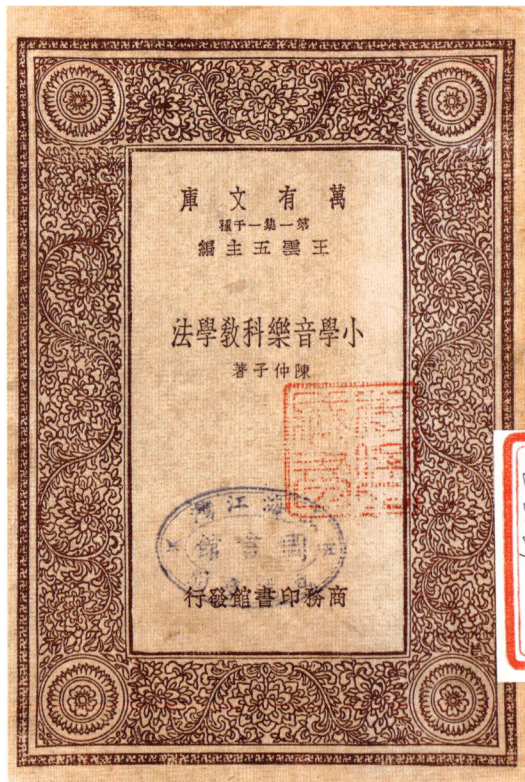

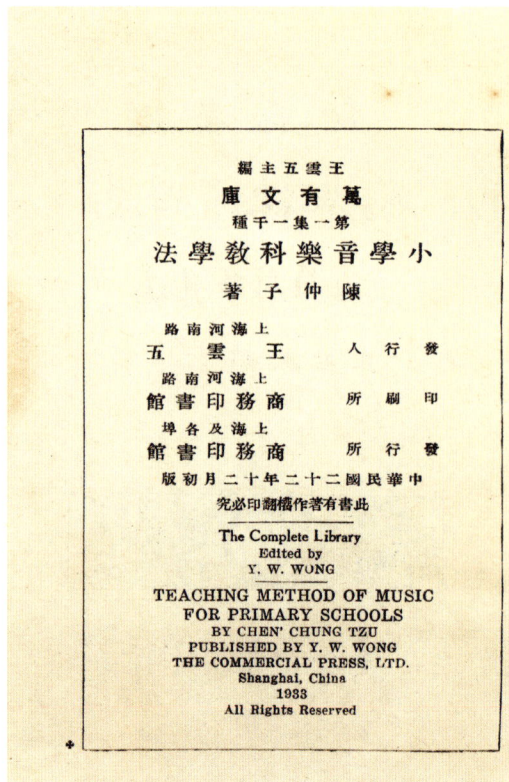

The Complete Library
Edited by
Y. W. WONG
TEACHING METHOD OF MUSIC
FOR PRIMARY SCHOOLS
BY CHEN' CHUNG TZU
PUBLISHED BY Y. W. WONG
THE COMMERCIAL PRESS, LTD.
Shanghai, China
1933
All Rights Reserved

书名：风琴教科书
著者：索树白 / 编辑
出版印行：商务印书馆
出版时间：民国八年（1919）初版　民国十二年（1924）4 版
册数：一

商務印書館出版

本書內容

中學師範適用

樂歌基本練習

洋裝一册
三角五分

是書注意發音及音階音程之練習。爲植樂歌正確之模範。深造之基本。全書由單音而及重音。可供中學校四學年師範預科及本科之用。

九八〇四張

A Textbook on Playing the Organ
Commercial Press, Limited
All rights reserved

中華民國^八^十二年一月^初^四版

(風琴教科書一册)
(每册定價大洋肆角)
(外埠酌加運費匯費)

此書有著作權翻印必究

編纂者　江陵索樹白
發行者　商務印書館
印刷所　上海北河南路北首寶山路 商務印書館
總發行所　上海棋盤街中市 商務印書館
分售處　商務印書分館
北京 天津 保定 奉天 吉林 龍江 濟南 東昌 太原 開封 洛陽 西安 南京 杭州 蘭谿 安慶 蕪湖 南昌 漢口 長沙 常德 成都 重慶 瀘縣 逢縣 福州 廣州 潮州 香港 桂林 梧州 雲南 貴陽 張家口 新嘉坡

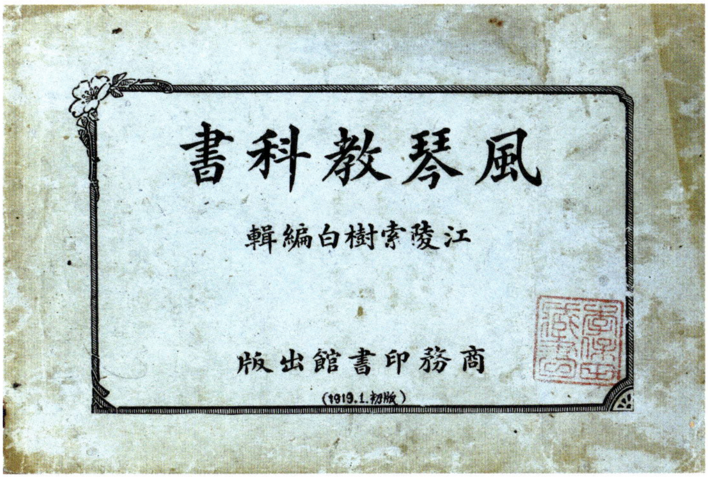

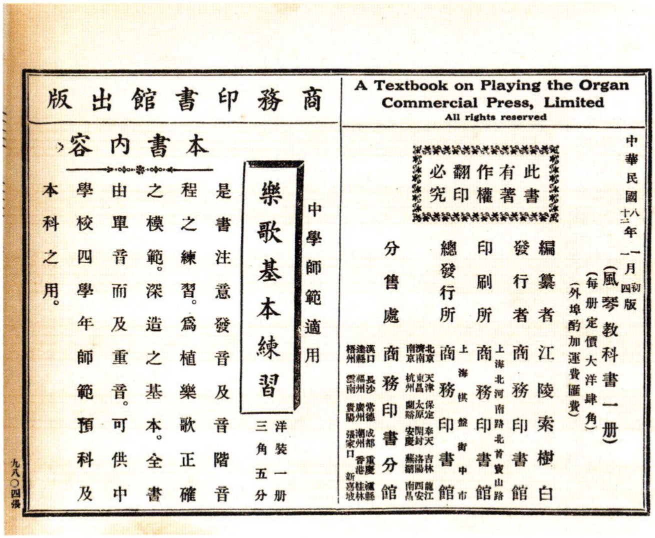

1824

书名：小提琴教科书

著者：萧友梅 / 编

出版印行：商务印书馆

出版时间：民国十六年（1927）初版　民国二十二年（1933）国难后第1版

册数：一

書名：新中华风琴课本（中等学校适用）

著者：朱苏典、徐小涛 / 编

出版印行：中华书局

出版时间：民国十九年（1930）发行　民国廿一年（1932）再版

册数：一

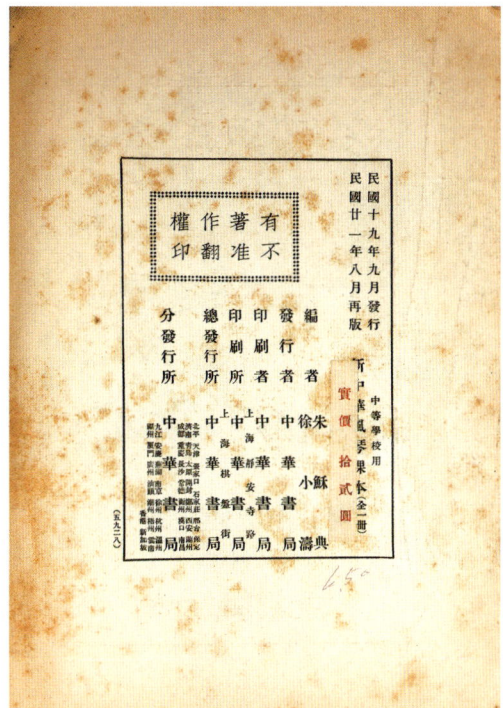

1826　书名：标准口琴学大全

　　　著者：鲍明珊／著

　　　出版印行：上海国光书店

　　　出版时间：民国三十年（1941）

　　　册数：一

標準
口琴學大全
鮑明珊著

上海國光書店印行

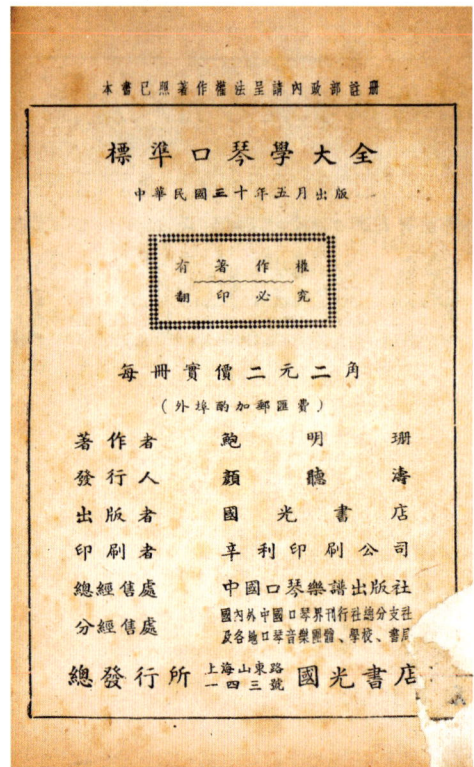

本書已照著作權法呈請內政部登記

標準口琴學大全

中華民國三十年五月出版

有　著　作　權

翻　印　必　究

每冊實價二元二角

（外埠酌加郵匯費）

著作者	鮑　明　珊
發行人	顏　韻　濤
出版者	國　光　書　店
印刷者	辛利印刷公司
總經售處	中國口琴樂譜出版社
分經售處	國內外中國口琴界刊行社總分支社 及各地口琴音樂團體、學校、書局

總發行所　上海山東路一四三號　國光書店

书名：最新学校唱歌集

著者：周梦贤 / 编辑　沈秉廉、周遇春 / 校订

出版印行：上海国光书店

出版时间：民国卅六年（1947）3版

册数：三

1827

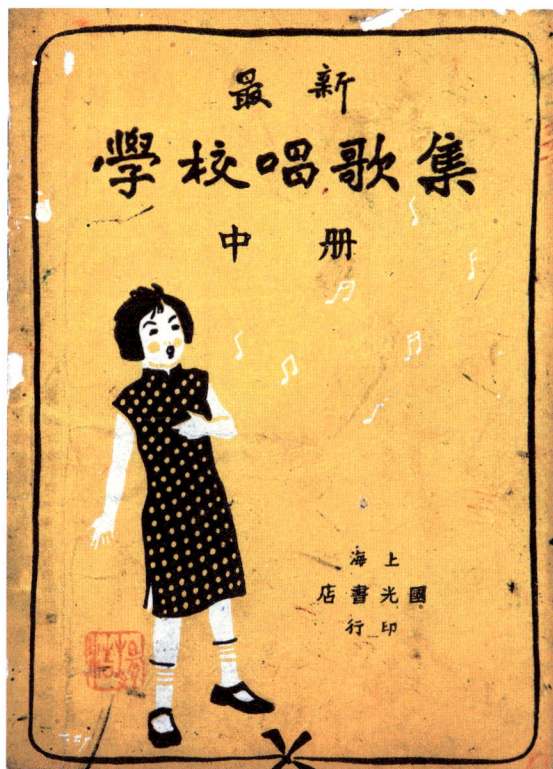

最新
學校唱歌集
中册

上海
國光書店
印行

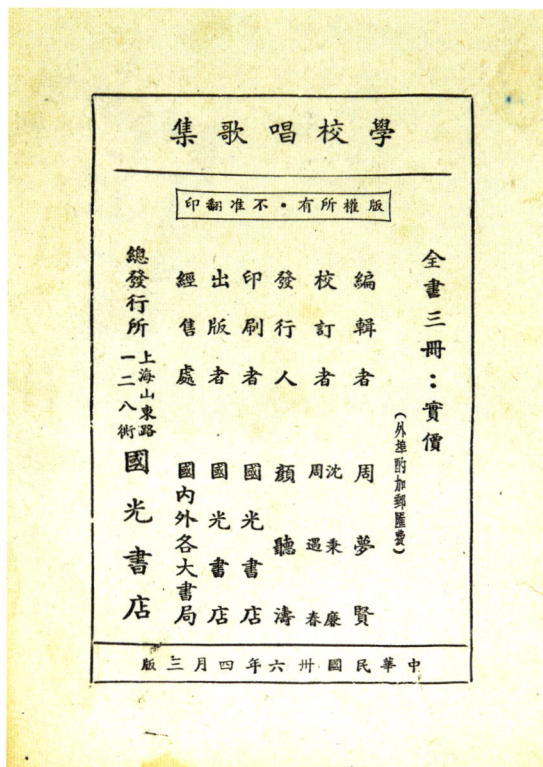

學校唱歌集

版權所有·不准翻印

全書三冊：實價
（另酌加郵匯費）

編輯者　周夢賢

校訂者　沈秉廉　周遇春

發行人　顏聽濤

印刷者　國光書店

出版者　國光書店

經售處　國內外各大書局

總發行所　上海山東路一二八衖　國光書店

中華民國卅六年四月三版

1828

书名：歌集

著者：台山音乐教育协进会 / 编

出版印行：台山音乐教育协进会

出版时间：不详

册数：不详

书名：唱歌教材集

著者：金路得 / 编

出版印行：上海中华乐学社

出版时间：不详

册数：不详

1829

唱歌教材集

金路得编

上海中華樂学社刊行

（19） 美术、书法类教材

书名：高等小学图画教科书
著者：中国图书公司和记编辑部／绘图
出版印行：中国图书公司和记
出版时间：民国三年（1914）初版
册数：四

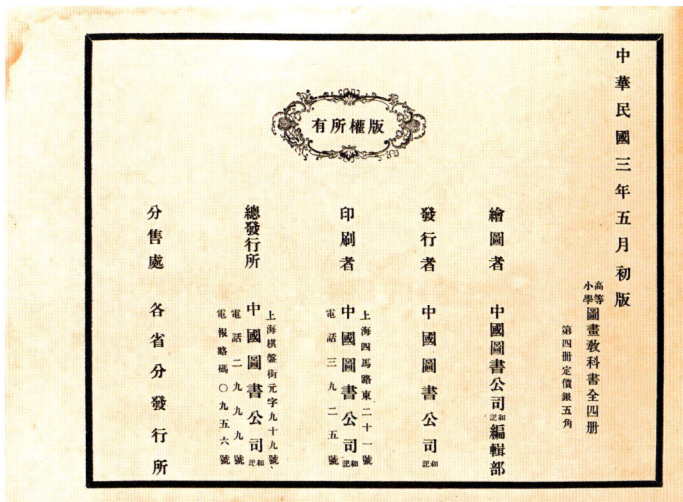

1834　书名：新学制形象艺术教科书（小学校高级用）

著者：宗亮寰 / 编纂　王岫庐、何明斋 / 校订

出版印行：商务印书馆

出版时间：民国十四年（1925）初版　民国十六年（1927）15版

册数：四

书名：高级小学图画教本

著者：葛成宏 / 绘图

出版印行：共和书局

出版时间：民国二十年（1931）再版

册数：不详

版權所有翻印必究

中華民國二十年六月再版

高級小學圖畫教本（第四集）

洋裝一冊 定價一角五分

外埠酌加郵費匯費

繪圖者　　葛成宏

印刷者　　共和書局

出版者　　共和書局

發行者　　共和書局

總發行所　上海　共和書局

經售處各省世界書局

1836　书名：小学美术课本（新课程标准适用）
著者：朱苏典、潘淡明 / 编　姜丹书 / 校
出版印行：中华书局
出版时间：民国二十二年（1933）初版
册数：八

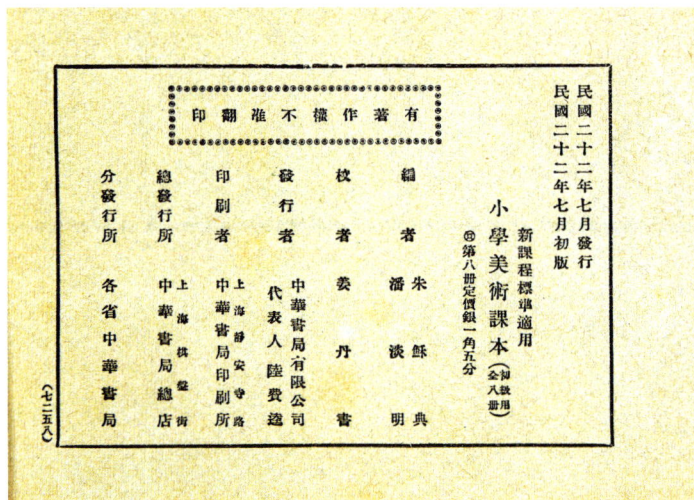

新課程標準適用

小學美術課本
初級第八冊

編者　朱穌典　校者姜丹書
　　　潘淡明

上海中華書局均行

有著作權不准翻印

民國二十二年七月發行
民國二十二年七月初版

新課程標準適用
小學美術課本（初級用）
第八冊定價銀一角五分

編者　朱穌典
　　　潘淡明

校者　姜丹書

發行者　中華書局有限公司
　　　　代表人陸費逵

印刷者　上海靜安寺路
　　　　中華書局印刷所

總發行所　上海棋盤街
　　　　　中華書局總店

分發行所　各省中華書局

（七二五八）

书名：新生活美术教材（小学校高级用）
著者：叶元珪／编绘　张辰伯、凌善清／校订
出版印行：大东书局
出版时间：民国二十二年（1933）初版
册数：四

1837

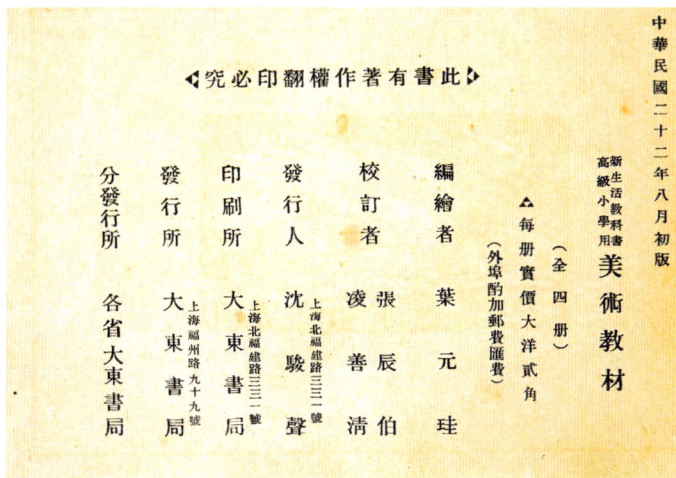

1838　书名：活页习画帖（初级小学适用）
　　　　著者：张慧雄／编绘　沈士秋／校订
　　　　出版印行：新亚书店
　　　　出版时间：民国二十二年（1933）初版
　　　　册数：四

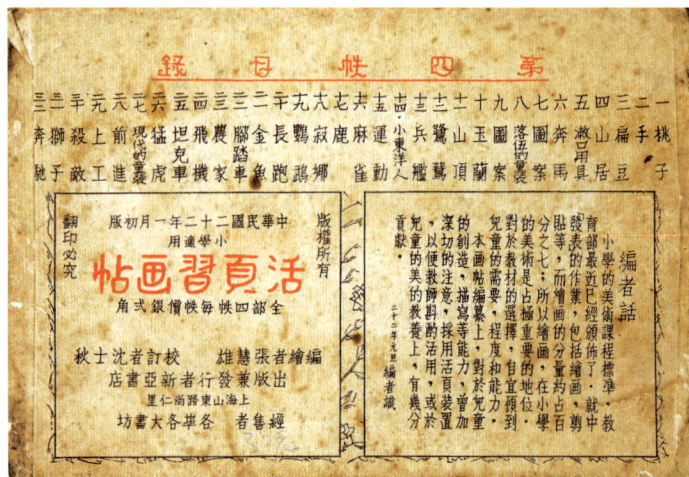

书名：复兴教科书美术（新课程标准适用）

著者：吴中望 / 编绘　吴梦非、宗亮寰 / 校订

出版印行：商务印书馆

出版时间：民国二十三年（1934）初版

册数：四

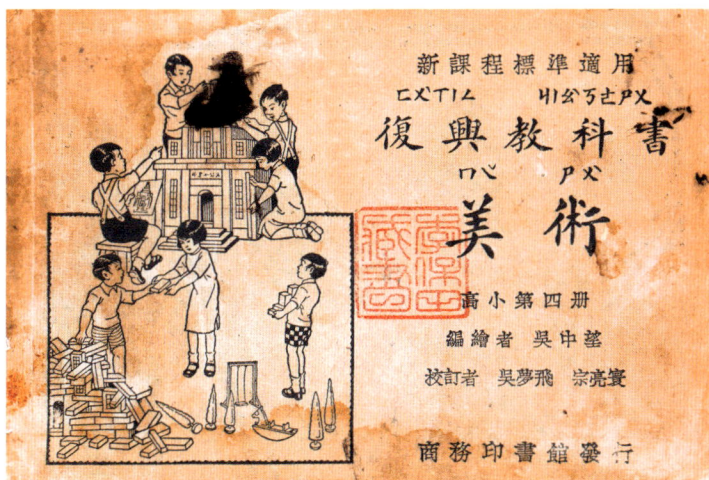

1840

书名：水彩画范本（小学适用）

著者：乌子云 / 编辑　史因 / 校订

出版印行：上海民新印刷出版社

出版时间：民国二十五年（1936）初版　民国二十八年（1939）再版

册数：不详

书名：小学应用图画（小学校适用）

著者：张昕涛 / 编绘

出版印行：大众书局

出版时间：民国二十七年（1938）2版

册数：一

1841

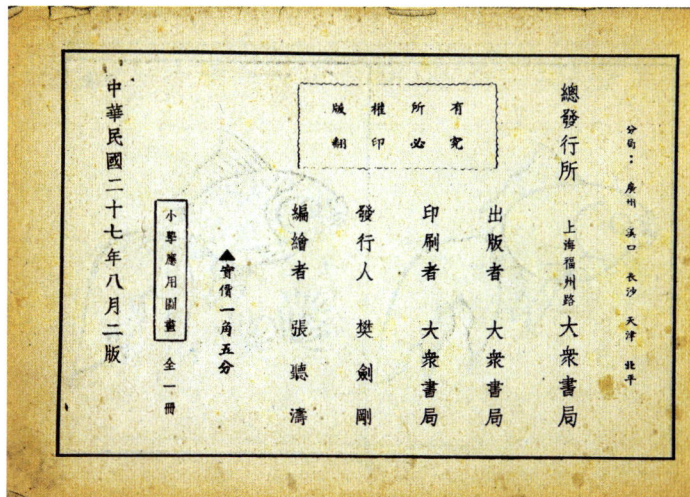

1842　书名：小学水彩画

著者：徐进 / 编绘

出版印行：上海徐进画室

出版时间：民国二十八年（1939）7版

册数：四

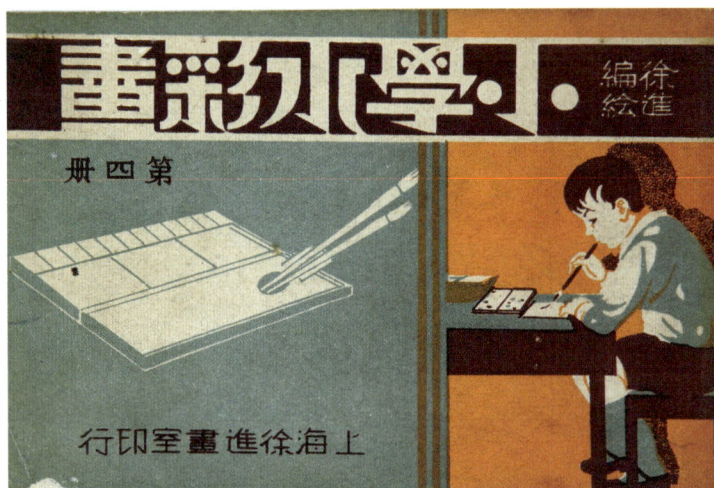

书名：标准学生铅笔画（小学适用）

著者：董天野

出版印行：上海国光书店

出版时间：民国三十年（1941）初版

册数：不详

1844 书名：简易画法（新小学文库）
著者：宗亮寰／编著
出版印行：商务印书馆
出版时间：民国三十六年（1947）文库本第1版
册数：二

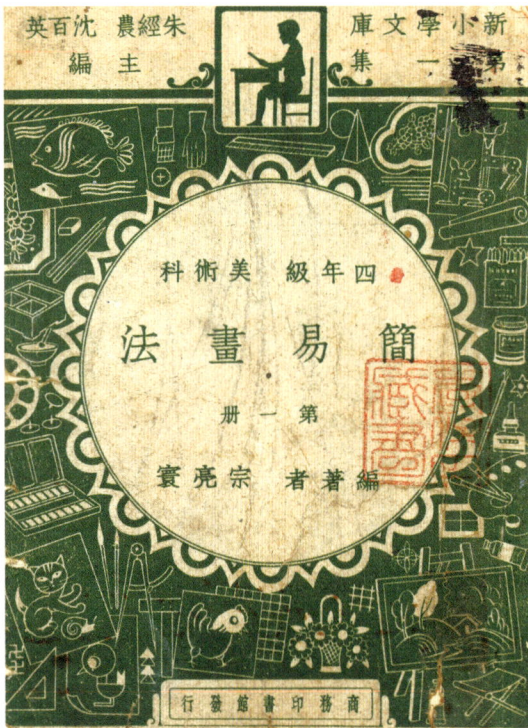

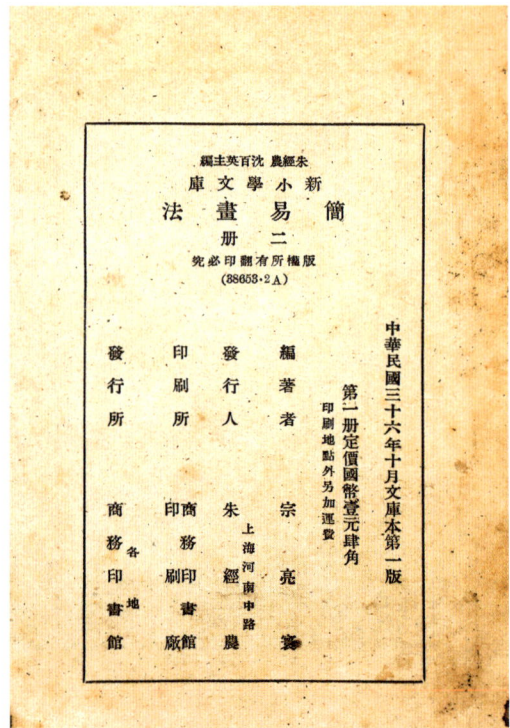

书名：小学新图画

著者：不详

出版印行：上海童联书店

出版时间：不详

册数：不详

1845

1846

书名：共和国教科书用器画解说（中学校用）

著者：黄元吉／编纂　寿孝天、骆师曾／校订

出版印行：商务印书馆

出版时间：民国二年（1913）初版　民国三年（1914）再版

册数：一

中学校用

共和國
教科書
用器畫解說

商務印書館出版

上海商務印書館

發售各種繪圖器

繪圖器	銅製圖器	虛線筆	單雙圓規	直行字規	並行版規	三角版	雲度器	分度器	比例尺	工營造尺	密達尺	英尺	繪顏料	畫釘	畫紙	畫圖簿	畫圖板	其他如縮放儀分釐尺等
	鋼輪筆線兩脚規					明角製鋼製												
每組	每具	每具	每具	每具	每組	每具盒組	每具	每支	每具	每盒	每碼	每册	每塊					

壬七八號

三四四二

Republican Series

Explanantions on Mechanical Drawing

For Middle Schools

COMMERCIAL PRESS, LTD.

編纂者	吳江 黃元吉	共和國教科書 中學用 用器畫解說 一册
校訂者	紹興 壽孝天 骆師曾	
發行者	商務印書館	
印刷所	商務印書館	
總發行所	上海棋盤街中市 商務印書館	中華民國三年二月 再版 初版
分售處	北京保定奉天天津 濟南開封太原西安成都重慶 桂林漢口南昌蕪湖九江吉林長春 廣州潮州梧州雲南貴陽南京	（紙面每册定價大洋伍角）

※ 此書有著作權翻印必究 ※

书名：共和国教科书中学用器画图式

著者：黄元吉／编纂　寿孝天、骆师曾／校订

出版印行：商务印书馆

出版时间：民国二年（1913）初版　民国十八年（1929）11版

册数：不详

1847

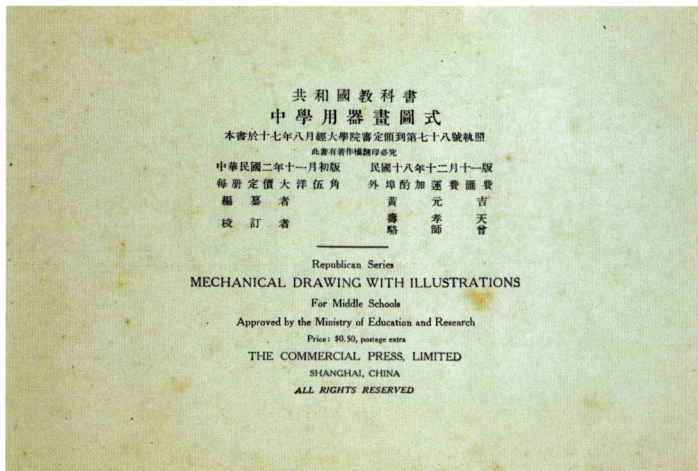

1848　书名：现代初中教科书水彩画

著者：杨长济 / 编辑

出版印行：商务印书馆

出版时间：民国十三年（1924）初版　民国十八年（1929）再版

册数：一

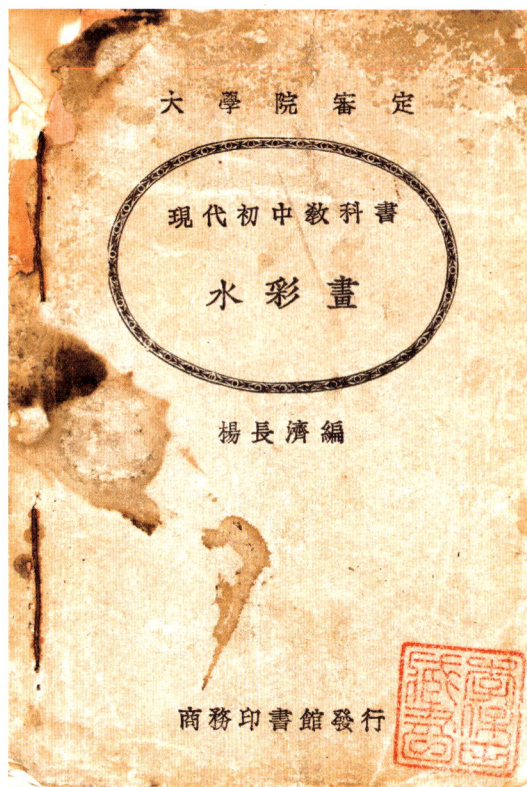

书名：新学制图画教科书（初级中学用）

著者：刘海粟 / 编辑

出版印行：商务印书馆

出版时间：民国十三年（1924）初版　民国十五年（1926）8版

册数：六

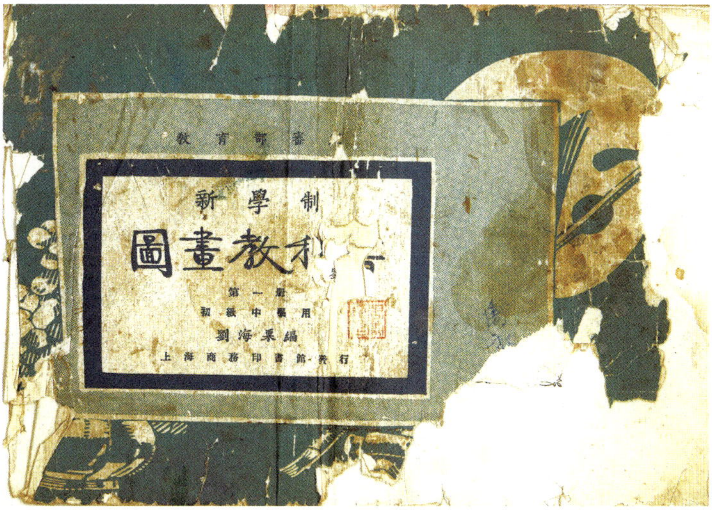

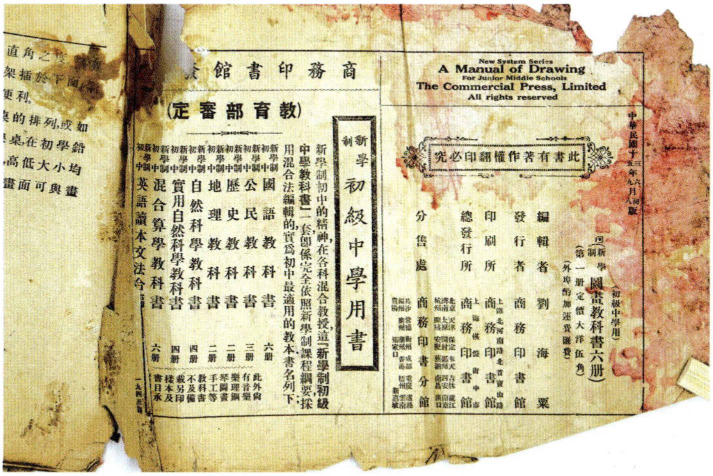

1850

书名：中等学校教本水彩画

著者：王济远 / 编　江小鹣、吕凤子、凌善清 / 校订

出版印行：大东书局

出版时间：民国十九年（1930）印刷　民国二十年（1931）3版

册数：四

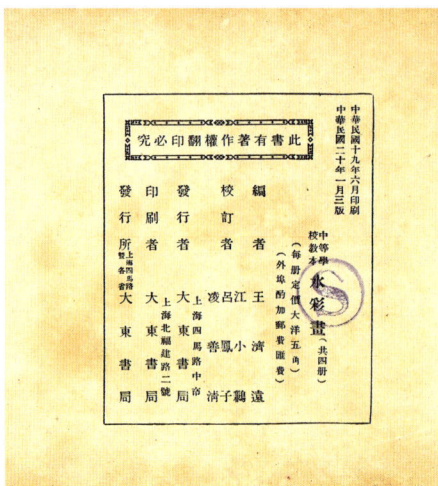

书名：中学水彩画

著者：陆尔强 / 编绘　汪亚尘、张聿光 / 校订

出版印行：世界书局

出版时间：民国二十年（1931）初版

册数：四

书名：中学铅笔画

著者：徐则安 / 编绘　金少梅 / 校订

出版印行：世界书局

出版时间：民国廿一年（1932）3 版

册数：三

1852

书名：水彩画教本（中等学校适用）

著者：蔡忱毅／绘图　沈士秋／撰说　徐悲鸿／校阅

出版印行：新亚书店

出版时间：民国二十一年（1932）初版　民国二十二年（1933）修订10版

册数：四

书名：彩色铅笔画（中小学适用）

著者：蔡忱毅／编绘　　沈士秋／校订

出版印行：新亚书店

出版时间：民国二十一年（1932）初版　民国三十年（1941）15版

册数：四

1854   书名：现代水彩画教本（中等学校适用）

著者：郑慎斋 / 编绘 　刘海粟 / 校订

出版印行：广益书局

出版时间：1933年再版

册数：四

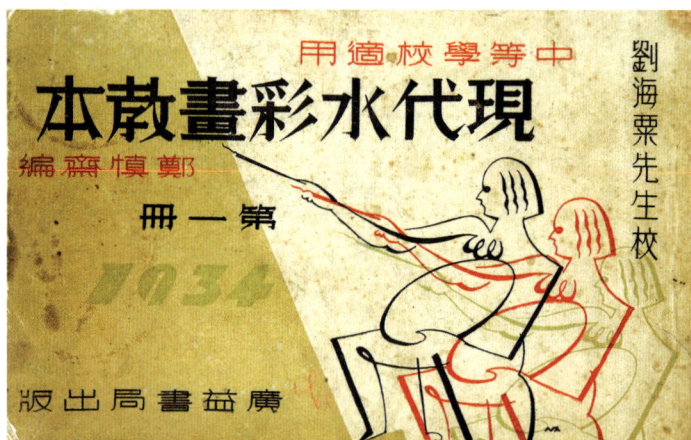

书名：中学教本形象水彩画

著者：朱凤竹 / 编绘　颜文樑 / 校订

出版印行：上海形象艺术社

出版时间：民国二十二年（1933）初版

册数：不详

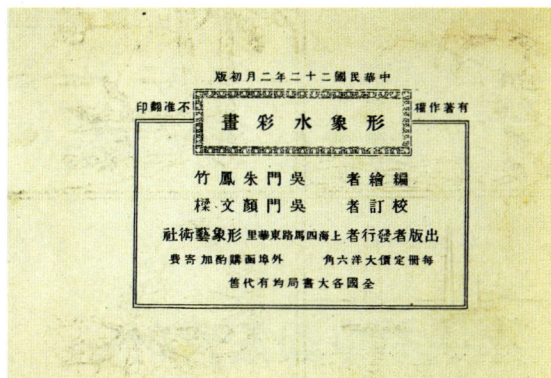

1856 书名：复兴初中图画教科书
著者：王济远 / 编绘　王云五 / 主编兼发行
出版印行：商务印书馆
出版时间：民国二十二年（1933）初版　民国二十二年（1933）10版
册数：六

中華民國二十二年七月初版
十一月10版
（一〇七七二）
初級中學用
復興教科書圖畫六冊
第二冊定價大洋柒角
外埠酌加運費匯費
編著者　王濟遠
主編兼發行人　上海河南路　王雲五
印刷所　上海河南路　商務印書館
發行所　上海及各埠　商務印書館
版權所有翻印必究
（本書校對者徐壽齡）
七二九六上

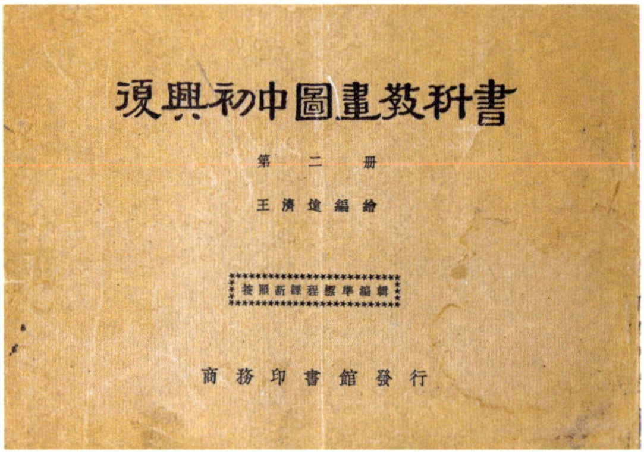

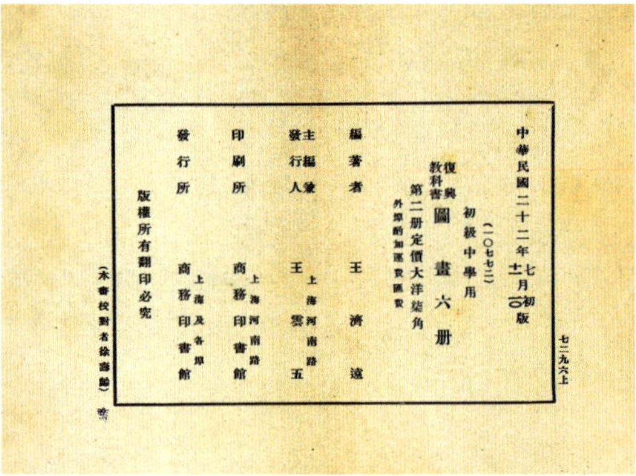

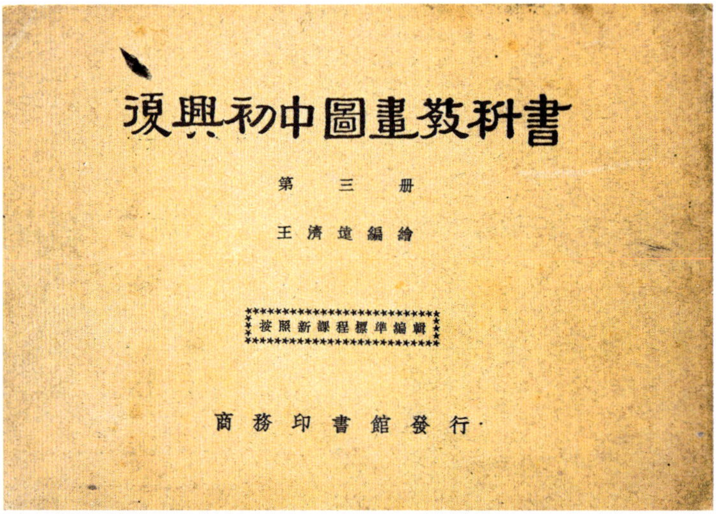

书名：铅笔风景画（中学用书）

著者：朱凤竹／编绘

出版印行：上海形象艺术社

出版时间：民国二十二年（1933）初版

册数：不详

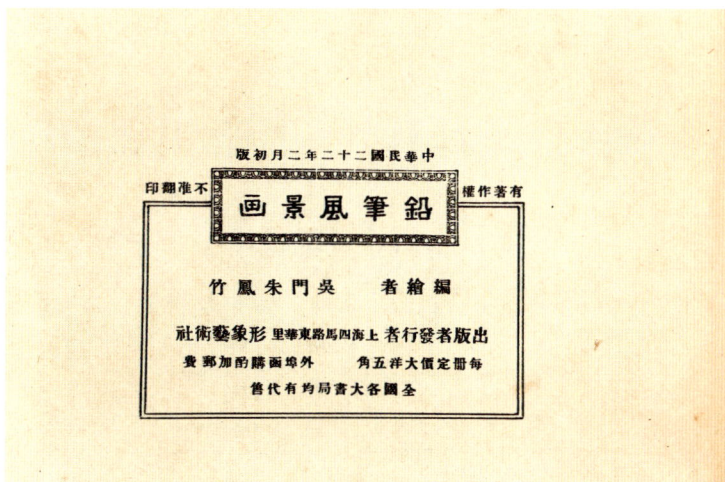

1858 书名：水彩画临本（中等学校用）
著者：凌善清 / 编　何逸梅 / 绘
出版印行：大东书局
出版时间：民国二十三年（1934）10版
册数：四

畫帖畫譜

水彩畫臨本	第一編第三編 第二編第四編 四冊	每編四角 每編五角
鋼筆畫臨本	一冊	一元
水彩畫百法	一冊	七角
毛筆畫百法	一冊	六角
水彩畫風景寫生法	一冊	七角
人體寫生法	一冊	一元二角
學畫初步	一冊	三角
近世一百名家畫集	二冊	一元
近代名人畫範	四冊	二元四角
名畫選粹	二冊	一元
扇面畫範大觀	一冊	一元五角

上海大東書局發行

中華民國二十三年一月十版

○水彩畫臨本（全四編）

第四編定價大洋五角

（外埠酌加郵費匯費）

加倍七折

此書有著作權翻印必究

中華民國九年九月九日內部註冊九月三十日領到第一千零七十七號執照

編者　凌善清

繪者　何逸梅

發行人　沈駿聲　上海北福建路三三一號

印刷所　大東書局　上海北福建路三三一號

總發行所　大東書局　上海四馬路九十九號

分發行所　南京 北平 天津 杭州 瀋陽 開封 長沙 濟南 漢口 梧州 廣州 徐州 南昌 成都 重慶 廈門 哈爾濱 新嘉坡　大東書局

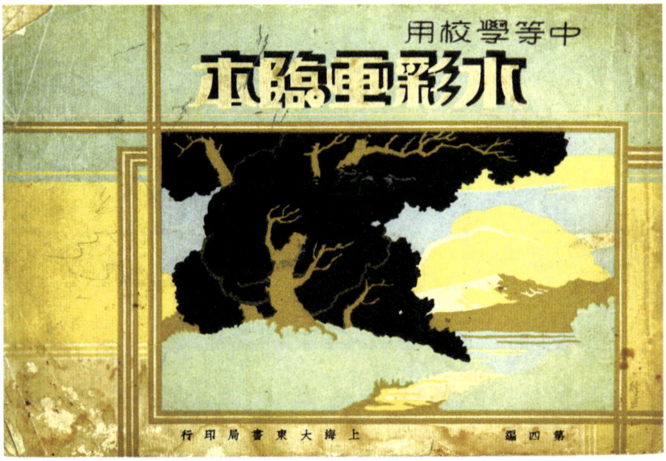

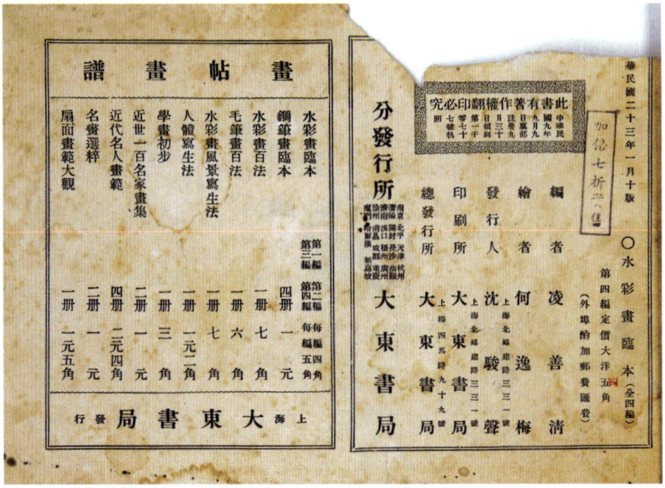

书名：形象铅笔画（中学用书）

著者：朱凤竹／编绘

出版印行：上海形象艺术社

出版时间：1935年3版

册数：不详

1859

1860

书名：水彩写生画（中学适用图画教本）

著者：程起鹏 / 编绘

出版印行：上海形象艺术社

出版时间：民国二十五年（1936）再版

册数：四

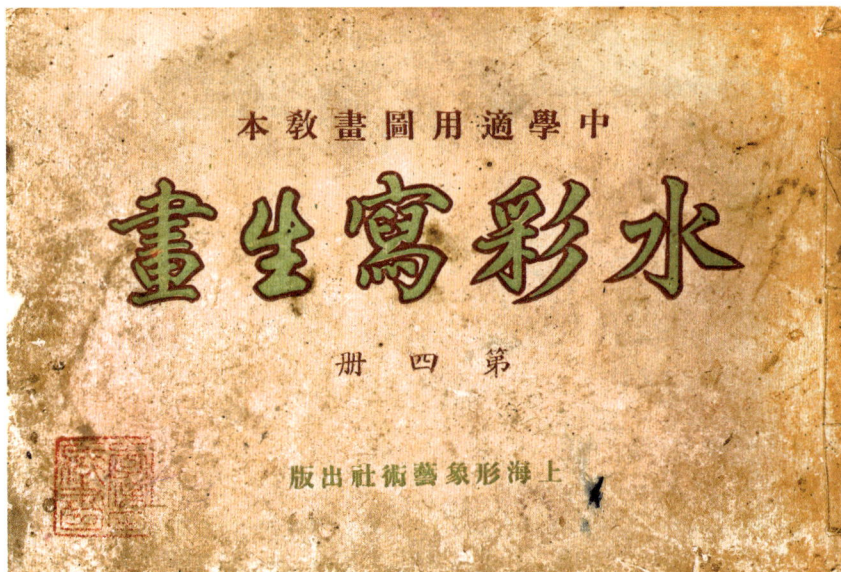

书名：初中美术

著者：衡平 / 编纂

出版印行：华北书局

出版时间：民国二十七年（1938）

册数：不详

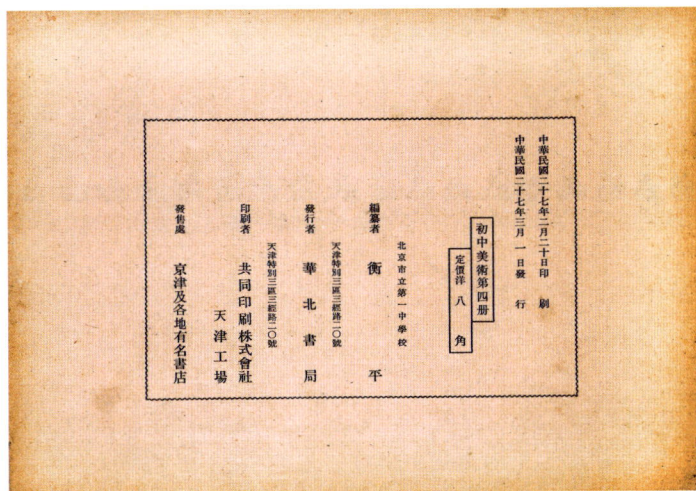

1862

书名：铅笔素描（中学适用）

著者：张眉孙 / 作

出版印行：新亚书店

出版时间：民国二十九年（1940）初版

册数：四

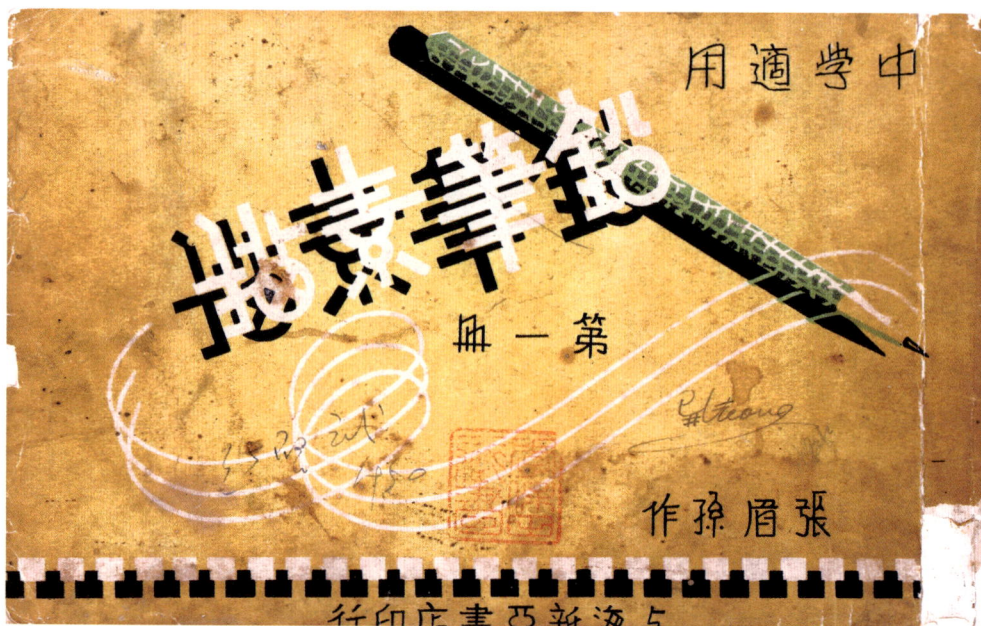

书名：中学水彩画

著者：徐进 / 编绘

出版印行：上海徐进画室

出版时间：民国三十一年（1942）初版

册数：二

1863

书名：钢笔画范本（中学校及师范学校用）
著者：商务印书馆编译所 / 绘画
出版印行：商务印书馆
出版时间：丁未年（1907）初版　民国十一年（1922）18版
册数：十

丁未年十一月初版
中華民國十一年九月十八版

（中學校及師範學校用）習畫範本十冊
鉛筆畫範本第一至七冊每冊大洋貳角
鋼筆畫範本第八冊每冊大洋貳角
水彩畫範本第九十冊每冊大洋肆角
（外埠酌加運費匯費）

此書有著作權翻印必究

編畫者　商務印書館編譯所
發行者　商務印書館
印刷所　上海北河南路北首寶山路 商務印書館
總發行所　上海棋盤街中市 商務印書館
分售處　北京 天津 保定 奉天 吉林 龍江 濟南 太原 開封 洛陽 西安 南京 杭州 蘭谿 安慶 蕪湖 南昌 漢口 長沙 常德 衡州 成都 重慶 福州 廣州 潮州 香港 梧州 雲南 貴陽 張家口 新嘉坡 商務印書分館

前清宣統三年四月初三日稟部註冊五月十四日領到著字第二百六十七號執照

商務印書館出版
教育部審定
中學校及師範學校畫學

中學 鉛筆習畫帖 六冊 每冊二角
【教育部批】排列有序取材適宜可稱善本應准審定作爲中學用書

新撰 平面幾何畫法 一冊 五角
【教育部批】該書編輯條理尚屬清晰

中學 用器畫教科書 二冊 上冊五角五分 下冊四角
【教育部批】取材頗富敍述亦明晰准作爲中學用書

中學畫學臨本 八冊 前六冊各二角 後二冊各四角
是編前六冊鉛筆畫。後二冊水彩畫。並詳示彩色用具及調製之法。最便臨摹。

中學 陸軍中學校 繪學 一冊 七角五分
凡毛筆鉛筆實物臨地及著色繪法。莫不循序漸進。極合陸軍學校之用。

黑版圖畫教科書 一冊 一元
黑版圖畫教導學生。最爲利便。教員所當肄習。是編指陳明切。簡提精詳。恰合中學之用。

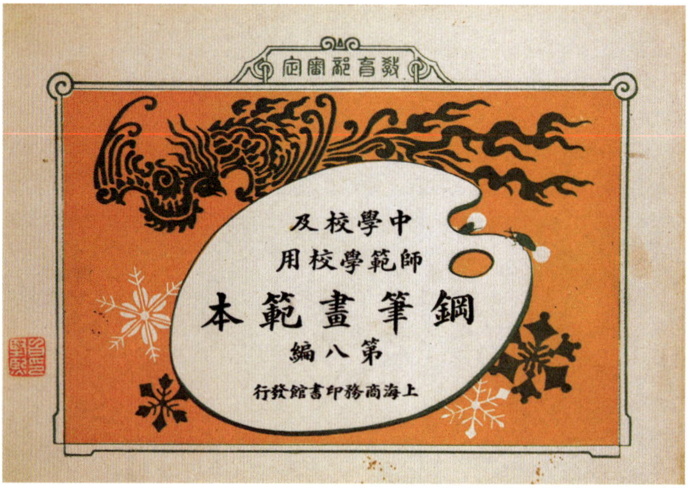

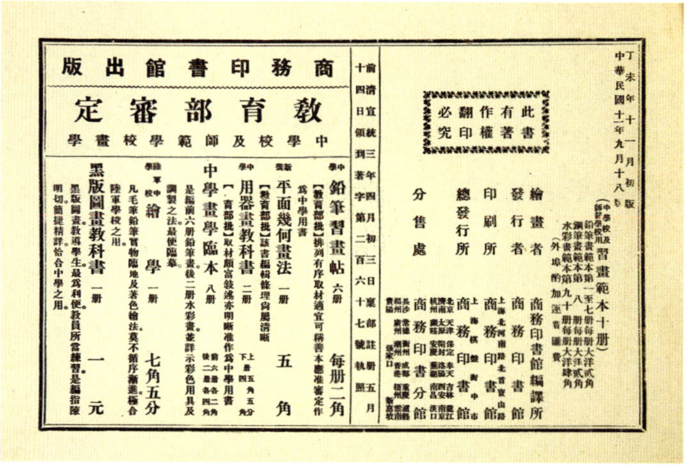

书名：新体彩色写生／记忆画解说（中学校／师范学校用）
著者：谢公展／编纂
出版印行：商务印书馆
出版时间：民国七年（1918）初版　民国十年（1921）5版
册数：二

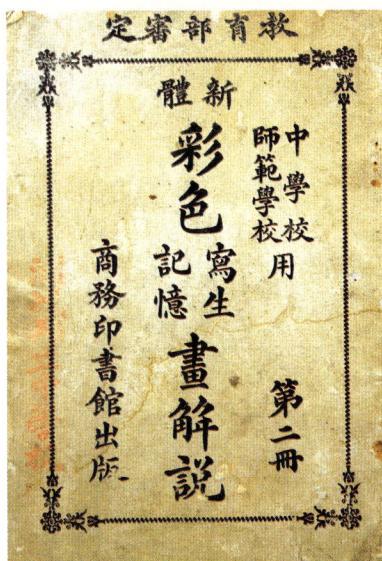

书名：新体油画解说（中学校／师范学校用）
著者：［英］卡利安／原著　潘履洁／译述
出版印行：商务印书馆
出版时间：民国十年（1921）初版
册数：一

1866

书名：新师范教科书图画教材概论
著者：吕澂 / 编　郑昶、朱文叔 / 校
出版印行：中华书局
出版时间：民国十三年（1924）初版
册数：一

新師範教科書

圖畫教材概論

全　一　冊

編　者

丹陽呂澂

校　者

螺縣鄭昶　鄉桐朱文叔

中華書局印行

中華書局廣告

日用品製造法

全一冊　定價五角

本書爲博樓民先生所著·分
上下二卷·擧凡

教育用品之製造法·
工業用品之製造法·
家常用品之製造法·
化裝用品之製造法·
飲食用品之製造法·
農作用品之製造法·
遊戲用品之製造法·
利用廢物之製造法等·
無不一一將其物質分量·製
造方法·詳爲說明·手續既
簡·實行匪難·凡屬心工業
者·請勿失此寶鑑·

技六（2）

有著作權不准翻印

新師範
教科書
{圖畫教材概論（全一冊）
｛定價銀四角
（外埠酌加郵運費）

編　者　丹陽呂澂
校　者　桐嵊縣鄉朱文昶叔
發行者　中華書局
印刷所　上海靜安寺路一九二號中華書局
總發行所　中華書局
分發行所　中華書局

民國十三年七月發行
民國十三年七月初版

〇二五四九

书名：中学师范适用教本用器画

著者：文法初 / 编制　陆利夫 / 校订

出版印行：北平华北科学社

出版时间：民国二十三年（1934）初版

册数：不详

1867

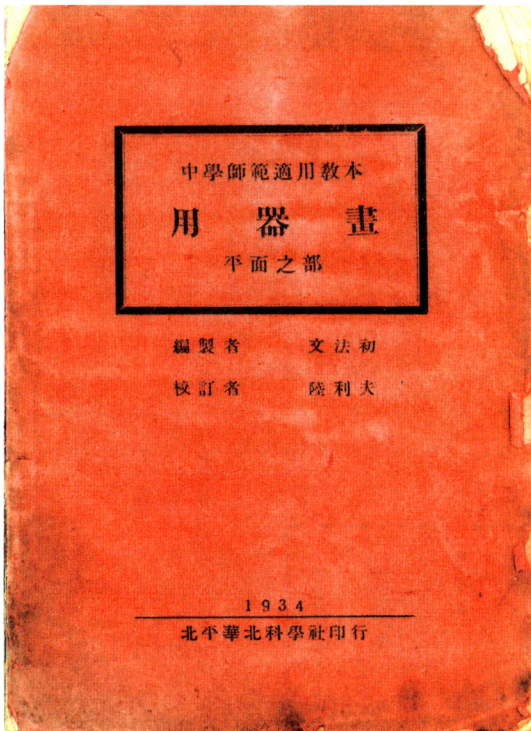

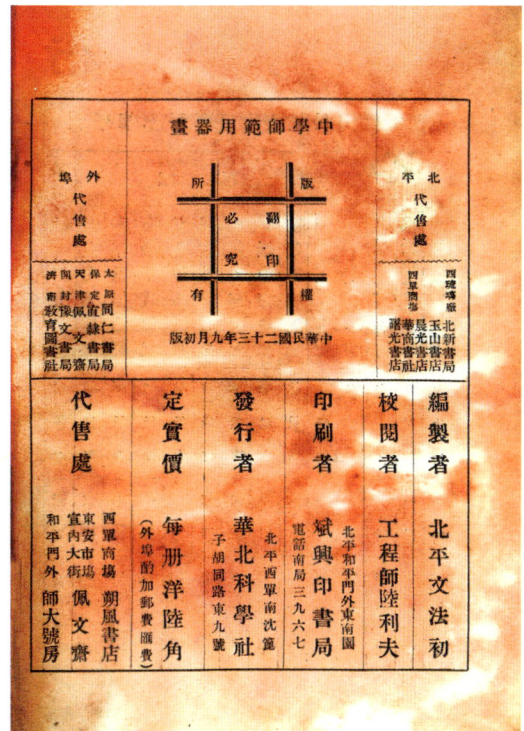

1868 　书名：简易师范学校教科书美术

　　　　著者：汪亚尘 / 编纂

　　　　出版印行：商务印书馆

　　　　出版时间：民国二十四年（1935）初版

　　　　册数：三

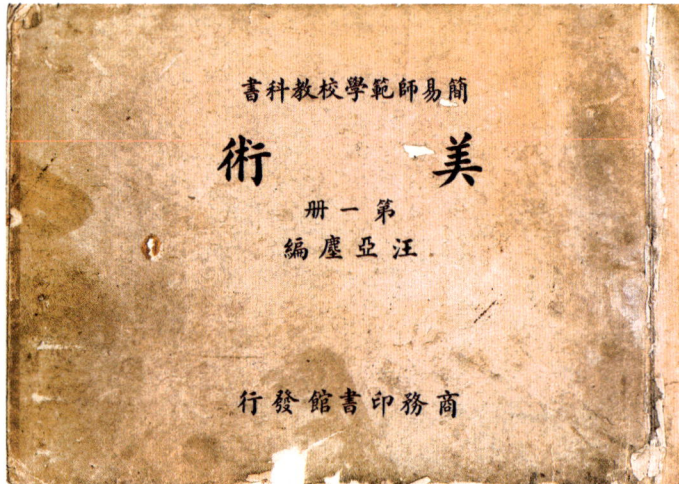

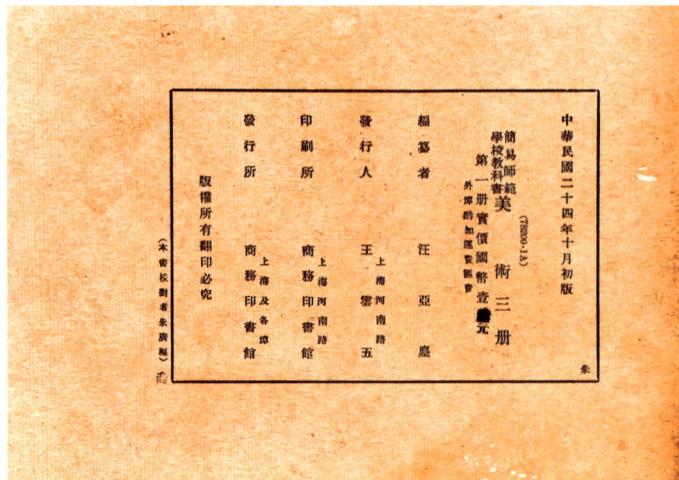

书名：中华初等小学习字帖

著者：何维朴 / 编辑

出版印行：中华书局

出版时间：民国元年（1912）初版　民国元年（1912）3版

册数：八

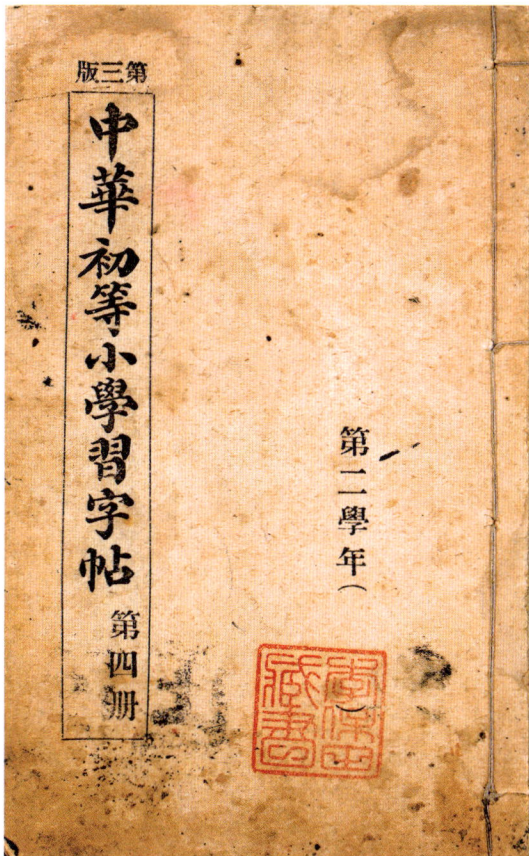

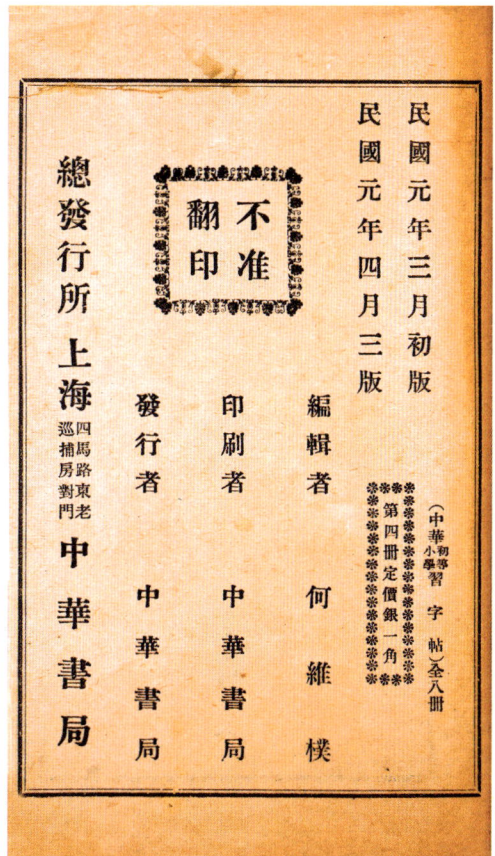

1870

书名：新字帖（小学校用）

著者：不详

出版印行：商务印书馆

出版时间：民国四年（1915）初版　民国二十七年（1938）国难后第34版

册数：八

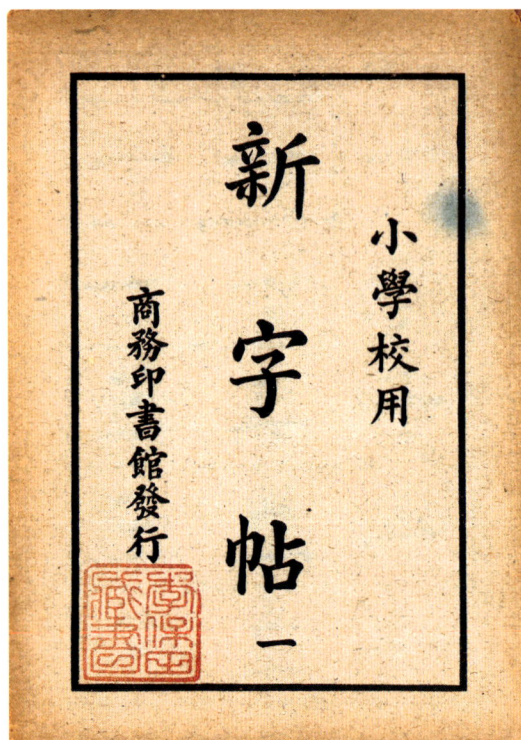

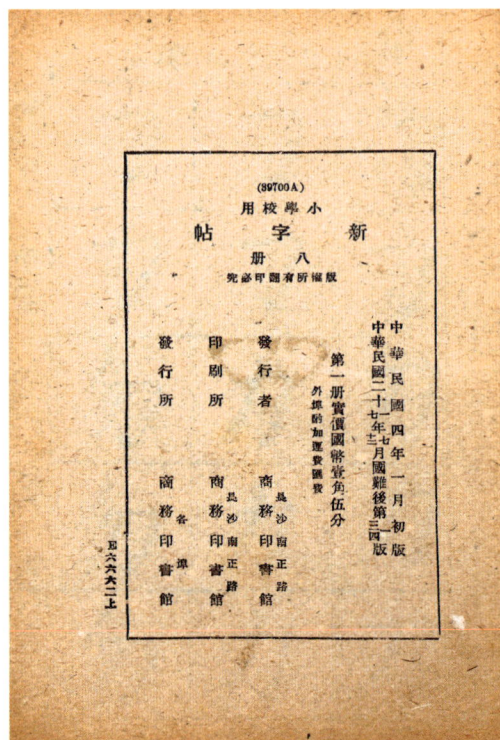

书名：书法指南（中小学适用）

著者：王大错 / 编纂

出版印行：涵青山房

出版时间：民国八年（1919）出版　民国十年（1921）4 版

册数：二

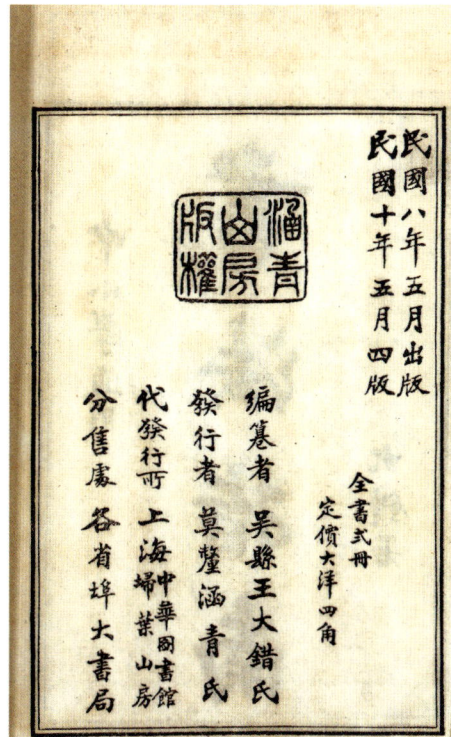

1872　书名：松雪大楷道教碑精华

著者：苏宙忱／鉴定

出版印行：世界书局

出版时间：民国十三年（1924）初版　民国十五年（1926）3版

册数：五

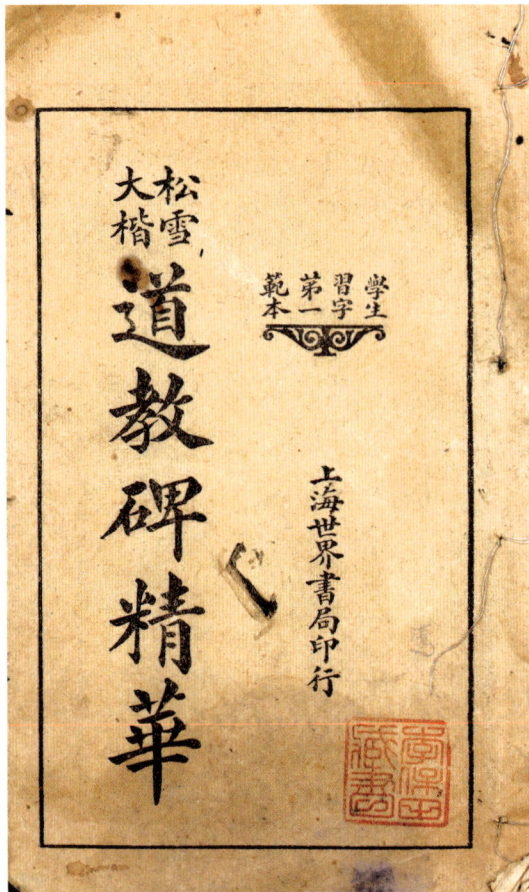

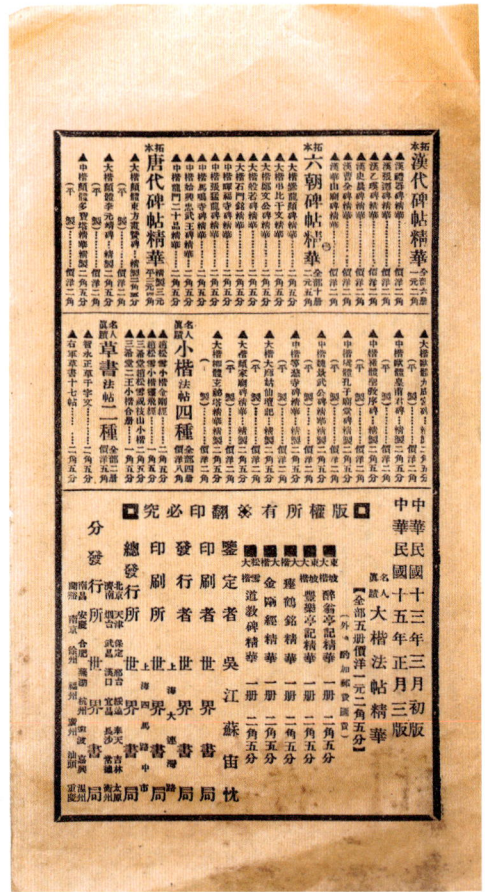

书名：小学写字范本

著者：沈子善 / 编辑

出版印行：大东书局

出版时间：民国三十六年（1947）再版

册数：六

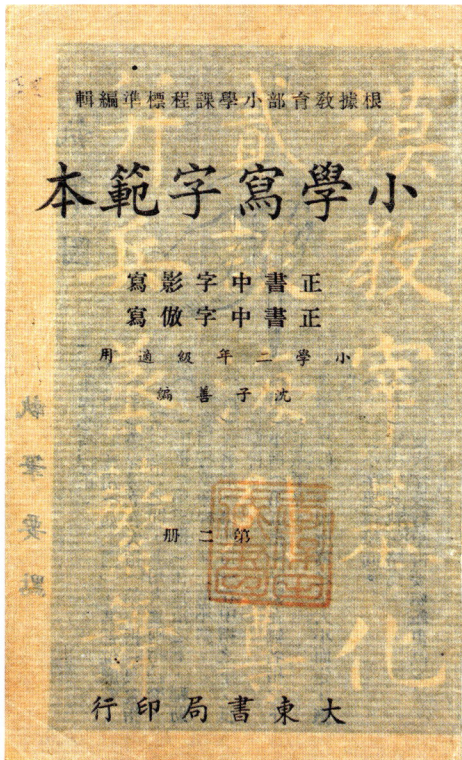

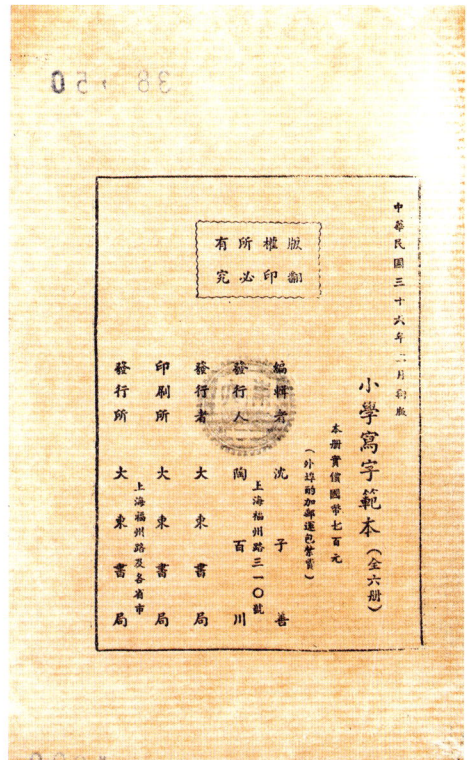

1874　书名：编织图案

著者：湖南衡粹女学校 / 编辑

出版印行：湖南衡粹女学校

出版时间：民国三年（1914）初版

册数：不详

备注：所选四册中，第一编与其他三编初版时间不一致。

⑤ 其他美术、书法类教材

 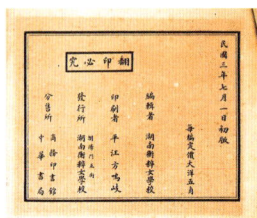  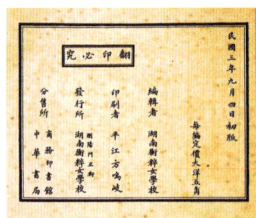

 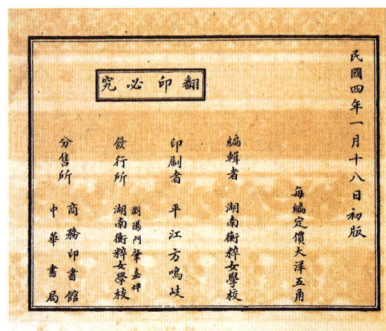

 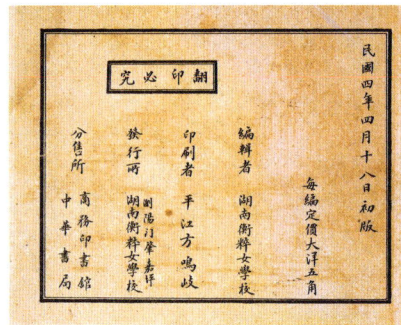

书名：钢笔画临本（学校适用）

著者：朱凤竹 / 绘图　凌善清 / 编

出版印行：大东书局

出版时间：民国十二年（1923）

册数：四

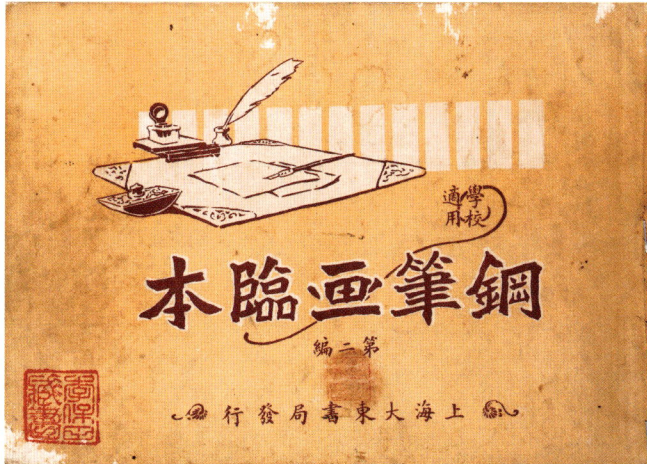

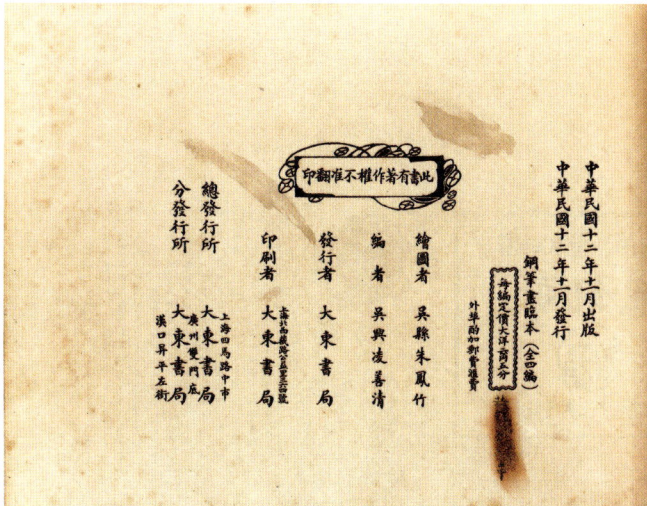

1876 书名：应用用器画教科书机械画

著者：冯骓

出版印行：商务印书馆

出版时间：民国十二年（1923）初版

册数：一

书名：应用用器画教科书几何画

著者：冯骓／编纂　任叔永／校订

出版印行：商务印书馆

出版时间：民国十二年（1923）初版

册数：一

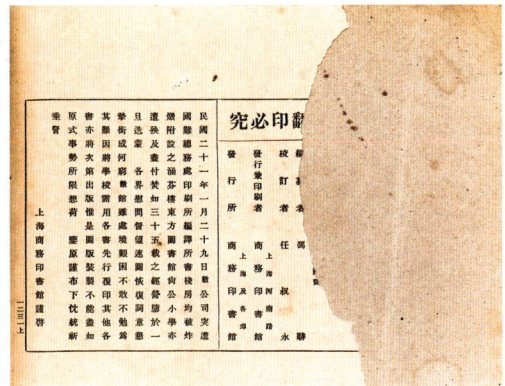

书名：蜡笔画范本（小学校初级用）
著者：吕化松、叶在宜 / 编纂
出版印行：商务印书馆
出版时间：民国十三年（1924）初版　民国二十七年（1938）国难后第2版
册数：八

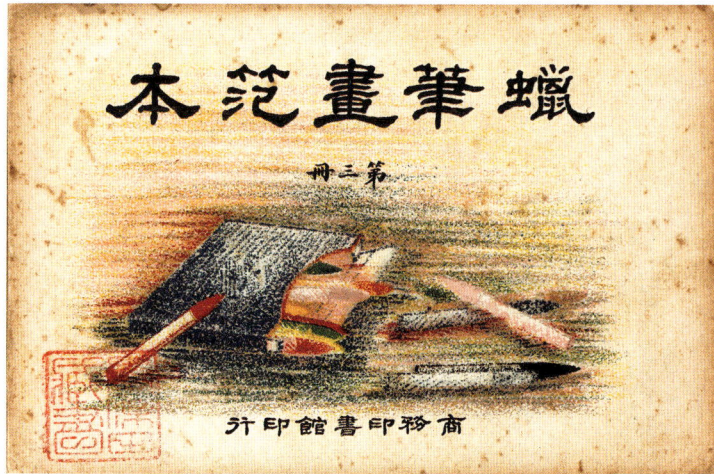

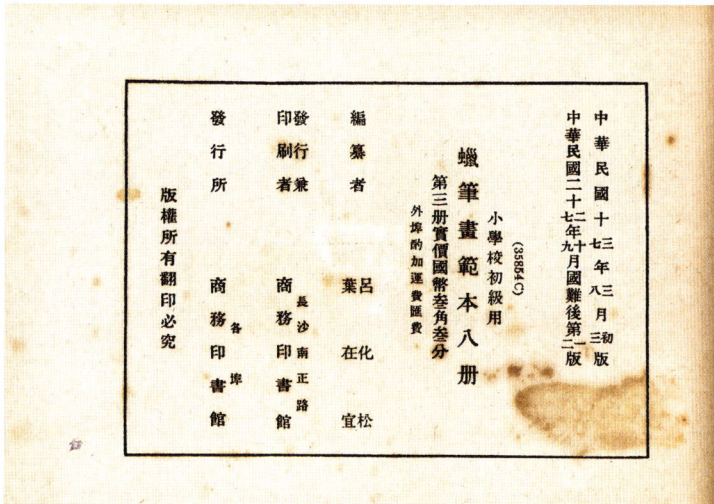

1878 　书名：习字速成法

著者：郭希汾 / 著　萧蜕公 / 书

出版印行：大东书局

出版时间：民国十三年（1924）六版

册数：一

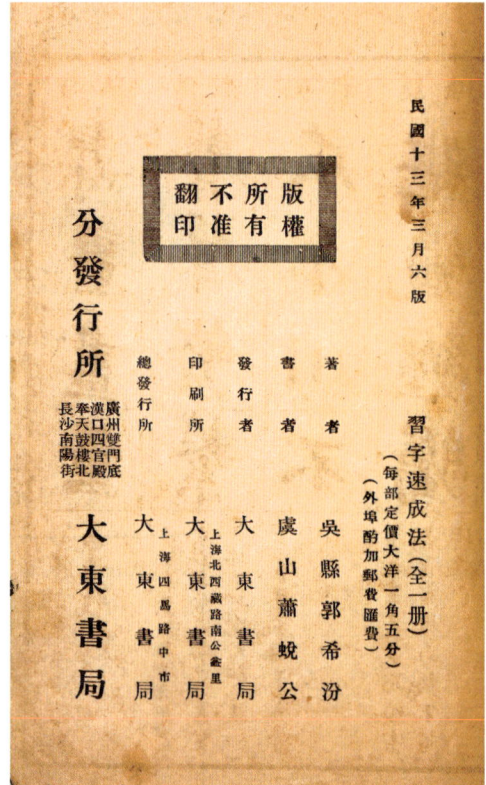

书名：大楷瘗鹤铭精华

著者：苏宙忱 / 鉴定

出版印行：世界书局

出版时间：民国十三年（1924）初版

册数：五

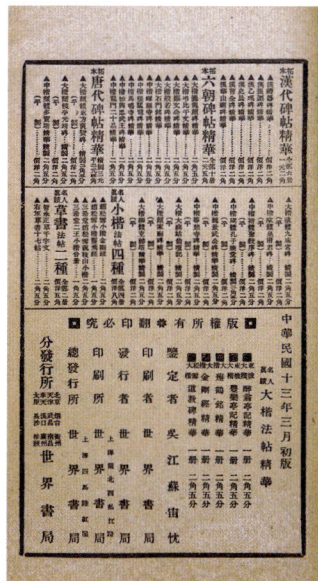

1880

书名：铅笔画临本（学校适用）

著者：马徐维邦 / 作　王一夫 / 编　凌善清 / 校阅

出版印行：大东书局

出版时间：民国十四年（1925）出版　民国十九年（1930）6版

册数：三

书名：国画 ABC
著者：朱应鹏 / 著
出版印行：ABC 丛书社 / 出版　世界书局 / 印行
出版时间：民国十七年（1928）
册数：一

1881

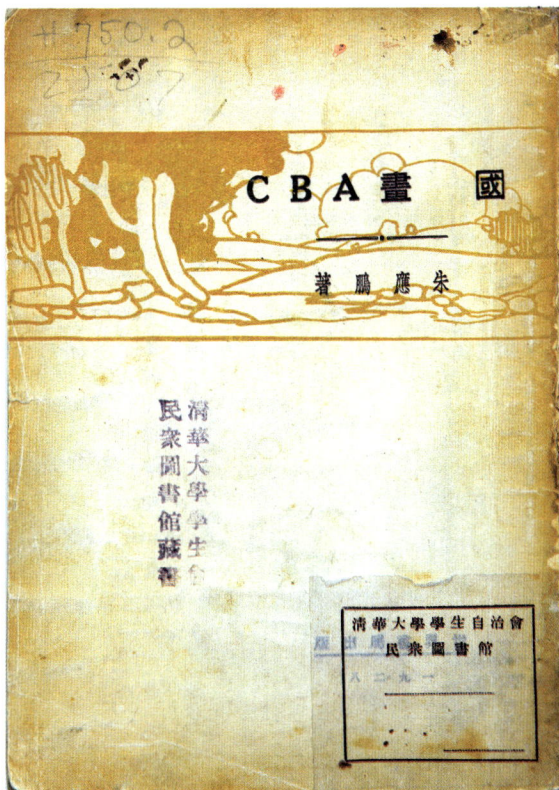

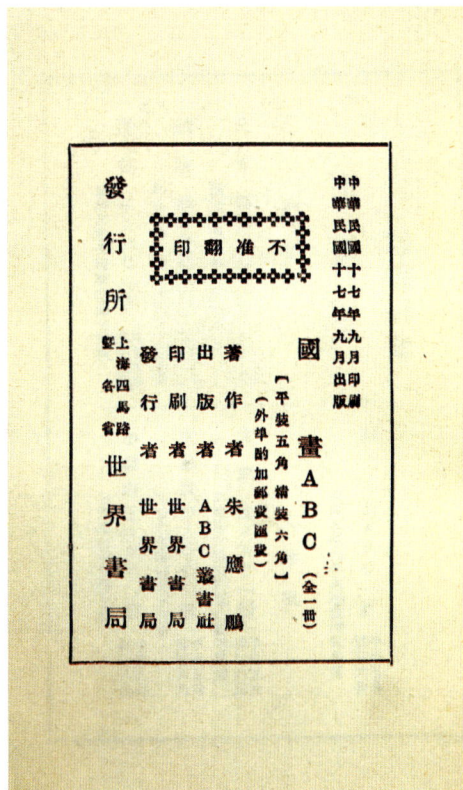

1882

书名：美术图案画

著者：朱凤竹 / 编绘　洪方竹 / 助编

出版印行：上海形象艺术社

出版时间：民国二十年（1931）初版　民国廿二年（1933）第3版

册数：二

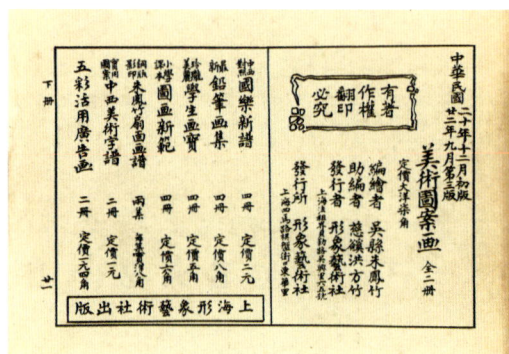

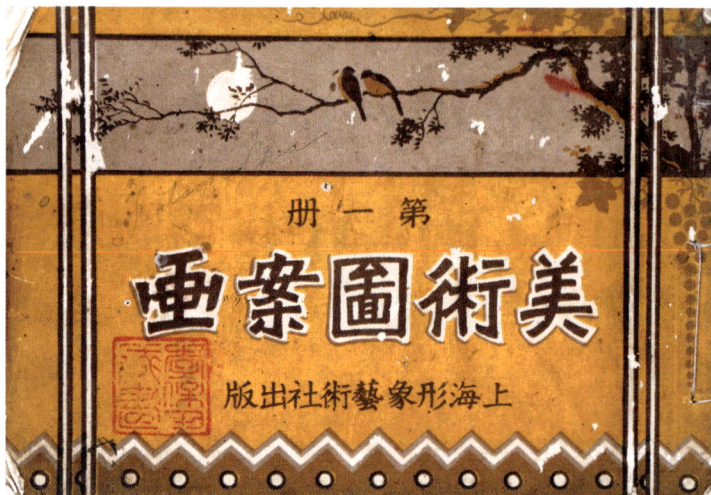

书名：水彩画临本

著者：凌善清

出版印行：大东书局

出版时间：1931年9版

册数：不详

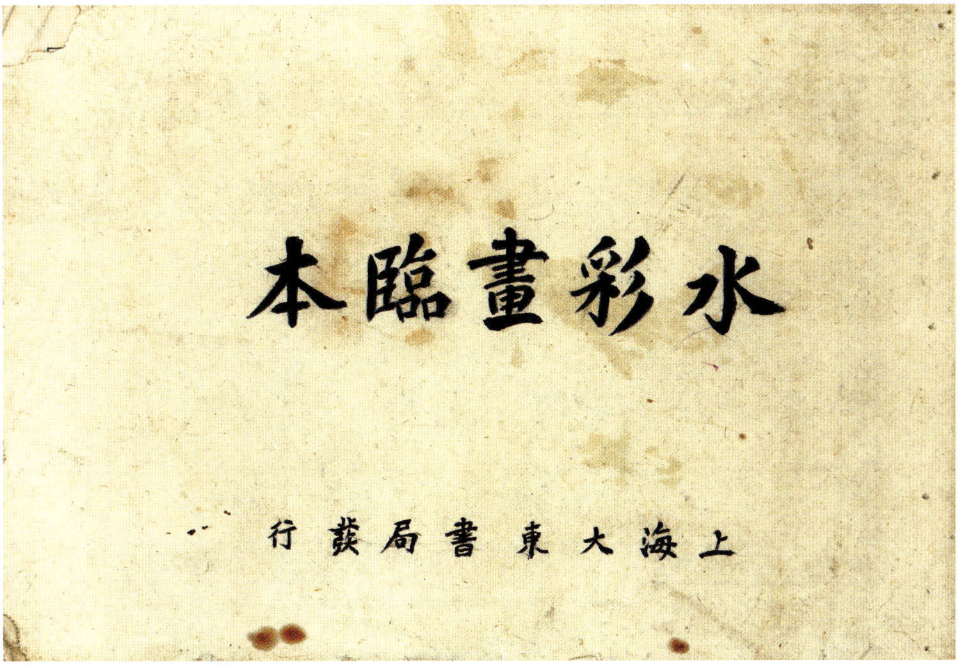

1883

水彩畫臨本

上海大東書局發行

1884

书名：工艺图案构成法（现代应用美术专科教本）

著者：楼子尘 / 编　朱凤竹 / 校

出版印行：上海形象艺术社

出版时间：民国二十二年（1933）初版

册数：三

书名：编纸刺绣两用范本

著者：洪志芳、金福恭 / 编绘　程起鹏 / 校订

出版印行：上海形象艺术社

出版时间：民国二十三年（1934）再版

册数：四

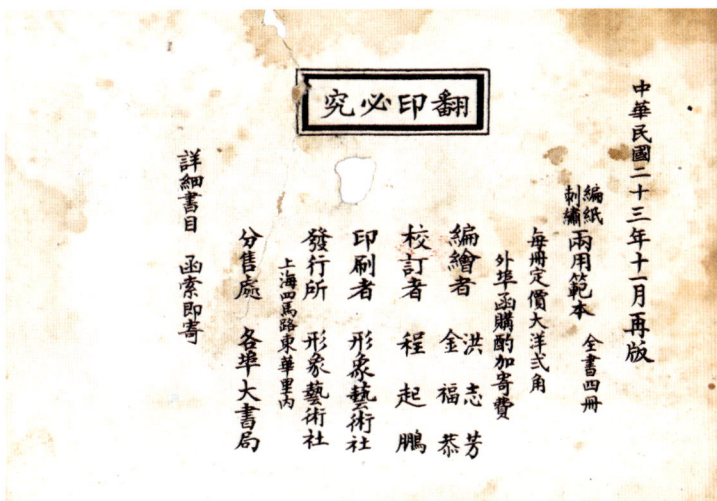

1886　书名：现代水墨画

　　　　著者：包孝先 / 编绘　朱凤竹 / 校订

　　　　出版印行：上海形象艺术社

　　　　出版时间：民国二十四年（1935）初版

　　　　册数：二

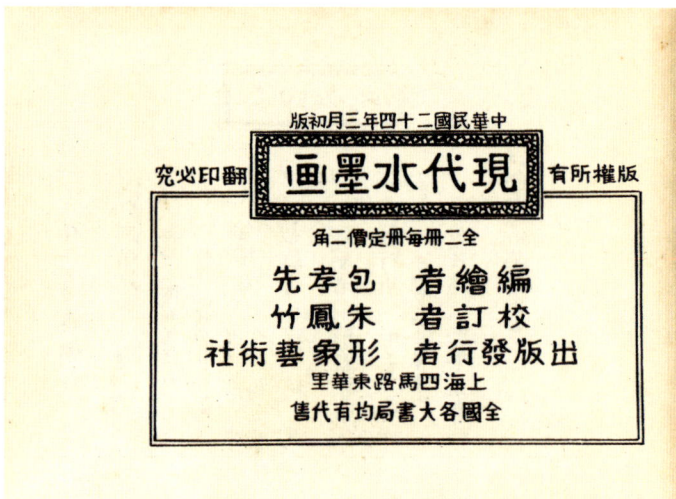

书名：图画课本

著者：傅伯良 / 编绘

出版印行：劳作教材服务社

出版时间：民国廿五年（1936）初版　民国卅一年（1942）6版

册数：不详

1888　书名：图案画法（初中学生文库）

著者：朱西一／编

出版印行：中华书局

出版时间：民国二十五年（1936）发行　民国三十年（1941）4 版

册数：一

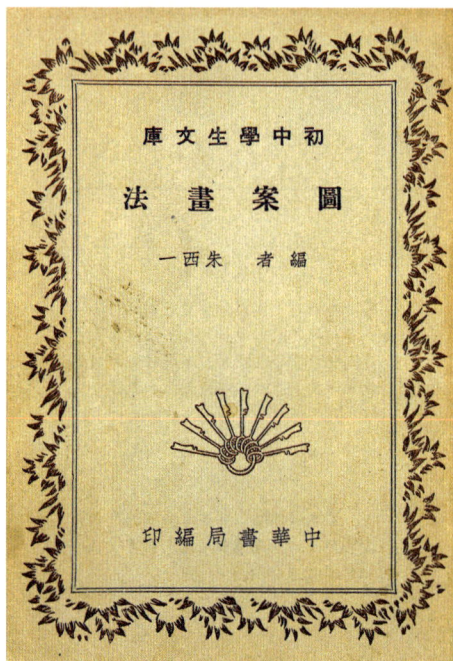

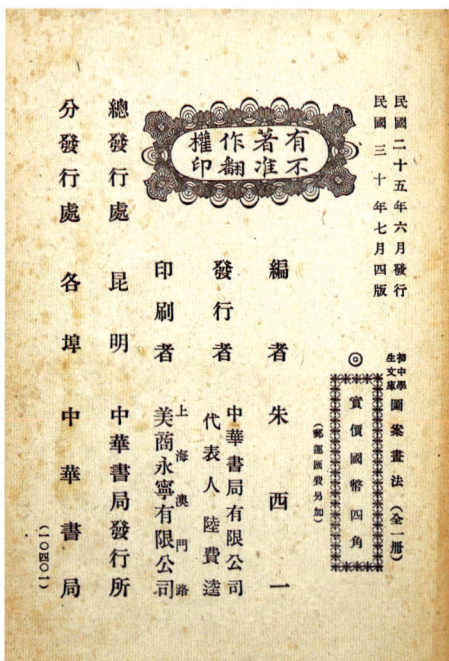

书名：儿童图画
著者：凌善清 / 编辑
出版印行：大东书局
出版时间：民国二十六年（1937）3 版
册数：不详

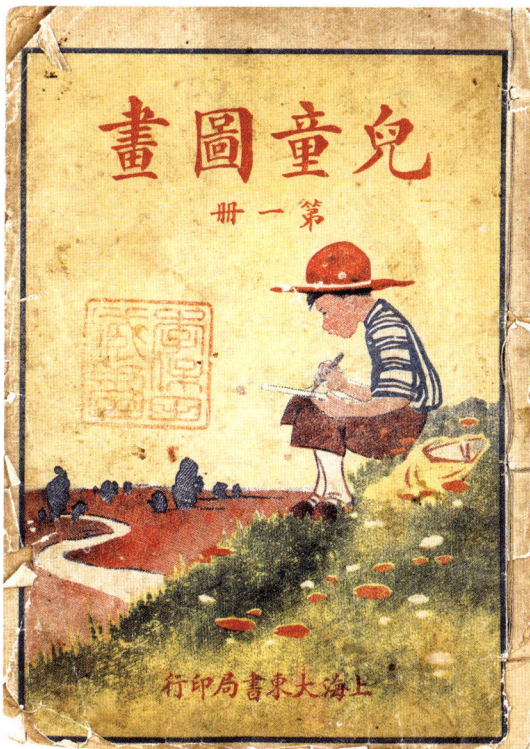

兒童圖畫
第一册

上海大東書局印行

兒童小說　全書二册　一角六分
兒童游戲　全書一册　價洋九分
兒童笑話　全書三册　價洋八分
兒童劇本　全書二册　價洋八分
兒童謎語　全書二册　一角六分
兒童詩歌　全書二册　一角六分
兒童歌謠　全書四册　價洋八分
兒童故事　全書三册　一角二分
兒童作文　全書二册　價洋二角
兒童識字　全書二册　價洋一角
兒童禮範　全書一册　價洋一角
兒童書法　全書二册　一角六分

中華民國二十年六月三版
兒童圖畫（第一集）
■（每集定價大洋一角五分）
（外埠酌加郵費匯費）

編輯者　凌善清
發行人　沈駿聲　上海北福建路二號
印刷者　大東書局　上海北福建路二號
總發行所　大東書局　上海四馬路九十九號
分發行所　大東書局　南京　廣州　北平　漢口　遼寧　長沙　梧州　汕頭　哈爾濱　徐州　天津　重慶

▲此書有著作權不准翻印▼

1890 书名：简易水彩画
著者：鲍叔良 / 编绘
出版印行：上海形象艺术社
出版时间：民国廿六年（1937）再版
册数：四

第四册

簡易水彩

上海形象藝術社出版

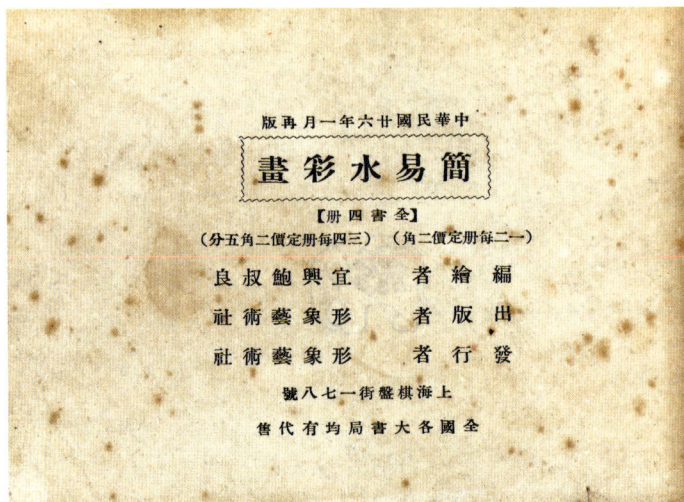

中華民國廿六年一月再版

簡易水彩畫

【全書四册】

（一二每册定價二角）　（三四每册定價二角五分）

編繪者　　宜興鮑叔良

出版者　　形象藝術社

發行者　　形象藝術社

上海棋盤街一七八號

全國各大書局均有代售

书名：大众水彩画
著者：中学水彩画研究协会 / 编绘
出版印行：大众书局
出版时间：民国二十九年（1940）
册数：不详

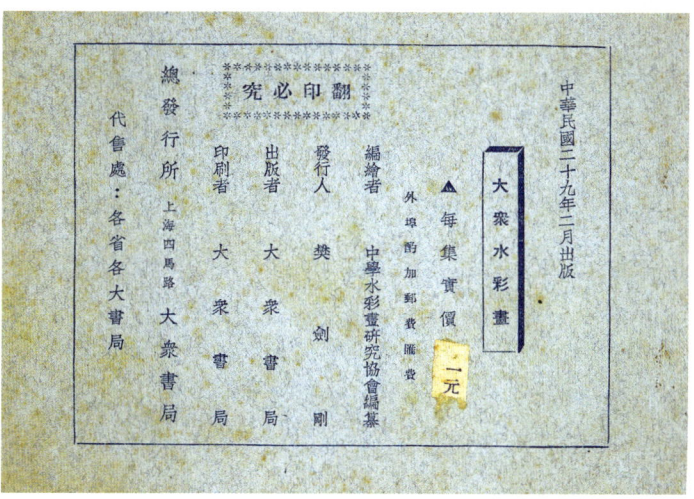

1892

书名：水彩风景画

著者：徐进 / 编绘

出版印行：上海徐进画室

出版时间：1941年重印

册数：二

书名：基本水彩画（中小学适用）
著者：蔡忱毅／绘图　沈士秋／校订
出版印行：新亚书店
出版时间：民国三十三年（1944）6版
册数：四

1894

书名：写生着色画本

著者：张兆鹏 / 主编　叶砚农 / 编绘

出版印行：教育画库出版社

出版时间：民国三十五年（1946）

册数：不详

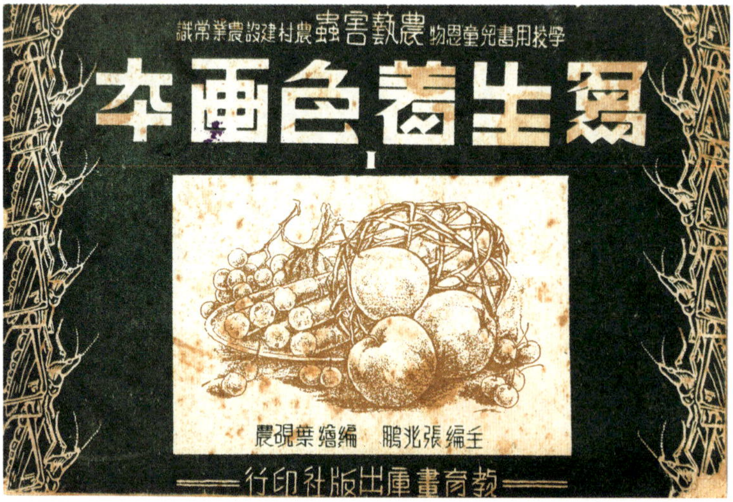

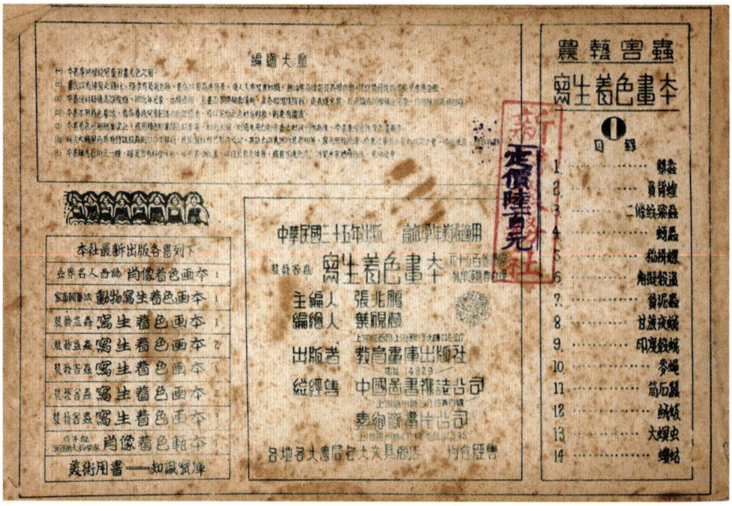

书名：模范学生铅笔画

著者：陆雪俦 / 编绘

出版印行：南光书店

出版时间：民国三十六年（1947）初版

册数：一

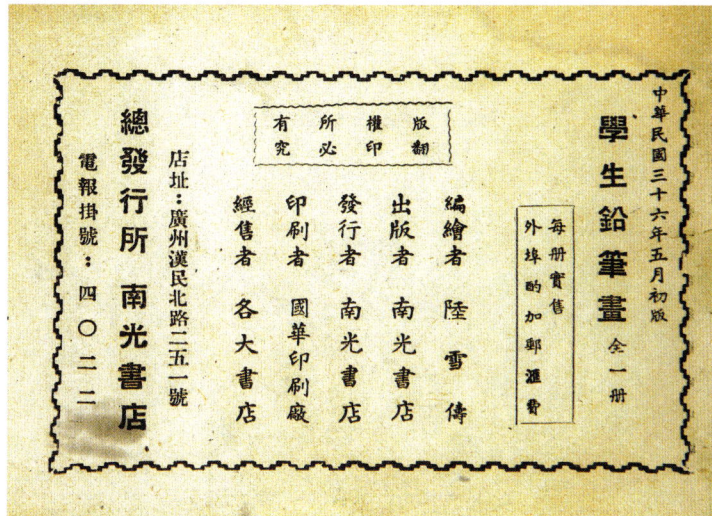

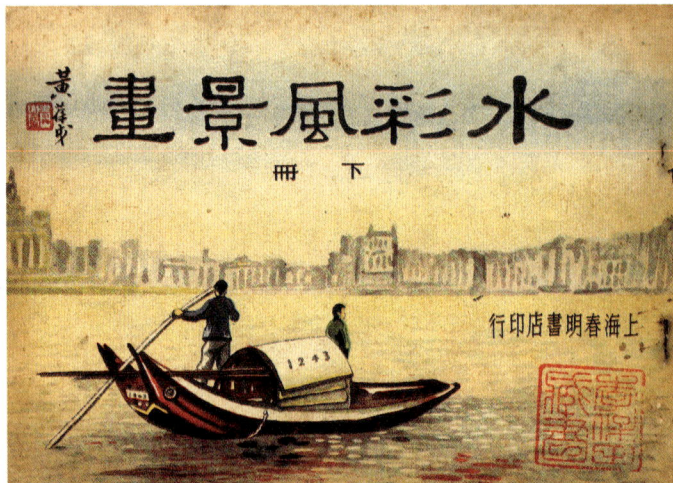

书名：新编图画课本

著者：吴仰宇 / 作

出版印行：万叶书店

出版时间：1947年初版

册数：四

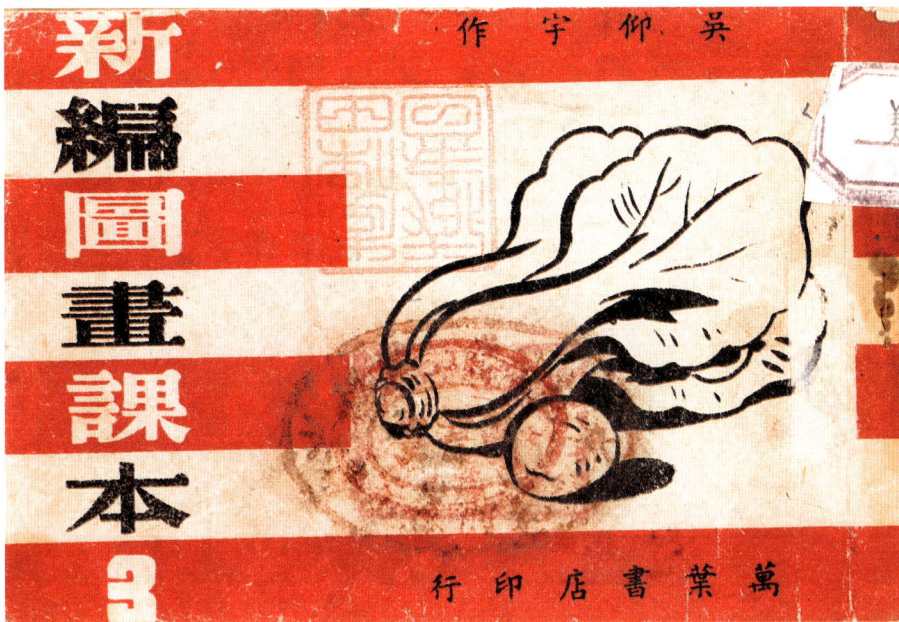

1898　　书名：学生毛笔画

著者：朱凤竹

出版印行：上海形象艺术社

出版时间：民国三十六年（1947）初版

册数：四

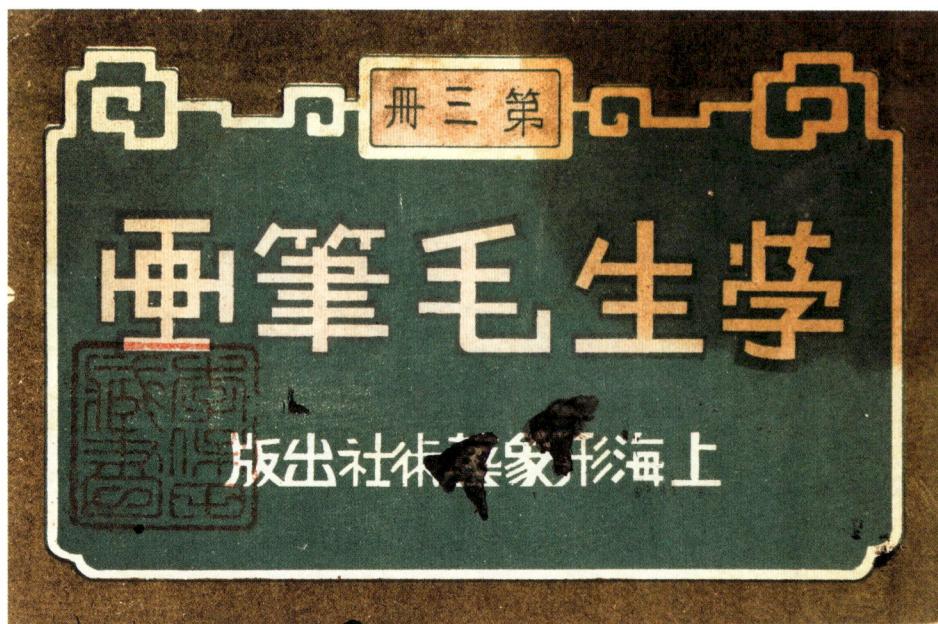

书名：高级学生图画课本
著者：张荻寒 / 编绘
出版印行：春明书店
出版时间：民国三十七年（1948）再版
册数：一

1899

中華民國三十七年十月再版

高級學生圖畫課本　全一册　實價

編繪者　張　荻　寒
發行人　陳　兆　椿
出版者　春　明　書　店

版權所有
翻印必究

總發行所：上海畫家路巷中春明書店

各埠各大書局均有經售

編輯例言

1. 本書的編制，以適合高小學生的圖畫課程為準繩，取材由淺入深，使臨摹者對於繪畫的技巧，得以循序而漸展。

2. 本書取材的種類，計有動植物花鳥蟲魚及日常用具等，其範圍並不侷重於一隅；筆法富有變化，使臨摹者在作畫的知識上可以獲得深博的造詣。

3. 本書中每幅畫面，其形態皆注重生動活潑，且處處顧及於兒童學習的興趣，以期收到教學方面之確切的效果。

4. 本書所運用的筆法，無論用鋼筆鉛筆或毛筆均可臨摹，教師得斟酌情形而定。

书名：铅笔风景画

著者：徐进 / 编绘

出版印行：上海徐进画室 / 出版　艺文书店 / 发行

出版时间：民国三十七年（1948）12版

册数：二

书名：铅笔写生画

著者：章育青 / 绘

出版印行：春明书店

出版时间：1948年再版

册数：一

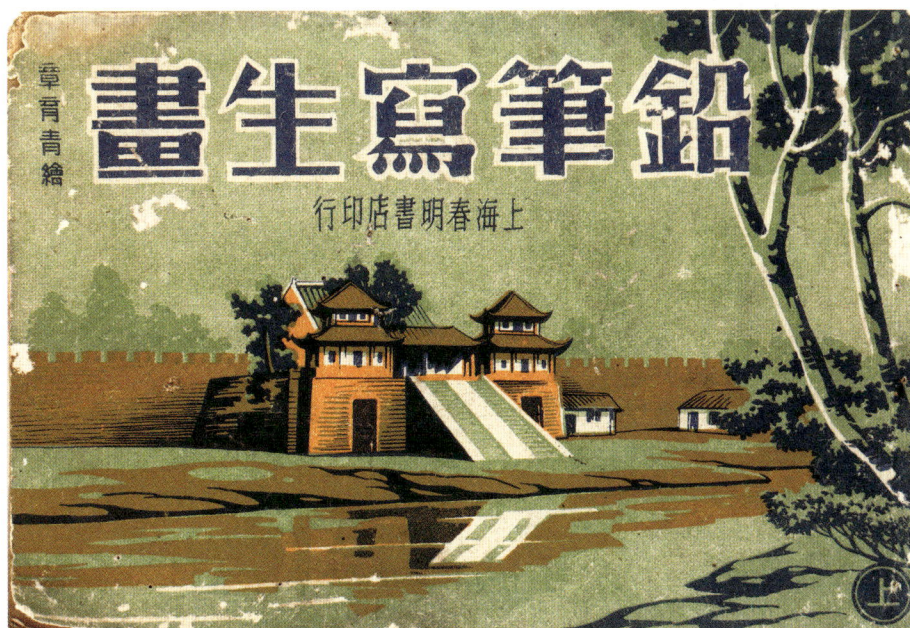

1902 书名：水彩风景画（中学适用）
著者：张眉孙 / 编绘
出版印行：新亚书店
出版时间：民国三十八年（1949）再版
册数：二

中華民國三十八年三月再版

版權所有•翻印必究

中學適用 水彩風景畫

全部兩册 每册基價

編繪者 張眉孫
發行者 陳邦楨
印刷者 新亞書店
總發行所 新亞書店
上海河南中路一五九號
各省分店 南京 成都 漢口 貴陽 重慶 廣州

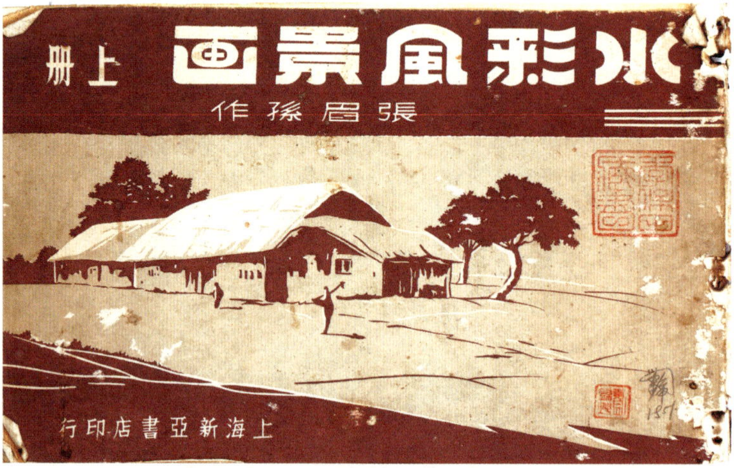

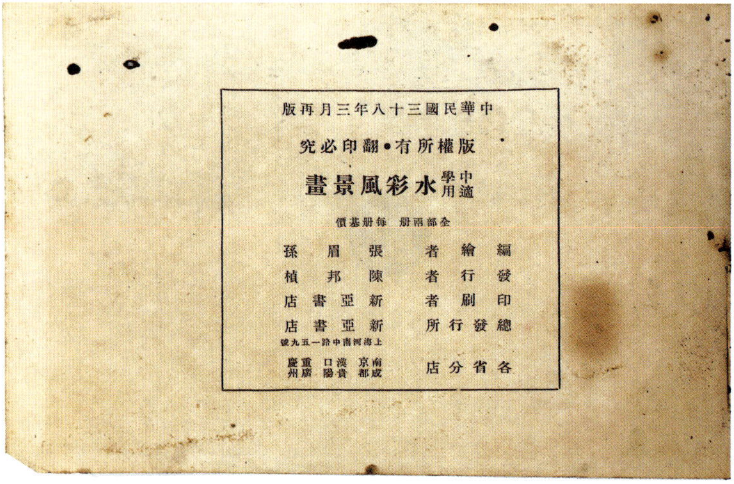

书名：模范学生剪贴画

著者：不详

出版印行：大方书局

出版时间：不详

册数：不详

1904

书名：新蜡笔画范本

著者：张眉孙 / 编绘

出版印行：上海大明书局

出版时间：不详

册数：不详

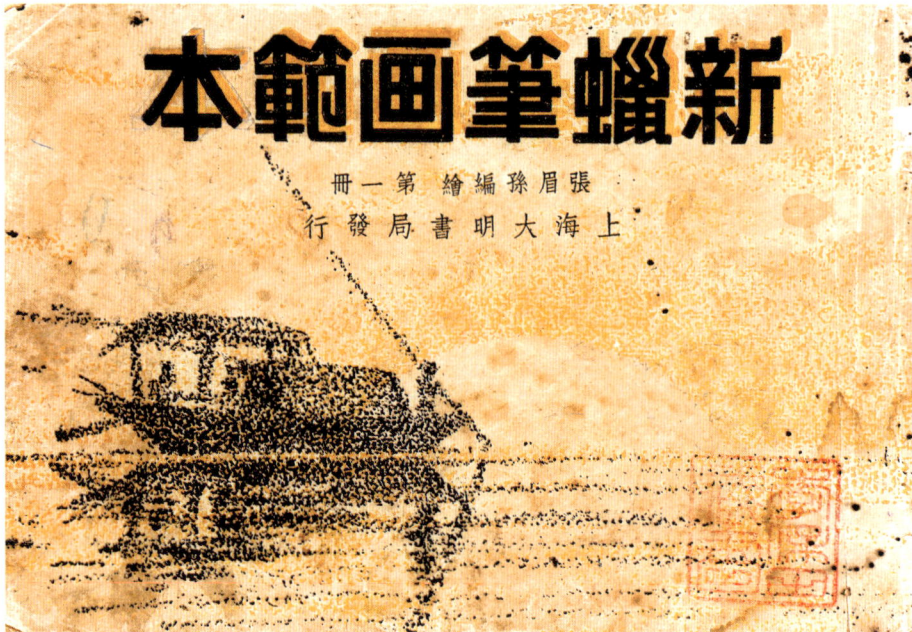

书名：学生水彩画

著者：不详

出版印行：上海形象艺术社

出版时间：不详

册数：不详

1906

书名：新式毛笔画帖

著者：不详

出版印行：上海新华书局

出版时间：不详

册数：不详

书名：简笔画典

著者：刘莲孙 / 编绘

出版印行：上海文化出版社

出版时间：不详

册数：不详

20 家事与缝纫类教材

书名：民国适用初等女子家政教科书

著者：周铭训 / 编辑　庄景仲 / 订正

出版印行：新学会社

出版时间：光绪三十二年（1906）初版　民国十二年（1923）订正15版

册数：不详

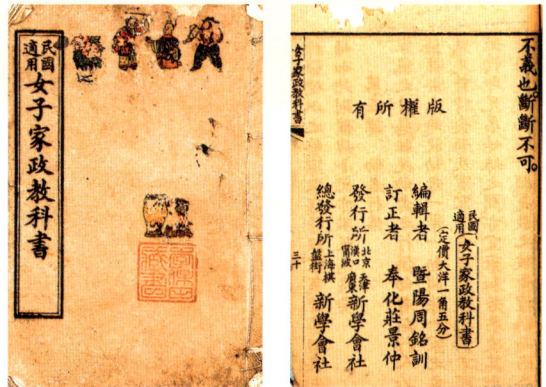

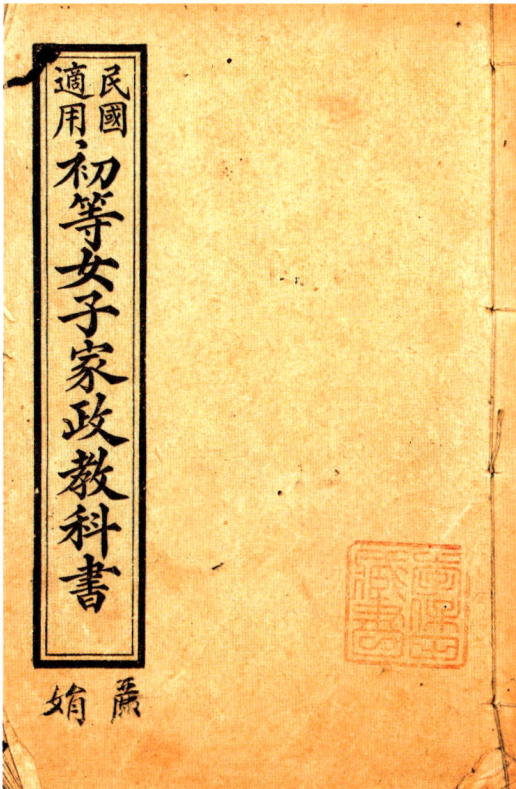

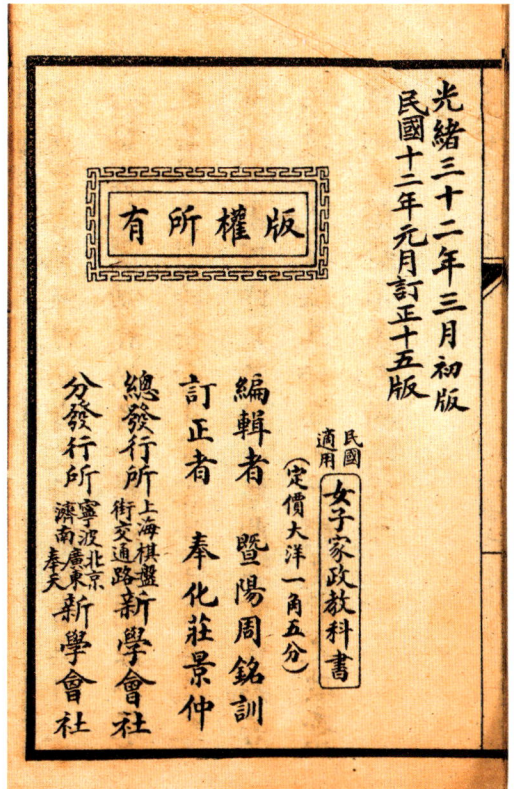

1912

书名：女子家政教科书

著者：朱彭龄／编辑　庄景仲／校订

出版印行：新学会社

出版时间：光绪三十三年（1907）初版　民国十一年（1922）8版

册数：一

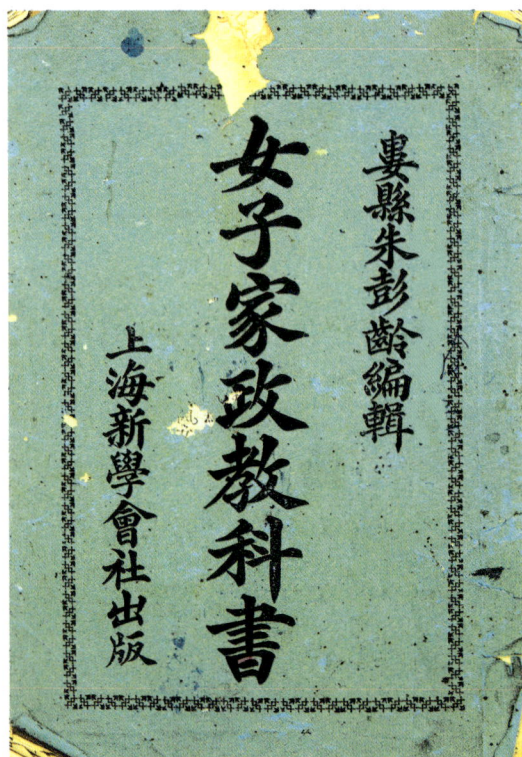

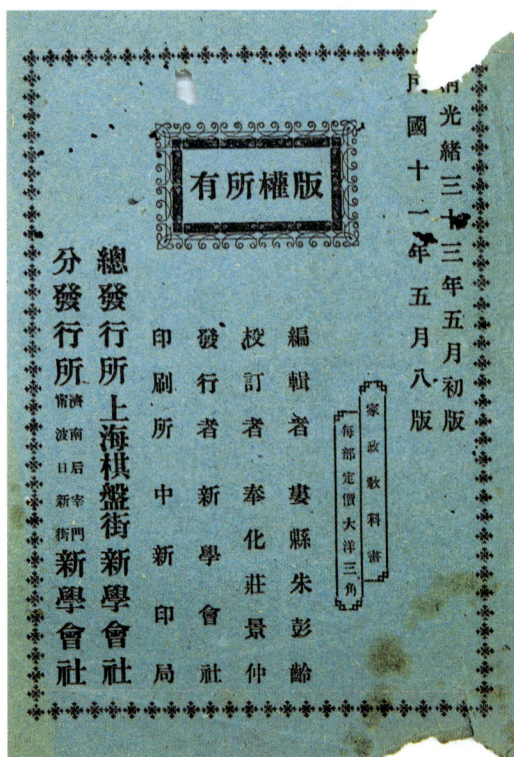

书名：家事课本
著者：黄端履 / 编纂　沈恩孚、顾倬 / 校订
出版印行：中国图书公司和记
出版时间：丁未年（1907）初版　民国十六年（1937）23版
册数：一

1913

家事課本編輯大意

家事爲女子專責近今女子教育趨重於世界觀念而治家之要道或未之研求此編者所憾也西哲有言曰不能治家則不能治國與我華齊家治國之古訓若合符節女子幼時苟非於家事一門反覆練習則一旦操持家政必不能應用自如編者竊以婦主中饋責任綦重用特輯爲專書與國文科相附而行期有實益

本書選擇材料就吾國風俗之習慣進以文明之思想且適合於現今程度以備女子高等小學第一二學年之用教者可每星期於國文課中抽出一時以授是書

本書文辭淺顯不事雕琢即年長婦女不能肆業於高等小學者此書亦可自修藉以知家事之大概

中國圖書公司和記印行

五種遺規

養正遺規	一冊	一角五分
教女遺規	一冊	一角
訓俗遺規	一冊	一角
從政遺規	一冊	二角
在官法戒錄	一冊	二角

桂林陳榕門輯前人嘉言懿行彙爲養正教女訓俗從政四種遺規又別輯在官法戒錄述書傳所載吏胥之事總稱五種遺規持理平實允爲修養要籍本館印行之本保校浙江書局刻本

商務印書館印行

發(2164)

丁未年五月初版
中華民國六年五月廿三版
◎家事課本一冊
（每冊定價大洋壹角）
（外埠酌加運費匯費）

編纂者　金山黃端履
校訂者　無錫沈恩孚顧倬
發行者　中國圖書公司和記
印刷所　中國圖書公司和記
總發行所　中國圖書公司和記
分售處　上海及各省商務印書館

◎此書有著作權翻印必究◎
三五五五號

1914　书名：通俗实用家计簿记教科书

著者：寿孝天 / 编纂

出版印行：商务印书馆

出版时间：光绪戊申年（1908）初版　1926年19版

册数：一

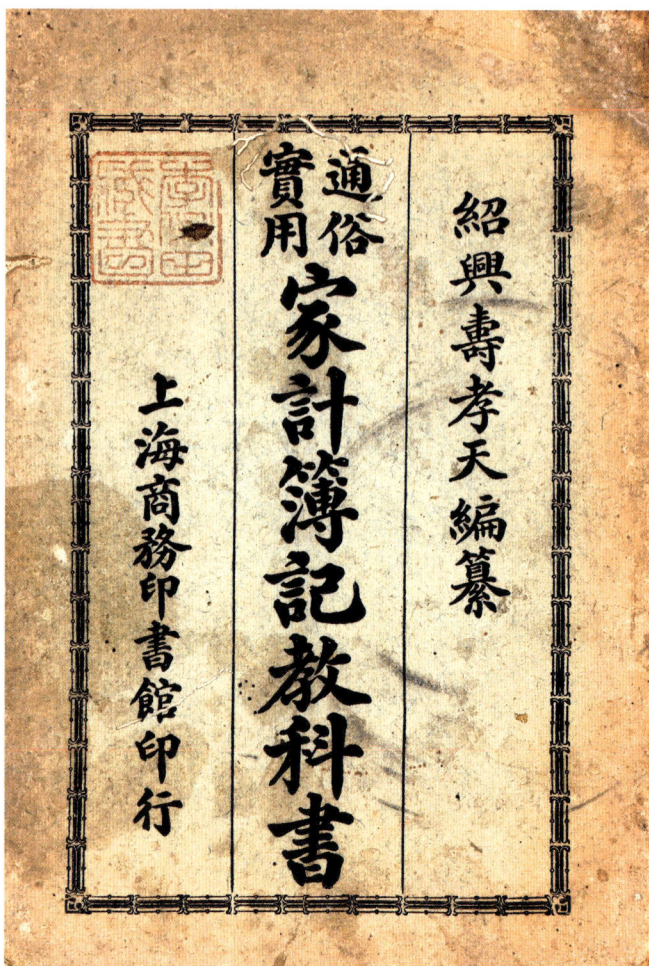

书名：共和国教科书新缝纫（高等小学校用）

著者：汪农麟 / 编纂　蒋维乔 / 校订

出版印行：商务印书馆

出版时间：民国四年（1915）初版　民国六年（1917）再版

册数：三

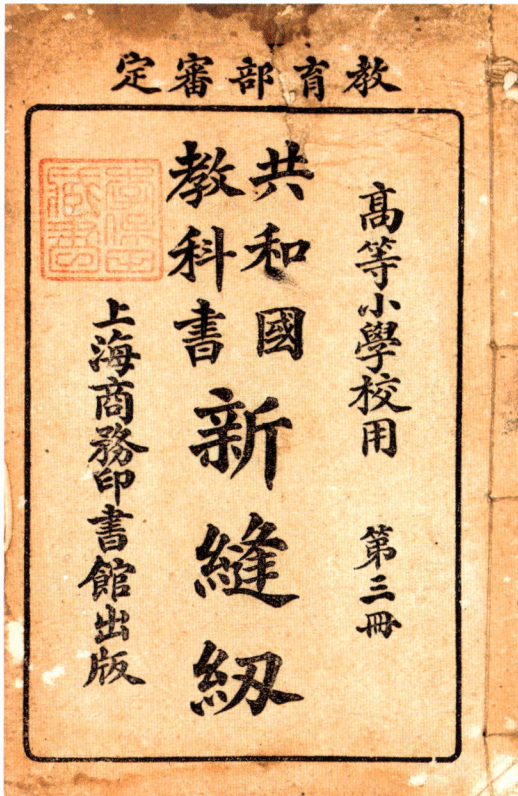

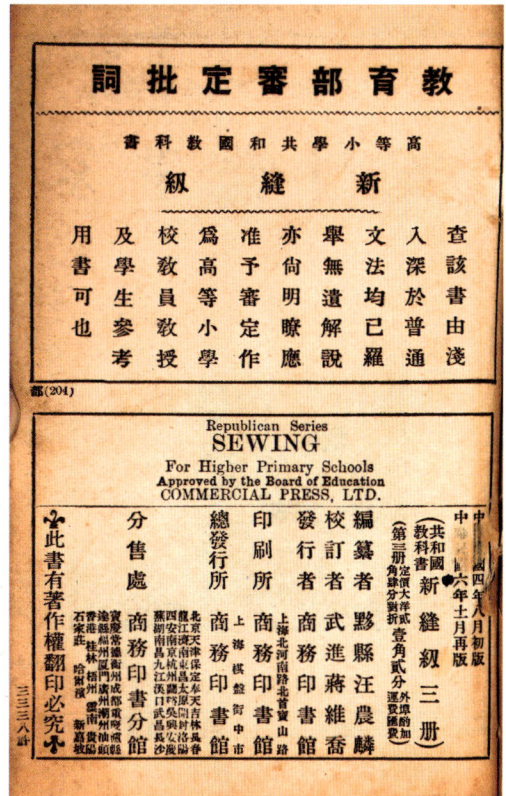

教育部审定

共和國教科書新縫紉

高等小學校用　第三册

上海商務印書館出版

教育部審定批詞

高等小學共和國教科書

新縫紉級

查該書由淺

入深於普通

文法均已羅

舉無遺解說

亦尚明瞭應

准予審定作

為高等小學

校教員教授

及學生參考

用書可也

部（204）

Republican Series
SEWING
For Higher Primary Schools
Approved by the Board of Education
COMMERCIAL PRESS, LTD.

編纂者　黟縣汪農麟

校訂者　武進蔣維喬

發行者　商務印書館

印刷所　商務印書館

總發行所　上海棋盤街中市　商務印書館

分售處　商務印書分館

此書有著作權翻印必究

中華民國四年八月初版
中華民國六年土月再版

（共和國新縫紉　三册）

（第三册定價大洋貳角壹分　外埠酌加運費匯費）

1916

书名：家事教科书（女子中学校及师范学校用）

著者：王程之、张世杓 / 编纂　蒋维乔 / 校订

出版印行：商务印书馆

出版时间：民国四年（1915）初版　民国廿二年（1933）国难后第1版

册数：一

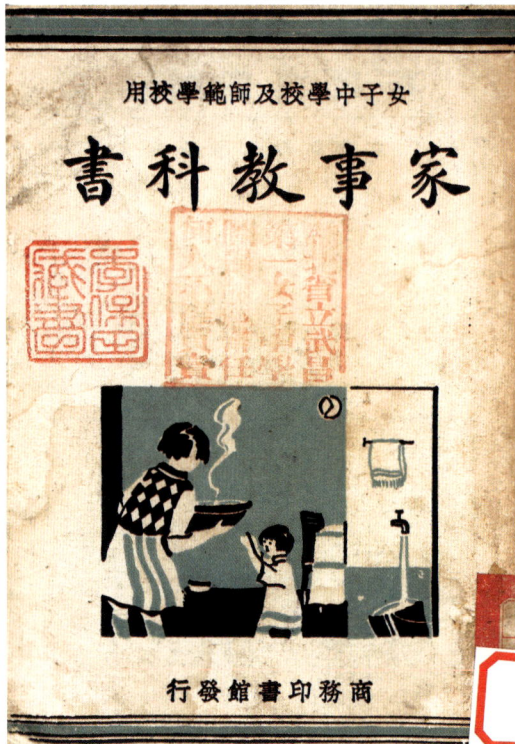

民國二十一年一月二十九日
敝公司突遭國難總務處印刷
所編譯所書棧房均被炸燼附
設之涵芬樓東方圖書館俏公
小學亦遭殃及盡付焚如三十
五載之經營燬於一旦迭蒙
各界慰問督望迷圖恢復詞意
懇摯銜感何窮敝館雖境銀
困不敢不勉爲其難因將學校
儒用各書先行覆印其他各書
亦將次第出版惟是圖版裝製
不能盡如原式事勢所限想荷
鑒原謹布下忱統斯垂管

上海商務印書館謹啟

版權所有　翻印必究

中華民國四年一月初版
民國廿二年國難後第一版
三月印行圖

家事教科書一冊
女子中學校及師範學校用
（二○一一）
每冊定價大洋陸角
外埠酌加運費匯兌

編纂者　王程之

校訂者　蒋維喬

發行兼印刷者　商務印書館　上海河南路

發行所　商務印書館　上海及各埠

（本書校對者楊瑞亥）

三七七〇上

书名：女子烹饪教科书（女子中学校及师范学校用）

著者：萧闲叟／编纂

出版印行：商务印书馆

出版时间：民国四年（1915）初版　民国二十三年（1934）国难后第1版

册数：一

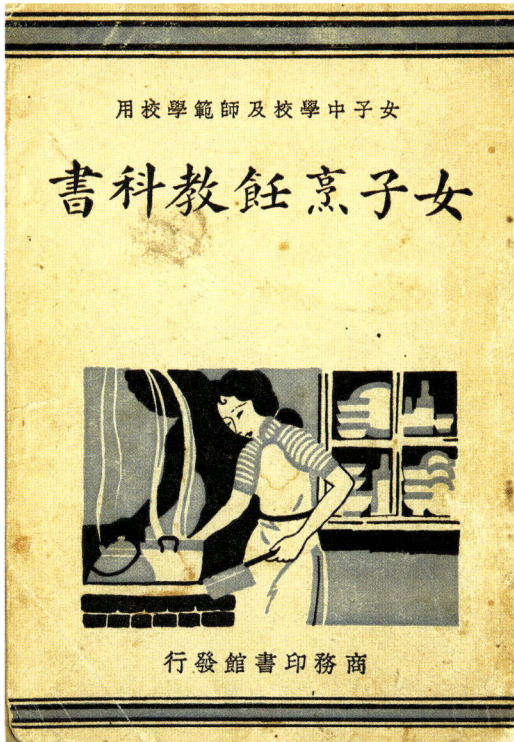

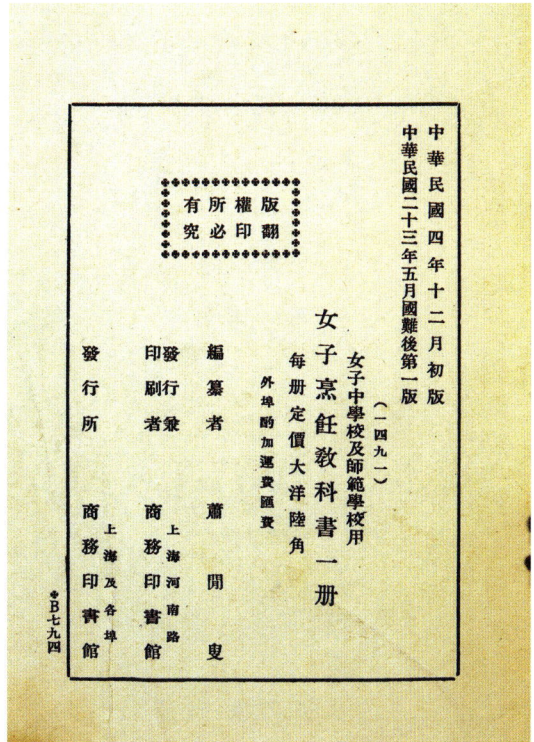

1918
书名：复兴初级中学教科书家事（初级中学用）
著者：陈意 / 编著　王云五 / 主编兼发行
出版印行：商务印书馆
出版时间：民国二十二年（1933）初版　民国二十二年（1933）2版
册数：三

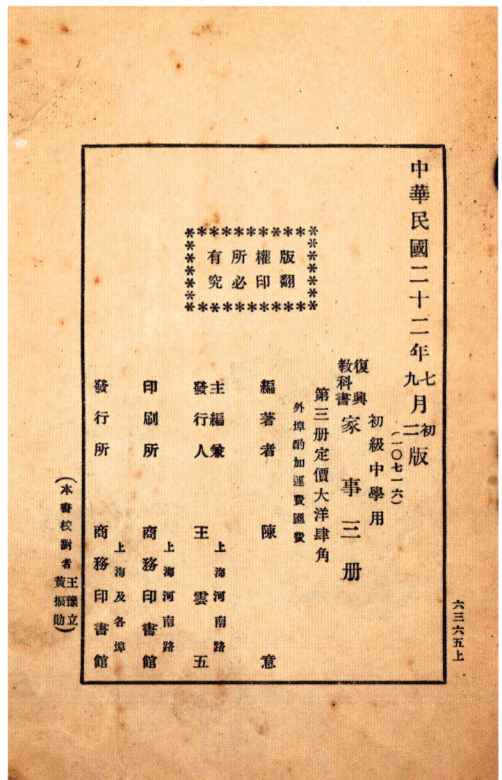

书名：中服裁法

著者：民范女校缝纫研究会 / 编

出版印行：不详

出版时间：不详

册数：不详

1919

21 生物类教材

---

①高中与师范教材
②其他教材

书名：新学制高级中学教科书公民生物学
著者：王守成／编纂
出版印行：商务印书馆
出版时间：民国十三年（1924）初版　民国廿一年（1932）第2版
册数：二

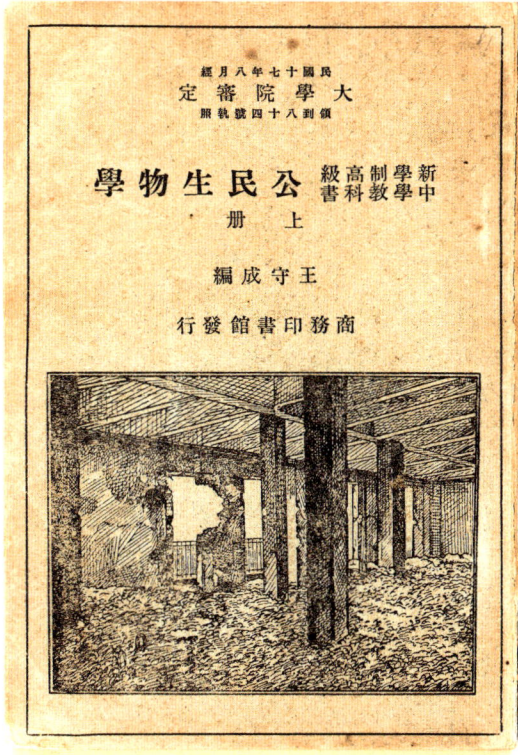

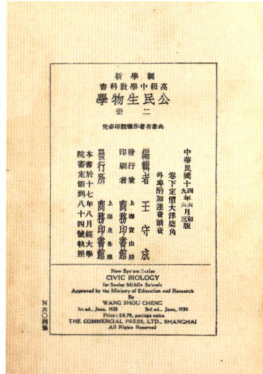

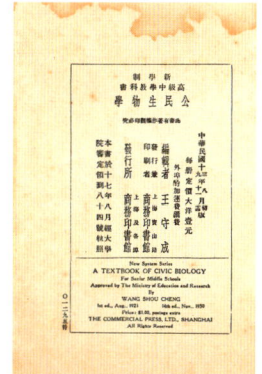

1924　书名：新中华生物学（高级中学用）

著者：陈兼善 / 编

出版印行：中华书局

出版时间：民国二十一年（1932）发行　　民国二十二年（1933）5版

册数：一

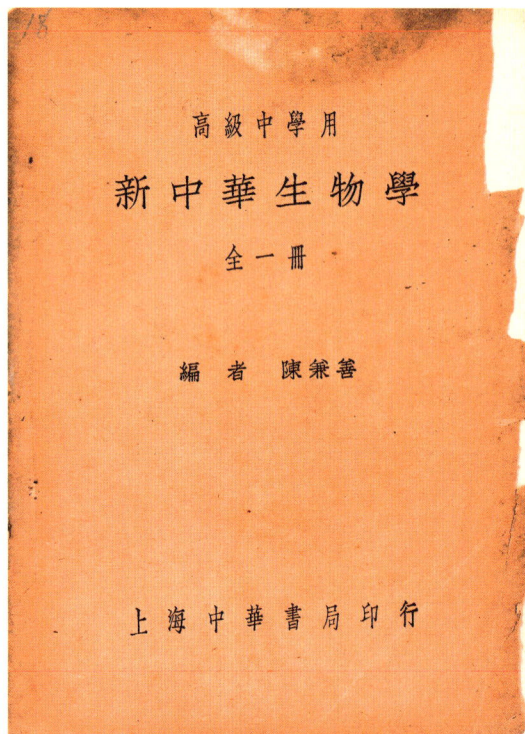

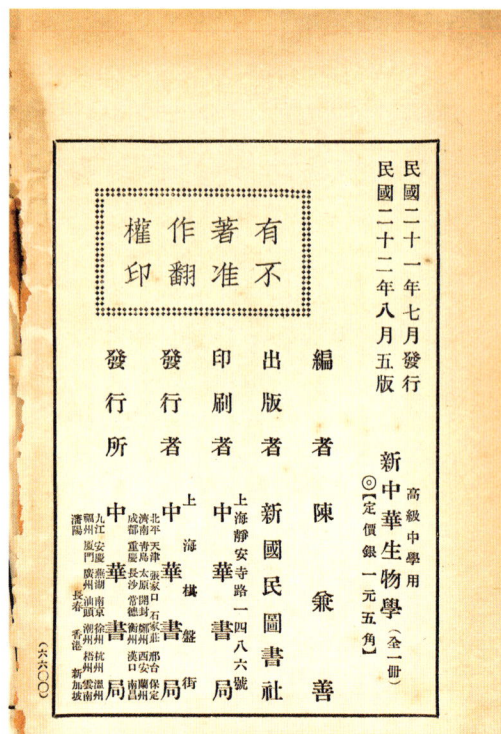

书名：复兴高级中学教科书生物学

著者：陈桢 / 编著　　王云五 / 主编

出版印行：商务印书馆

出版时间：民国二十二年（1933）初版　　民国三十五年（1946）120版

册数：一

1925

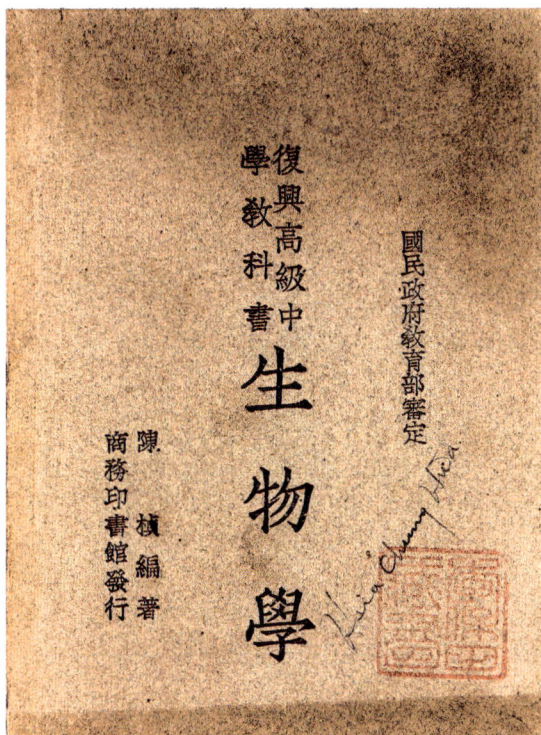

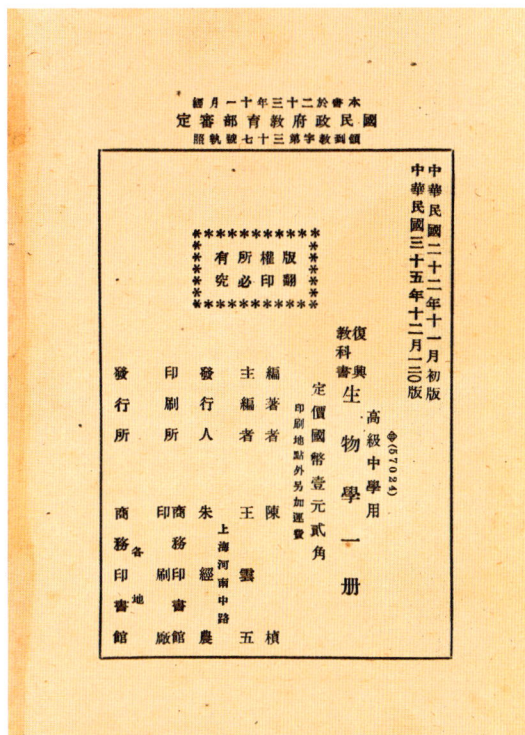

1926 书名：复兴高级中学教科书生物学实验

著者：江栋成／编著

出版印行：商务印书馆

出版时间：民国二十三年（1934）初版　民国二十四年（1935）订正3版

册数：一

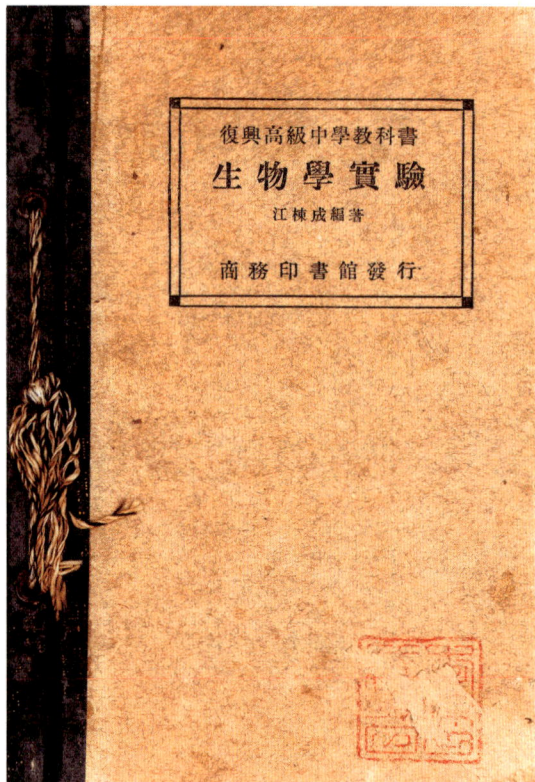

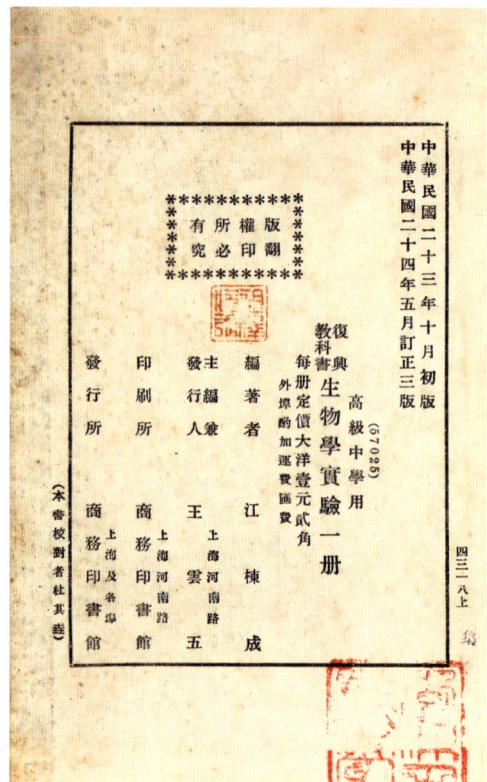

书名：高中教本现代生物学
著者：朱庭茂 / 编辑
出版印行：兼声编译出版合作社
出版时间：民国二十四年（1935）初版
册数：一

1927

高中教本
現代生物學
朱庭茂編
教育部新標準
民國二十四年版
兼聲編譯出版合作社出版

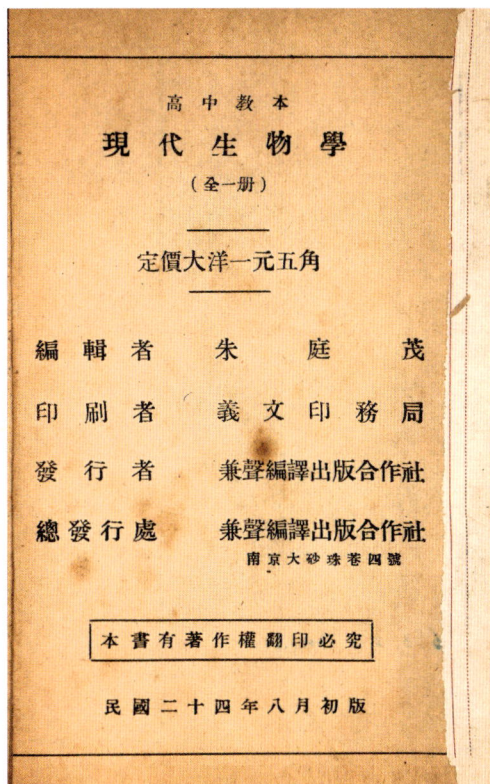

高中教本
現代生物學
（全一册）

定價大洋一元五角

編輯者	朱庭茂
印刷者	義文印務局
發行者	兼聲編譯出版合作社
總發行處	兼聲編譯出版合作社

南京大砂珠巷四號

本書有著作權翻印必究

民國二十四年八月初版

1928

书名：师范学校教科书生物学

著者：周建人 / 编

出版印行：商务印书馆

出版时间：民国二十四年（1935）初版

册数：二

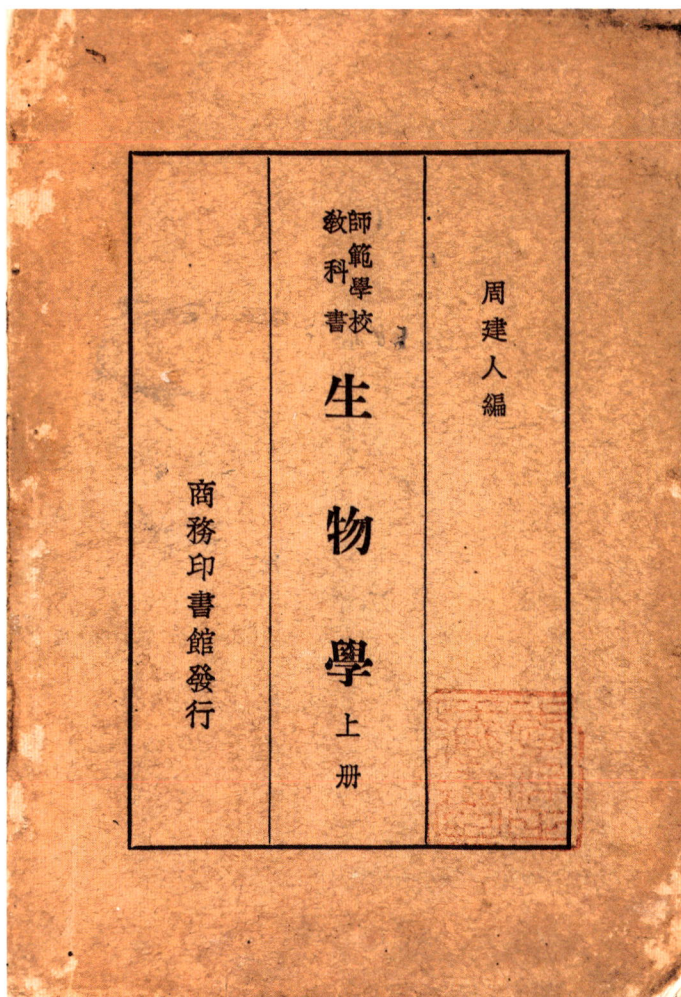

书名：高中新生物学（高级中学学生用）

著者：赵楷、楼培启 / 编著

出版印行：世界书局

出版时间：民国二十六年（1937）印刷　民国三十五年（1946）新6版

册数：二

1929

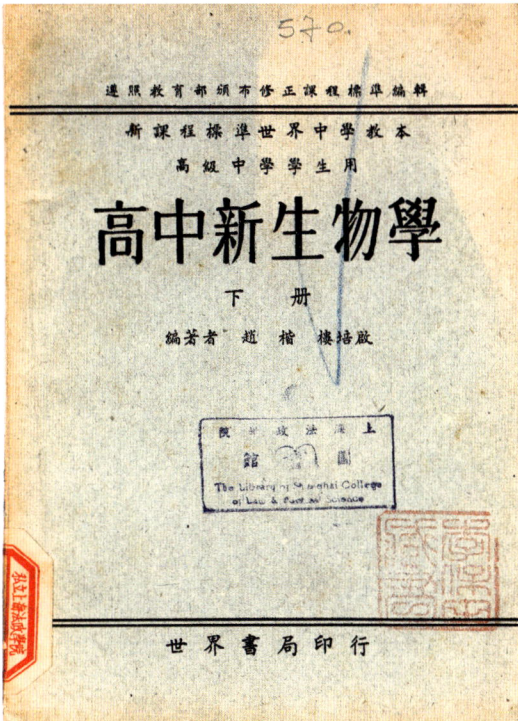

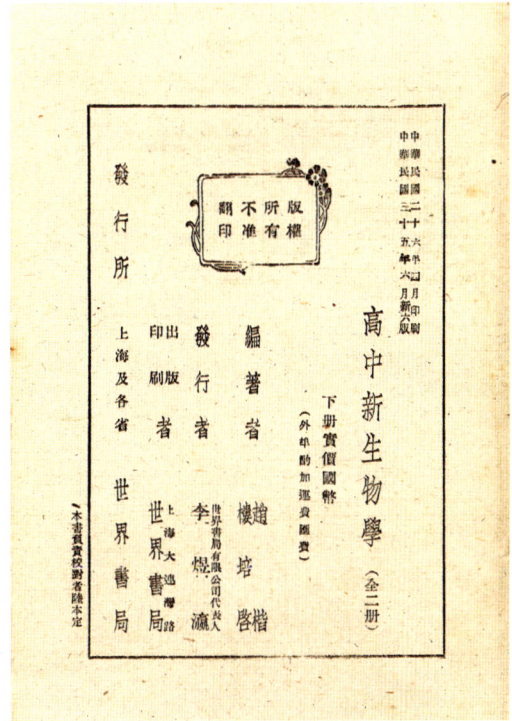

1930 书名：高中生物学（修正课程标准适用）
著者：陈兼善、华汝成／编
出版印行：中华书局
出版时间：民国二十八年（1939）8版
册数：二

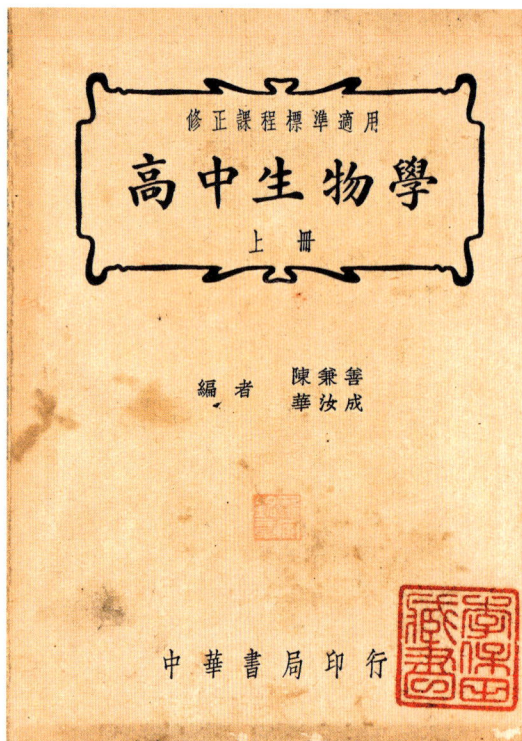

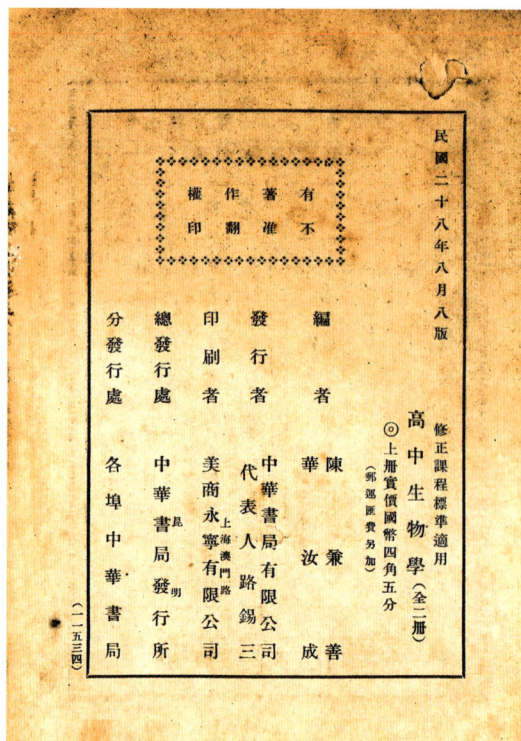

书名：新中国教科书高级中学生物学

著者：郑勉／编著

出版印行：正中书局

出版时间：民国三十四年（1945）初版　民国三十四年（1945）5版白报纸本

册数：不详

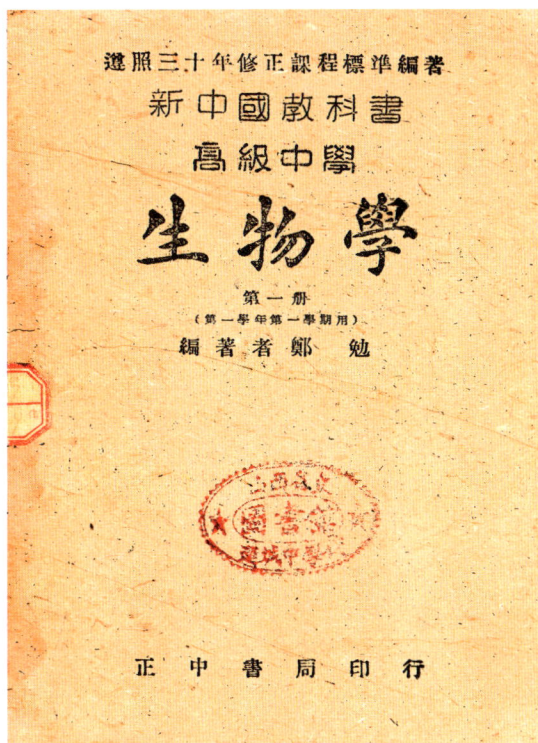

遵照三十年修正課程標準編著

新中國教科書

高級中學

生物學

第一册

（第一學年第一學期用）

編著者鄭　勉

正中書局印行

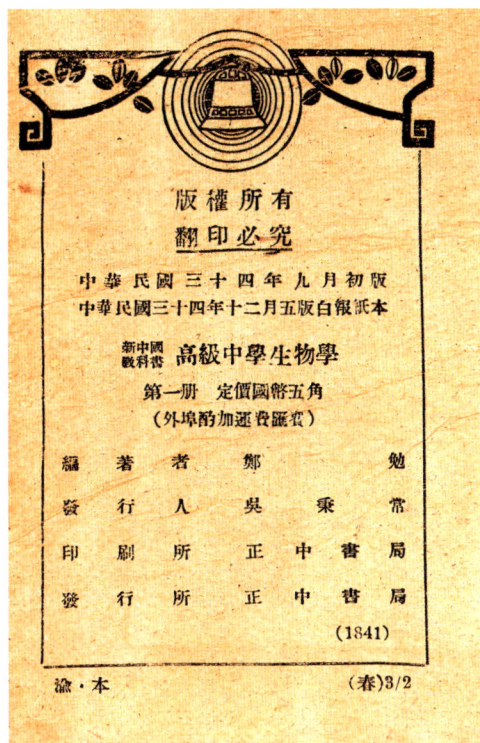

版權所有

翻印必究

中華民國三十四年九月初版

中華民國三十四年十二月五版白報紙本

新中國
教科書　高級中學生物學

第一册　定價國幣五角

（外埠酌加運費匯費）

編　著　者	鄭	勉
發　行　人	吳　秉	常
印　刷　所	正　中　書	局
發　行　所	正　中　書	局

（1841）

渝・本　　　　　　　（春）3/2

1932

书名：高中生物学纲要

著者：贾祖璋 / 编

出版印行：开明书店

出版时间：民国三十七年（1948）初版

册数：一

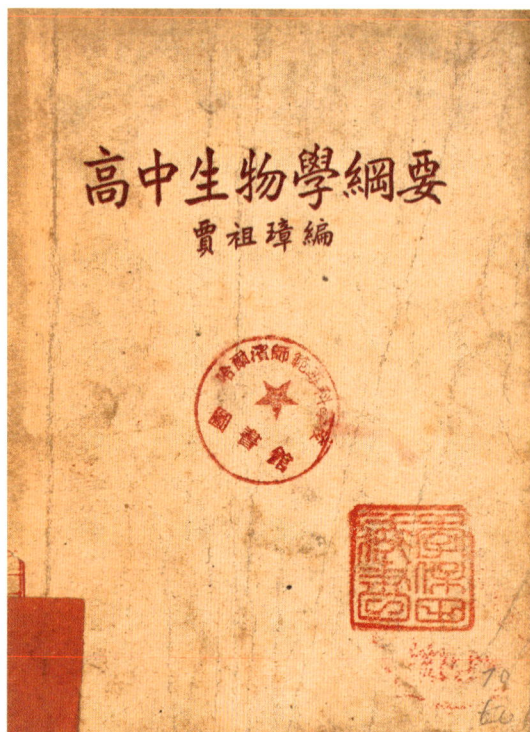

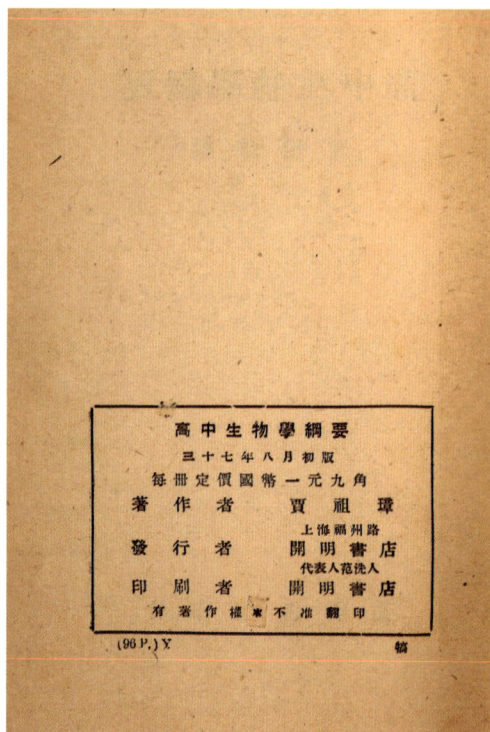

书名：生物学精义（大学丛书）

著者：冈村周谛／原著　汤尔和／译述

出版印行：商务印书馆

出版时间：民国十八年（1929）初版　民国二十四年（1935）国难后增订第1版

册数：一

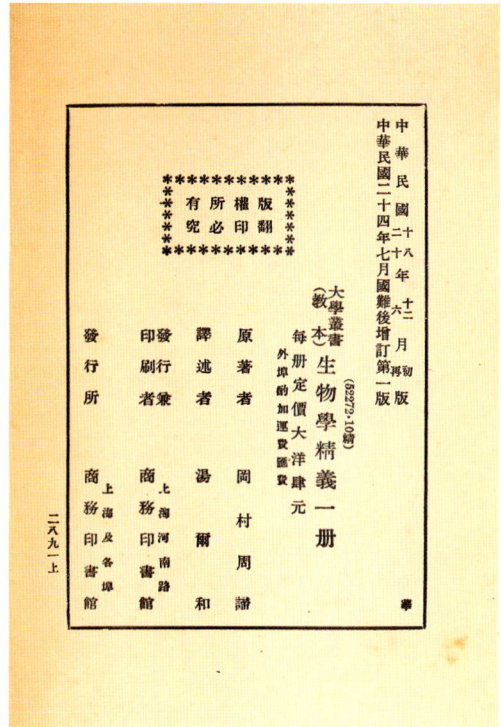

1934

书名：开明新编高级生物学

著者：贾祖璋 / 编著

出版印行：开明书店

出版时间：1948年初版　1949年9版

册数：一

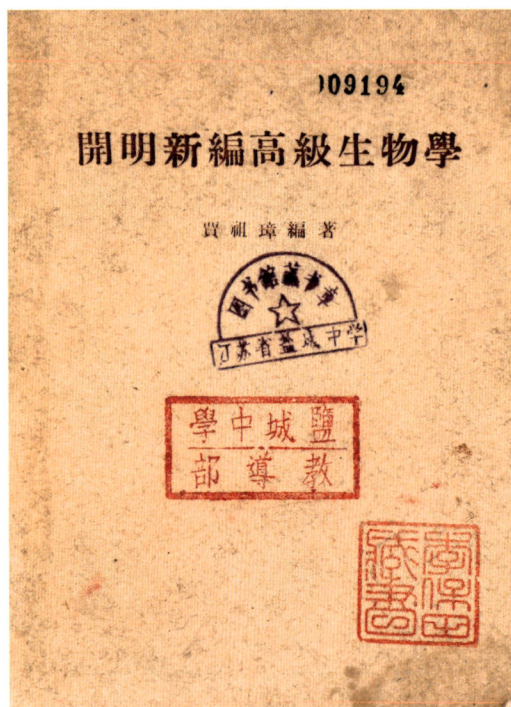

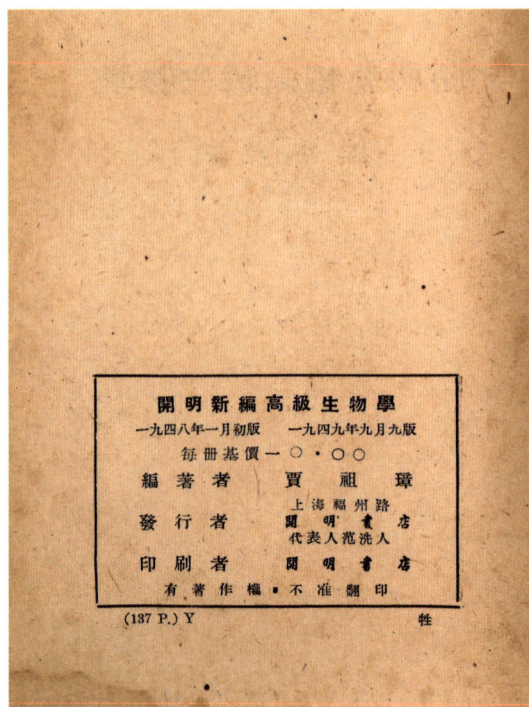

22 动物类教材

①中学教材
②师范教材
③其他教材

书名：中等博物教科动物学
著者：秦嗣宗 / 编辑
出版印行：上海科学会编译部
出版时间：民国二年（1913）4版
册数：不详

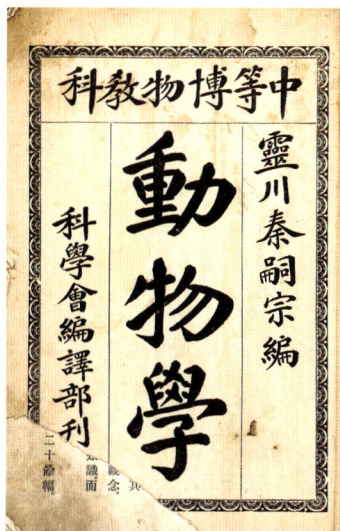

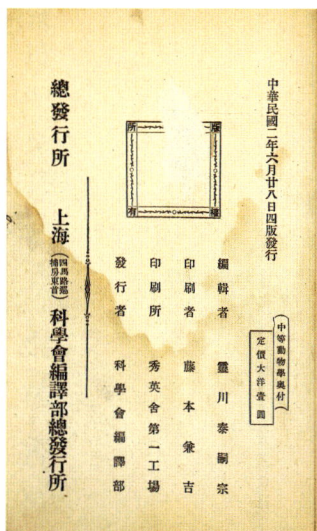

1938　书名：中华中学动物学教科书

　　　　著者：华文祺 / 编　　戴克敦、姚汉章、陆费逵 / 阅

　　　　出版印行：中华书局

　　　　出版时间：民国二年（1913）发行　　民国九年（1920）17版

　　　　册数：一

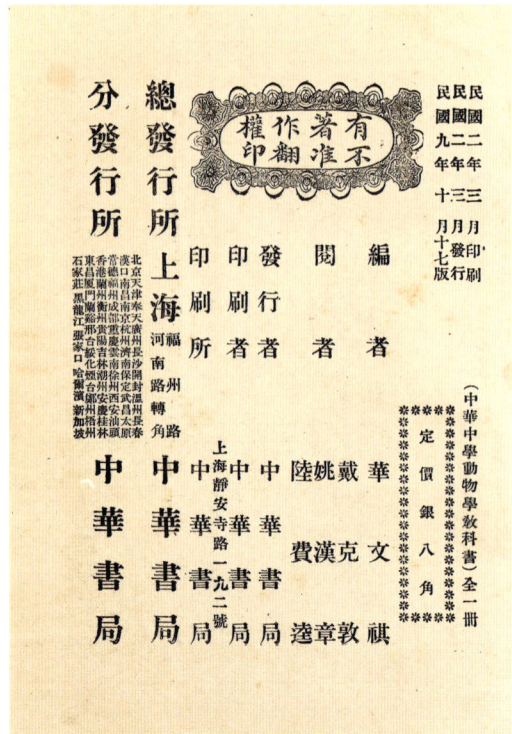

书名：共和国教科书动物学（中学校用）
著者：徐善祥、杜亚泉、杜就田 / 著
出版印行：商务印书馆
出版时间：民国四年（1915）初版
册数：一

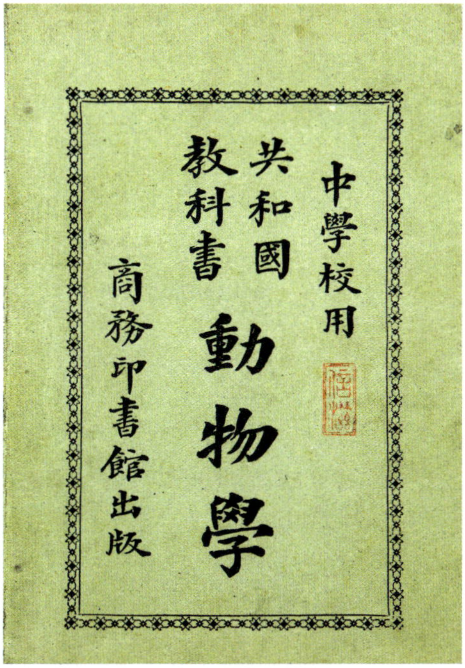

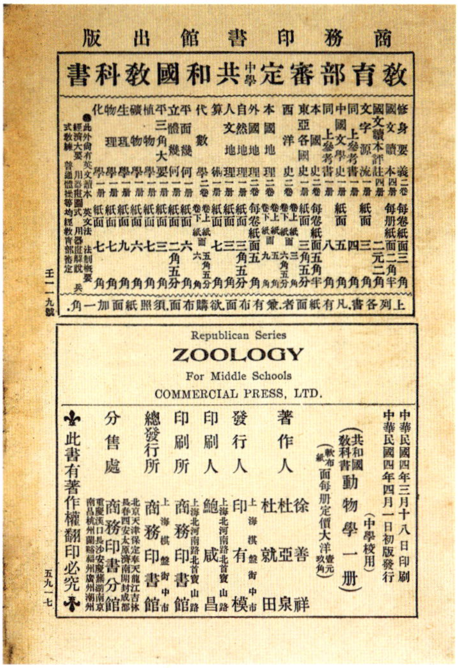

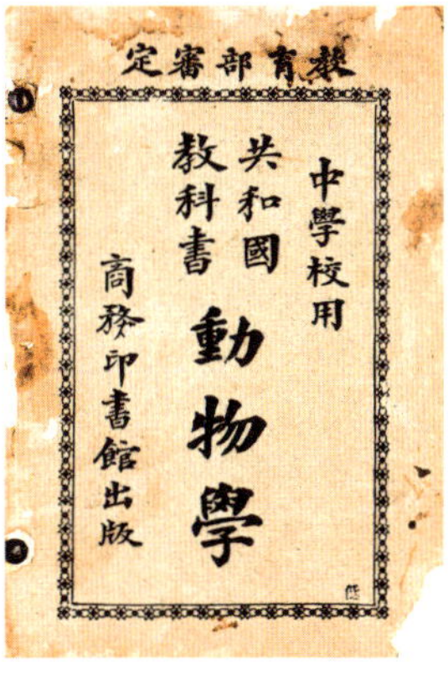

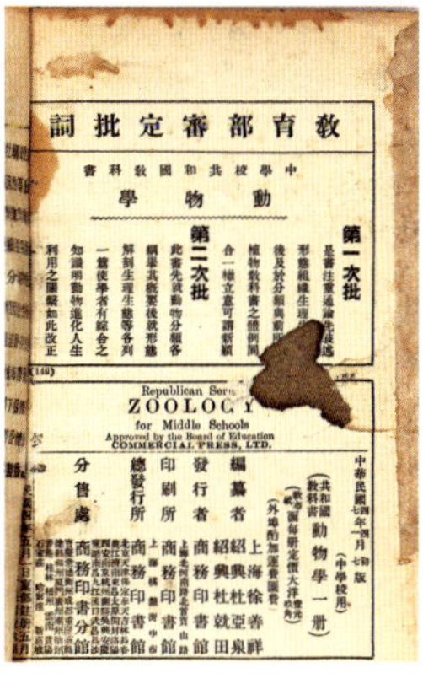

1940

书名：现代初中教科书动物学

著者：杜就田 / 编辑　秉志 / 校订

出版印行：商务印书馆

出版时间：民国十二年（1923）初版　民国十八年（1929）70版

册数：一

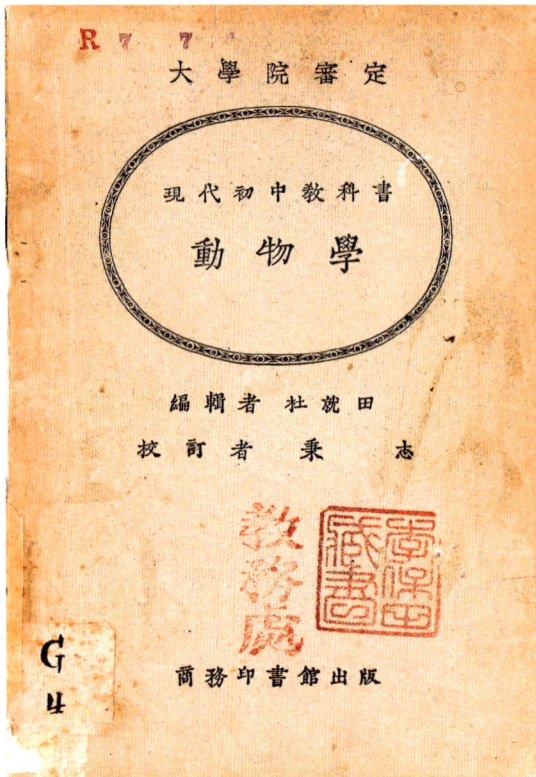

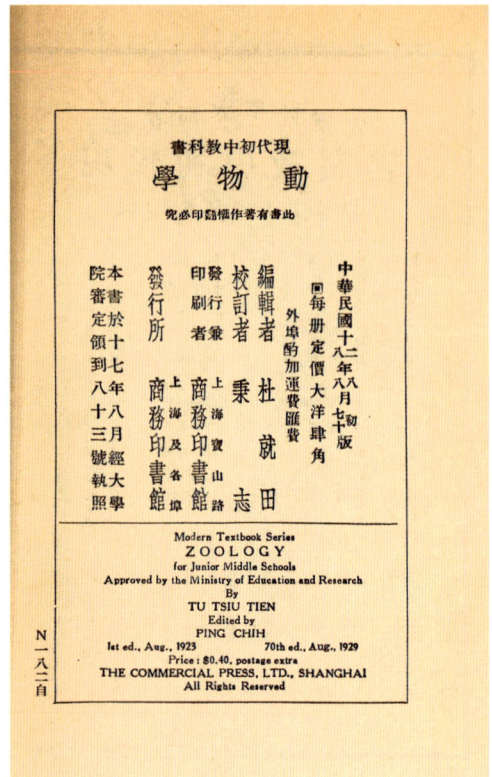

书名：新中学教科书动物学

著者：宋崇义 / 编　钟衡臧、俞宗振 / 参订　谢恩增 / 阅

出版印行：中华书局

出版时间：民国十二年（1923）发行　民国十二年（1923）3版

册数：一

中華書局發行

教育叢書

中學訓練問題

一冊 一角五分

陳啟天編述

本書根據著者多年從事中等教育的經驗與研究，發爲極切實之言論，企圖解決現在最難解決的中學訓練問題。

敎六(3)

有著作權不准翻印

民國十二年二月發行
民國十二年五月三版

新中學教科書 動物學（全一冊）
【定價銀九角】
（外埠酌加郵匯費）

編者 上虞 宋崇義
參訂者 鎮海 鍾衡臧 無錫 俞宗振
閱者 安慶 謝恩增
發行者 中華書局
印刷者 中華書局
印刷所 上海靜安寺路一九二號 中華書局
總發行所 上海棋盤街 中華書局
分發行所 北京 天津 奉天 吉林 太原 長春 保定 張家口 石家莊 大同 濟南 東昌 煙台 開封 鄭州 西安 徐州 南京 蕪湖 安慶 南昌 九江 漢口 武昌 沙市 長沙 衡州 常德 成都 重慶 廣州 汕頭 潮州 福州 厦門 杭州 溫州 雲南 貴陽 新加坡 中華書局

（二九四四）

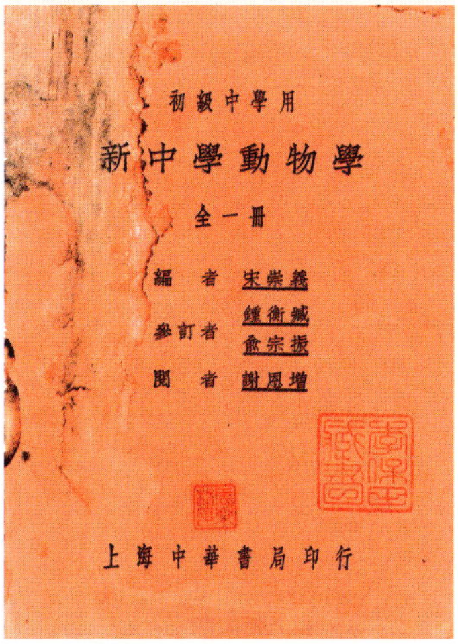

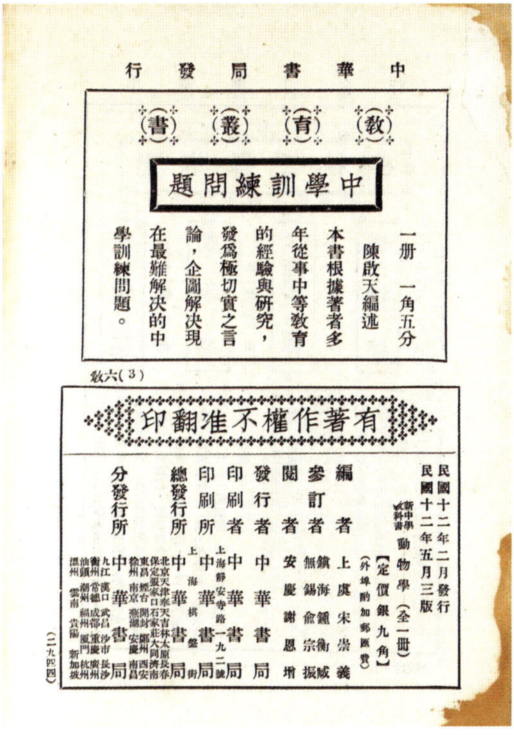

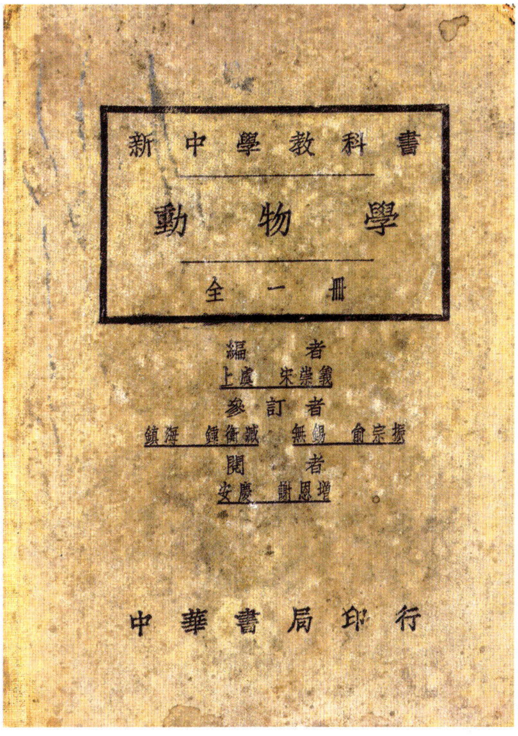

1942

书名：新撰初级中学教科书动物学

著者：陈兼善 / 编辑

出版印行：商务印书馆

出版时间：民国十四年（1925）初版　民国十六年（1927）17版

册数：一

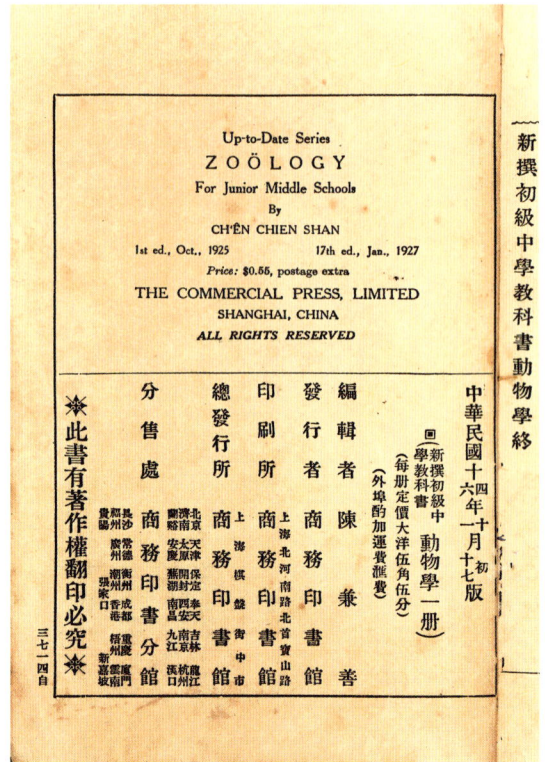

Up-to-Date Series

ZOÖLOGY

For Junior Middle Schools

By

CH'ÊN CHIEN SHAN

1st ed., Oct., 1925　　17th ed., Jan., 1927

Price: $0.55, postage extra

THE COMMERCIAL PRESS, LIMITED

SHANGHAI, CHINA

ALL RIGHTS RESERVED

中華民國十四年十月初版
中華民國十六年十月十七版

新撰初級中學教科書
學教科書〔動物學一冊〕
（每冊定價大洋伍角伍分）
（外埠酌加運費滙費）

編輯者　陳兼善

發行者　商務印書館
上海北河南路北首寶山路

印刷所　商務印書館
上海棋盤街中市

總發行所　商務印書館

分售處　商務印書分館
北京　濟南　天津　太原　保定　安慶　蕪湖　開封　南昌　長安　四川　奉天　九江　南京　吉林　漢口　杭州　鎮江　長沙　常德　廣州　貴陽　鄭州　潮州　成都　重慶　廣州口　香港　桂林　新嘉坡

※ 此書有著作權翻印必究 ※

三七一四自

新撰初級中學教科書動物學終

书名：初级中学教本最新动物学

著者：费鸿年 / 编

出版印行：中华科学教育改进社

出版时间：民国二十一年（1932）初版　民国二十一年（1932）再版

册数：一

1943

初級中學教本
最新動物學

編著
國立中山大學教授
費鴻年

科學教育改進社
出版

民國二十一年八月初版
民國二十一年九月再版

最新動物學

本書有著作權

著　　者　中山大學費鴻年教授
通信處　廣州市中山大學生物系內

發 行 所　中華科學教育改進社
地址　廣州市南關倉前街二十號

印 刷 者　蔚　興　印　刷　塲
廣州西湖街

財廳前　神州國光社

廣州代售所　永漢路　北新書局

廣州中山大學生物系圖書室

其他各埠大書坊均有代售

實價大洋八角

（不折不扣）

民國二十一年八月初版
民國二十一年九月再版

1944

书名：新编初中动物学
著者：黎国昌 / 著　朱洗、张作人、陶履通 / 校
出版印行：广州天香书屋
出版时间：民国二十二年（1933）初版
册数：不详

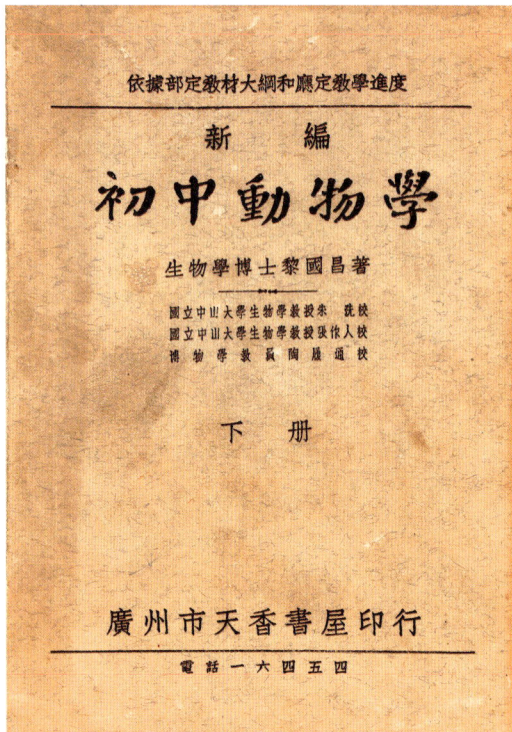

依據部定教材大綱和廳定教學進度

新　編

初中動物學

生物學博士黎國昌著

國立中山大學生物學教授朱　洗校
國立中山大學生物學教授張作人校
博　物　學　教　員　陶　履　通　校

下　冊

廣州市天香書屋印行

電話一六四五四

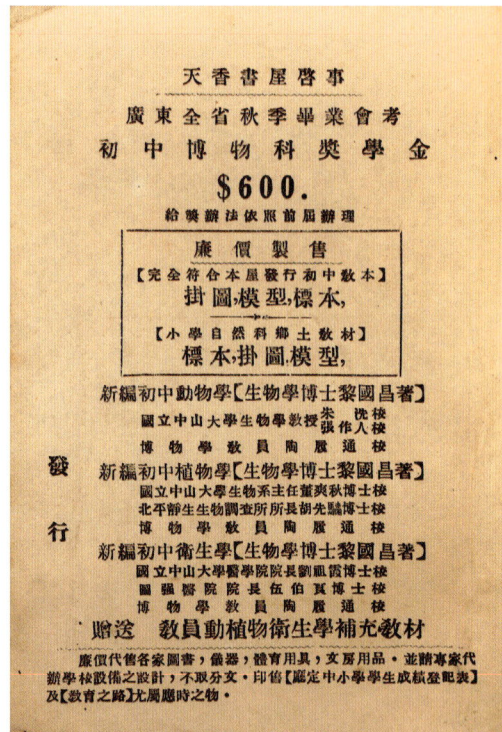

书名：初中动物（新课程标准适用）
著者：陈纶 / 编　华文祺 / 校
出版印行：中华书局
出版时间：民国二十二年（1933）发行　民国廿五年（1936）23 版
册数：二

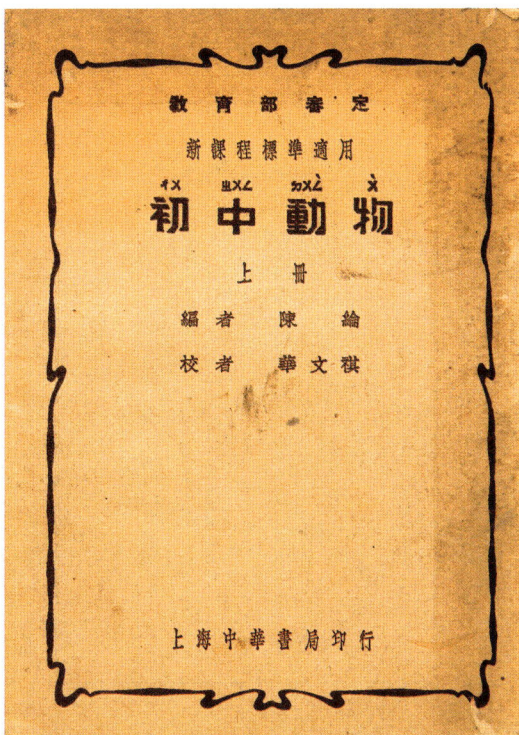

1946　书名：王氏初中动物学（初级中学学生用）

　　　　著者：王采南 / 编著　胡哲齐 / 校订

　　　　出版印行：世界书局

　　　　出版时间：民国二十三年（1934）修正　民国二十五年（1936）9 版

　　　　册数：一

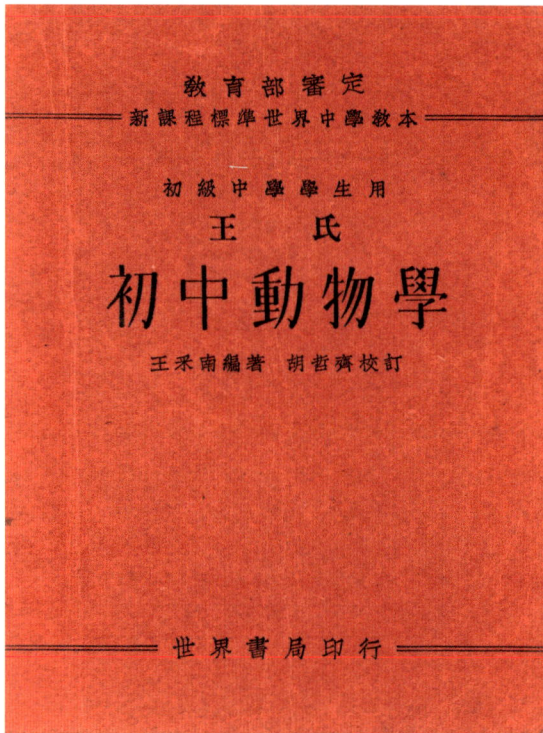

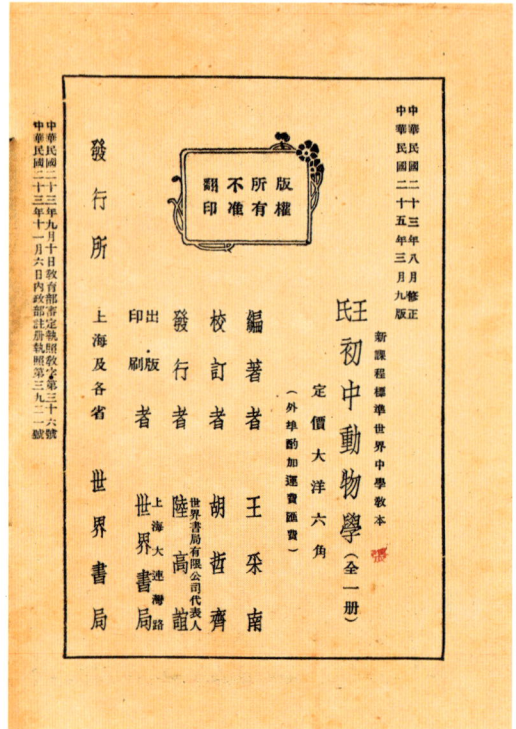

书名：新生活初中教科书动物

著者：黄颂林 / 编著

出版印行：大东书局

出版时间：民国二十三年（1934）初版

册数：一

1947

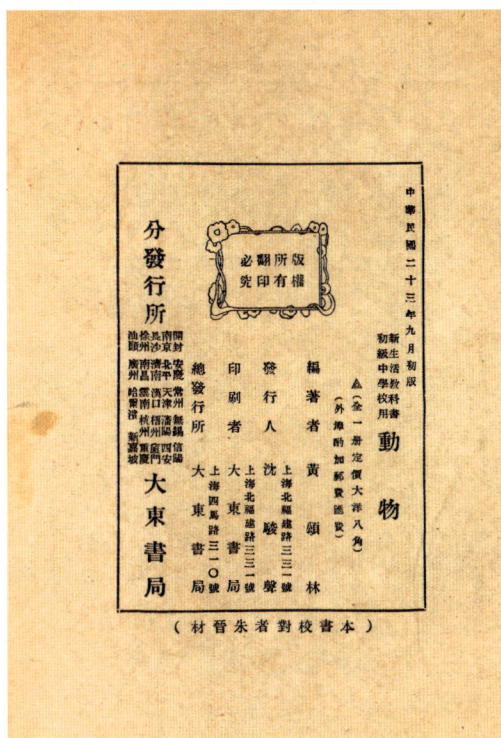

1948

书名：新标准初中教本动物学

著者：周建人 / 编著　杜亚泉 / 校订

出版印行：开明书店

出版时间：民国二十三年（1934）初版　民国二十四年（1935）再版

册数：二

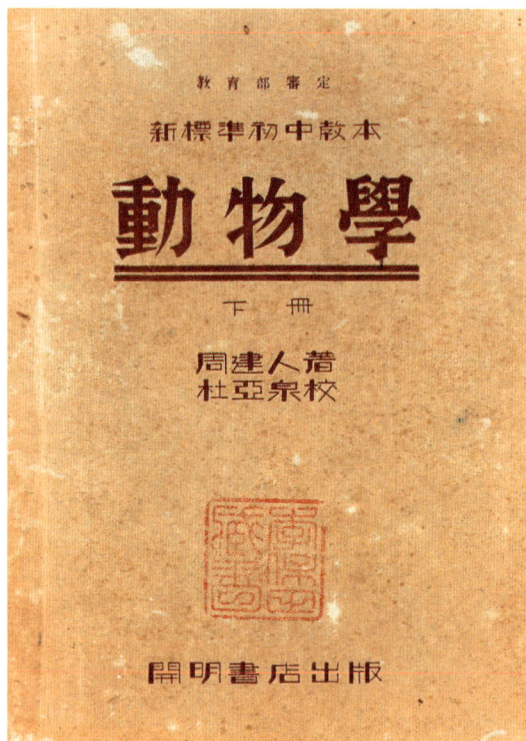

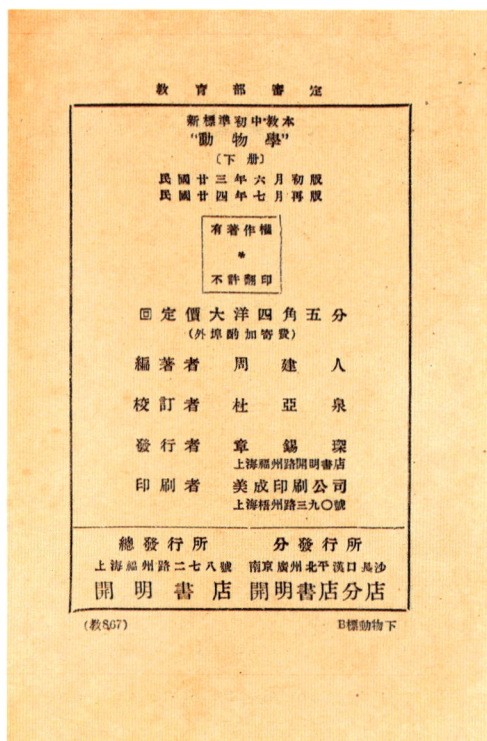

书名：徐氏初中动物学（初级中学学生用）

著者：徐琨、马光斗、华汝成 / 编著　龚昂云 / 校订

出版印行：世界书局

出版时间：民国二十三年（1934）修正　民国二十五年（1936）10 版

册数：二

1949

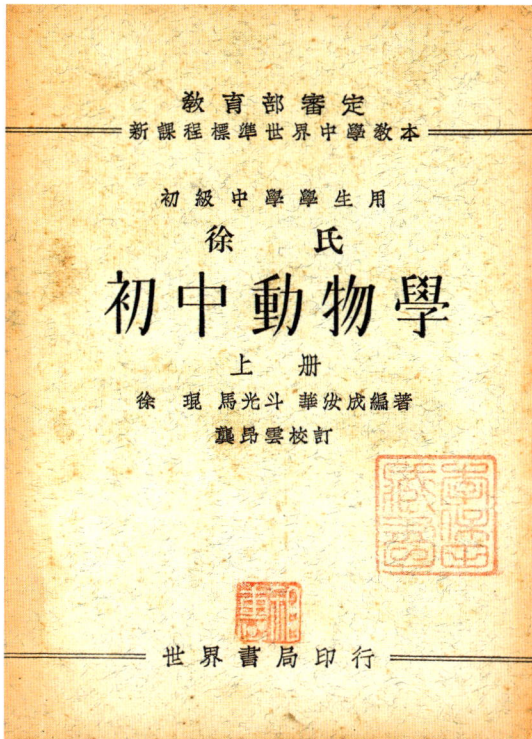

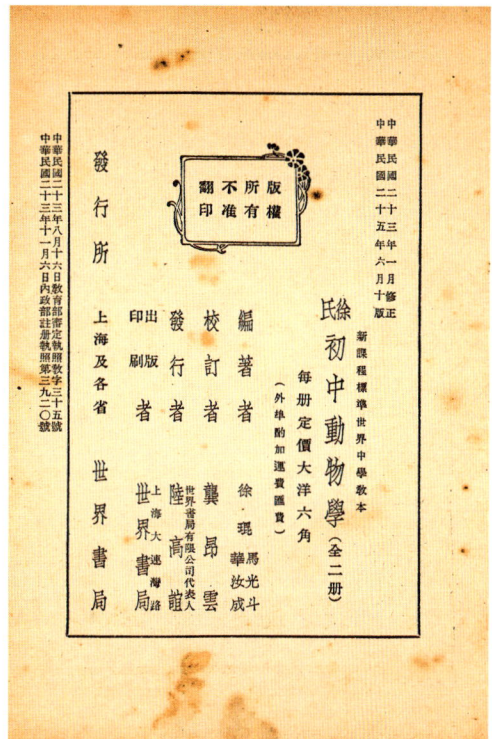

1950 | 书名：建国教科书初级中学动物学（修正课程标准适用）
著者：薛德焴 / 编著
出版印行：正中书局
出版时间：民国二十四年（1935）初版
册数：二

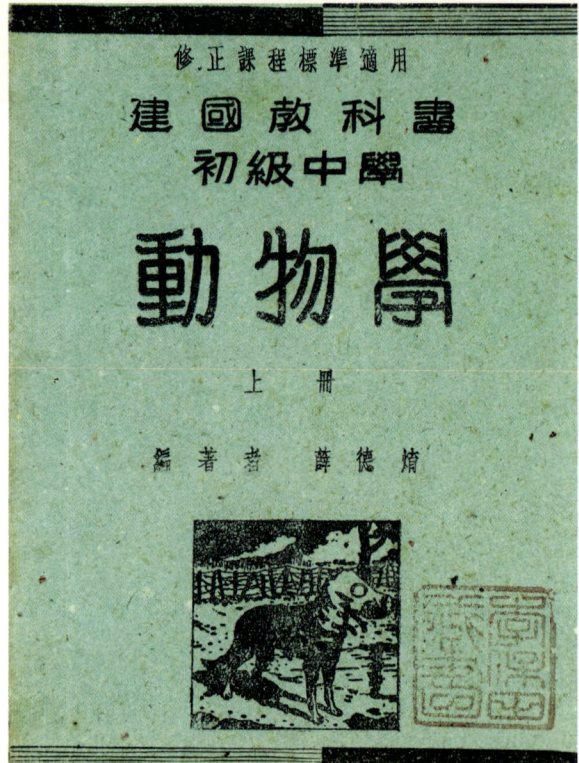

书名：初中标准教本动物学（修正课程标准适用）

著者：张家骏 / 编著　吴元涤 / 校订

出版印行：上海中学生书局

出版时间：民国二十四年（1935）付印　民国三十年（1941）9版

册数：不详

1951

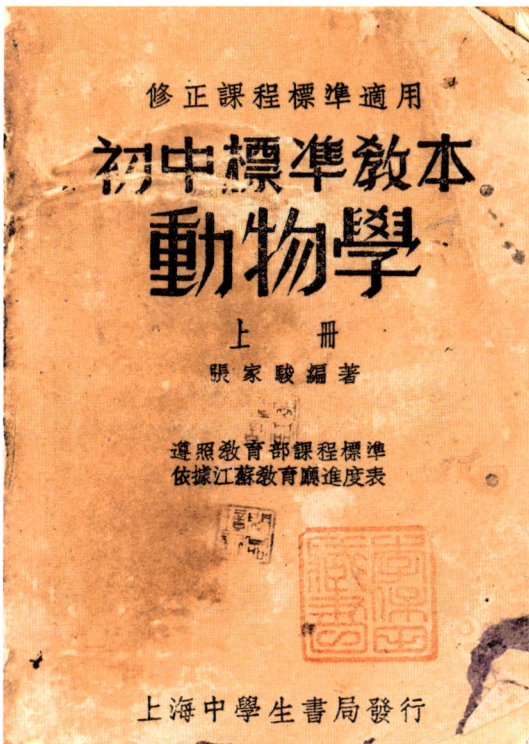

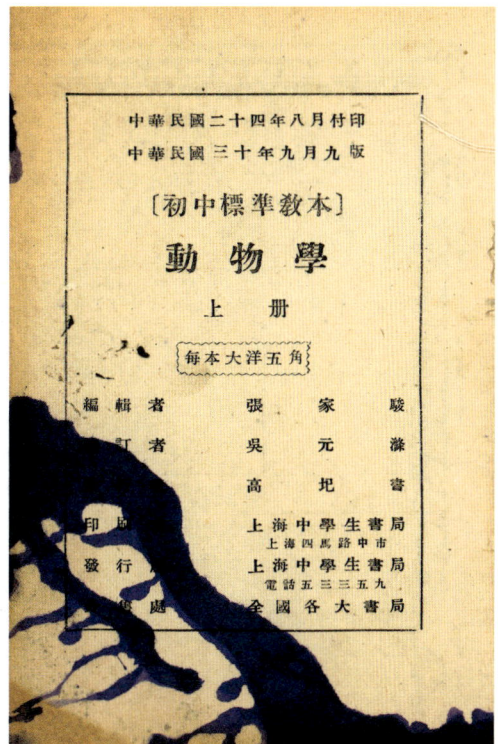

1952　书名：动物学（初中复习丛书）

著者：赵级晋／编著

出版印行：商务印书馆

出版时间：民国二十四年（1935）初版　　民国二十四年（1935）改订4版

册数：一

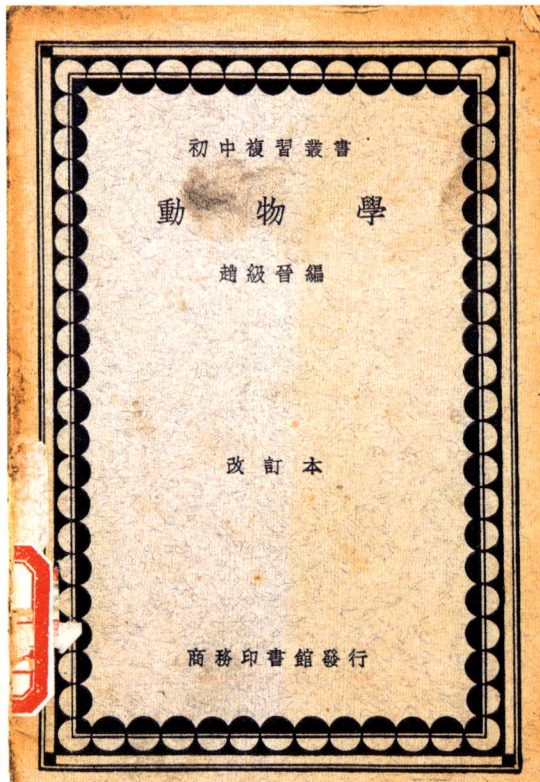

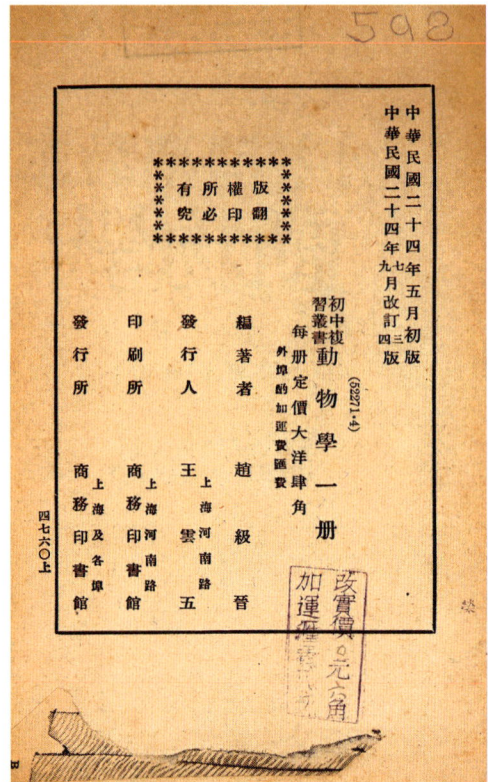

书名：初中动物学教本（修正课程标准适用）

著者：贾祖璋 / 编著

出版印行：开明书店

出版时间：民国二十五年（1936）初版　民国三十五年（1946）16版

册数：不详

1953

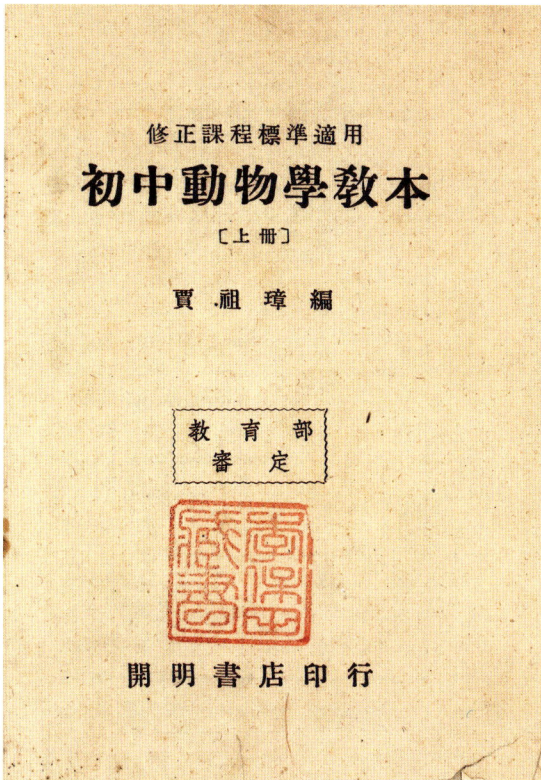

初中動物學教本　上冊　每冊定價七角

民國二十五年九月初版　三十五年九月十六版

編著者　賈祖璋

發行發　開明書店

印刷　代表人范洗人

有著作權不許翻印

1954

书名：复兴初级中学教科书动物学

著者：周建人 / 编著　王云五 / 主编兼发行

出版印行：商务印书馆

出版时间：民国二十六年（1937）改编本第1版　民国三十四年（1945）广州第1版

册数：二

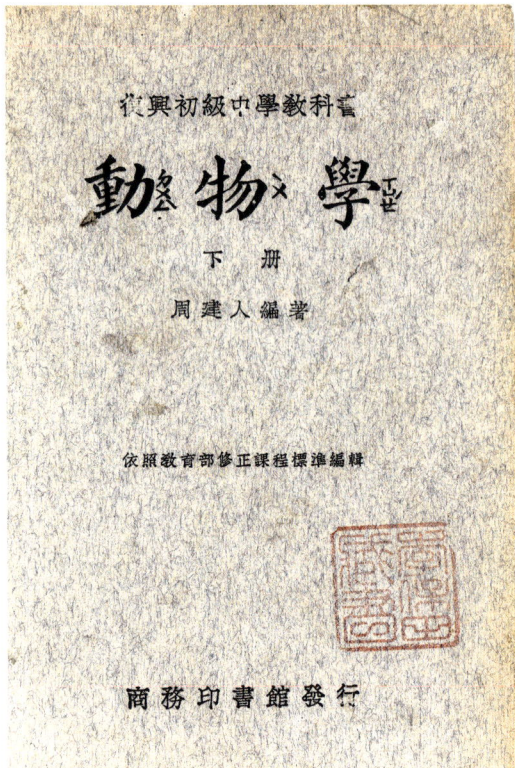

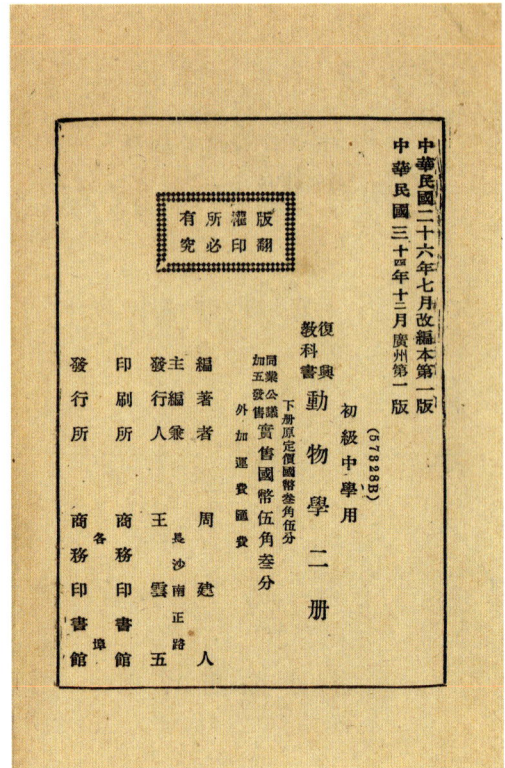

书名：初中新动物学（修正课程标准适用）

著者：赵楷、楼培启／编著

出版印行：世界书局

出版时间：民国二十七年（1938）重排　民国三十五年（1946）8版

册数：二

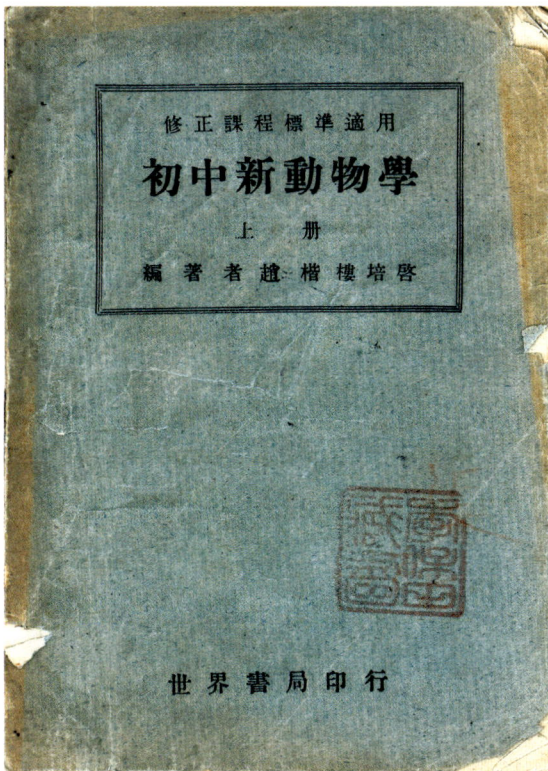

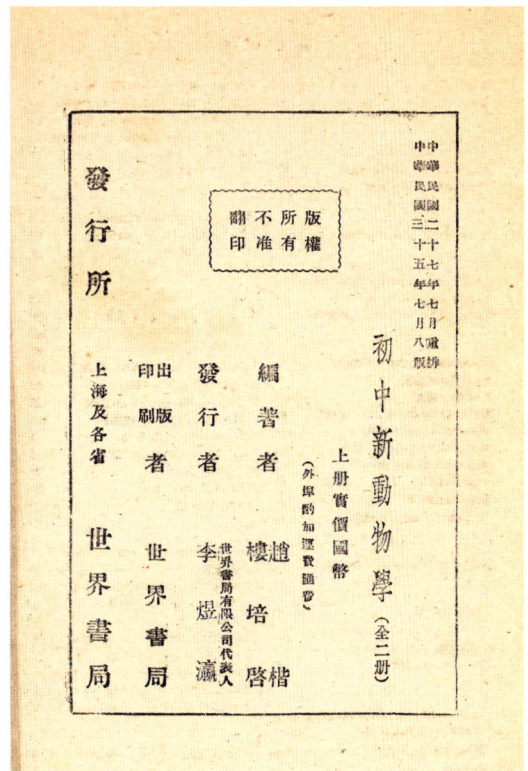

1956　書名：初中新动物学（初级中学学生用）
　　　著者：陆颂虞、赵楷／编著
　　　出版印行：世界书局
　　　出版时间：民国二十九年（1940）4版
　　　册数：二

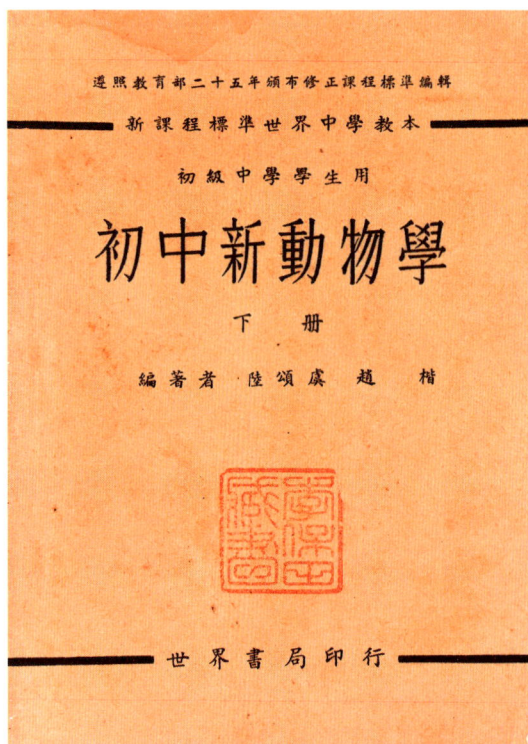

遵照教育部二十五年頒布修正課程標準編輯

新課程標準世界中學教本

初級中學學生用

初中新動物學

下　冊

編著者　陸頌虞　趙楷

世界書局印行

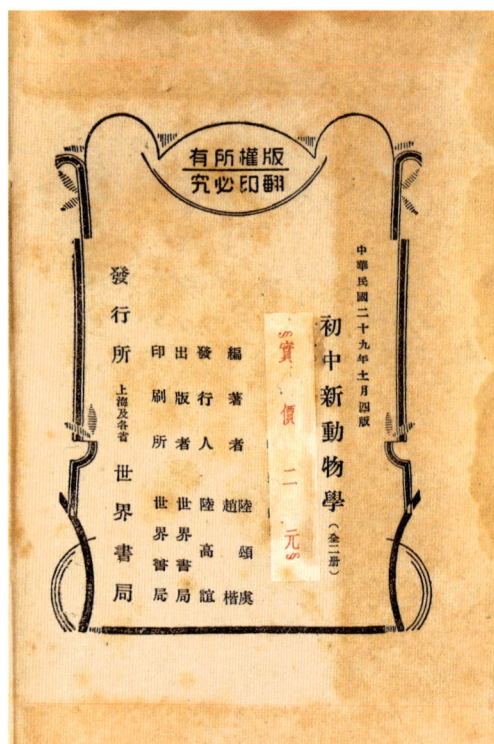

有所權版
究必印翻

中華民國二十九年七月四版

初中新動物學（全二冊）

實價二元

發行所　上海及各埠　世界書局

編著者　陸頌虞　趙楷
發行人　陸高誼
出版者　世界書局
印刷所　世界書局

书名：初中动物学（修正课程标准适用）
著者：陈纶、华汝成 / 编　朱彦颎 / 校
出版印行：中华书局
出版时间：民国三十年（1941）84 版
册数：二

1957

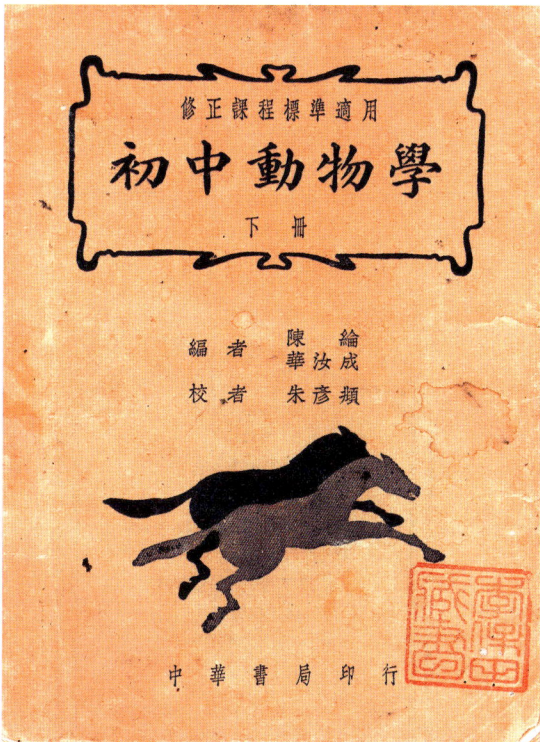

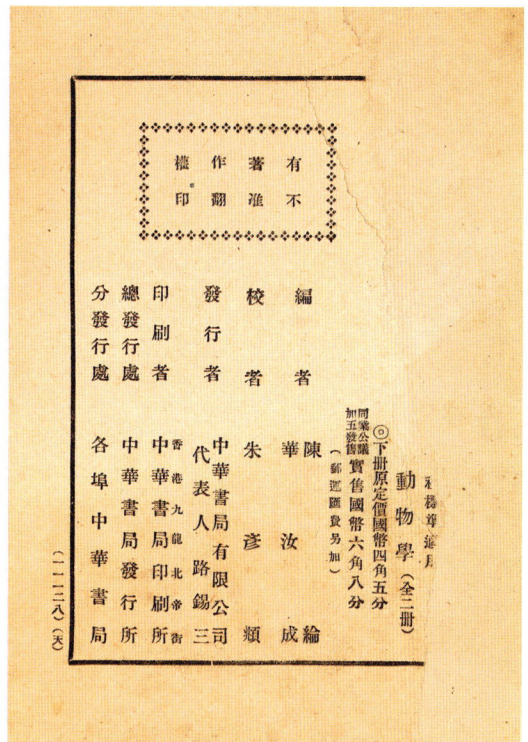

1958　书名：新中国教科书初级中学动物学

著者：薛德焴 / 编著

出版印行：正中书局

出版时间：民国三十二年（1943）初版　民国三十五年（1946）沪104版

册数：二

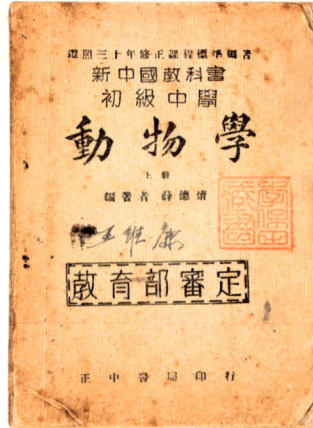

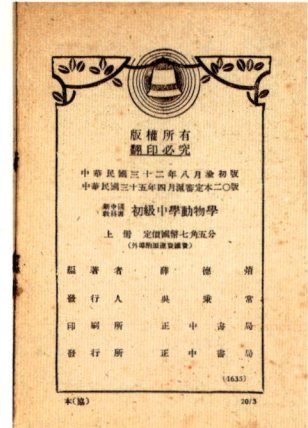

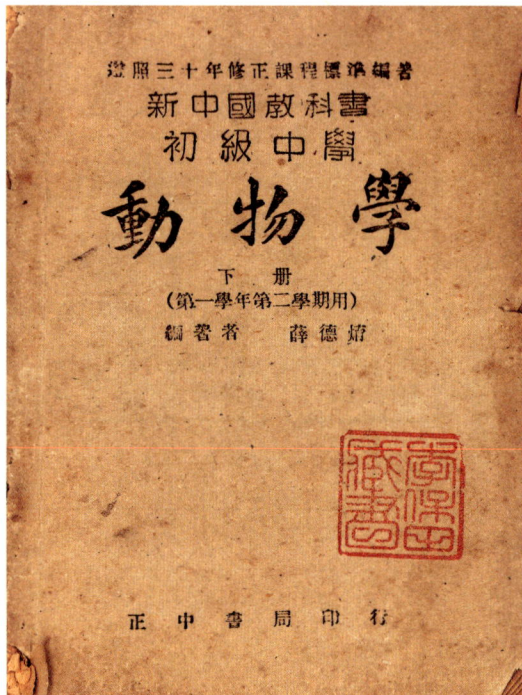

书名：民国新教科书动物学（中学校师范学校用）

著者：丁文江 / 编纂

出版印行：商务印书馆

出版时间：民国三年（1914）初版　民国八年（1919）7版

册数：一

②师范教材 1959

教育部審定

中學校師範學校用

民國新教科書

動物學

英國格拉斯哥大學理科學士丁文江編

上海商務印書館出版

教育部審定批語

民國新教科書

動物學

撰述詳明堪稱善本

The New Scientific Series:—Zoology

Approved by the Board of Educaflon

Commercial Press, Limited

All rights reserved

中華民國三年四月初版

民國新教科書動物學一冊

（每冊定價大洋壹元肆角）

（外埠酌加運費匯費）

編纂者　泰興丁文江

發行者　商務印書館

印刷所　上海北河南路北首寶山路商務印書館

總發行所　上海棋盤街中市商務印書館

分售處　北京天津保定奉天齊齊哈爾龍江濟南太原開封杭州蕪湖南昌九江桂林梧州南寧雲南貴陽長沙常德成都重慶瀘州廣州潮州香港福州安慶漢口新嘉坡張家敬

此書有著作權翻印必究

中華民國三年六月八日第二版印刷六日

1960

书名：新制动物学教本（中学校 / 师范学校适用）

著者：吴家煦、吴德亮 / 编辑

出版印行：中华书局

出版时间：民国六年（1917）发行　民国九年（1920）11版

册数：一

书名：简易师范学校及简易乡村师范学校动物学

著者：缪端生 / 编著　薛德焴 / 校订

出版印行：正中书局

出版时间：民国二十四年（1935）初版　民国二十八年（1939）26版

册数：二

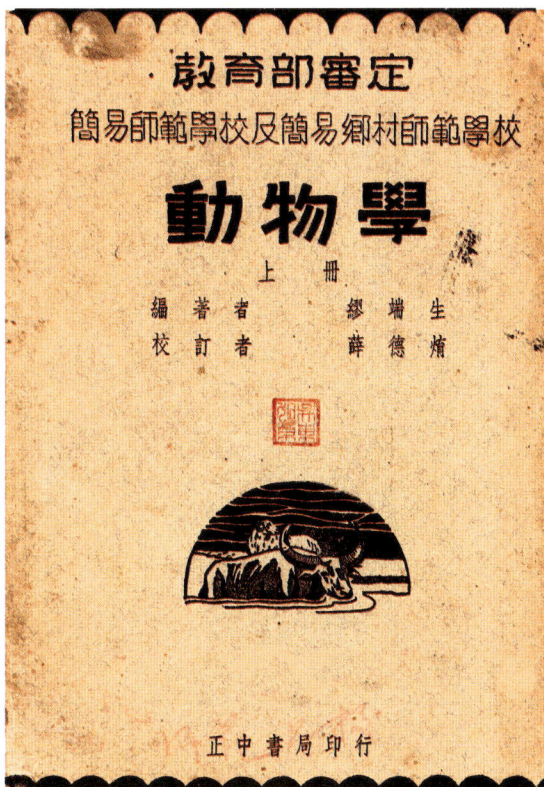

1962　书名：动物（新课程标准简易师范学校适用）

著者：陈纶、华汝成／编校

出版印行：中华书局

出版时间：民国廿五年（1936）初版　民国廿五年（1936）再版

册数：二

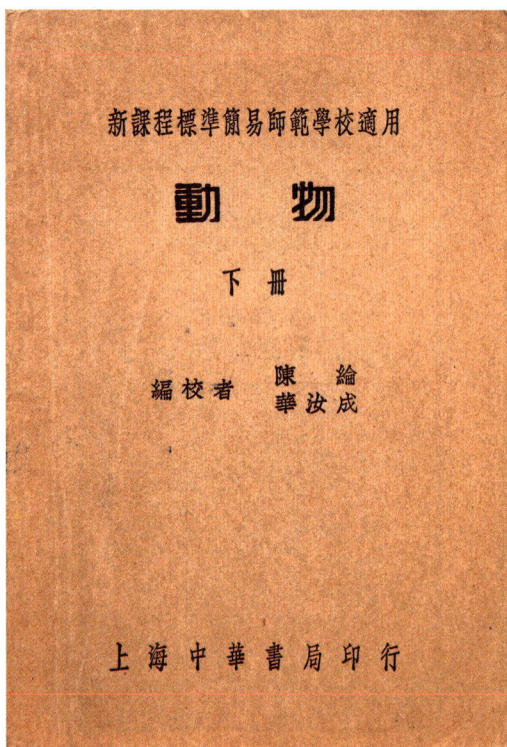

新課程標準簡易師範學校適用

動　物

下　冊

編校者　陳　綸
　　　　華汝成

上海中華書局印行

民國廿五年十一月發行
民國廿五年十一月再版

新課程標準簡易師範學校適用

動　物（全二冊）

◎下冊實價國幣五角
（郵匯匯費另加）

有著作權　不准翻印

編校者　陳　　汝成綸

發行者　華汝成

印刷者　中華書局有限公司
　　　　代表人路錫三

總發行處　上海中華書局印刷所
　　　　　海門路

分發行處　上海中華書局發行所
　　　　　福州路

各埠中華書局

（一〇八九六）

书名：动物学

著者：张作人、朱洗 / 著译

出版印行：商务印书馆

出版时间：民国二十四年（1935）初版

册数：三

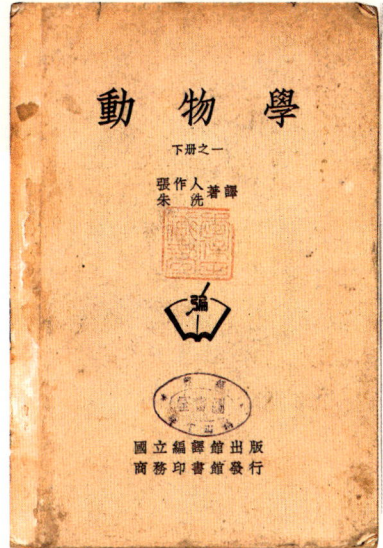

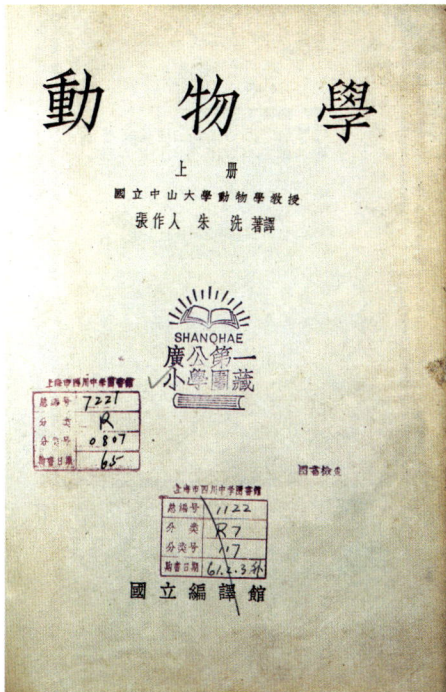

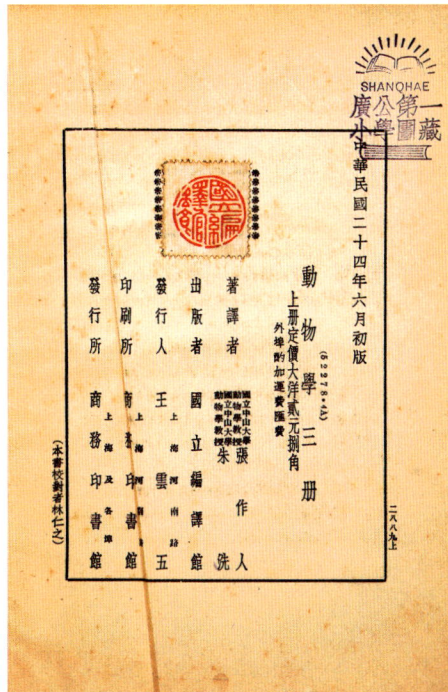

1964

书名：普通动物学（大学用书）

著者：饭塚启 / 原著　嵇联晋 / 编译

出版印行：正中书局

出版时间：民国二十五年（1936）京初版　民国三十六年（1947）沪1版

册数：一

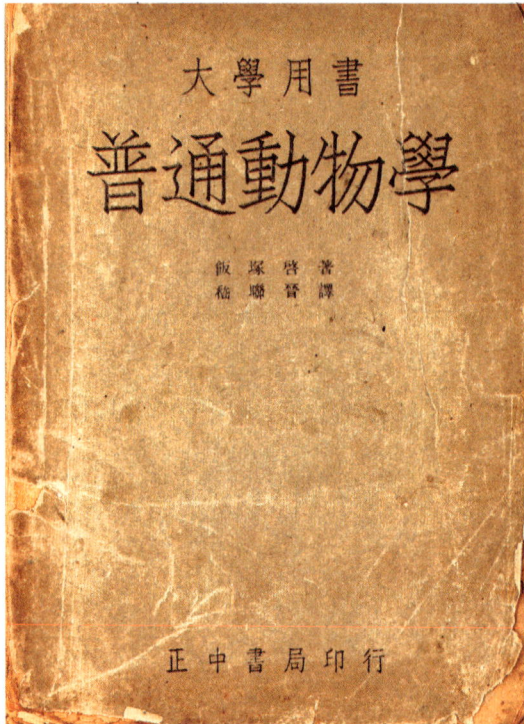

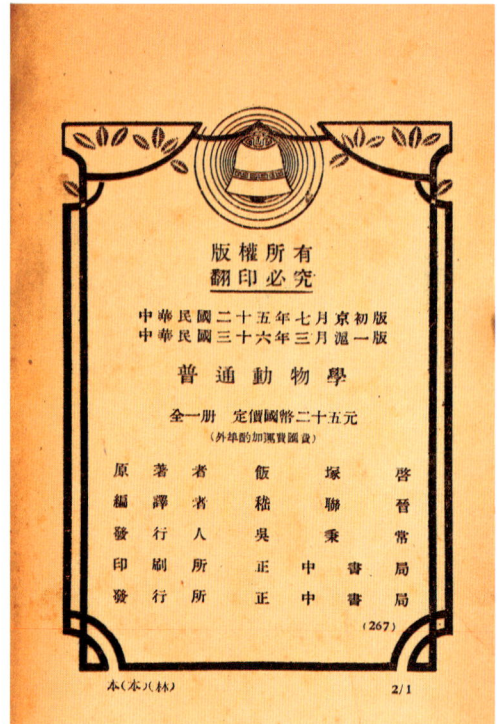

书名：动物学精义（大学丛书）
著者：惠利惠 / 著　杜亚泉、朱建霞、林仁之 / 译
出版印行：商务印书馆
出版时间：民国二十八年（1939）初版
册数：三

1965

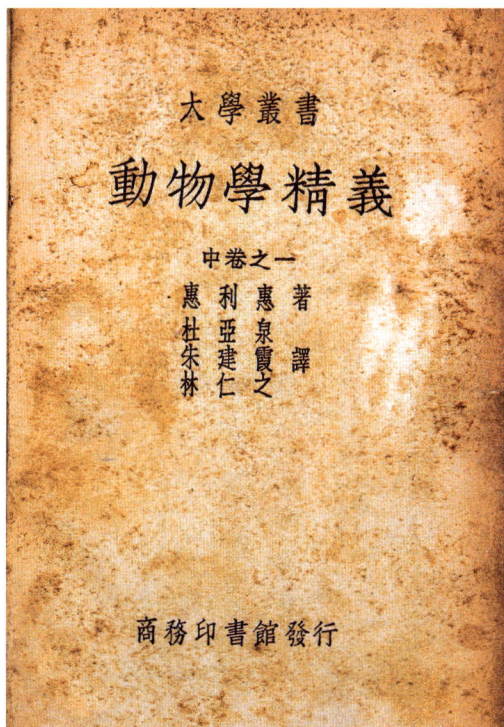

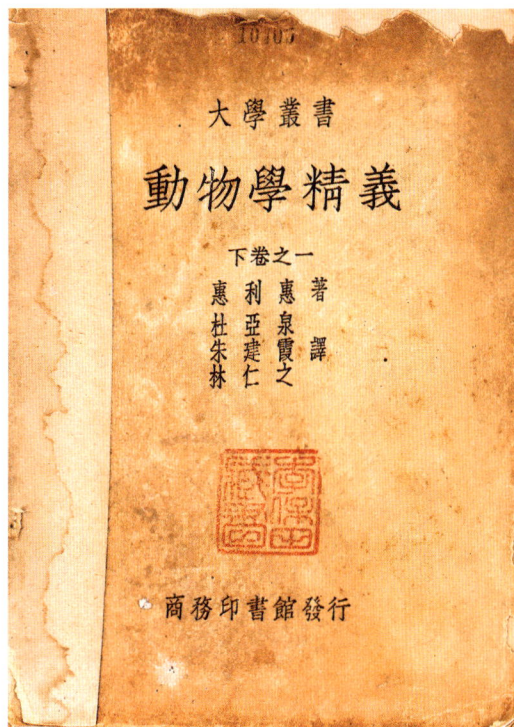

（23） 矿物类教材

书名：共和国教科书矿物学（中学校用）

著者：杜亚泉 / 编纂　徐善祥 / 校订

出版印行：商务印书馆

出版时间：民国三年（1914）初版　民国八年（1919）15版

册数：一

1969

教育部審定

共和國
教科書

中學校用

礦物學

商務印書館出版

教育部審定批語

中學校用共和國教科書
礦物學

明白　簡要　體例　得宜

部(13)

Republican Series
MINERALOGY
For Middle Schools
Approved by the Board of Education
Commercial Press, Ltd,
All rights reserved

中華民國三年八月一日初版
（中學校用）
共和國教科書
礦物學一冊
（紙面每册定價大洋臨角）
（外埠酌加運費匯費）

編纂者　紹興杜亞泉

校訂者　上海徐善祥

發行者　商務印書館

印刷所　上海北河南路寶山路
商務印書館

總發行所
上海棋盤街　商務印書館

分售處
北京天津保定奉天
濟南開封洛陽南京
南昌太原吉林龍江
杭州昌昌安慶潮州
漢口長沙常德成都
桂林貴陽雲南重慶梧
州雲南昆明新嘉坡

商務印書館分館

此書有著作權翻印必究

中華民國三年一月廿一日呈部註册
二月七日領到文字第二一百六十號執照

八一六六白

1970

书名：新制矿物学教本（中学校 / 师范学校用）

著者：叶与仁 / 编辑　吴家煦 / 阅订

出版印行：中华书局

出版时间：民国六年（1917）发行　民国九年（1920）8 版

册数：一

教育部審定

新制礦物學教本

中學校
師範學校適用

中華書局印行

有著作翻印　不准

版權所有

新制礦物學教本（全一冊）

（外埠酌加郵匯費）

定價銀九角五折實售四角五分

編輯者　吳江葉與仁

閱訂者　吳縣吳家煦

發行者　中華書局

印刷者　中華書局

印刷所　中華書局

總發行所　上海福州路河南路轉角路

分發行所

上海靜安寺路一九二號中華書局

中華書局

民國六年四月印刷
民國六年五月發行
民國九年七月八版

北京　天津　長沙　漢口
奉天　開封　南昌　武昌
濟南　保定　成都　太原
杭州　安慶　貴陽　長春
廣州　福州　昆明　桂林
梧州　廈門　香港　潮州
宜昌　重慶　蘭州　西安
石家莊　鄭州　新鄉　蚌埠
龍江　吉林　哈爾濱
張家口

书名：新中学矿物学（初级中学用）

著者：宋崇义／编　钟衡臧、糜赞治／参订　王烈／阅

出版印行：中华书局

出版时间：民国十二年（1923）发行　民国廿三年（1934）35版

册数：一

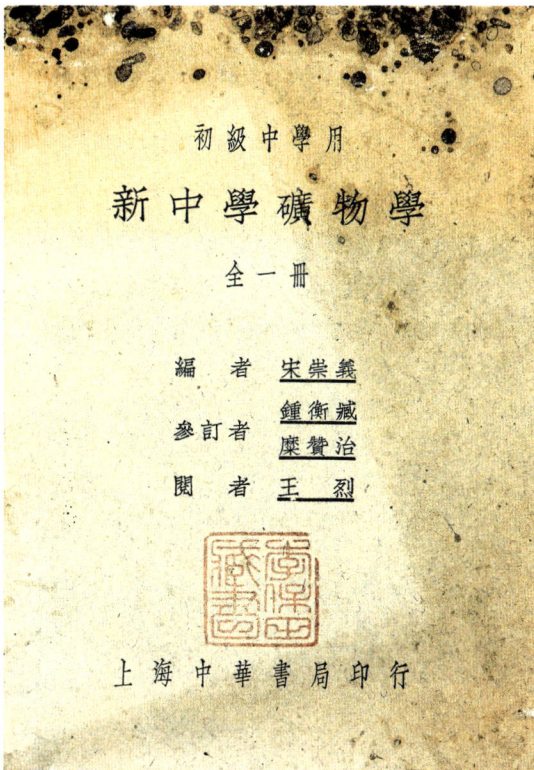

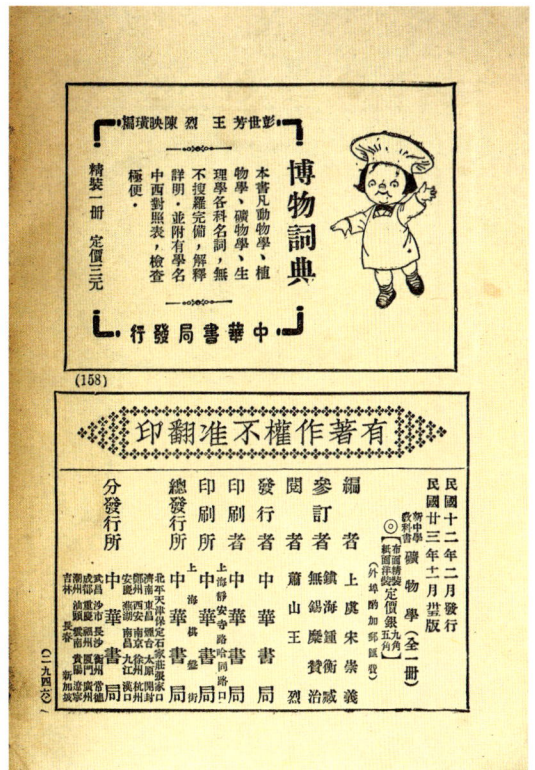

1972

书名：现代初中教科书矿物学

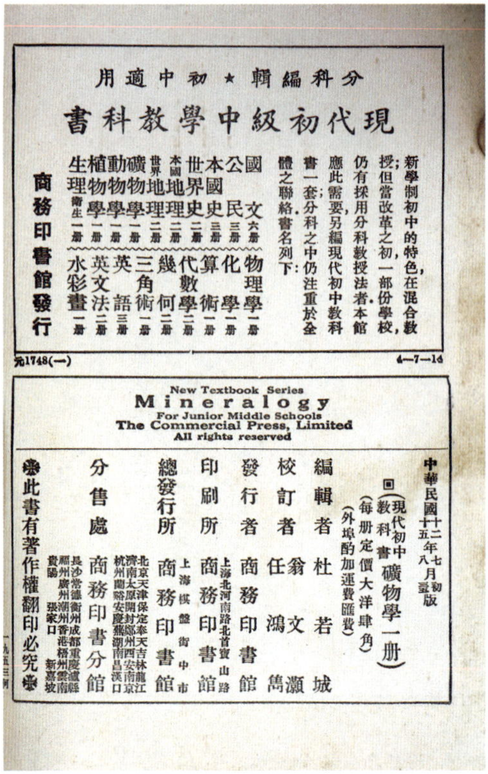

著者：杜若城 / 编辑　翁文灏、任鸿隽 / 校订

出版印行：商务印书馆

出版时间：民国十二年（1923）初版　民国十五年（1926）35版

册数：一

現代初中教科書

礦物學

編輯者 杜若城

校訂者 翁文灝 任鴻雋

上海商務印書館出版

分科編輯★初中適用

現代初級中學教科書

新學制初中的特色，在混合教授；但當改革之初，一部份學校，仍有採用分科教授法者．本館應此需要，另編現代初中教科書一套；分科之中仍注重於全體之聯絡．書名列下：

國文 六冊　公民 三冊　本國史 三冊　世界史 二冊　本國地理 二冊　世界地理 二冊　礦物學 一冊　動物學 一冊　植物學 一冊　生理衛生 一冊

物理學 一冊　化學 一冊　算術 一冊　代數學 二冊　幾何 二冊　三角術 一冊　英語 三冊　英文法 二冊　水彩畫 一冊

商務印書館發行

元1748(一)　4—7—14

New Textbook Series

Mineralogy

For Junior Middle Schools

The Commercial Press, Limited

All rights reserved

中華民國十二年七月初版

十五年八月壹版

（現代初中教科書礦物學一冊）

（每冊定價大洋肆角）

（外埠酌加運費匯費）

編輯者　杜若城

校訂者　翁文灝　任鴻雋

發行者　商務印書館

印刷所　上海北河南路北首寶山路 商務印書館

總發行所　上海棋盤街中市 商務印書館

分售處　北京 天津 保定 奉天 吉林 龍江 濟南 太原 開封 鄭州 西安 南京 杭州 蘭谿 安慶 蕪湖 南昌 漢口 長沙 常德 衡州 成都 重慶 瀘縣 福州 廣州 潮州 香港 梧州 雲南 貴陽 張家口 新嘉坡 商務印書分館

此書有著作權翻印必究

一九五三例

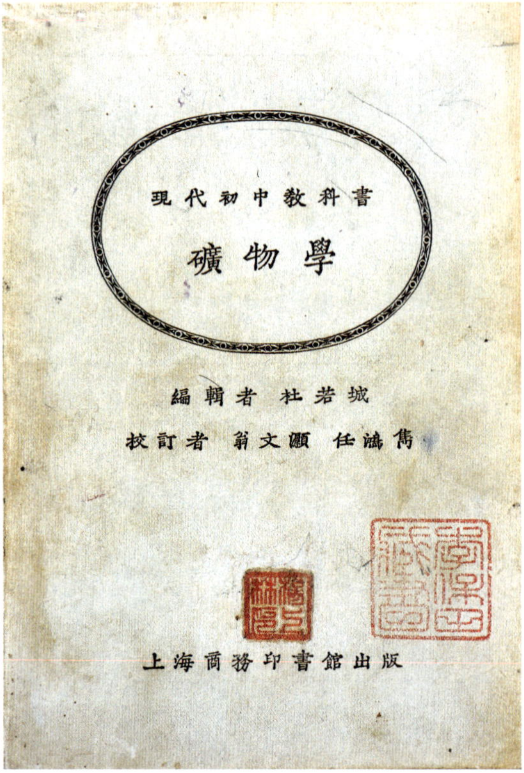

书名：新撰初级中学教科书矿物学

著者：杜若城／编辑

出版印行：商务印书馆

出版时间：民国十五年（1926）初版　民国十五年（1926）15版

册数：一

1973

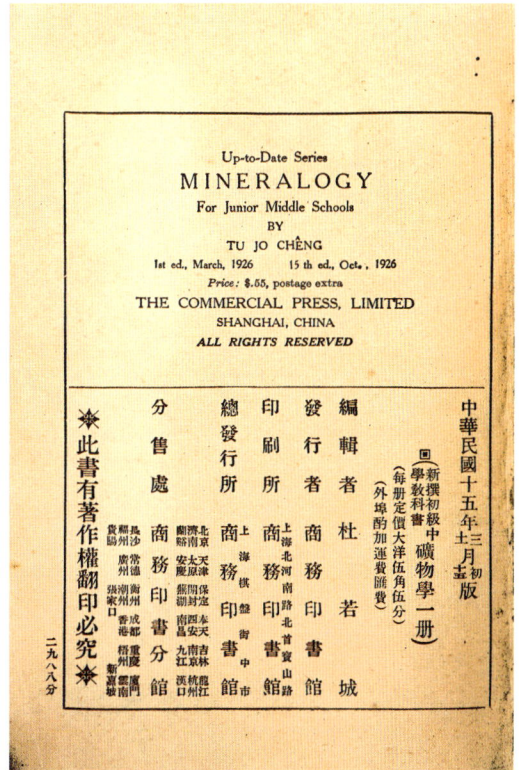

Up-to-Date Series

MINERALOGY

For Junior Middle Schools

BY

TU JO CHÊNG

1st ed., March, 1926　　15 th ed., Oct., 1926

Price: $.55, postage extra

THE COMMERCIAL PRESS, LIMITED

SHANGHAI, CHINA

ALL RIGHTS RESERVED

1974　书名：考试必备矿物问答
　　　著者：徐养颐 / 编辑
　　　出版印行：东方文学社
　　　出版时间：民国廿一年（1932）11版
　　　册数：一

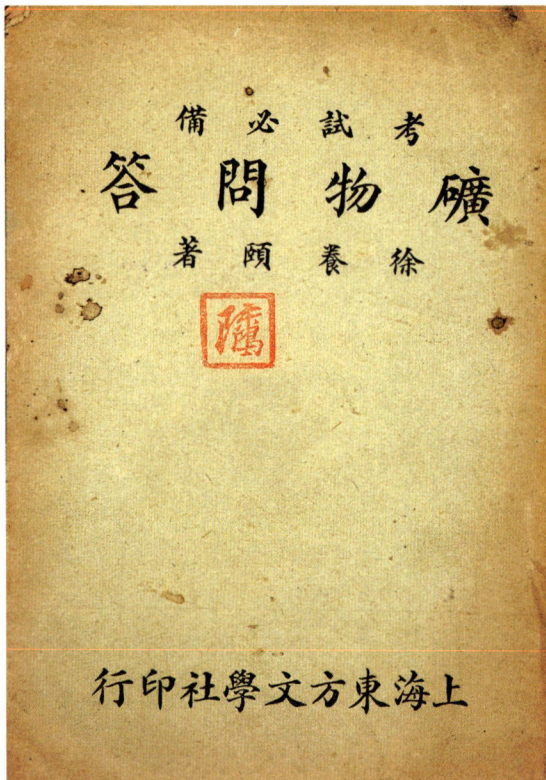

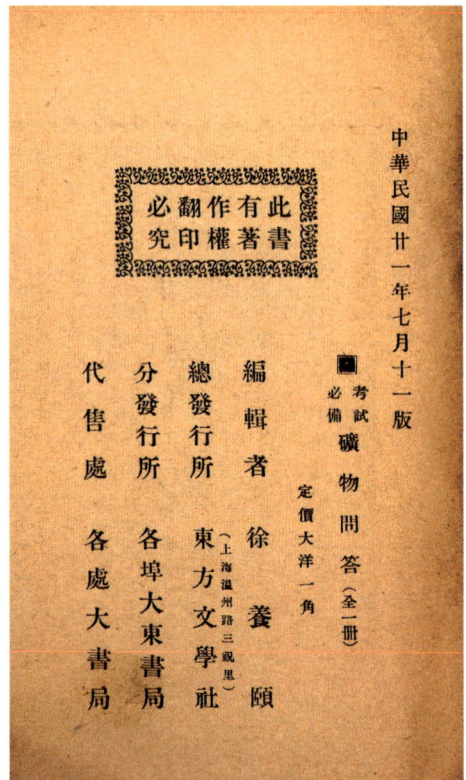

书名：新中国教科书初级中学地质矿物学
著者：张镐 / 编著
出版印行：正中书局
出版时间：民国三十二年（1943）初版
册数：一

1975

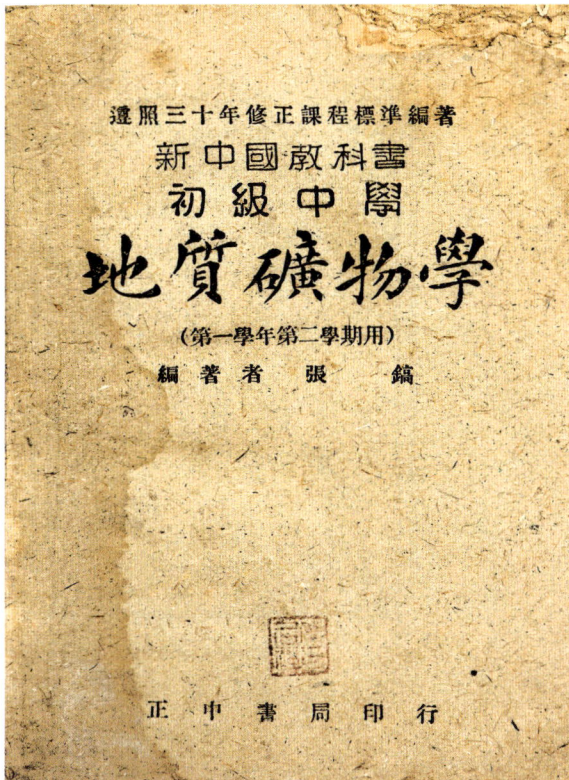

遵照三十年修正課程標準編著

新中國敎科書
初級中學
地質礦物學
（第一學年第二學期用）

編著者 張 鎬

正 中 書 局 印 行

版權所有
翻印必究

中華民國三十二年九月初版

新中國
敎科書 初級中學地質礦物學

全一册 正中機 造紙本 定價國幣三角五分

（外埠酌加運費匯費）

編著者 張 鎬
發行人 吳 秉 常
印刷所 正 中 書 局
發行所 正 中 書 局

（1746）

勘（0，12）金·本 10/1

1976

书名：新中国教科书高级中学矿物学

著者：朱夏 / 编著

出版印行：正中书局

出版时间：民国三十五年（1946）初版　民国三十七年（1948）沪7版

册数：一

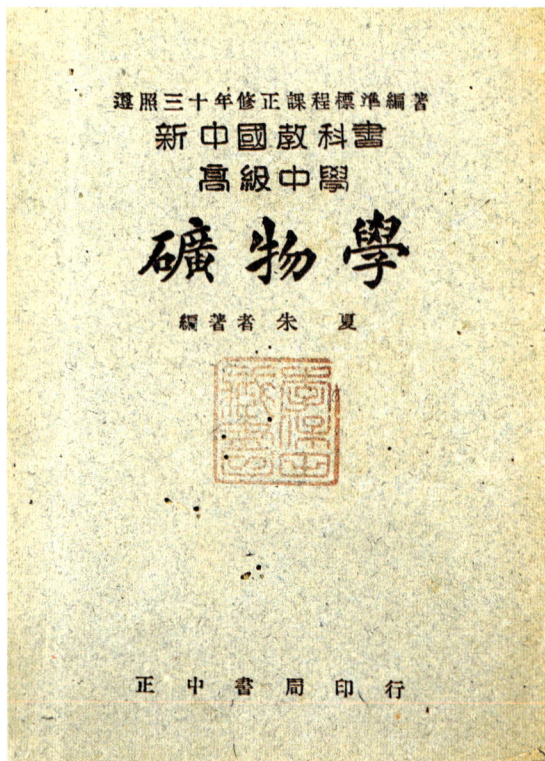

24 植物类教材

①中学与师范教材
②教授法
③其他教材

书名：中学新撰植物学教科书

著者：杜亚泉 / 编译

出版印行：商务印书馆

出版时间：丁未年（1907）初版　民国九年（1920）26版

册数：一

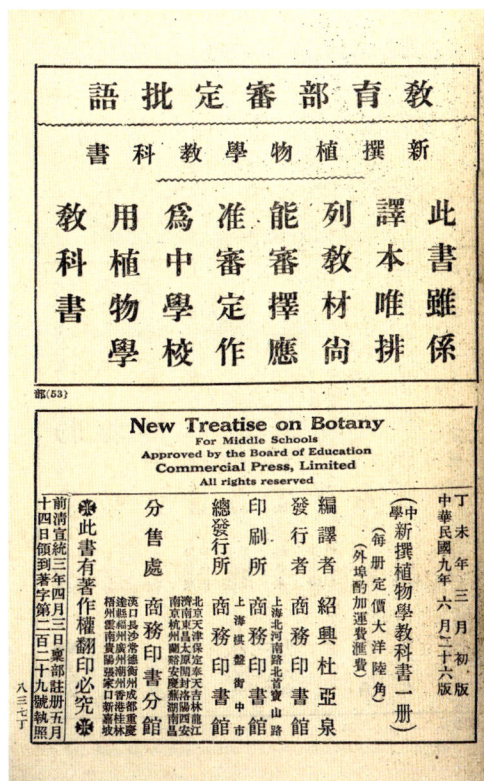

1980　书名：民国新教科书植物学（中学校师范学校用）

著者：王兼善 / 编纂

出版印行：商务印书馆

出版时间：民国二年（1913）初版　民国十年（1921）8 版

册数：一

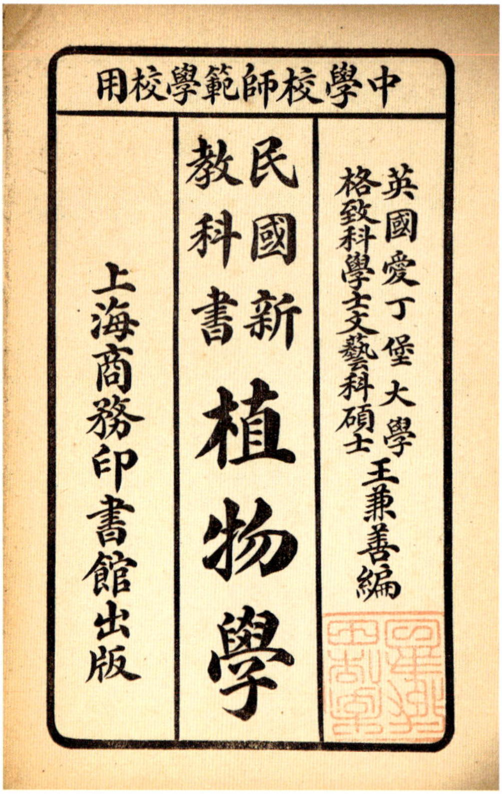

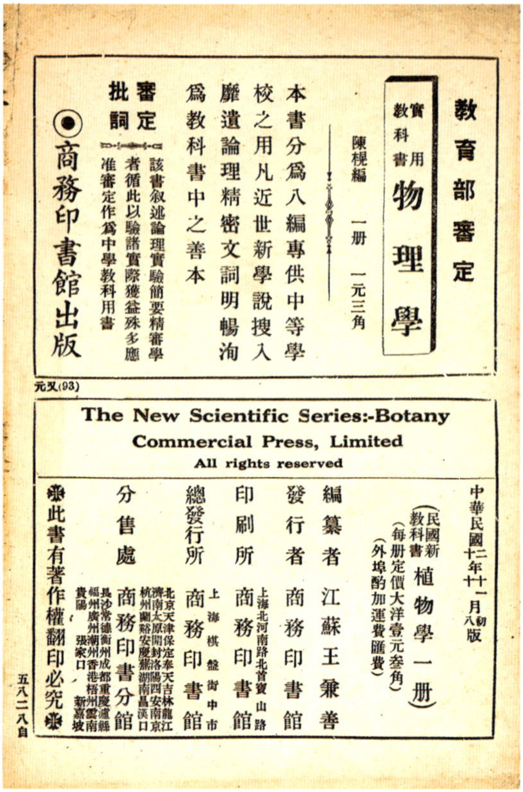

书名：中华中学植物教科书

著者：彭世芳 / 编　戴克敦、姚汉章、陆费逵 / 阅

出版印行：中华书局

出版时间：民国二年（1913）发行　民国七年（1918）13版

册数：一

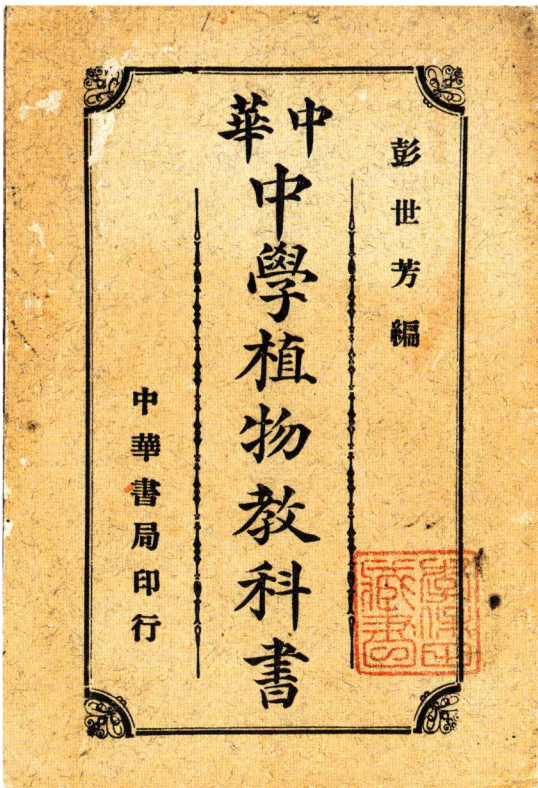

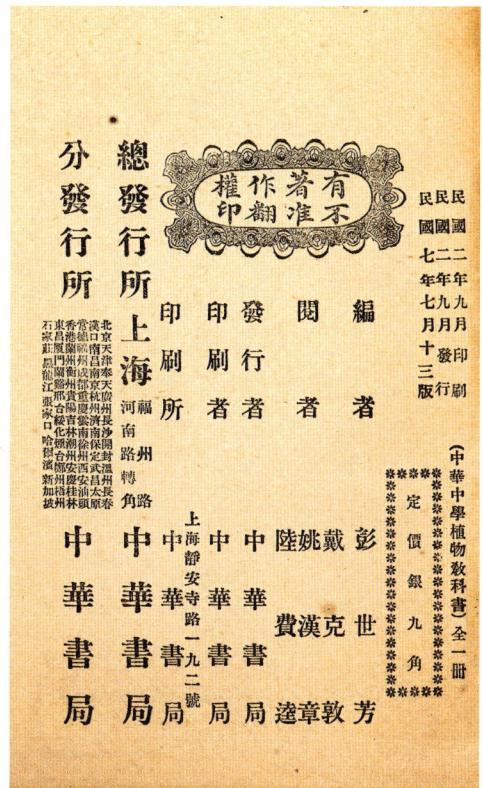

1982　书名：共和国教科书植物学（增订本；中学校用）

著者：杜亚泉 / 编纂　王兼善、杜就田 / 校订

出版印行：商务印书馆

出版时间：民国二年（1913）初版　民国十年（1921）27版

册数：一

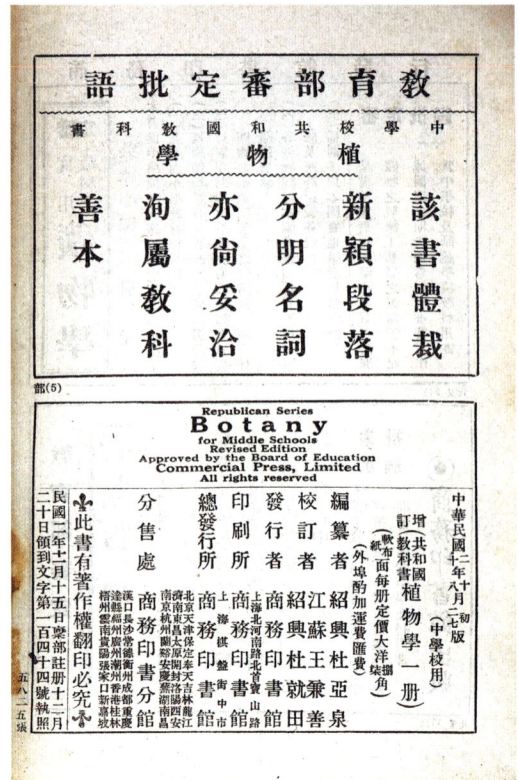

书名：新制植物学教本（中学校／师范学校适用）

著者：吴家煦、彭世芳／编辑

出版印行：中华书局

出版时间：民国五年（1916）发行　　民国十二年（1923）23版

册数：一

1984

书名：新中学教科书植物学

著者：宋崇义 / 编　钟衡臧、俞宗振 / 参订　陆费执 / 阅

出版印行：中华书局

出版时间：民国十二年（1923）发行　民国十三年（1924）7版

册数：一

新中學教科書

植物學

全一冊

編者
上虞　宋崇義

參訂者
鎮海　鍾衡臧　無錫　俞宗振

閱者
桐鄉　陸費執

中華書局印行

中華書局發行

（教）（育）（叢）（書）

中學訓練問題

一冊　一角五分

陳啟天編述

本書根據著者多年從事中等教育的經驗與研究，發為極切實之言論，企圖解決現在最難解決的中學訓練問題。

教六（3）

有著作權不准翻印

<table>
<tr><td>編者</td><td>上虞　宋崇義</td></tr>
<tr><td>參訂者</td><td>無錫　俞宗振
鎮海　鍾衡臧</td></tr>
<tr><td>閱者</td><td>桐鄉　陸費執</td></tr>
<tr><td>發行所</td><td>中華書局</td></tr>
<tr><td>印刷所</td><td>上海靜安寺路一九二號
中華書局</td></tr>
<tr><td>總發行所</td><td>中華書局</td></tr>
<tr><td>分發行所</td><td></td></tr>
</table>

新中學教科書　植物學〔全一冊〕

布面精裝定價洋六角
〔外埠酌加郵費〕

民國十二年二月發行
民國十三年五月七版

教六（3）

(二九四二)

武昌　長沙　安慶　成都　重慶　南昌　開封　汕頭　南京　太原　杭州　廣州　常德　奉天　九江　北京　天津　保定　桂林　吉林　蕪湖　濟南

书名：现代初中教科书植物学

著者：凌昌焕／编纂　胡先骕／校订

出版印行：商务印书馆

出版时间：民国十二年（1923）初版　民国十八年（1929）92版

册数：一

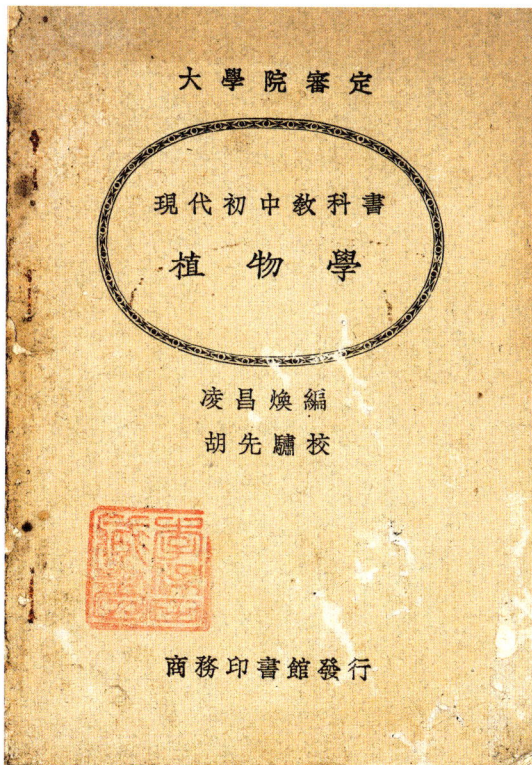

大學院審定

現代初中教科書

植　物　學

凌昌煥編
胡先驌校

商務印書館發行

現代初中教科書

植　物　學

此書有著作權翻印必究

本書於十七年八月經大學
院審定領到七十五號執照

中華民國十二年七月初版
　　　　　　　　　九二

每冊定價大洋肆角

外埠酌加運費滙費

編纂者　　凌　昌　煥

校訂者　　胡　先　驌

發行兼　　上海寶山路
印刷者　　商務印書館

發行所　　上海及各埠
　　　　　商務印書館

Modern Textbook Series
BOTANY
For Junior Middle Schools
Approved by the Ministry of Education and Research
By
LING CHANG HUAN
Edited by
HU SUN SIN
lst ed., July. 1923　92nd ed., July, 1929
Price : $0.40, postage extra
THE COMMERCIAL PRESS, LTD., SHANGHAI
All Rights Reserved

1986

书名：初中师范植物学

著者：张国璘／编辑

出版印行：百城书局

出版时间：民国二十年（1931）初版　民国廿二年（1933）5版

册数：一

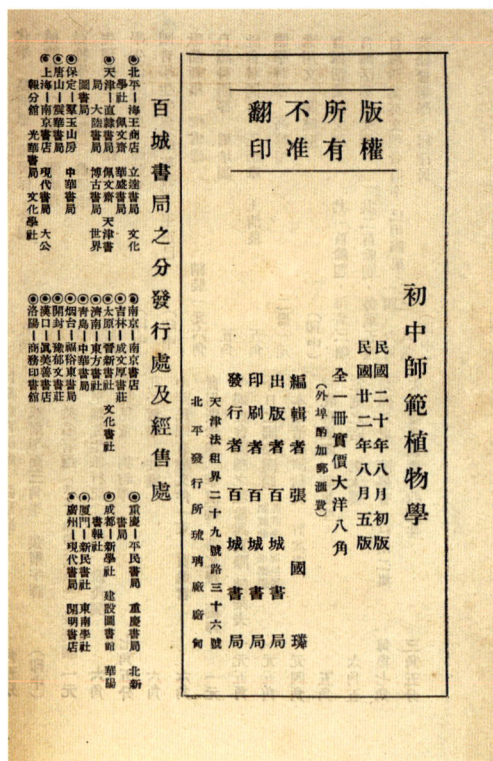

书名：初中植物（新课程标准适用）

著者：华汝成 / 编　华文祺 / 校

出版印行：中华书局

出版时间：民国二十二年（1933）再版

册数：二

1987

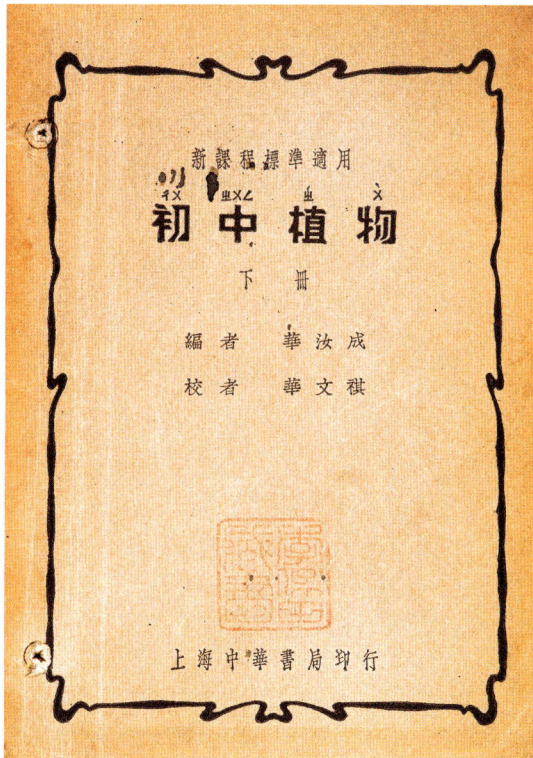

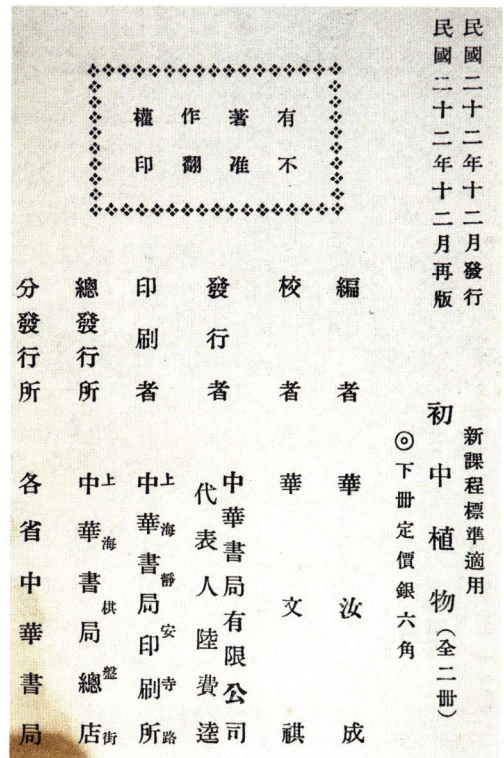

民國二十二年十二月發行

民國二十二年十二月再版

新課程標準適用

初中植物（全二冊）

◎下冊定價銀六角

編著者　華汝成

校者　華文祺

發行者　中華書局有限公司

代表人陸費逵

印刷者　中華書局印刷所

上海番安寺路

總發行所　中華書局總店

上海盤街

分發行所　各省中華書局

1988　书名：徐氏初中植物学（初级中学学生用）

著者：徐克敏 / 编著　胡哲齐 / 校订

出版印行：世界书局

出版时间：民国廿二年（1933）初版　民国廿三年（1934）6版

册数：一

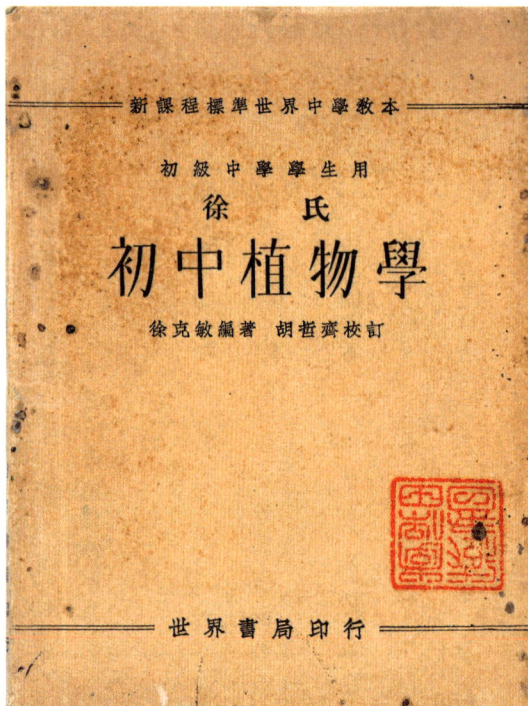

新課程標準世界中學教本

初級中學學生用

徐　氏

初中植物學

徐克敏編著　胡哲齊校訂

世界書局印行

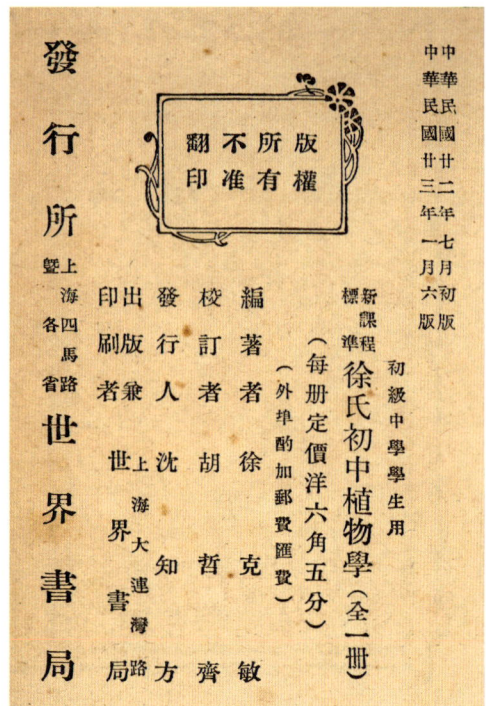

發行所

翻不所版
印准有權

中華民國廿二年一月六初版
中華民國廿三年七月六版

新課程標準
初級中學學生用
徐氏初中植物學（全一冊）

（每冊定價洋六角五分）
（外埠酌加郵費匯費）

編著者　徐克敏

校訂者　胡哲齊

發行人　沈知方

印刷版者兼　世界書局

發行所　上海四馬路各省　上海大連灣路　世界書局

书名：新生活初中教科书植物（新课程标准适用）

著者：黄以增／编著

出版印行：大东书局

出版时间：民国二十三年（1934）初版

册数：一

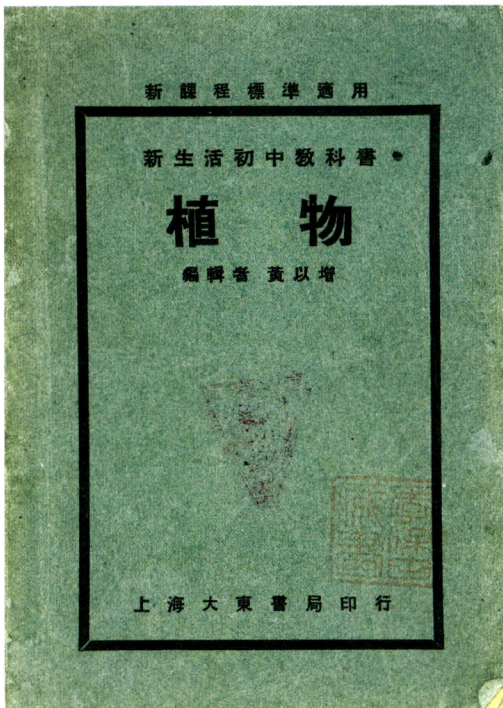

新課程標準適用

新生活初中教科書

植　物

編輯者　黃以增

上海大東書局印行

中華民國二十三年八月初版

新生活初級中學教科書用植物

版權所有　翻印必究

分發行所

開封　南京　長沙　徐州　汕頭
安慶　北平　濟南　廣州
常州　天津　漢口　雲南　哈爾濱
無錫　溧陽　梧州　杭州
西安　信陽　重慶　門　新嘉坡

△（全一冊定價大洋六角）
（外埠酌加郵費匯費）

編著者　黃以增
發行人　沈駿聲　上海北福建路三三一號
印刷者　大東書局　上海北福建路三三一局號
總發行所　大東書局　上海四馬路三一〇局號

（本書校對者朱晉材）

1990

书名：复兴初级中学教科书植物学

著者：童致棱／原编　周建人／改编　胡先骕／校订　王云五／主编兼发行

出版印行：商务印书馆

出版时间：民国二十六年（1937）教育部初审核定本第1版

　　　　　民国三十年（1941）教育部初审核定本第26版

册数：二

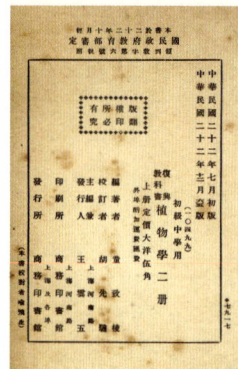

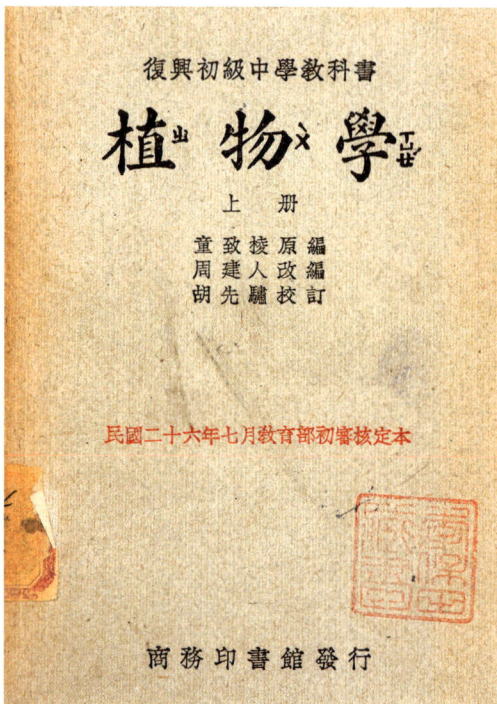

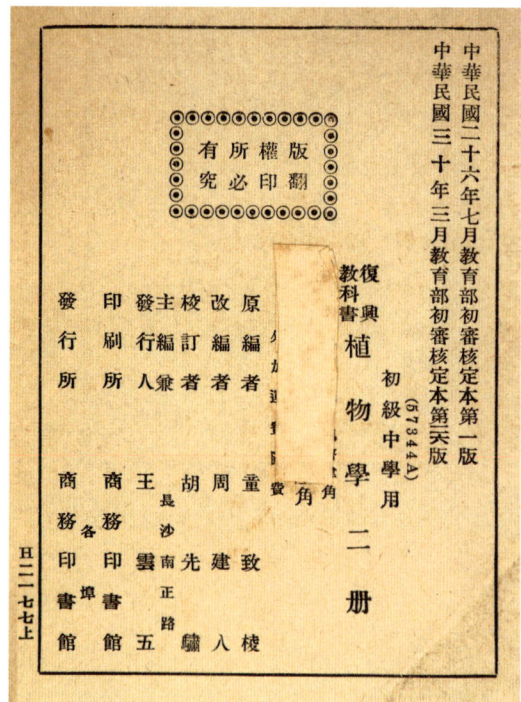

书名：新中国教科书初级中学植物学

著者：张珽 / 编著

出版印行：正中书局

出版时间：民国三十二年（1943）渝初版　　民国三十六年（1947）沪204版

册数：二

1991

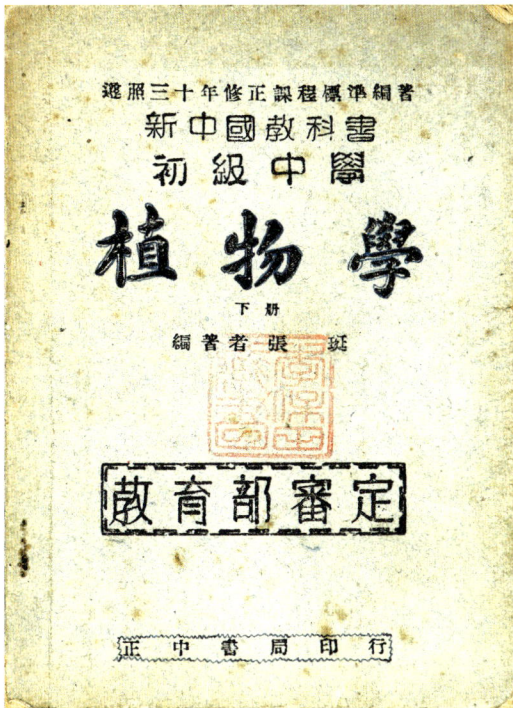

1992

书名：初中教科书植物学（试用本）

著者：李文林／编

出版印行：大华印书局

出版时间：不详

册数：不详

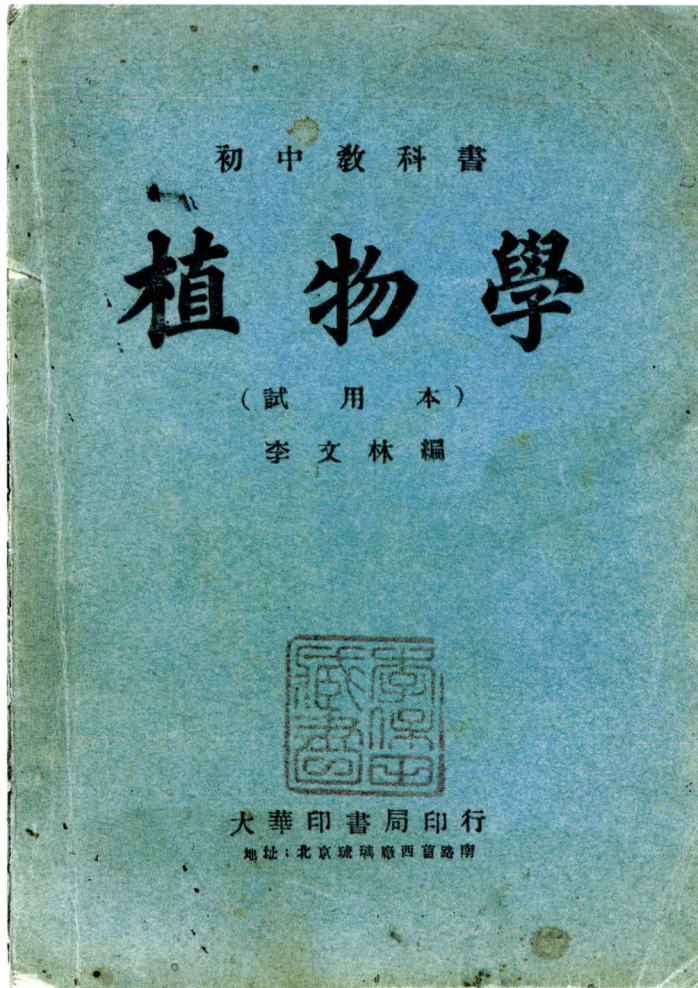

书名：建国教科书初级中学植物学

著者：张珽 / 编著

出版印行：正中书局

出版时间：不详

册数：不详

1993

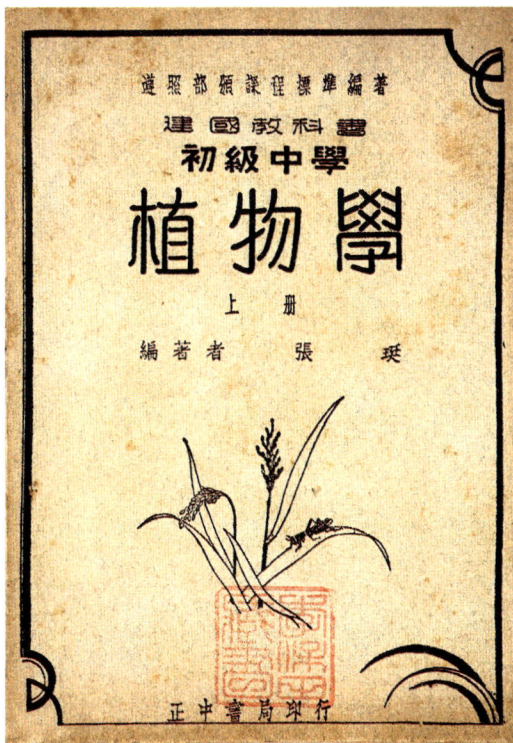

遵照部頒課程標準編著

建國教科書

初級中學

植物學

上 册

編著者　張　珽

正中書局發行

版權所有
翻印必究

建國教科書 初中植物學

上 册　實價國幣三角五分
（外埠酌加運費匯費）

編著者	張　　　珽
發行人	吳　秉　常
印刷所	建華印刷所 香港英皇道六九四號
發行所	正中書局 上海 福州路 南京 太平路

（872）

28:5:21/2 港

1994

书名：复兴初级中学教科书植物学教员准备书

著者：袁善徵 / 编

出版印行：商务印书馆

出版时间：不详

册数：二

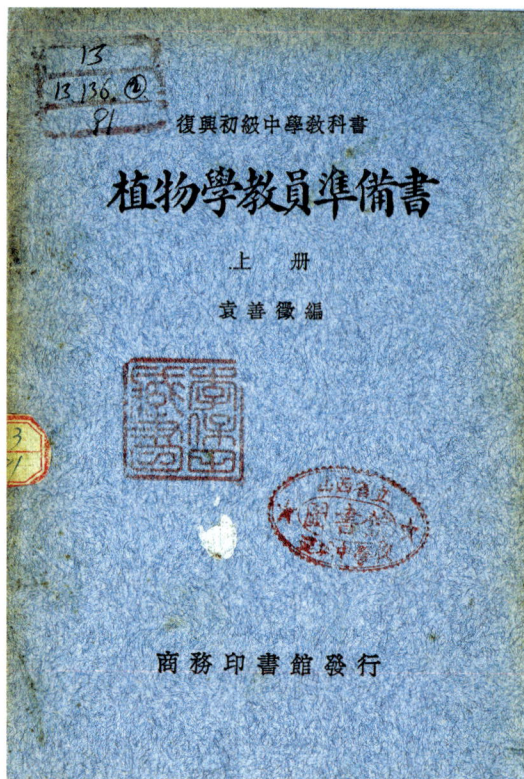

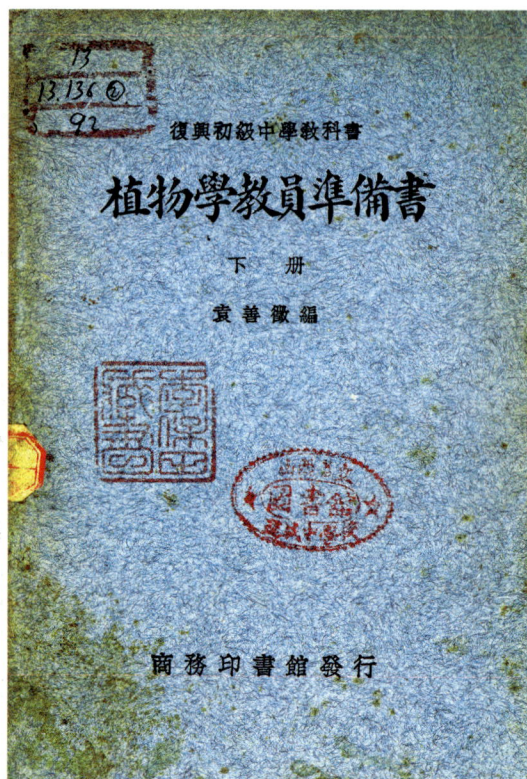

书名：实验植物学教科书

著者：杜亚泉／编译　陈学郢／校订

出版印行：商务印书馆

出版时间：辛亥年（1911）初版　民国三年（1914）3版

册数：一

实验植物学教科书封面、版权

實驗植物學教科書

紹興杜亞泉編譯

侯官陳學郢校訂

上海商務印書館印行

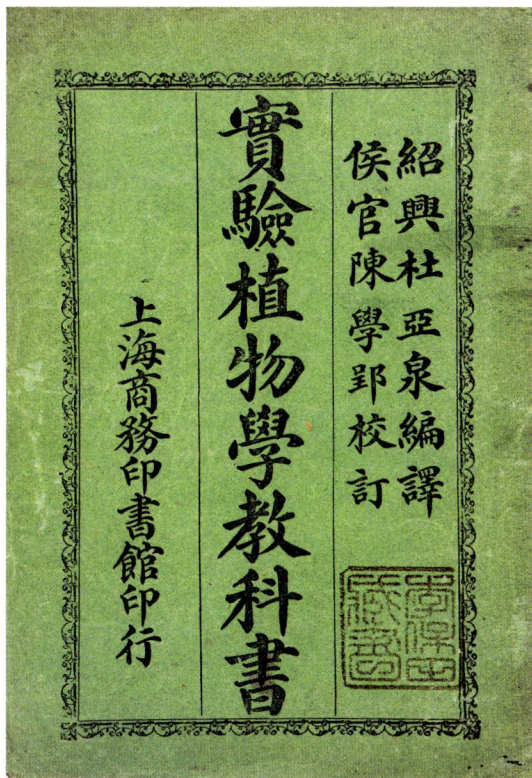

商務印書館出版

實驗化學教科書

四角

山陰杜就田編輯杜亞泉校訂

是書程度合中學校及一級師範學校教科之用又爲小學校教師用之參考

書全書共分二編先論尋常之實驗繼論分析之法其於實驗上之注意試藥之調製及改製木塞玻管等法均詳細言之且分析上之實驗多取其最有興趣者全體一氣貫通序次亦極清晰蓋化學之要旨皆納入此小册之中爲讀此與他化學書亦頭頭是道矣

壬六〇五號

MIDDLE SCHOOLS

Practical Botany

COMMERCIAL PRESS, LTD.

辛亥年二月初版
中華民國三年一月三版

（實驗植物學教科書一册）
（每册定價大洋伍角）

編譯者　紹興杜亞泉

校訂者　侯官陳學郢

發行者　商務印書館

印刷者　商務印書館
上海北河南路北首寶山路

總發行所　商務印書館
上海棋盤街中市

分售處　商務印書分館
北京　奉天　龍江　天津　濟南
開封　太原　西安　成都　慶重
安慶　長沙　桂林　漢口　南昌
蕪湖　杭州　福州　廣州　潮州

翻印必究

三〇〇四

1996

书名：普通教育植物学教科书

著者：彭树滋 / 编撰　张修爵 / 校

出版印行：上海普及书局

出版时间：民国二年（1913）9版

册数：不详

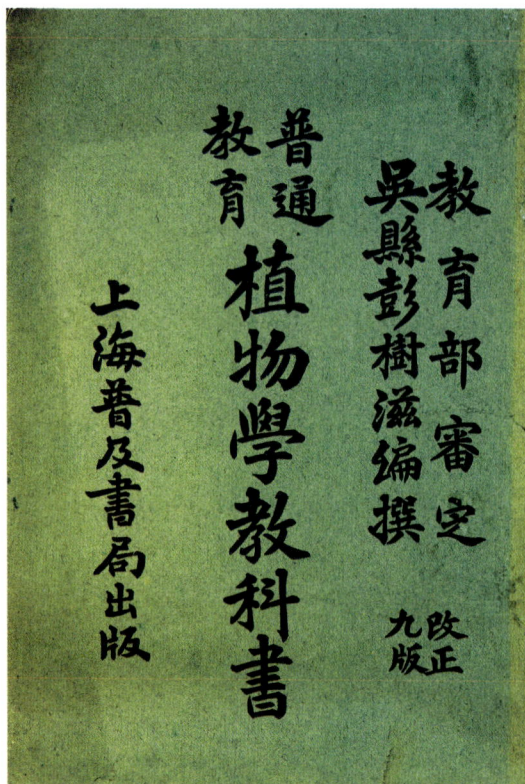

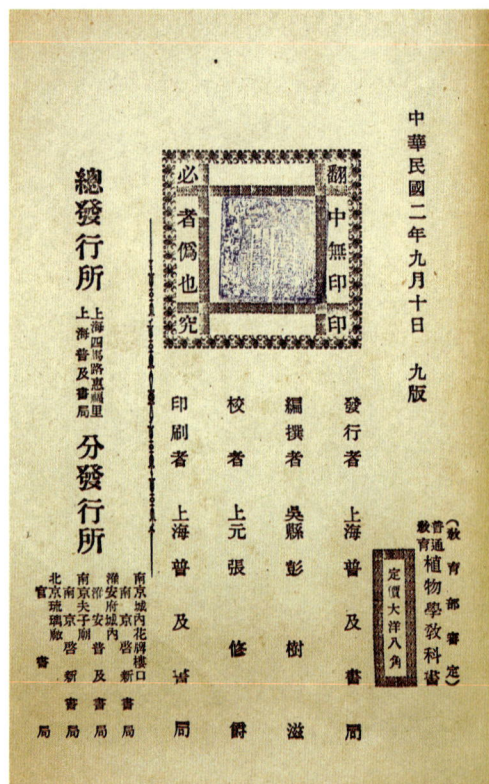

普通
教育
植物學教科書

教育部審定

吳縣彭樹滋編撰

改正
九版

上海普及書局出版

中華民國二年九月十日　九版

（教育部審定）
普通植物學教科書
教育部審定

定價大洋八角

發行者　上海普及書局

編撰者　吳縣彭樹滋

校者　上元張修爵

印刷者　上海普及書局

總發行所　上海四馬路惠福里
上海普及書局

分發行所

南京城內花牌樓口
南京晉新書局

溏安府城內
溏安普及書局

南京夫子廟
南京普及書局

北京琉璃廠
北京官書局

书名：实用主义植物学教科书

著者：马君武 / 编译

出版印行：商务印书馆

出版时间：民国七年（1918）初版　民国十三年（1924）4版

册数：一

實用主義植物學教科書

桂林馬君武編譯

上海商務印書館出版

Practical Botany

The Commercial Press, Limited

All rights reserved

中華民國七年十月初版
十三年六月四版

印證

※此書有著作權翻印必究※

（實用主義植物學教科書一册）
（每册定價大洋壹元）
（外埠酌加運費匯費）

編纂者　桂林馬君武

發行者　商務印書館

印刷所　上海北河南路北首寶山路
商務印書館

總發行所　上海棋盤街中市
商務印書館

分售處　商務印書分館

北京　天津　保定
濟南　太原　開封　奉天
杭州　鄜縣　安慶　吉林
廣州　潮州　南昌　龍江
貴陽　長沙　常德　衡州　成都　重慶　濾縣　南京　西安　南寧　漢口
福州　廣州　潮州　香港　梧州　雲南府
張家口　　　新嘉坡

四九九百

25 物理类教材

①初中教材
②高中教材
③中学及师范教材
④大学教材
⑤实用物理学类教材
⑥物理实验类教材
⑦各类解题
⑧其他教材

书名：现代初中教科书物理学

著者：周昌寿 / 编辑

出版印行：商务印书馆

出版时间：民国十二年（1923）初版　民国十六年（1927）72版

册数：一

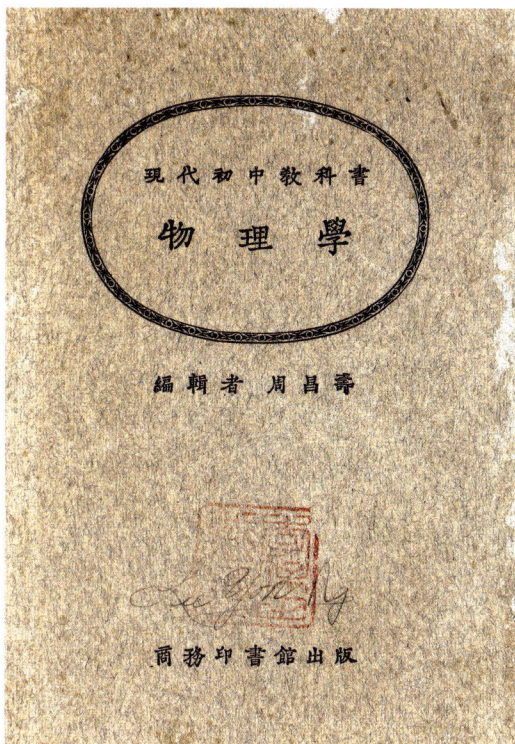

現代初中教科書

物理學

編輯者 周昌壽

商務印書館出版

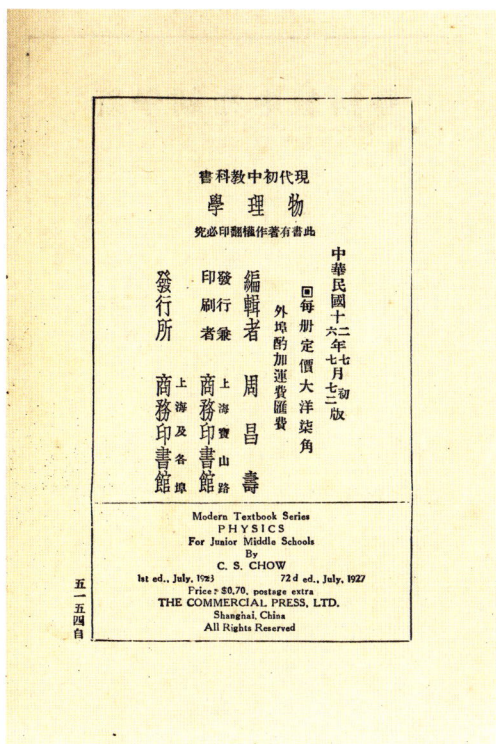

現代初中教科書

物理學

此書有著作權翻印必究

中華民國十二年七月初版

中華民國十六年七月七二版

□每冊定價大洋柒角

外埠酌加運費匯費

編輯者　周昌壽

發行兼印刷者　上海寶山路　商務印書館

發行所　上海及各埠　商務印書館

Modern Textbook Series

PHYSICS

For Junior Middle Schools

By

C. S. CHOW

1st ed., July, 1923　72 d ed., July, 1927

Price: $0.70, postage extra

THE COMMERCIAL PRESS, LTD.

Shanghai, China

All Rights Reserved

五一五四自

2002

书名：新中学教科书物理学

著者：钟衡臧／编　华襄治／校

出版印行：中华书局

出版时间：民国十四年（1925）再版

册数：一

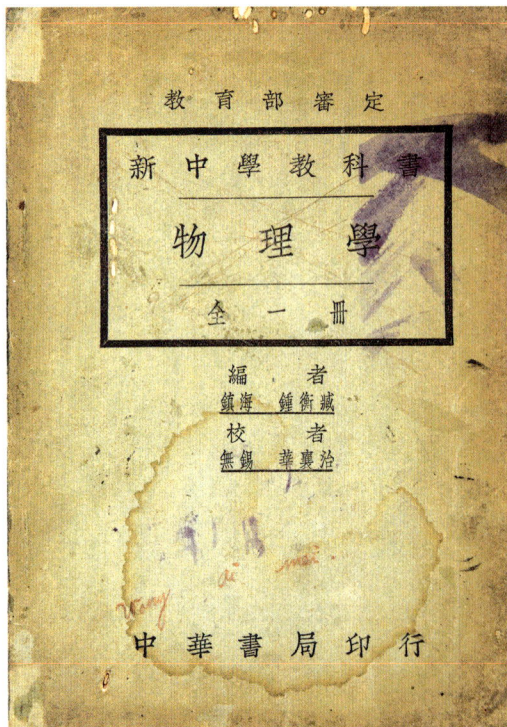

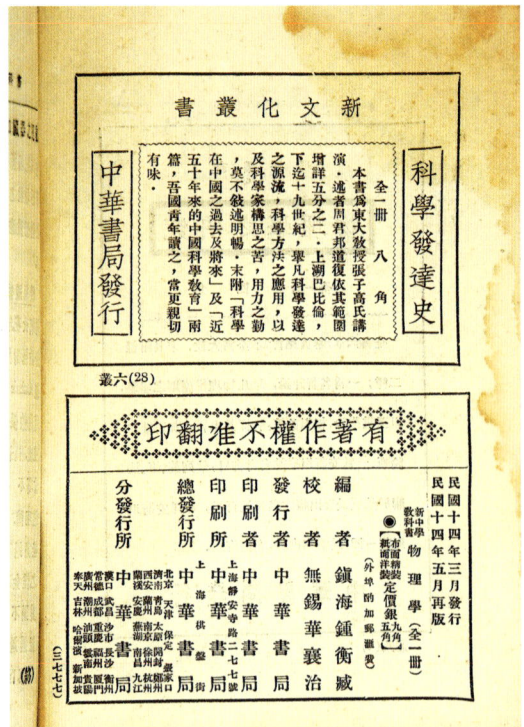

书名：初中物理学（初级中学学生用）

著者：龚昂云 / 编著　金通尹 / 校订

出版印行：世界书局

出版时间：民国十九年（1930）初版　民国二十年（1931）订正4版

册数：一

2003

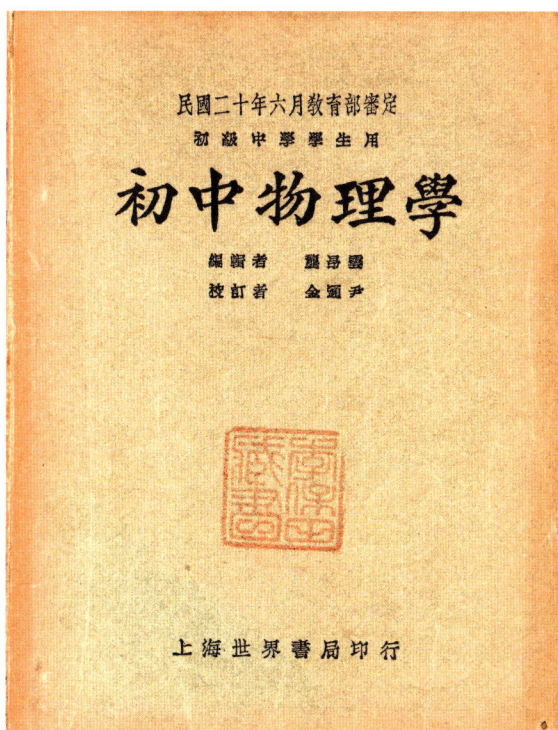

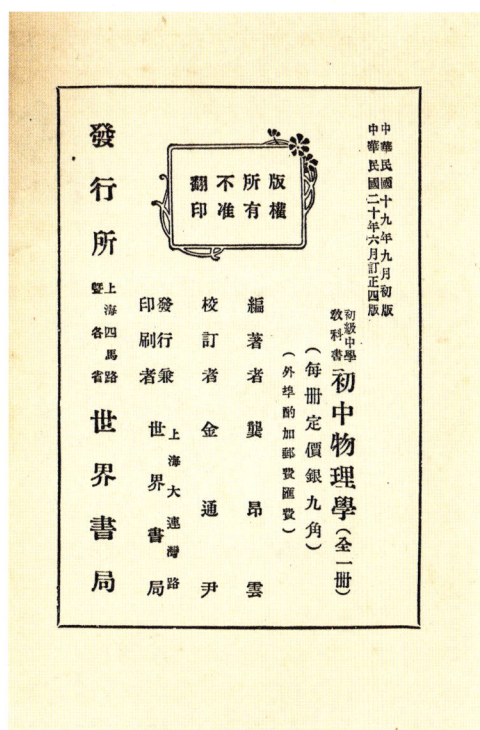

2004　书名：开明物理学教本（初级中学学生用）

著者：戴运轨 / 编著

出版印行：开明书店

出版时间：民国廿一年（1932）初版

册数：不详

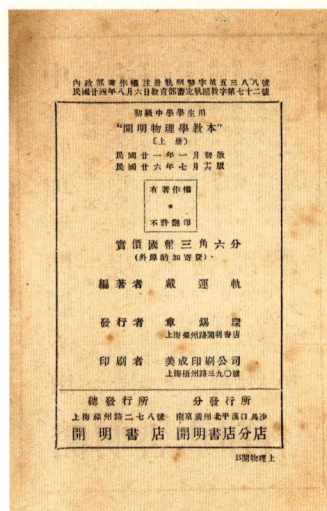

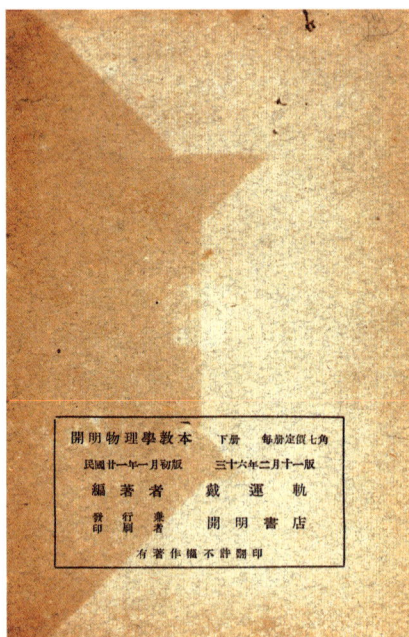

书名：中国初中教科书物理学

著者：杨孝述、胡憙风、胡刚复 / 编辑

出版印行：中国科学图书仪器公司

出版时间：民国二十二年（1933）初版　民国二十三年（1934）再版

册数：二

中國科學圖書儀器公司出版書目

初中算術	吳在淵編	全一冊	每冊實價大洋壹	元
初中代數	吳在淵編	上下冊	每冊實價大洋	九角半 七角半
初中幾何	吳在淵編	上中下冊	每冊實價大洋	七角半 九角 九角半
初中物理	楊孝述 胡剛復編 胡憨風	下冊	每冊實價大洋六	角
初中動物	張孟聞編 秉志	上下冊	每冊實價大洋	七角 角
初中英文法	平海瀾編	全一冊	每冊實價大洋五	角
高中英文粹	朱惟傑編	第一冊 第二冊	每冊實價大洋	八角 一元二角

中國初中教科書

物理學

上冊

◁此書有著作權翻印必究▷

中華民國二十二年八月初版
中華民國二十三年八月再版

每冊實價大洋七角半

外埠酌加郵滙費

編輯者	楊孝述 胡憨風 胡剛復
	上海中國科學圖書儀器公司
發行者	楊孝述
	上海鄒邸路六四九號
印刷者	中國科學圖書儀器公司
	上海鄒邸路六四九號
發行所	中國科學圖書儀器公司

2006　书名：朱氏初中物理学（初级中学学生用）
　　　著者：朱昊飞 / 编著
　　　出版印行：世界书局
　　　出版时间：民国二十二年（1933）
　　　册数：一

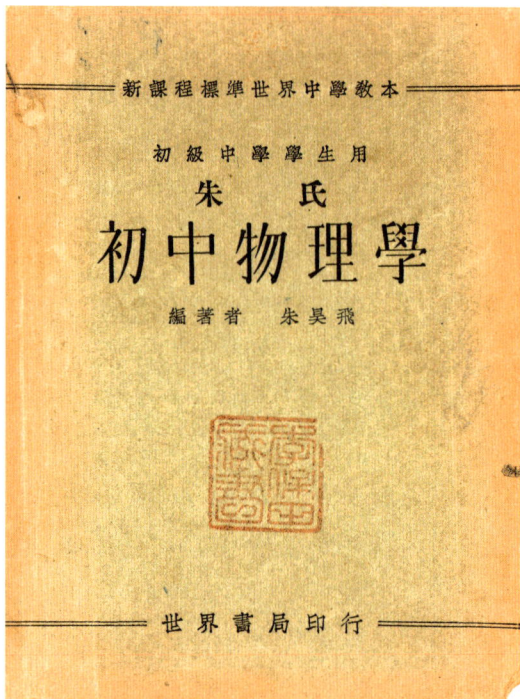

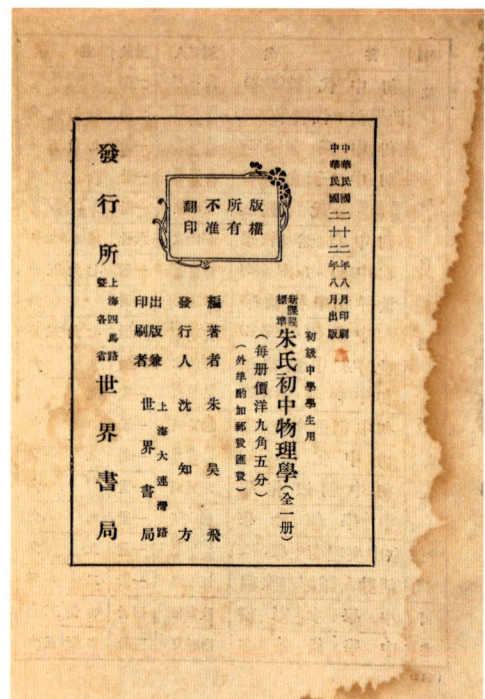

书名：初中物理（新课程标准适用）

2007

著者：张开圻、包墨青 / 编　华襄治、华汝成 / 校

出版印行：中华书局

出版时间：民国二十三年（1934）发行　民国二十五年（1936）14版

册数：二

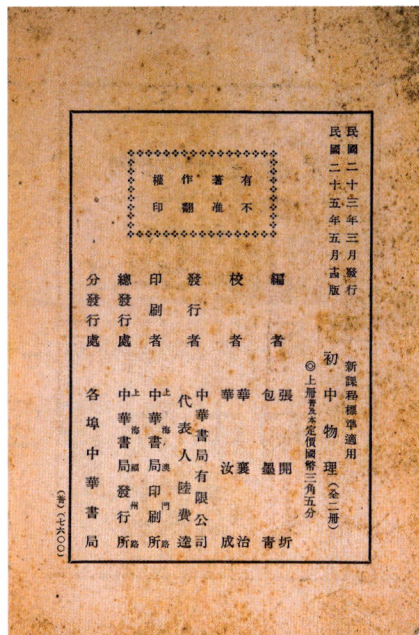

2008　书名：初中物理学（依照新课程标准编辑）

著者：胡惫风／编辑　胡刚复／校阅

出版印行：北新书局

出版时间：民国二十三年（1934）

册数：不详

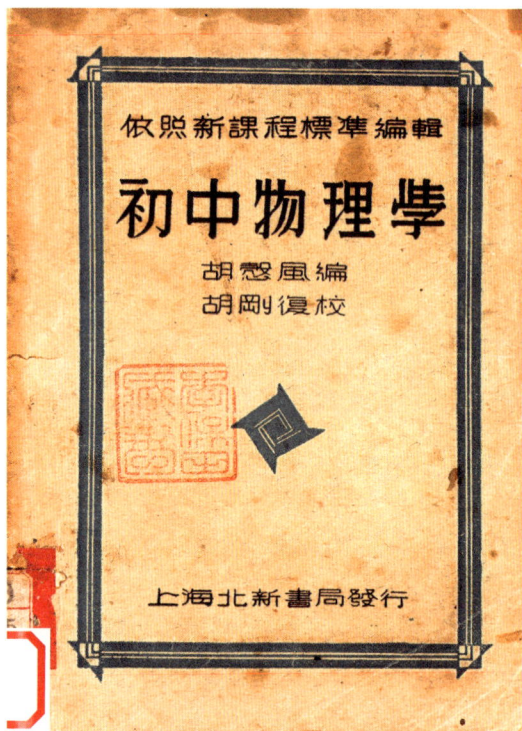

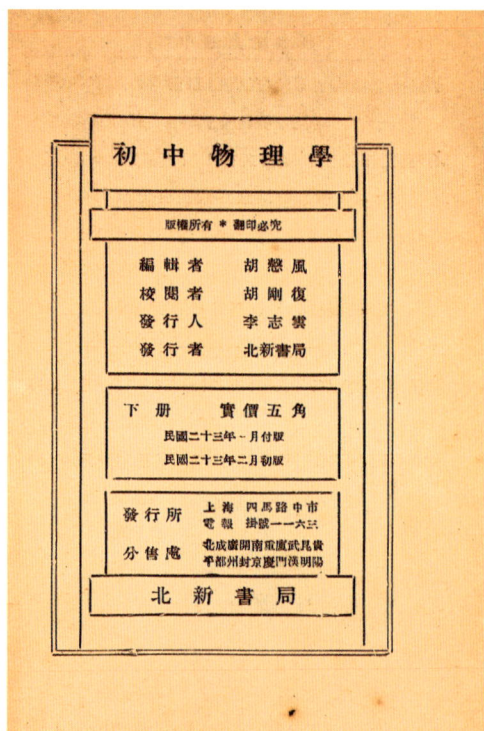

书名：龚氏初中物理学（初级中学学生用）

著者：龚昂云／编著　杨哲明／校订

出版印行：世界书局

出版时间：民国二十三年（1934）初版　民国二十八年（1939）新2版

册数：二

2009

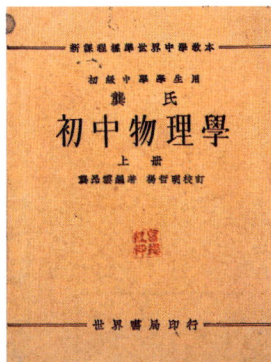

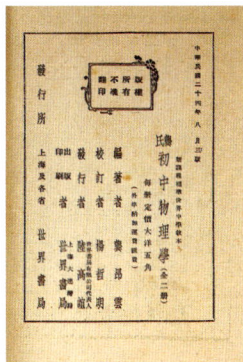

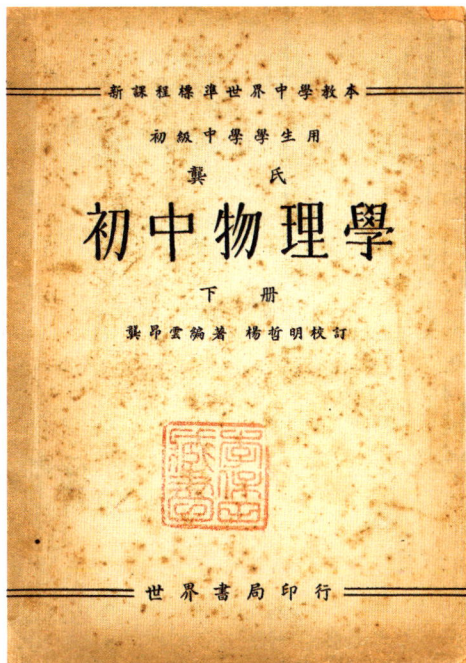

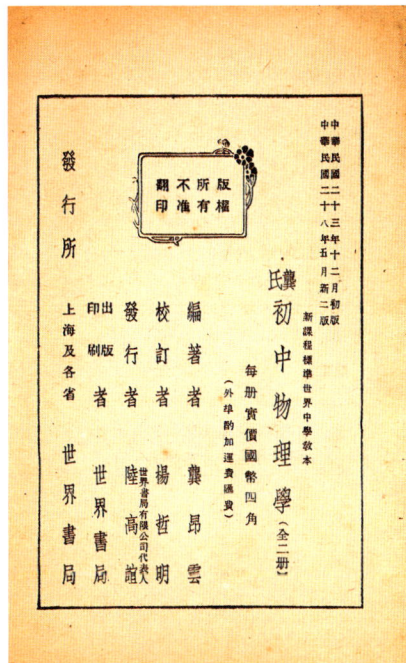

2010

书名：物理学（初中复习丛书）

著者：陈岳生 / 编著

出版印行：商务印书馆

出版时间：民国二十四年（1935）初版　民国二十四年（1935）改订5版

册数：一

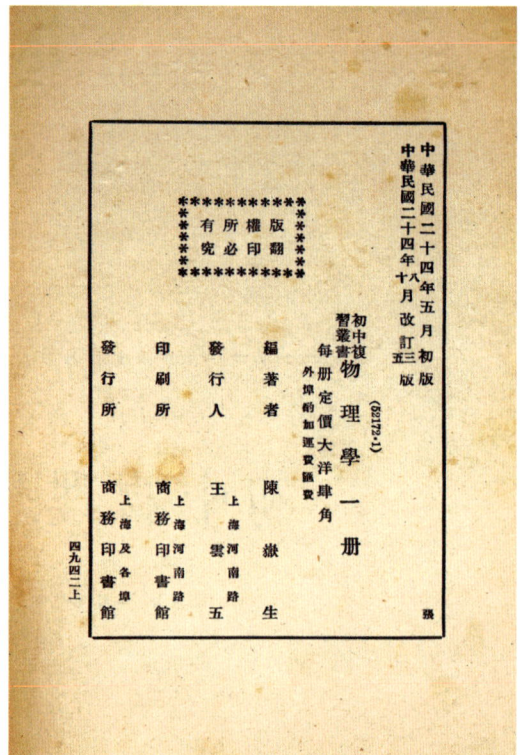

书名：开明物理学讲义（开明中学讲义）

著者：沈乃启、夏承法／编著

出版印行：开明函授学校／出版　开明书店／印行

出版时间：民国廿五年（1936）初版　民国廿九年（1940）5版

册数：一

2011

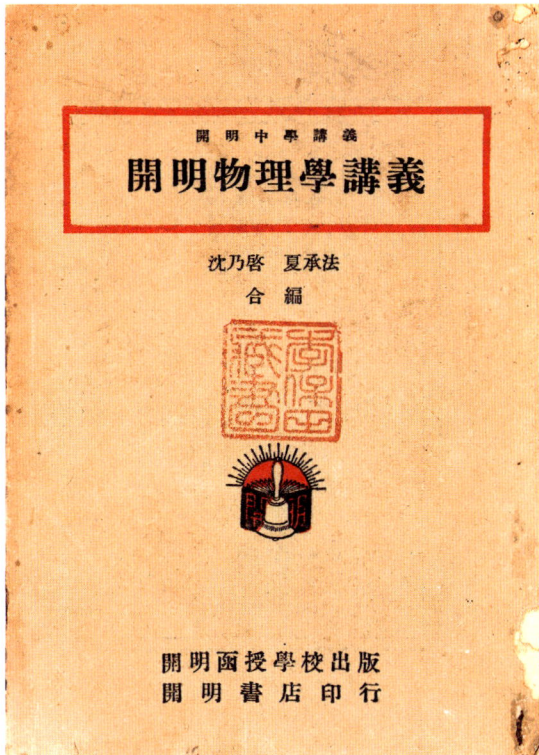

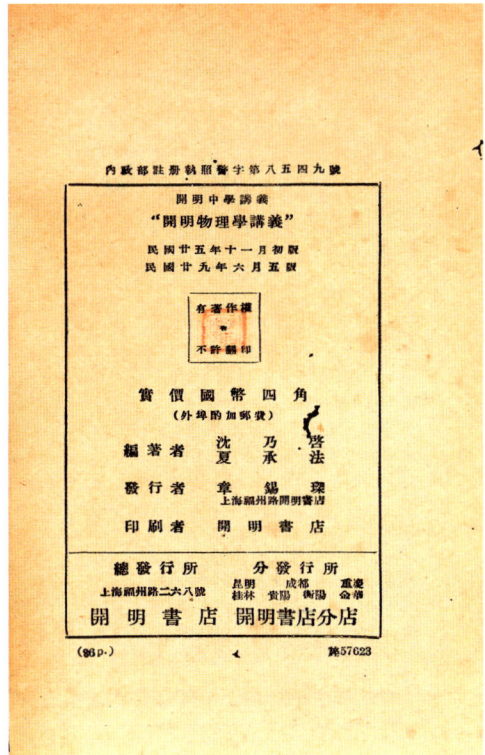

2012 | 书名：复兴初级中学教科书物理学

著者：周颂久／编著

出版印行：商务印书馆

出版时间：民国二十七年（1938）教育部初审核定本第1版　　民国三十五年（1946）教育部初审核定本第78版

册数：二

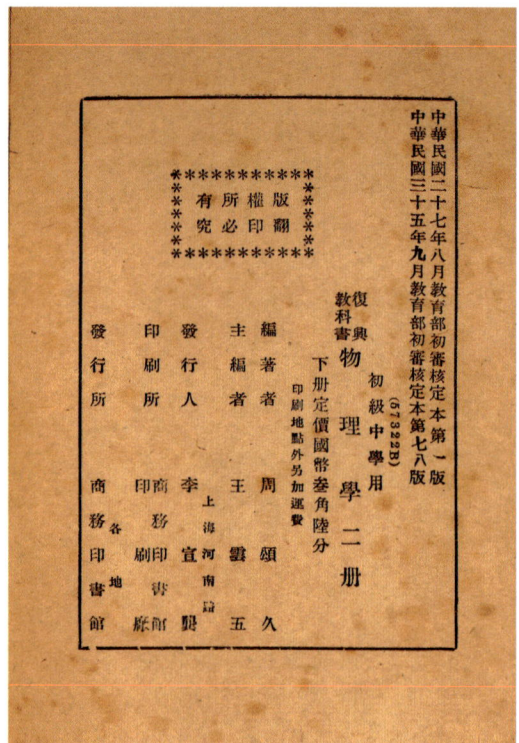

书名：建国教科书初级中学物理学

著者：陈杰夫 / 编著

出版印行：正中书局

出版时间：民国二十九年（1940）初版　民国三十一年（1942）86版国纸本

册数：二

2013

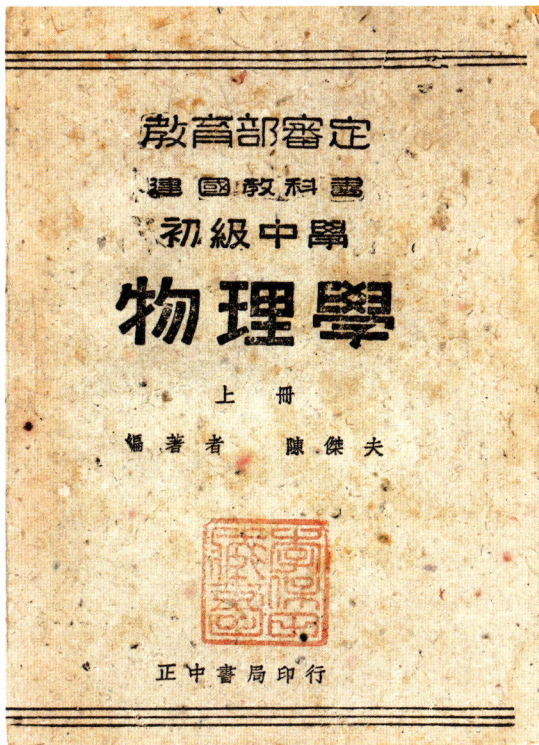

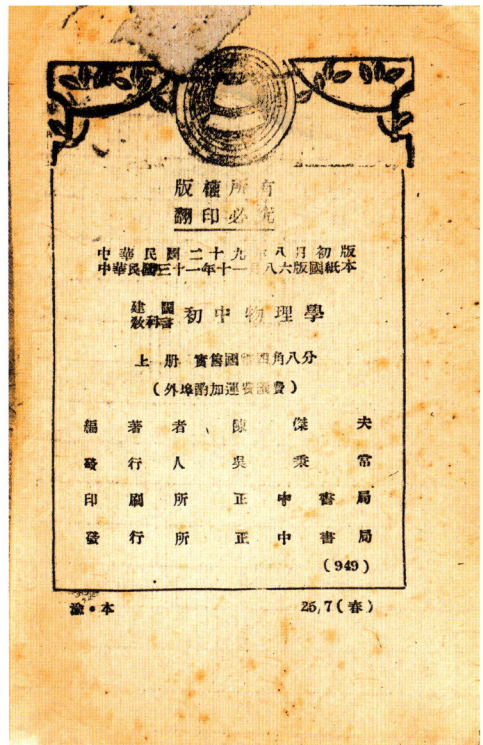

2014

书名：新中国教科书初级中学物理学

著者：常伯华 / 编著

出版印行：正中书局

出版时间：民国三十三年（1944）渝初版　民国三十六年（1947）沪145版

册数：二

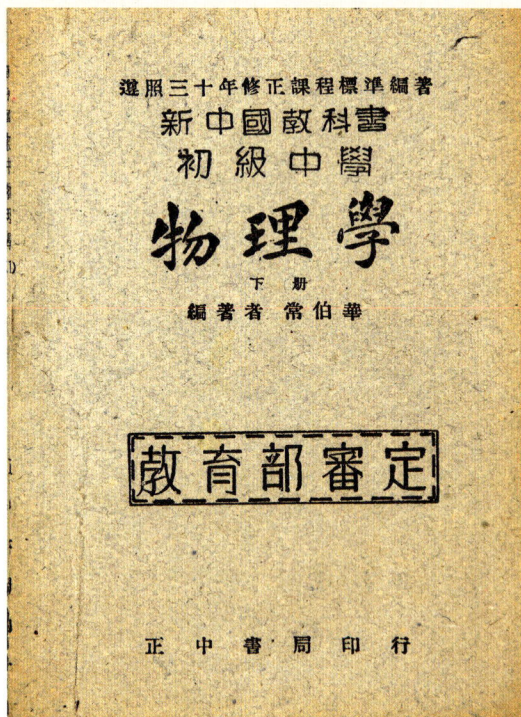

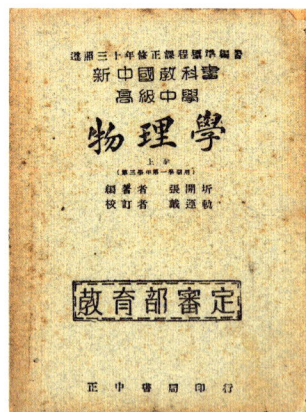

书名：标准初中物理学（最新课程标准适用）

2015

著者：赵东樵、黄培心 / 编著

出版印行：不详

出版时间：民国三十四年（1945）6版

册数：不详

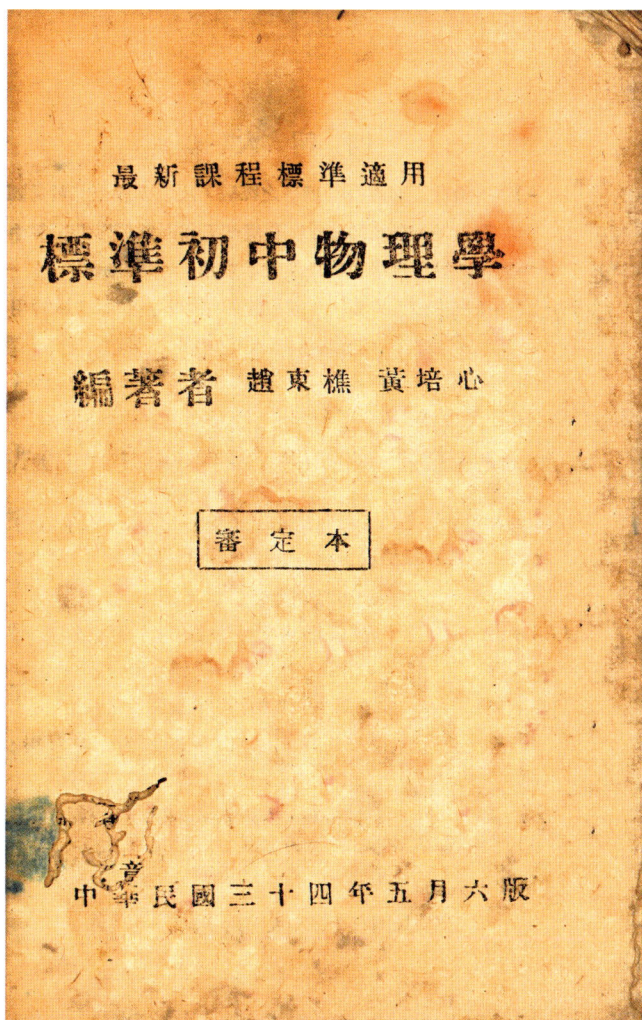

2016

书名：复兴初级中学教科书物理（修订本）
著者：谭勤馀 / 重编　周昌寿 / 校订　唐志瞻 / 协校
出版印行：商务印书馆
出版时间：民国三十七年（1948）修订本第1版
册数：二

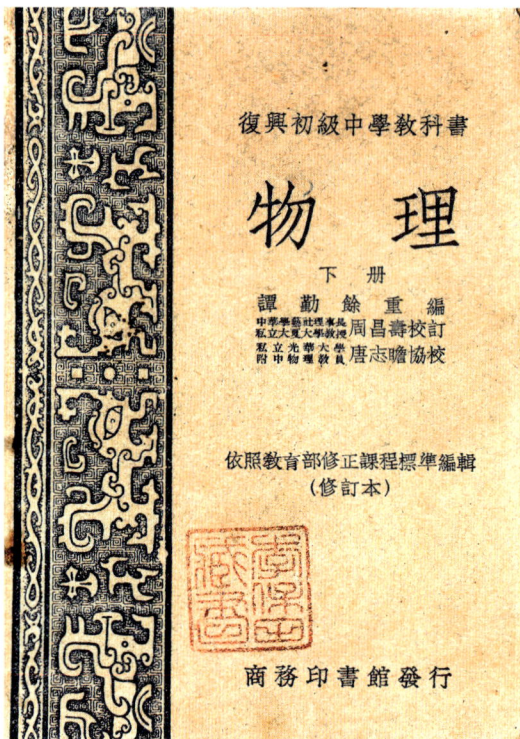

復興初級中學教科書

物　理

下　册

譚勤餘重編
中華學藝社理事長　私立大夏大學教授　周昌壽校訂
私立光華大學附中物理教員　唐志瞻協校

依照教育部修正課程標準編輯
（修訂本）

商務印書館發行

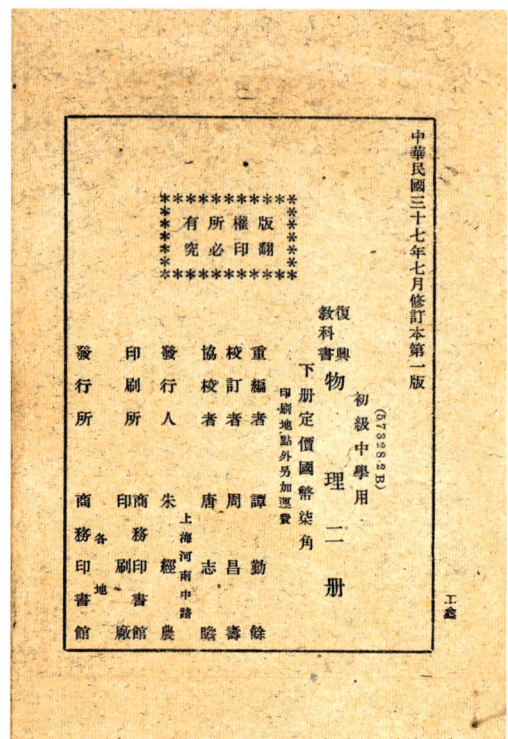

中華民國三十七年七月修訂本第一版

（67328·2B）

初級中學用

復興教科書

物理 二册

下册定價國幣柒角
印刷地點外另加運費

重編者　譚勤餘
校訂者　周昌壽
協校者　唐志瞻
發行人　朱經農
印刷所　商務印書館印書廠
發行所　商務印書館各地上海河南中路

有所權版
究必印翻

书名：新修正标准初中物理

著者：甘景镐、林琼平 / 编著　黄福煦 / 校订

出版印行：大东书局

出版时间：不详

册数：不详

2017

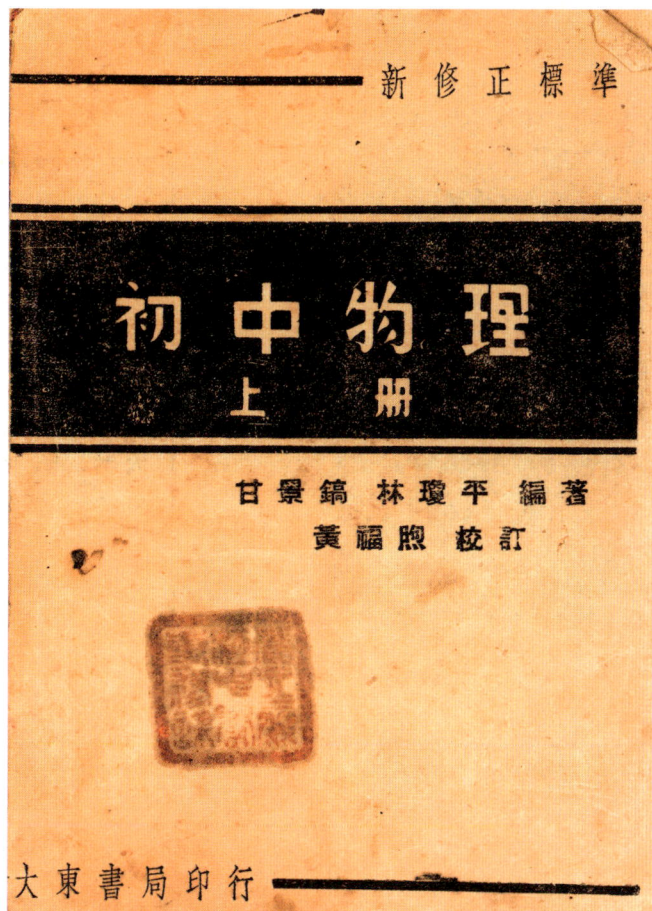

2018　书名：普通物理学（高级中学学生用）
著者：夏佩白 / 编著
出版印行：大东书局
出版时间：民国二十年（1931）初版
册数：一

②高中教材

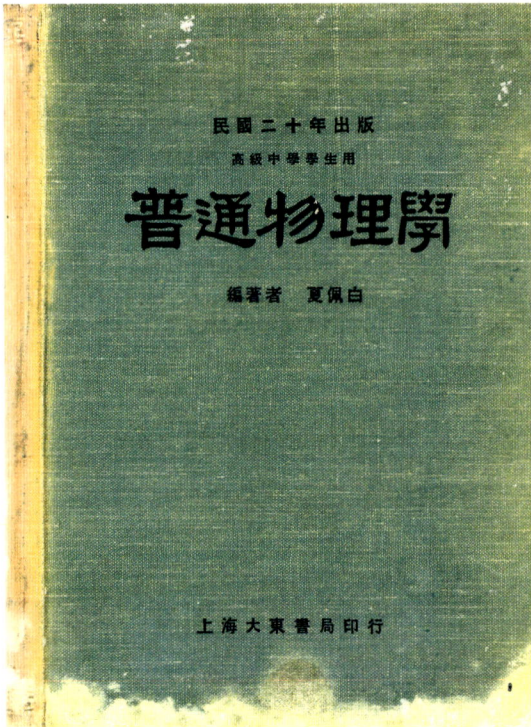

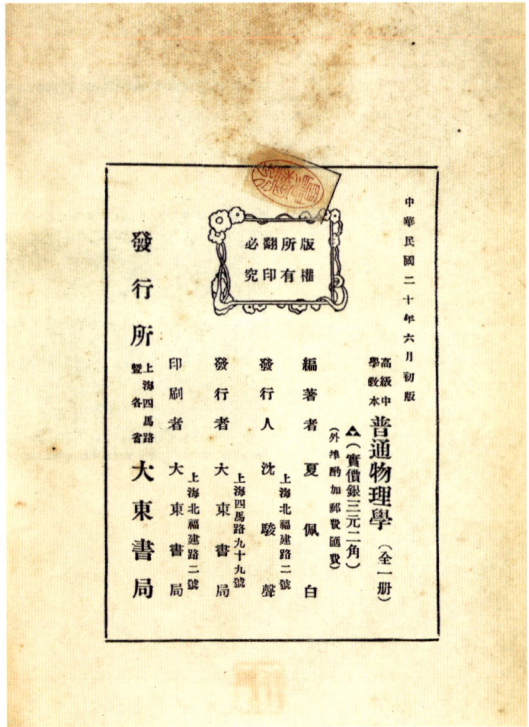

书名：高中物理学（高级中学学生用）

著者：傅溥 / 编著

出版印行：世界书局

出版时间：民国二十年（1931）初版　民国廿一年（1932）5版

册数：一

2019

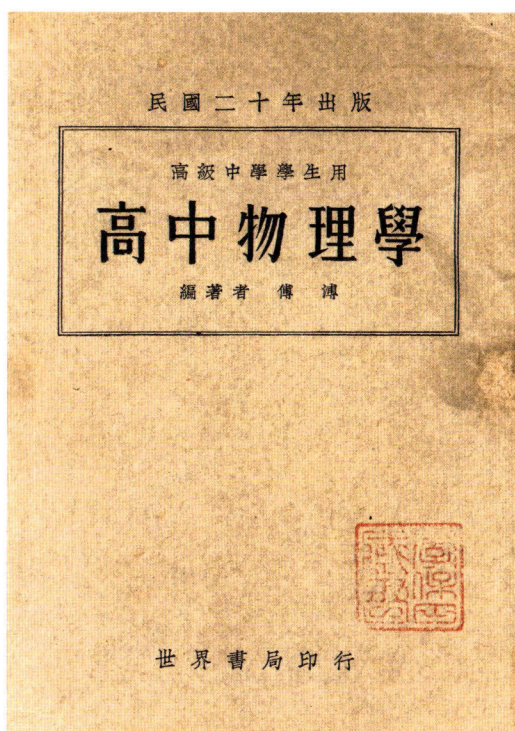

民國二十年出版

高級中學學生用

高中物理學

編著者　傅溥

世界書局印行

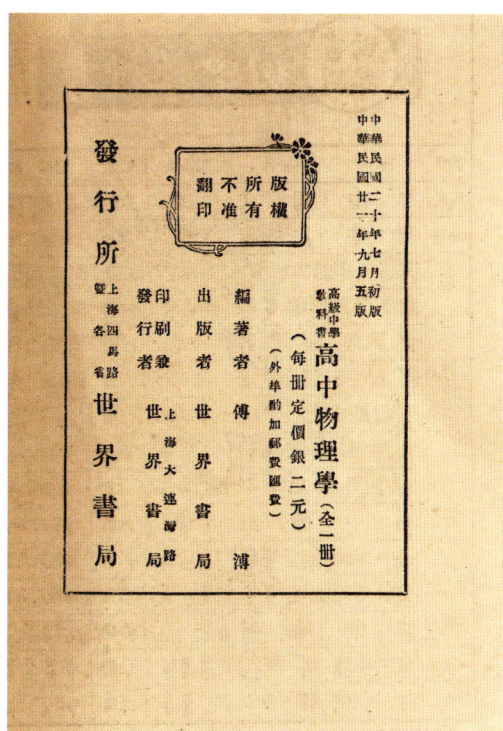

版權所有　不准翻印

中華民國二十年七月初版
中華民國廿一年九月五版

高級中學教科書

高中物理學（全一冊）

（每冊定價銀二元）

（外埠酌加郵費匯費）

編著者　傅溥

出版者　世界書局

印刷兼發行者　上海大連灣路世界書局

發行所　上海四馬路各省世界書局

2020

书名：复兴高级中学教科书物理学

著者：周昌寿 / 编著

出版印行：商务印书馆

出版时间：民国二十三年（1934）初版　民国二十三年（1934）7版

册数：二

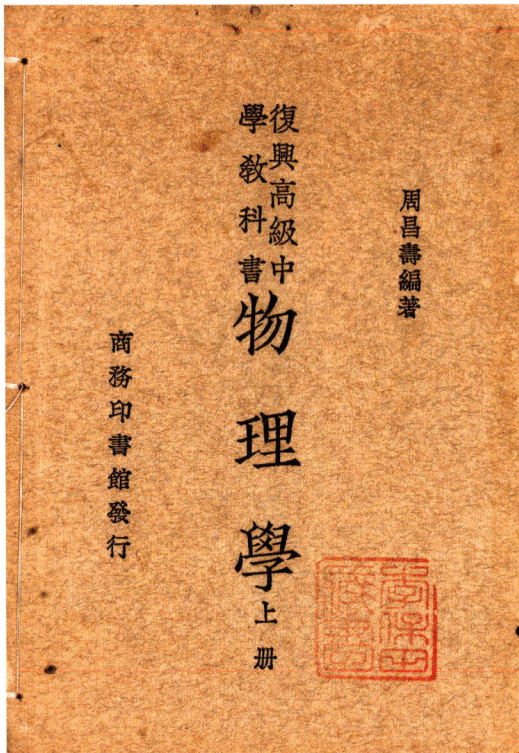

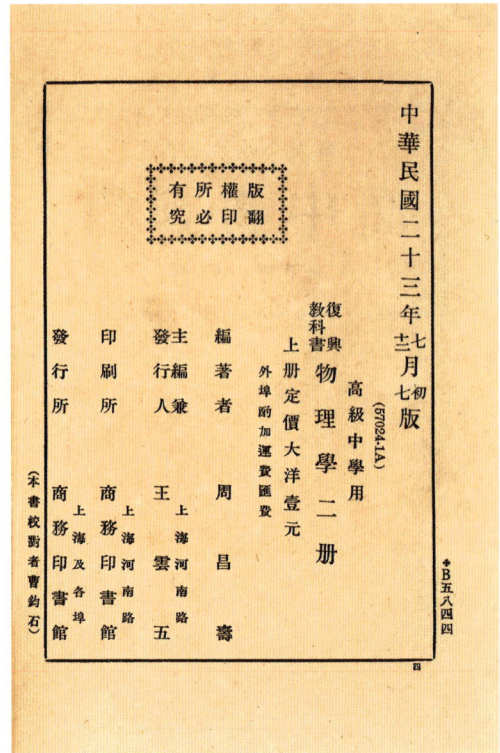

书名：高中教本实用物理学
著者：Black and Davis/ 原著　蒋宪淞 / 译　龚昂云 / 校订
出版印行：世界书局
出版时间：民国二十八年（1939）初版
册数：一

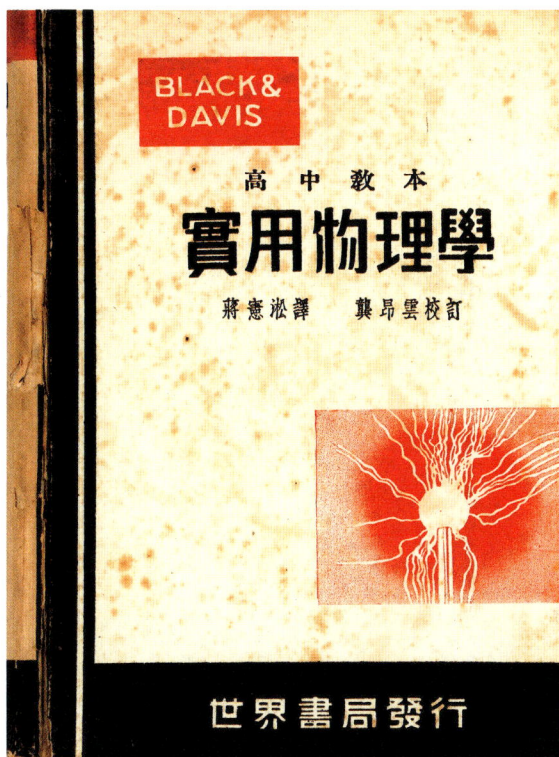

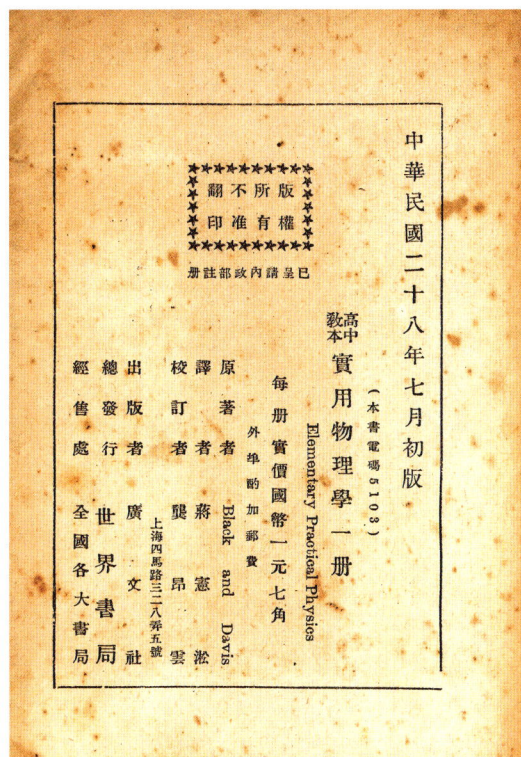

书名：新中国教科书高级中学物理学
著者：张开圻/编著　戴运轨/校订
出版印行：正中书局
出版时间：民国三十四年（1945）初版　民国三十八年（1949）沪10版
册数：二

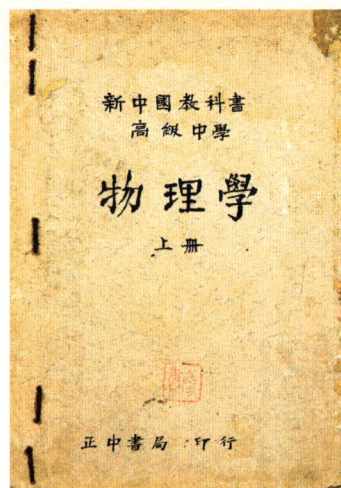

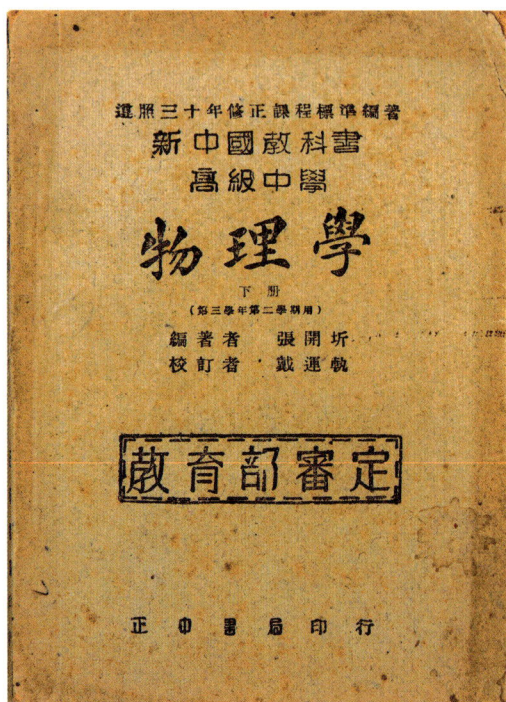

书名：初级师范学校教科书物理学

著者：严保诚 / 编译　杜就田 / 校订

出版印行：商务印书馆

出版时间：丙午年（1906）初版　民国二年（1913）10版

册数：一

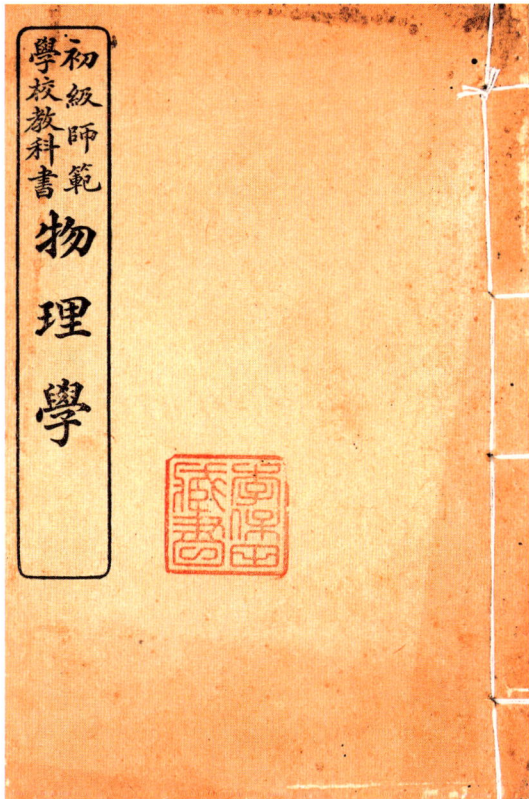

2024

书名：中等教育新式物理学

著者：陈文 / 编纂

出版印行：科学会编译部 / 出版　商务印书馆 / 发行

出版时间：丁未年（1907）初版　民国八年（1919）12版

册数：一

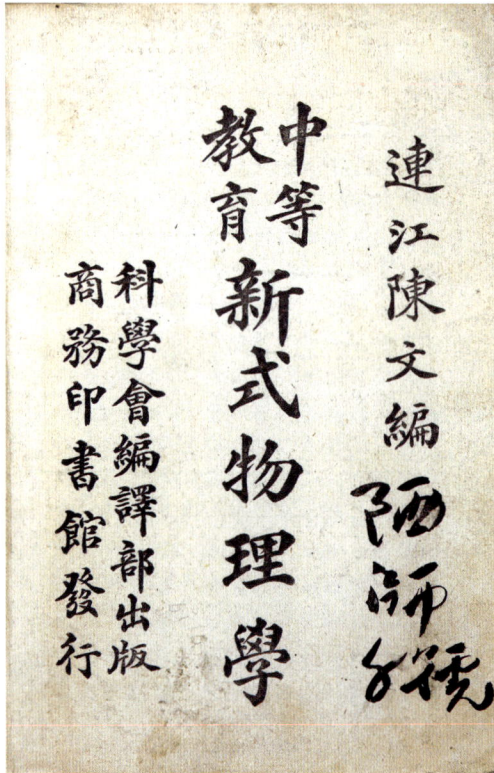

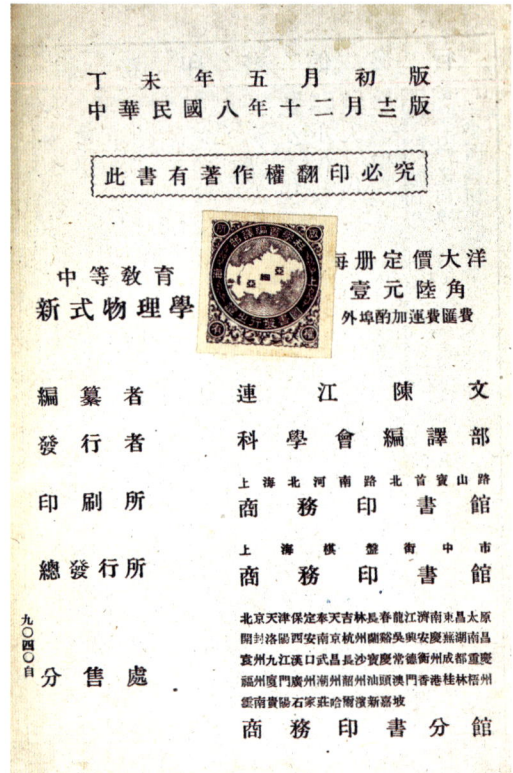

书名：共和国教科书物理学（中学校用；改订本）

著者：王季烈 / 编纂　周昌寿 / 校订

出版印行：商务印书馆

出版时间：民国二年（1913）初版　民国十三年（1924）改订22版

册数：一

2025

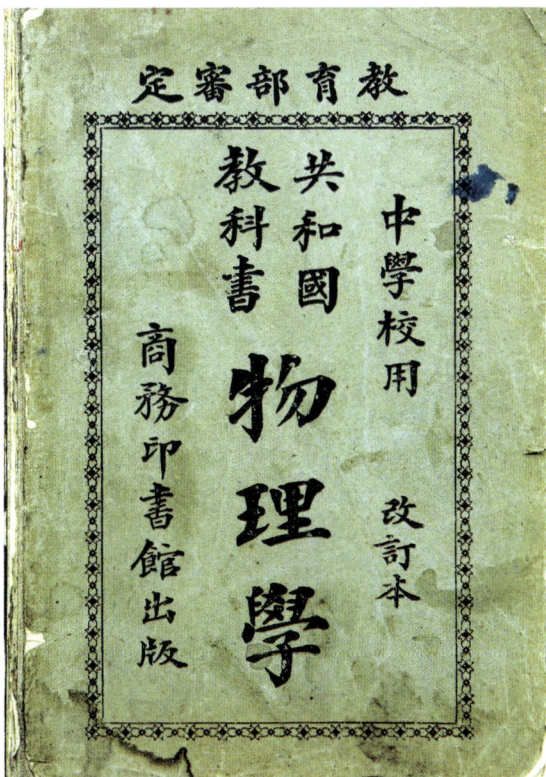

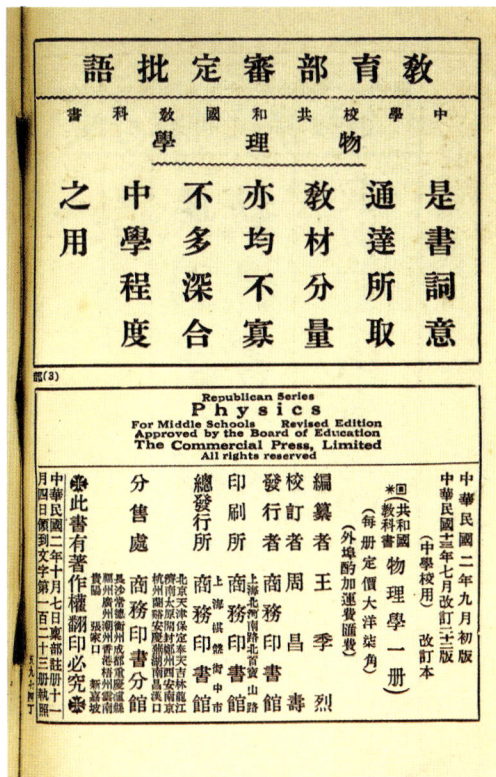

2026　书名：民国新教科书物理学（中学校师范学校用；改订本）

著者：王兼善 / 编纂

出版印行：商务印书馆

出版时间：民国二年（1913）初版　　民国十年（1921）18版

册数：一

中学校师范学校用

民國新教科書

物理學

（改訂本）上海商務印書館出版

英國愛丁堡大學

格致科學士文藝科碩士王兼善編

教育部審定

實用教科書　物理學

陳榥編　一冊　一元三角

本書分爲八編專供中等學校之用凡近世新學說搜入靡遺論理精密文詞明暢洵爲教科書中之善本

審定批詞　該書叙述論理實驗簡要精審學者循此以驗證實際獲益殊多廳審定准作爲中學教科用書

◉商務印書館出版

充㷒(93)

The New Scientific Series:—Physics

Approved by the Board of Education

Commercial Press, Limited

All rights reserved

（民國新教科書物理學）

（附出二冊定價大洋登元陸角外埠酌加運費匯費）

中華民國十年五月十八版

編纂者　江蘇王兼善

發行者　商務印書館

印刷所　上海北河南路北首寶山路商務印書館

總發行所　上海棠波路商務印書館

分售處　北京天津保定奉天吉林龍江杭州太原開封濟南西安南昌長沙常德漢口成都重慶雲南貴州廣州潮州桂林香港梧州雅州宋嘉坡

书名：新制物理学教本（中学校／师范学校适用）

著者：吴传绂／编辑　顾树森、吴家煦、吴家杰／校阅

出版印行：中华书局

出版时间：民国六年（1917）发行　民国十年（1921）11版

册数：一

2027

教育部審定

新制

物理學教本

中學校
師範學校適用

中華書局印行

有不
著准作翻
權印

民民民
國國國
十六六
年年年
七二二
月月月
十發印
一行刷
版

（新制物理學教本）全一冊

定價銀一元五折實售五角

（外埠酌加郵匯費）

分發行所

總發行所　上海　福州路河南路轉角

印刷所　中華書局

發行者　上海靜安寺路一九二號　中華書局

印刷者　中華書局

校閱者　吳縣　吳家煦　吳縣　顧樹森

編輯者　吳縣　吳傳紱

吳縣　吳家杰

中華書局

2028　书名：简易师范学校及简易乡村师范学校物理学

著者：常伯华 编著

出版印行：正中书局

出版时间：民国二十四年（1935）京初版　民国三十五年（1946）沪1版

册数：不详

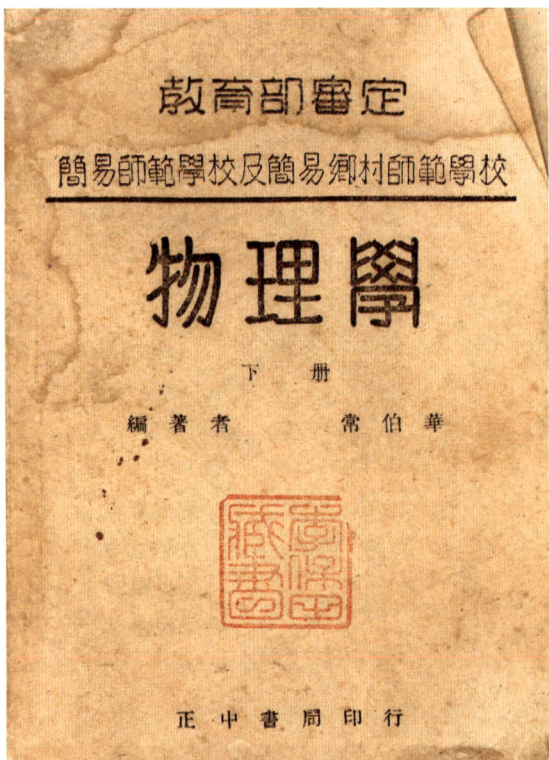

书名：师范学校教科书物理学
著者：沈有葵、周毓莘 / 编纂
出版印行：商务印书馆
出版时间：民国二十八年（1939）初版　民国三十五年（1946）6版
册数：二

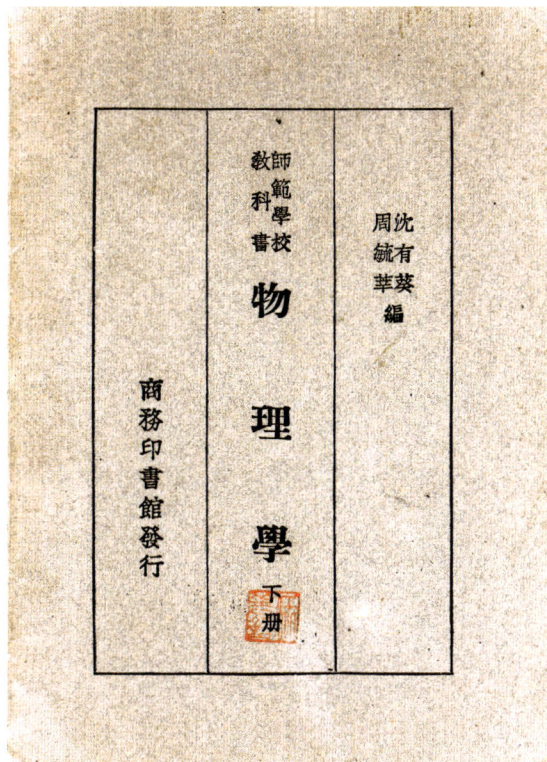

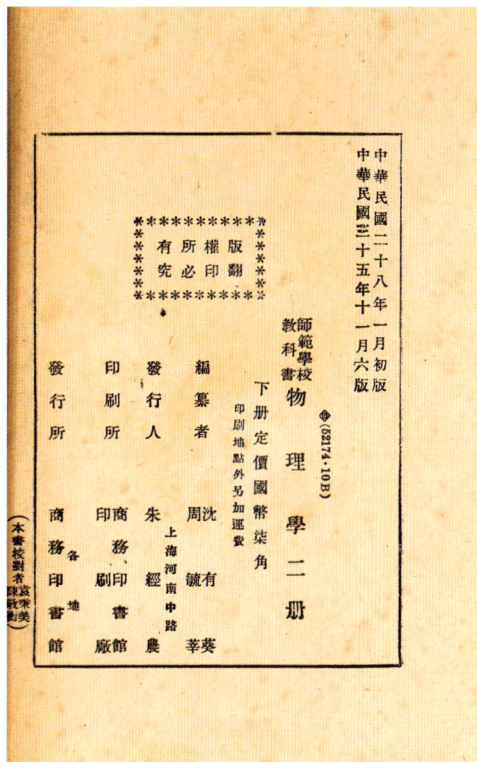

2030　书名：物理（新课程标准；师范／乡村师范学校适用）
　　　著者：朱福炘／编
　　　出版印行：中华书局
　　　出版时间：民国三十五年（1946）10版
　　　册数：二

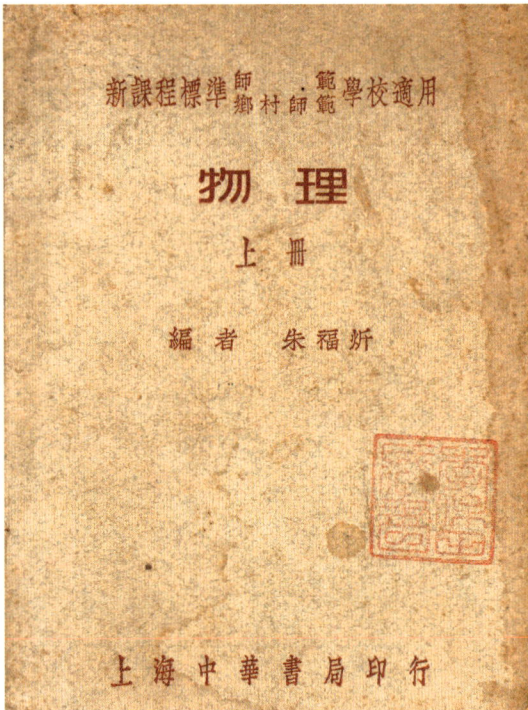

新課程標準師範
鄉村師範學校適用

物理
上冊

編者　朱福炘

上海中華書局印行

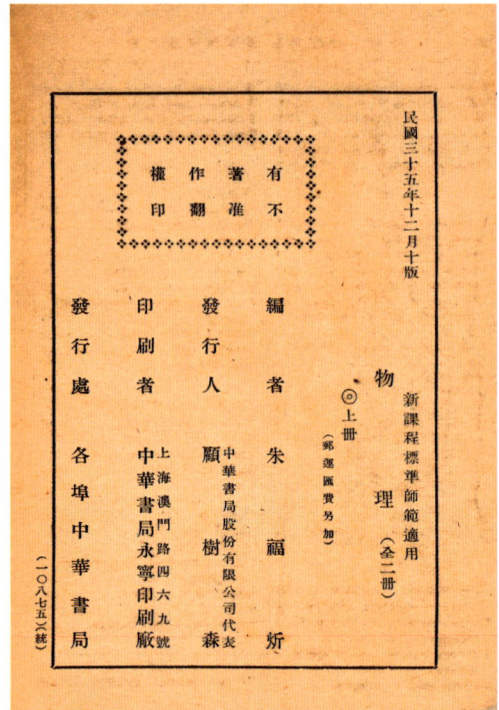

民國三十五年十二月十版

物　理（全二冊）

新課程標準師範適用

上冊

（郵運匯費另加）

編著者　朱福炘

發行人　中華書局股份有限公司代表　顧樹森

印刷者　上海澳門路四六九號　中華書局永寧印刷廠

發行處　各埠中華書局

有著不准　權作翻印

（一〇八七五六鈜）

书名：金氏大学物理学习题解答

著者：不详

出版印行：科学书局

出版时间：民国二十五年（1936）初版

册数：一

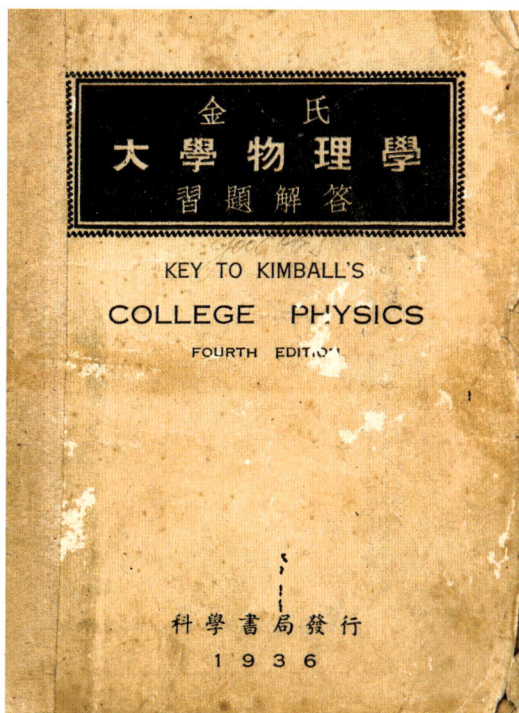

金氏

大學物理學

習題解答

KEY TO KIMBALL'S

COLLEGE PHYSICS

FOURTH EDITION

科學書局發行

1936

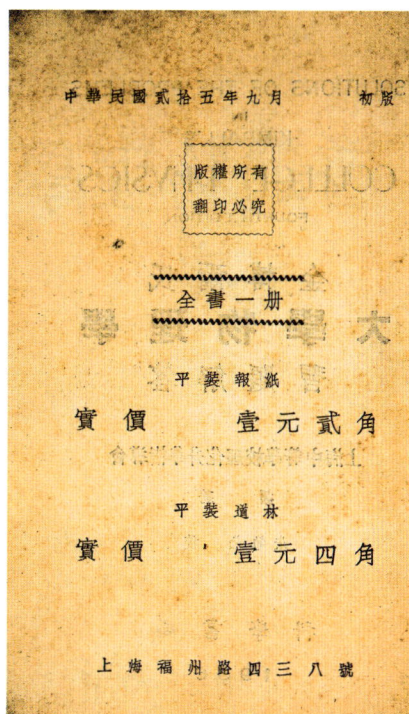

中華民國貳拾五年九月 初版

版權所有 翻印必究

全書一册

平裝報紙

實價 壹元貳角

平裝道林

實價 壹元四角

上海福州路四三八號

2032

书名：普通物理学（大学用书）

著者：严济慈 / 编著

出版印行：正中书局

出版时间：民国三十六年（1947）初版

册数：二

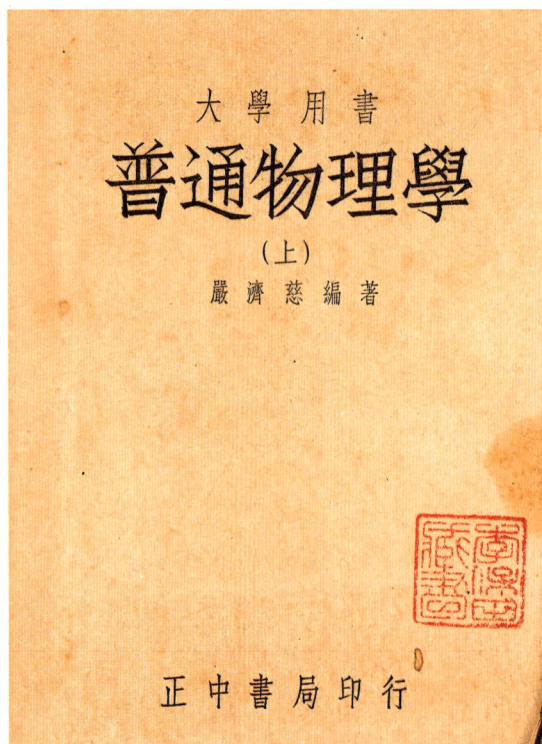

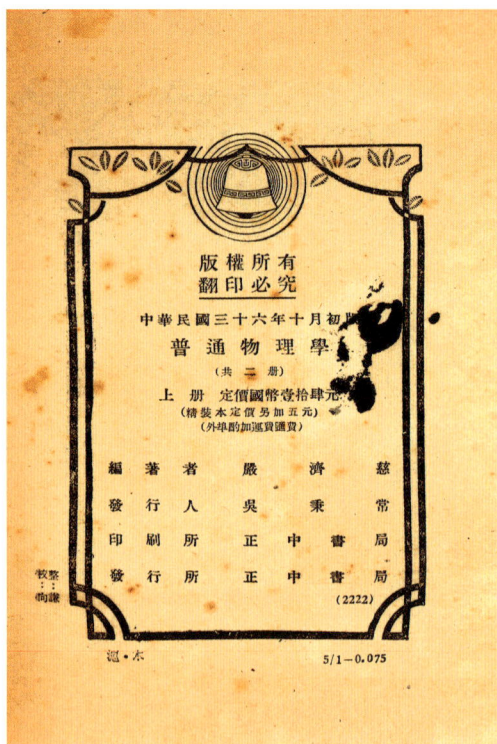

书名：实用物理学

著者：密尔根、盖尔 / 原著　周昌寿、高铦 / 编译

出版印行：商务印书馆

出版时间：民国十三年（1924）初版　民国十六年（1927）4版

册数：一

⑤实用物理学类教材

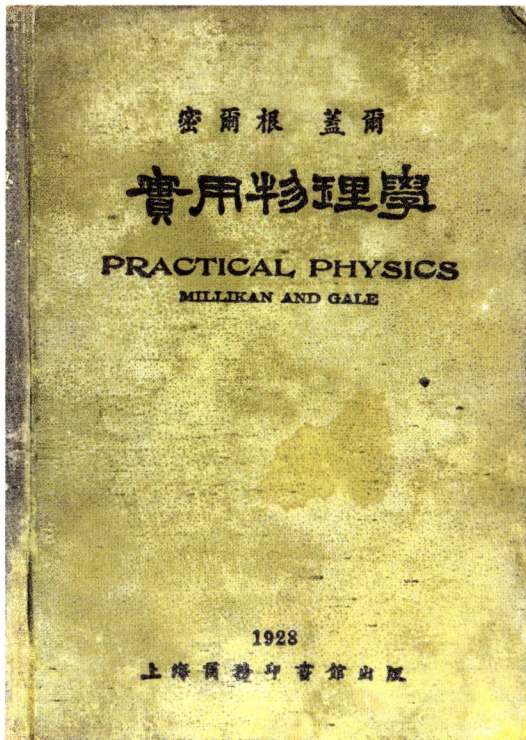

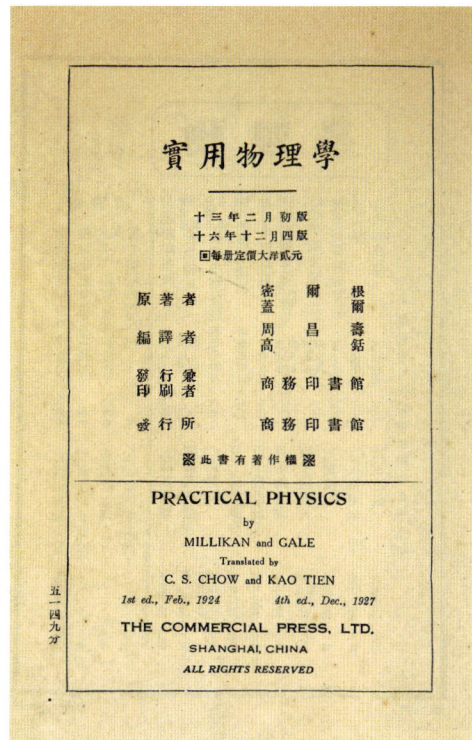

2034 　书名：最新实用物理学（修订本）

著者：Black and Davis/ 原著　陈宝珊 / 译著

出版印行：苏州文怡书局

出版时间：民国三十六年（1947）5版

册数：二

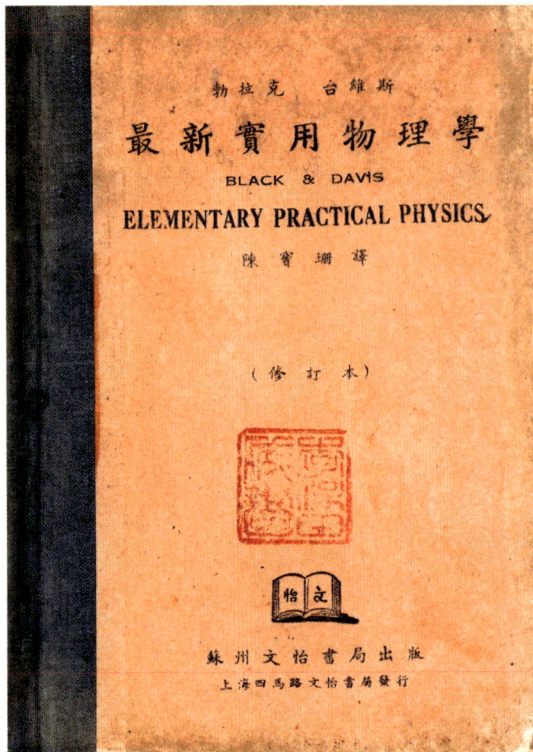

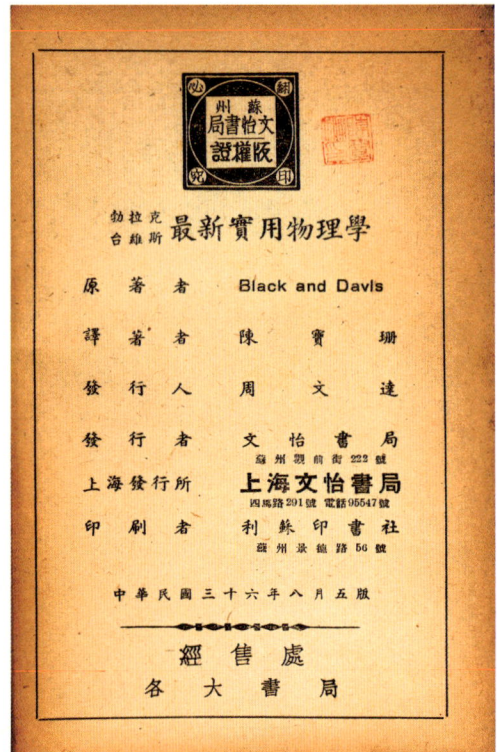

书名：基本实用物理学

著者：勃拉克·台维斯 / 原著　陈岳生 / 翻译

出版印行：开明书店

出版时间：1948年初版　1949年平1版

册数：不详

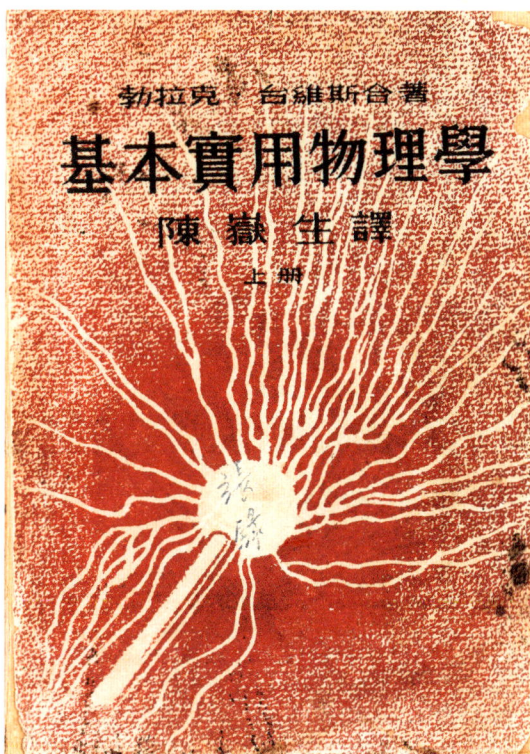

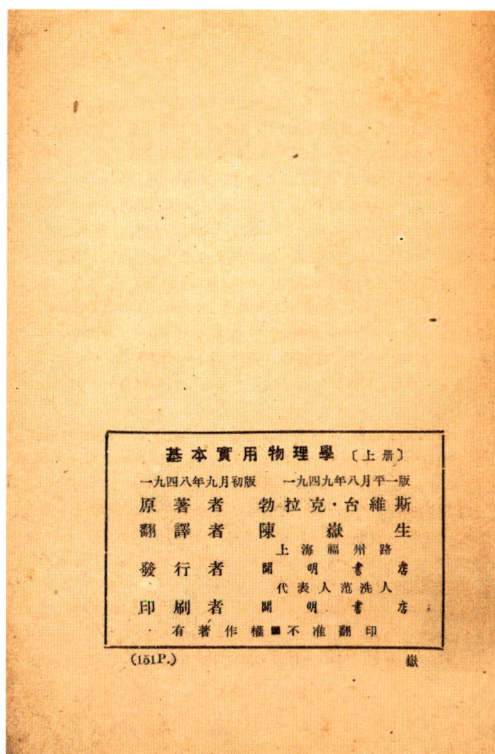

2036

书名：物理器械实验法及其原理（原名：物理器械说明书）
著者：王晚梅 / 编纂
出版印行：科学仪器馆
出版时间：民国廿六年（1937）再版
册数：不详

⑥物理实验类教材

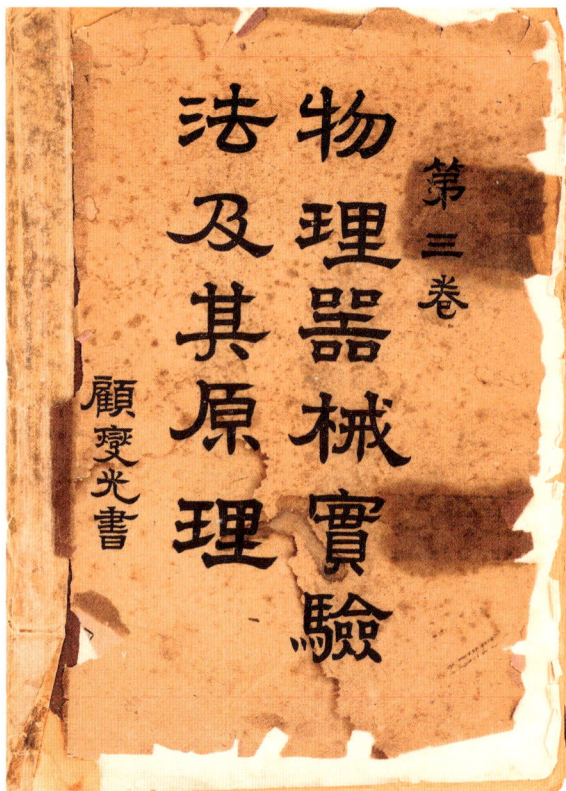

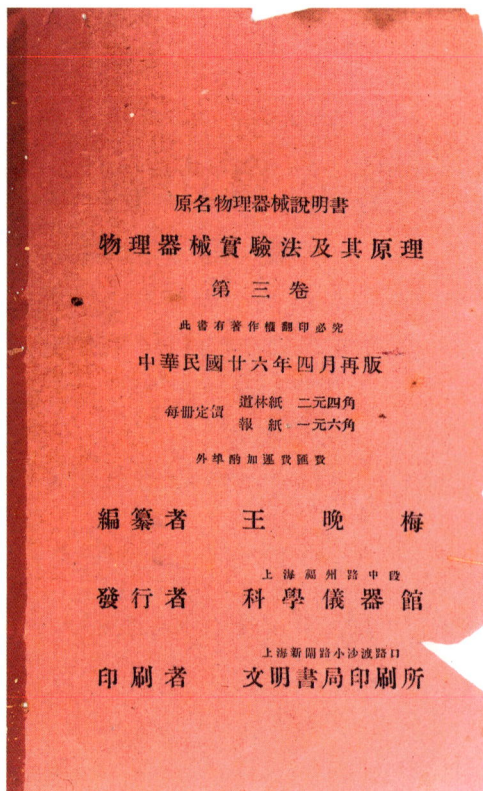

第三卷

物理器械實驗法及其原理

顧琅光書

原名物理器械說明書

物理器械實驗法及其原理

第 三 卷

此書有著作權翻印必究

中華民國廿六年四月再版

每冊定價 道林紙 二元四角
報 紙 一元六角

外埠酌加運費匯費

編纂者 王 晚 梅

上海福州路中段
發行者 科學儀器館

上海新閘路小沙渡路口
印刷者 文明書局印刷所

书名：物理实验（最新课程标准初级中学用）
著者：袁振誉 / 编著　黄巽 / 校订
出版印行：广东省科学仪器制造厂
出版时间：民国三十六年（1947）3版
册数：一

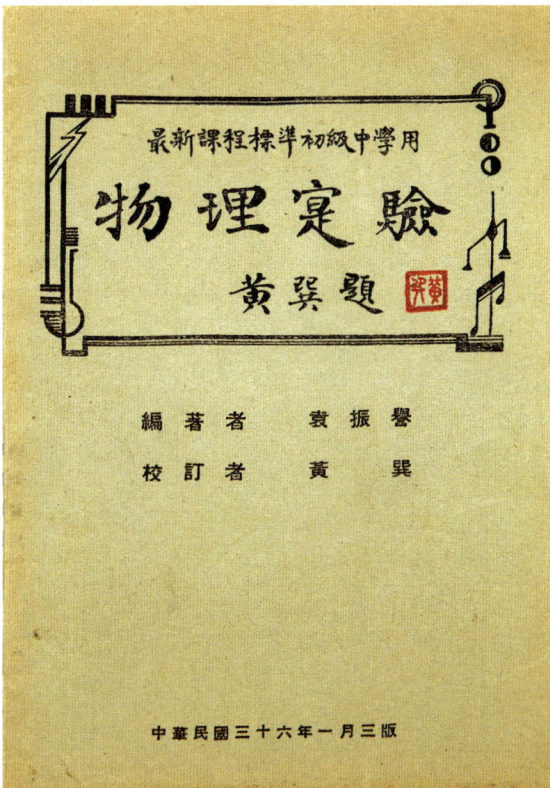

最新課程標準初級中學用

物理實驗

黄巽題

編著者　　袁振譽

校訂者　　黄巽

中華民國三十六年一月三版

最新課程標準初中學生用

物理實驗

民國三十六年一月三版　　每冊定價3000元

版權所有　　翻印必究

編著者　　袁振譽　　國立中山大學物理學士
　　　　　　　　　　廣東省科學儀器製造廠技士
校訂者　　黄巽　　　法國里昂大學物理碩士
　　　　　　　　　　廣東省科學儀器製造廠廠長

發行處：廣州市大南路廣東省科學儀器製造廠（電話13369）

通代訊售處：廣州市小東門培桂横巷七號之二
　　　　　　廣州漢民北路178號興文書局

2038

书名：高等物理学实验（大学用书）

著者：王曦晨 / 著

出版印行：中华书局

出版时间：民国三十七年（1948）初版

册数：一

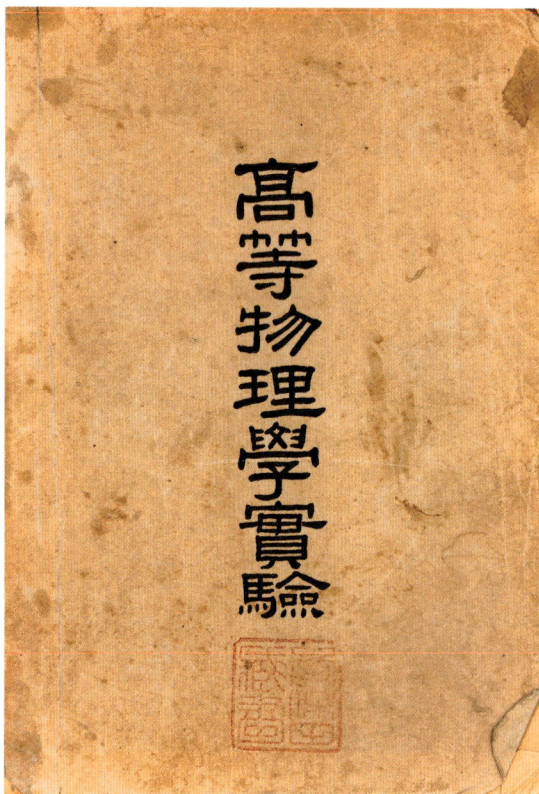

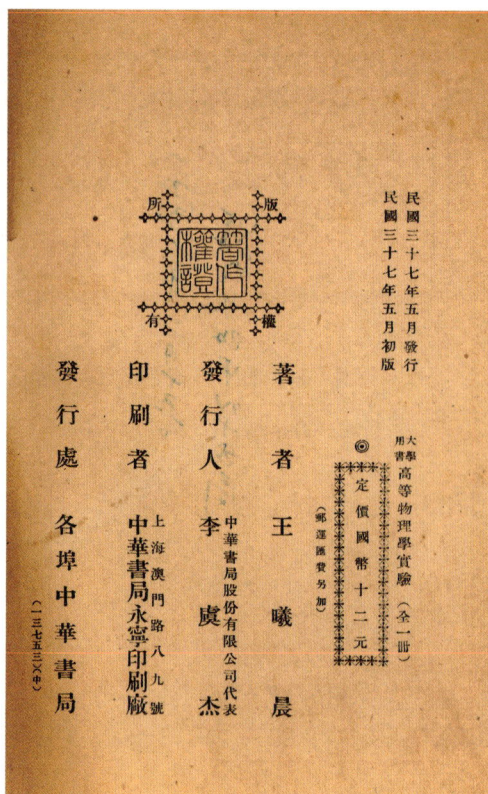

大學高等物理學實驗（全一冊）

民國三十七年五月發行
民國三十七年五月初版

著者　王曦晨

發行人　中華書局股份有限公司代表　李澄杰

印刷者　中華書局永寧印刷廠　上海澳門路八九號

發行處　各埠中華書局

定價國幣十二元
（郵運匯費另加）

版權所有　翻印必究

书名：初级中学物理学学生实验教程
著者：不详
出版印行：商务印书馆
出版时间：不详
册数：不详

2039

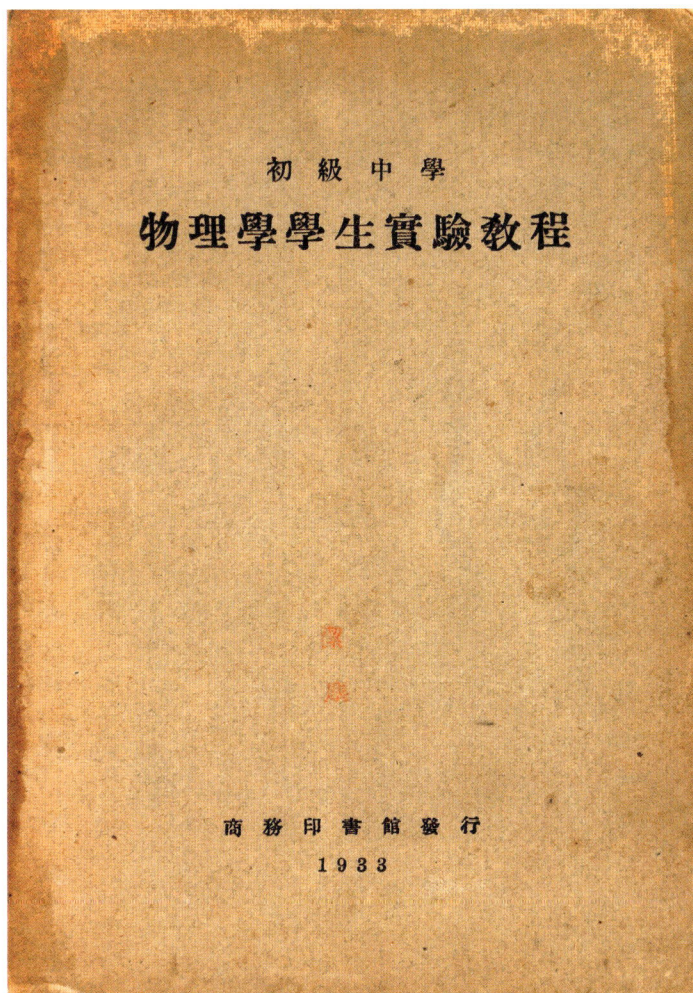

初 級 中 學

物理學學生實驗教程

商 務 印 書 館 發 行

1933

书名：物理学问题精解
著者：王枚生 / 编译
出版印行：商务印书馆
出版时间：民国十四年（1925）初版　　民国十六年（1927）再版
册数：一

⑦ 各类解题

最近物理學概觀

鄭貞文著　一冊一元二角

用簡明的敍述，和新穎的思想，介紹物理學的最新進步，在我國出版界上，可推爲空前的善本。

時，空，質，能，四者，爲搆成物理學的要素；此書卽本着遺四點立論，幷網羅最新之相對論，放射論，量子論等；由舊而新，由淺而深，由近而遠，旣易理解，更饒興趣。

物理學是自然科學和哲學的基礎。此書不但可采爲學校敎本，凡欲爲文化的全人，都不可不讀。

商務印書館發行

元又（1234）

Key to Physics

The Commercial Press, Limited

All rights reserved

編譯者　王枚生

發行者　商務印書館

印刷所　商務印書館
上海北河南路北首寶山路

總發行所　商務印書館
上海棋盤街中市

分售處
商務印書館分館
北京天津保定天南京林龍江濟南太原開封杭州鄭州安慶蕪湖潮州長沙漢口長沙新嘉坡
常德衡州成都重慶厦門福州漳州湖州香港桂林雲南貴陽來口昆明

※此書有著作權翻印必究※

二八九三自

(物理學問題精解一冊)
（每冊定價大洋貳元·外埠酌加運費匯兌）

中華民國十四年八月再初版
中華民國十六年八月再版

书名：物理学计算问题解法

著者：王维廉、王止善 / 编

出版印行：中华书局

出版时间：民国二十三年（1934）发行　民国三十八年（1949）10版

册数：二

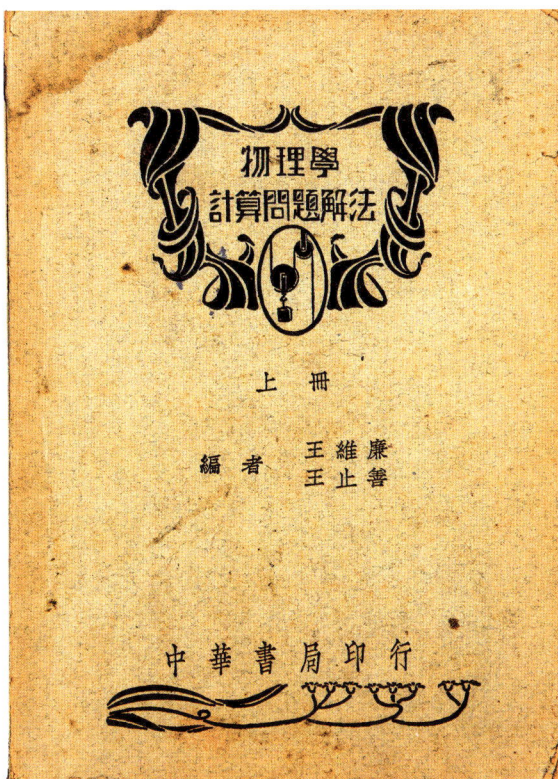

物理學
計算問題解法

上冊

編者　王維廉
　　　王止善

中華書局印行

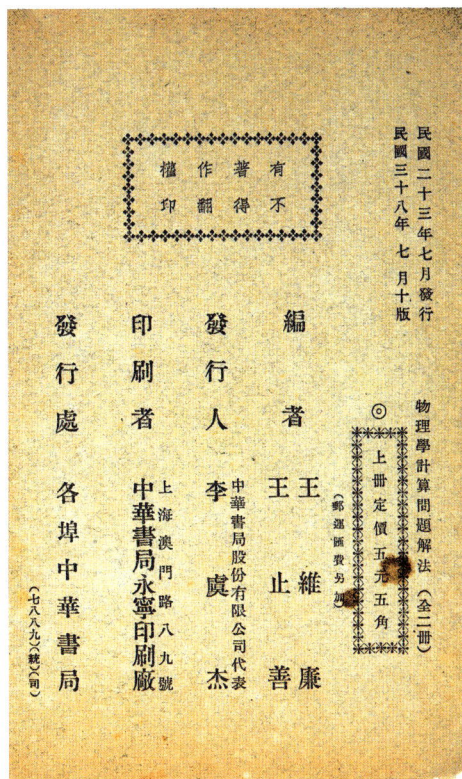

民國二十三年七月發行
民國三十八年七月十版

有　著　作　權
不　得　翻　印　檔

物理學計算問題解法（全二冊）

上冊定價五元五角
（郵匯匯費另加）

編　者　王維廉
　　　　王止善

發行人　李　虞　杰
　　　　中華書局股份有限公司代表

印刷者　中華書局永寧印刷廠
　　　　上海澳門路八九號

發行處　各埠中華書局
　　　　（七八八九×親×同）

2042　书名：中等物理学问题详解

著者：许雪樵 / 编

出版印行：开明书店

出版时间：民国二十四年（1935）初版　民国三十六年（1947）6版

册数：一

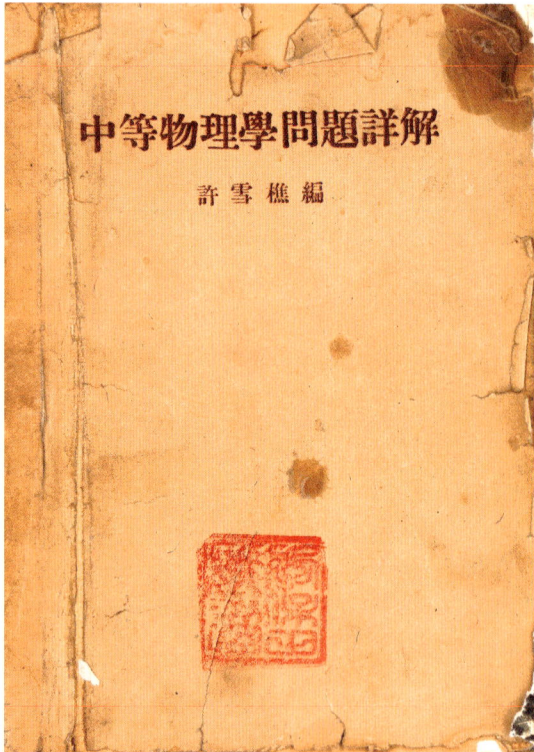

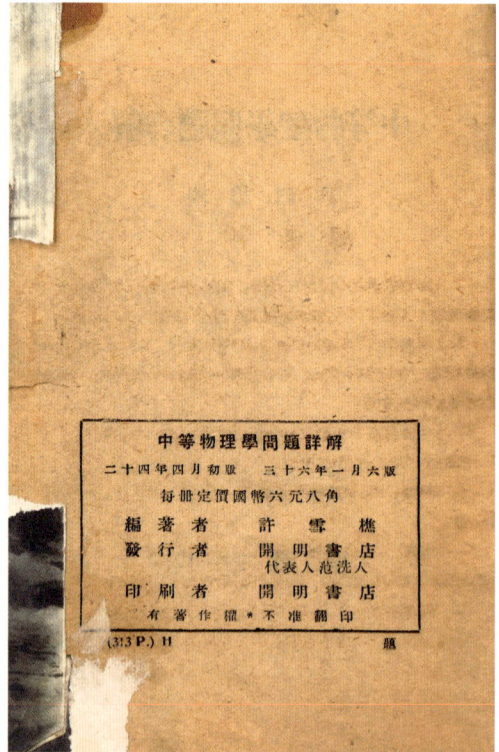

书名：达夫大学物理问题精解　　　　　　　　　　　　　　　2043

著者：樊恒铎／编　张少墨、王象复／校

出版印行：中华书局

出版时间：民国三十六年（1947）初版

册数：三

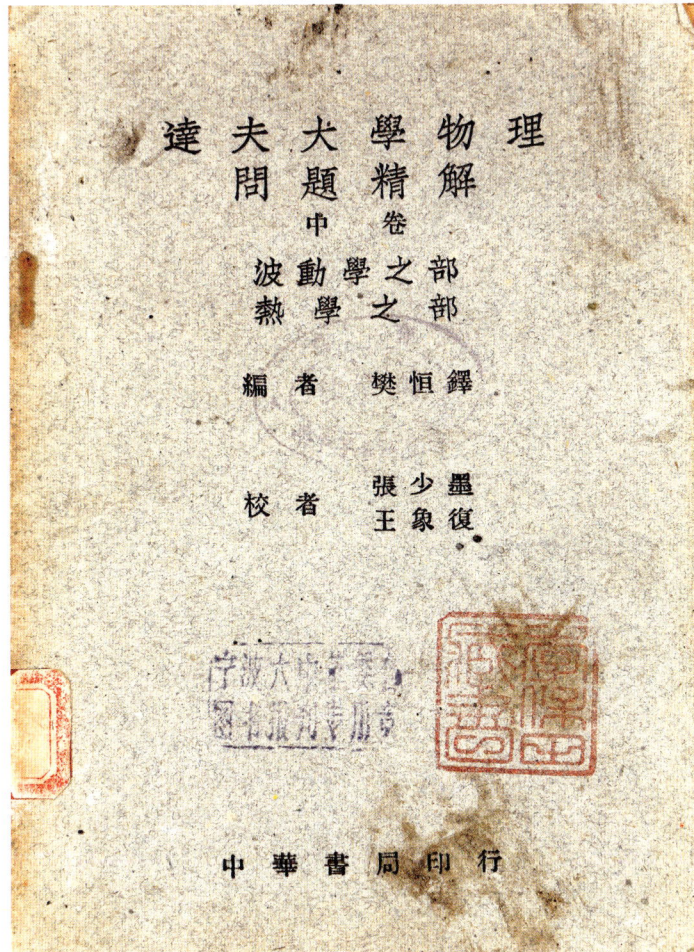

達夫大學物理
問題精解
中　卷

波動學之部
熱學之部

編者　樊恒鐸

校者　張少墨
　　　王象復

中華書局印行

2044　书名：物理难题详解
著者：陈朔南 / 编
出版印行：北京书店
出版时间：民国三十七年（1948）初版
册数：一

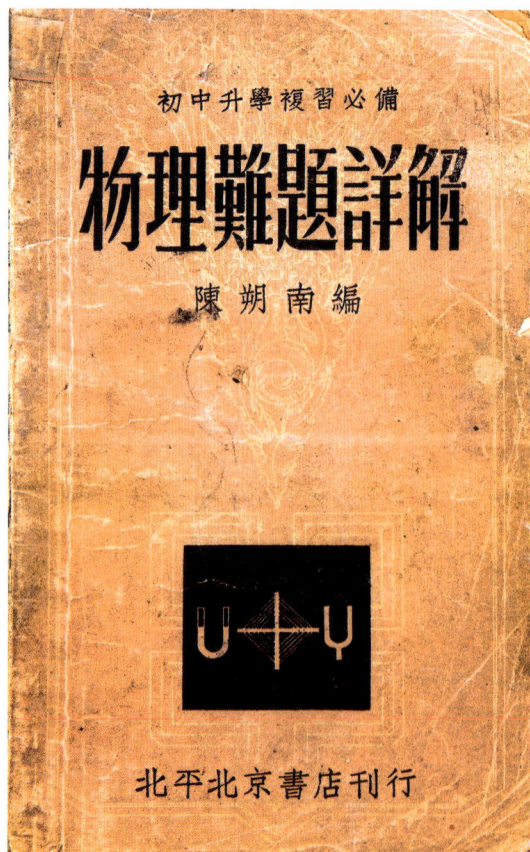

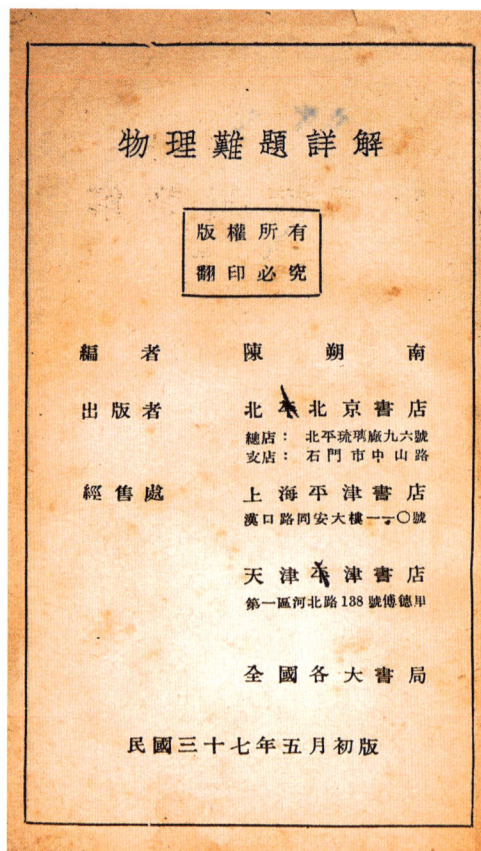

书名：物理计算题解（数理化学习参考丛书）

著者：陈朔南 / 编

出版印行：北京书店

出版时间：不详

册数：一

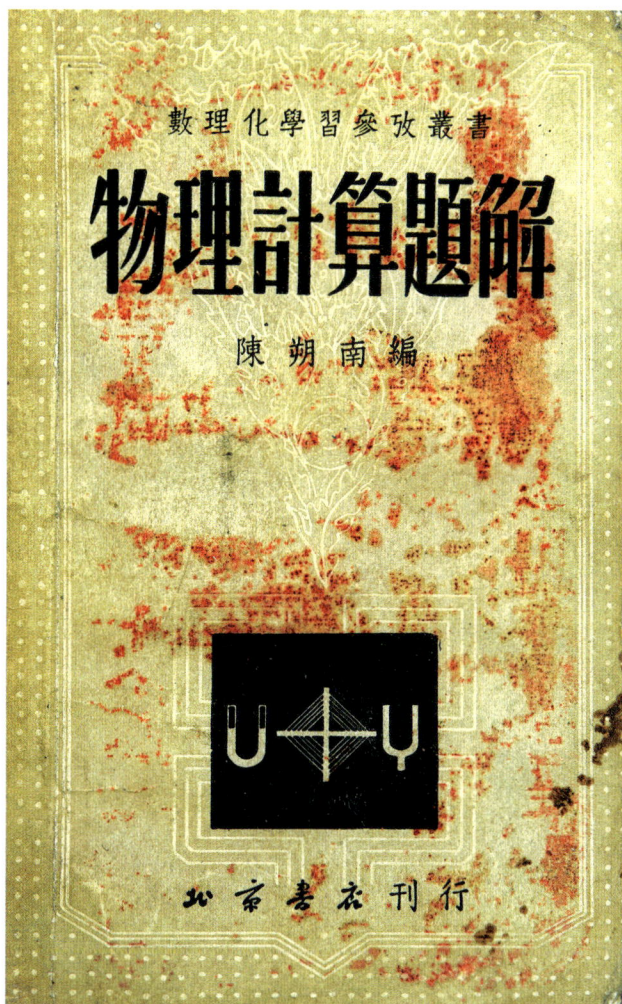

2046　书名：物理难题详解
著者：奚识之 / 编纂
出版印行：大方书局
出版时间：不详
册数：一

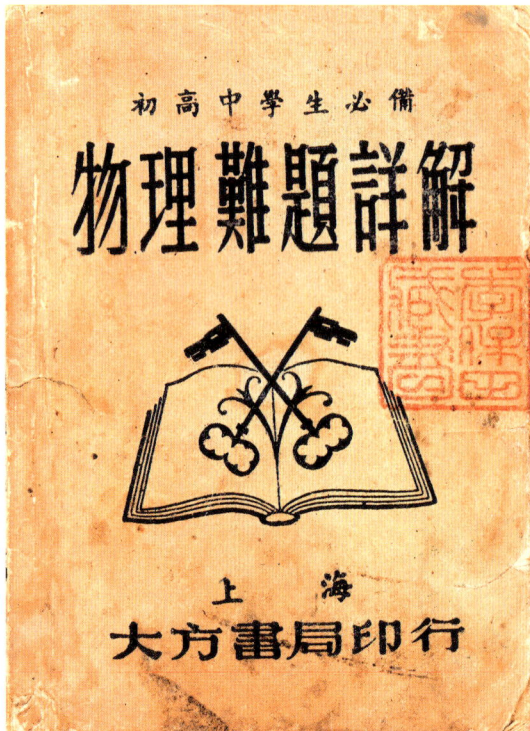

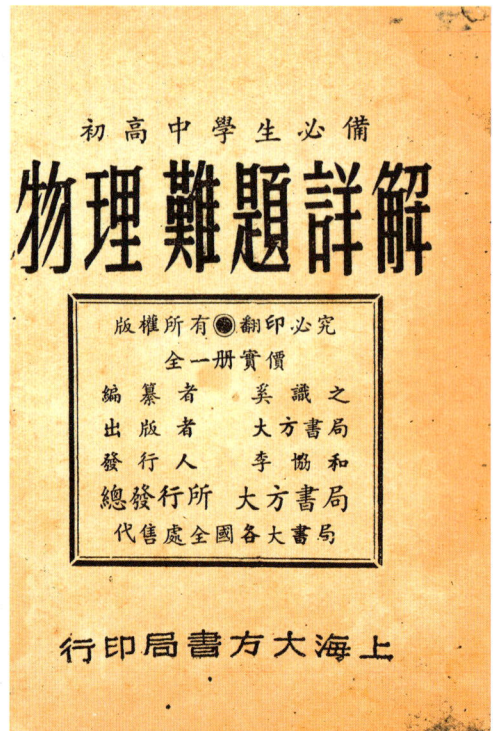

初高中學生必備
物理難題詳解

上　海
大方書局印行

初高中學生必備
物理難題詳解

版權所有◉翻印必究
全一冊實價
編纂者　奚識之
出版者　大方書局
發行人　李協和
總發行所　大方書局
代售處全國各大書局

上海大方書局印行

书名：理化界之常识

著者：张伯谨 / 编辑　杨秀夫、薛燮之、王锦章 / 校订

出版印行：商务印书馆

出版时间：民国十六年（1927）初版

册数：不详

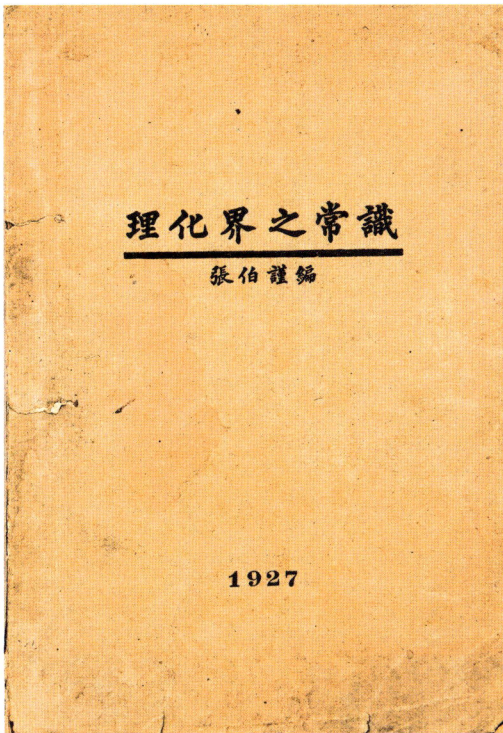

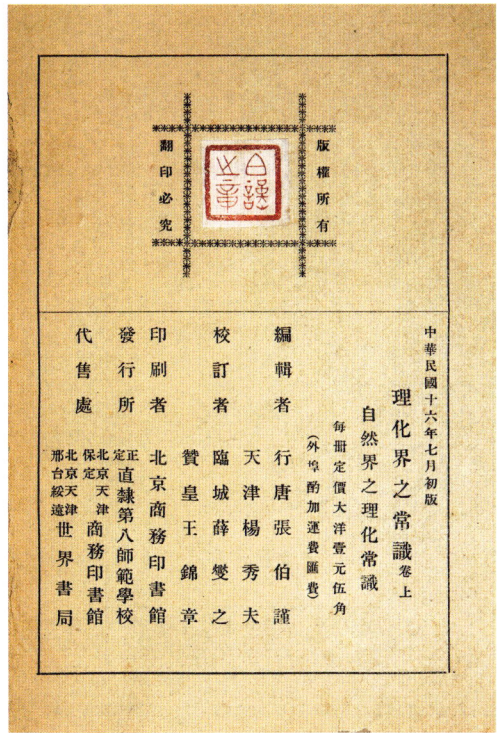

理化界之常識

張伯謹編

1927

版權所有　翻印必究

中華民國十六年七月初版

理化界之常識 卷上

自然界之理化常識

每冊定價大洋壹元伍角

（外埠酌加運費匯費）

編輯者　行唐張伯謹

校訂者　天津楊秀夫　臨城薛燮之　贊皇王錦章

印刷者　北京商務印書館

發行所　正直隸第八師範學校

代售處　北京商務印書館　保定天津商務印書館　邢台綏遠世界書局　北京天津

2048 | 书名：近代物理学（万有文库）
著者：郑太朴／著
出版印行：商务印书馆
出版时间：民国十九年（1930）初版
册数：一

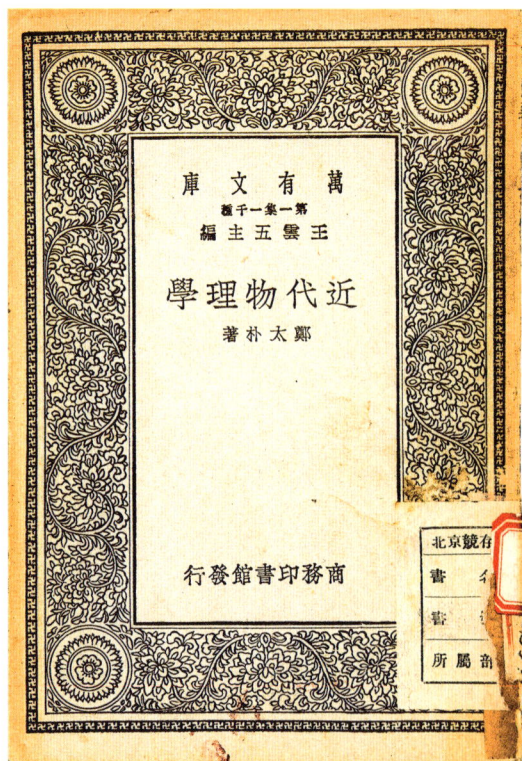

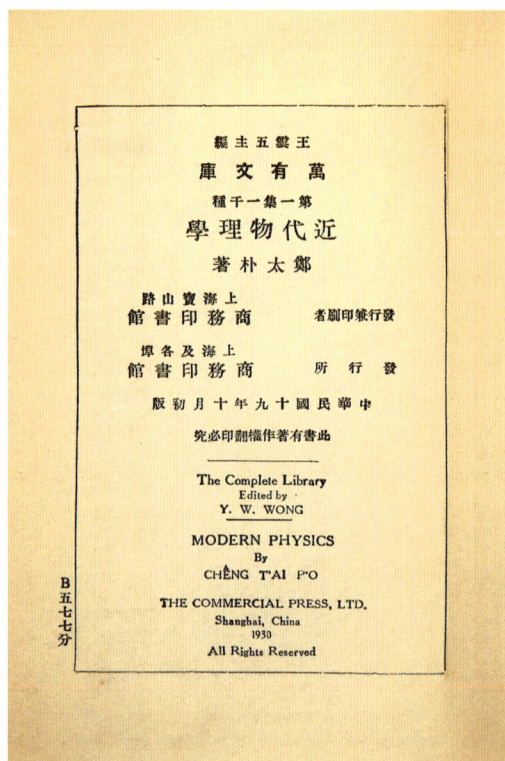

书名：物理学纲要（中华百科丛书）　　　　　　　　　　　　　　2049

著者：陈润泉／编

出版印行：中华书局

出版时间：民国二十四年（1935）发行　　民国三十六年（1947）3版

册数：二

中華百科叢書

物理學綱要

上冊

陳潤泉編

中華書局印行

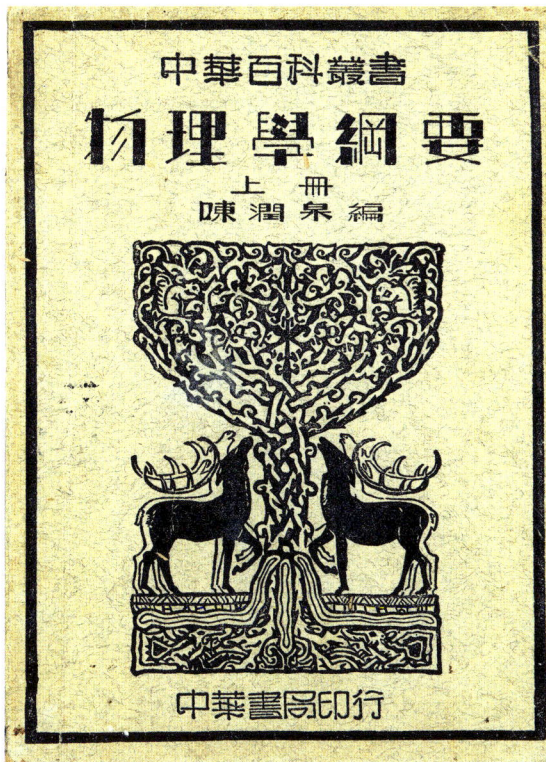

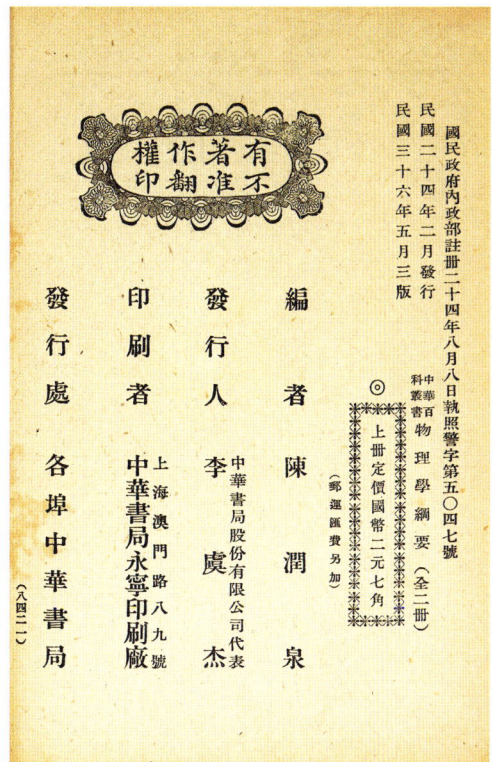

有著作權　不准翻印

國民政府內政部註冊二十四年八月八日執照警字第五〇四七號

中華百科物理學綱要（全二冊）

民國二十四年二月發行

民國三十六年五月三版

編者　　　陳潤泉

發行人　　李　虞　杰　　中華書局股份有限公司代表

印刷者　　中華書局永寧印刷廠　上海澳門路八九號

發行處　　各埠中華書局

◉　上冊定價國幣二元七角（郵運匯費另加）

（八四二一）

2050　书名：物理游戏（科学画报小丛书）

著者：杨孝述 / 编辑

出版印行：中国科学图书仪器公司

出版时间：民国三十五年（1946）初版　民国三十七年（1948）再版

册数：一

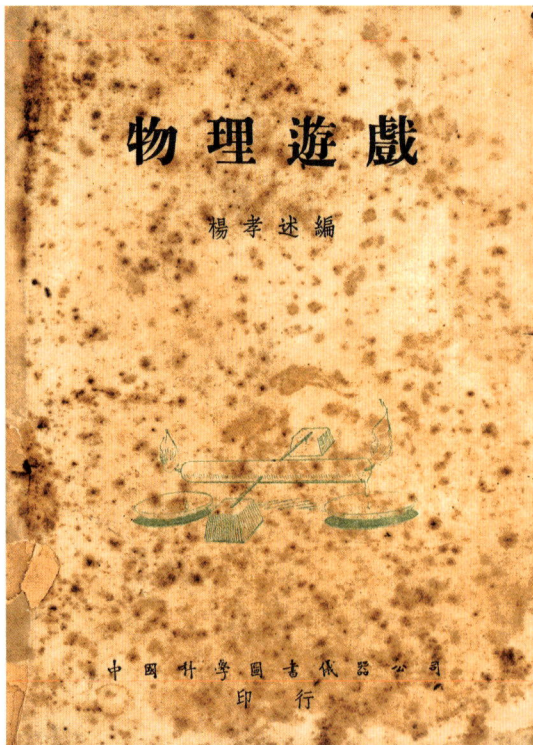

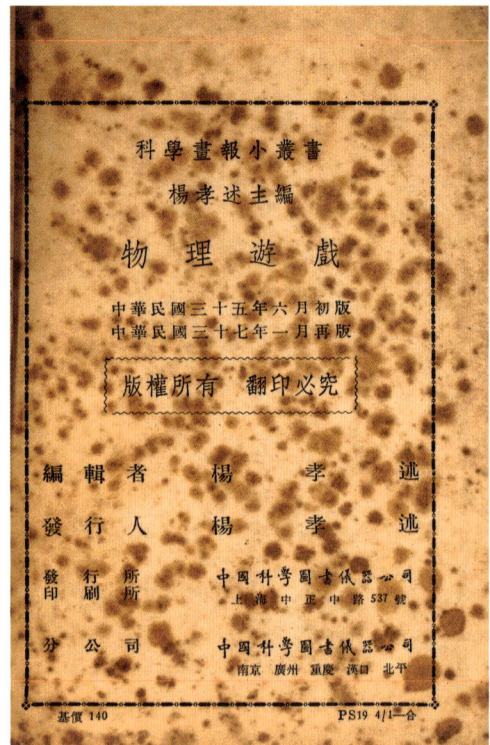

书名：物理学小史（中华文库）
著者：方金涛/编
出版印行：中华书局
出版时间：民国三十七年（1948）初版
册数：一

书名：物理学实验室（中华文库）
著者：沈克刚/编
出版印行：中华书局
出版时间：民国三十七年（1948）初版
册数：一

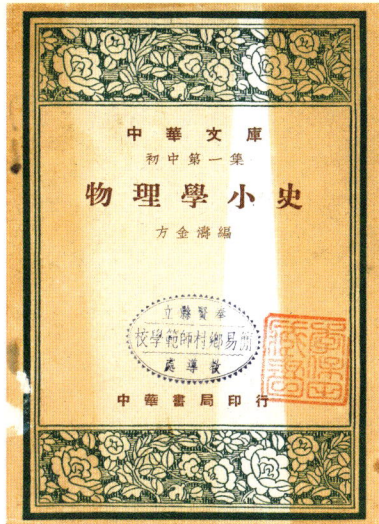

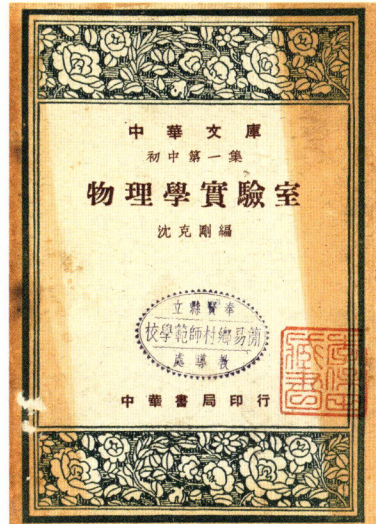

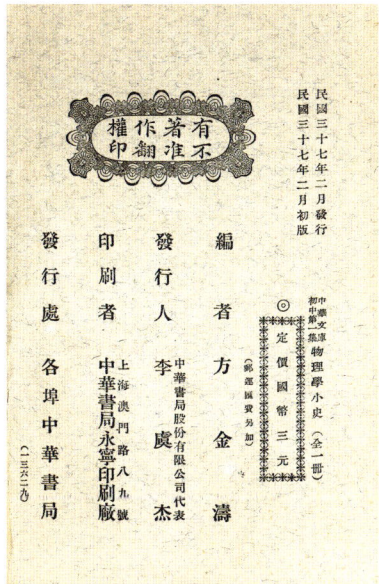

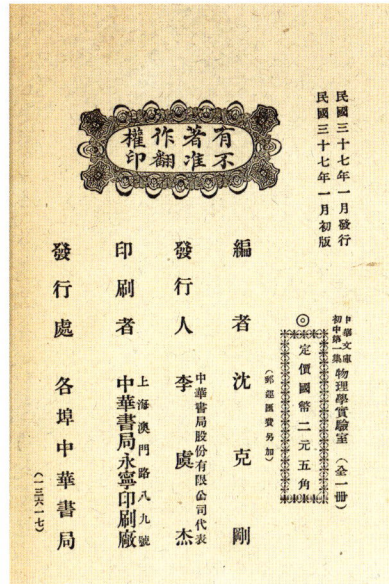

2052　书名：简明热光声学

著者：姚幼蕃 / 编著　陆高谊 / 主编

出版印行：世界书局

出版时间：民国三十七年（1948）3 版

册数：一

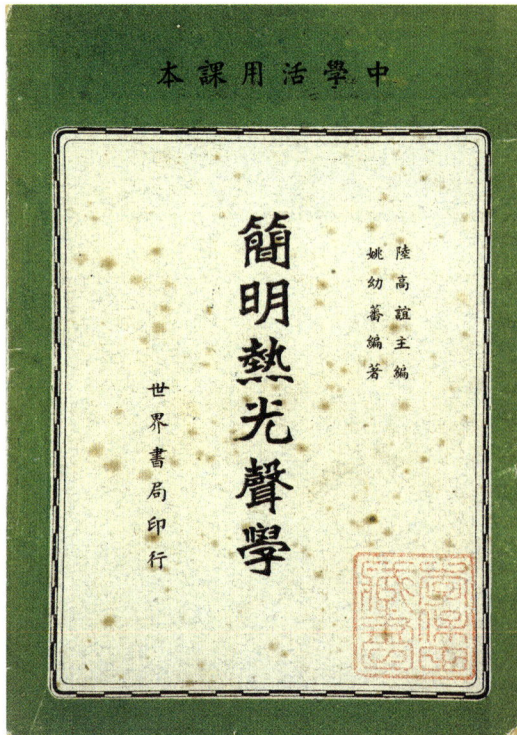

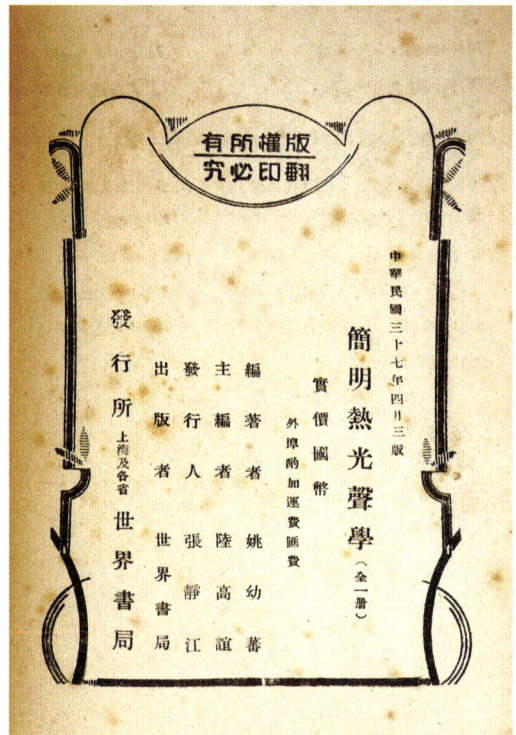

书名：物理（普通学表解丛书；增订本）

著者：杨平疆／译述

出版印行：新学会社

出版时间：不详

册数：不详

2053